프런트엔드 레벨을 높이는
자바스크립트 퀴즈북

프런트엔드 레벨을 높이는 자바스크립트 퀴즈북

초판 1쇄 발행 2025년 9월 24일

지은이 엄서영, 김지원, 백종현, 이성근, 이준호, 정수현, 조나영 / **감수자** 맹기완 / **펴낸이** 전태호
펴낸곳 한빛미디어(주) / **주소** 서울시 서대문구 연희로2길 62 한빛미디어(주) IT출판2부
전화 02-325-5544 / **팩스** 02-336-7124
등록 1999년 6월 24일 제25100-2017-000058호 / **ISBN** 979-11-6921-440-7 93000

책임편집 홍성신 / **기획 · 편집** 김수민 / **교정** 윤지현
디자인 박정우 / **전산편집** 다인
영업마케팅 송경석, 김형진, 장경환, 조유미, 한종진, 이행은, 김선아, 고광일, 성화정, 김한솔 / **제작** 박성우, 김정우

이 책에 대한 의견이나 오탈자 및 잘못된 내용은 출판사 홈페이지나 아래 이메일로 알려주십시오.
파본은 구매처에서 교환하실 수 있습니다. 책값은 뒤표지에 표시되어 있습니다.
한빛미디어 홈페이지 www.hanbit.co.kr / 이메일 ask@hanbit.co.kr

Published by Hanbit Media, Inc. Printed in Korea
Copyright © 2025 엄서영, 김지원, 백종현, 이성근, 이준호, 정수현, 조나영 & HANBIT Media, Inc.

이 책의 저작권은 엄서영, 김지원, 백종현, 이성근, 이준호, 정수현, 조나영과 한빛미디어(주)에 있습니다.
저작권법에 의해 보호를 받는 저작물이므로 무단 복제 및 무단 전재를 금합니다.

지금 하지 않으면 할 수 없는 일이 있습니다.
책으로 펴내고 싶은 아이디어나 원고를 메일(**writer@hanbit.co.kr**)로 보내주세요.
한빛미디어(주)는 여러분의 소중한 경험과 지식을 기다리고 있습니다.

프런트엔드 레벨을 높이는
자바스크립트 퀴즈북

엄서영
김지원
백종현
이성근
이준호
정수현
조나영
지음

한빛미디어
Hanbit Media, Inc.

추천의 말

프로그래밍 언어를 학습하는 방식에서 책의 역할은 점점 줄어들고 있습니다. 30년 넘게 프로그래밍을 해온 저 역시 요즘은 새로운 언어를 배울 때 문법서를 처음부터 끝까지 읽는 경우가 드뭅니다. 보통은 빠르게 훑어보거나 필요한 부분만 읽고 내용이 부족할 때는 다른 방법을 찾아보죠. 게다가 최근에는 AI와 협업하는 바이브 코딩이 하나의 흐름이 되면서 '프로그래밍 학습을 위해 책이 여전히 유용한가'라는 질문을 던지게 됩니다. 그런데 이 책은 조금 달랐습니다. 자바스크립트 문법을 설명하면서도 전통적인 교재의 틀에 머무르지 않습니다. 겉으로는 익숙한 구성을 따르는 듯 보이지만, 실제로는 전혀 다른 퀴즈라는 접근 방식을 취합니다.

AI에게 질문하는 것이 학습의 출발점이 되어버린 지금, 이 책은 '무엇을 질문할 것인가, 어떻게 질문할 것인가, 왜 질문해야 하는가'라는 본질적인 물음을 던지며 신선한 인사이트를 제공합니다. 단순히 지식을 전달하는 것이 아니라 질문하는 법을 일깨워주기에 더욱 특별합니다. 주니어 개발자라면 자바스크립트 지식은 물론 학습 방식 자체에 대한 통찰을 얻을 수 있고, 자바스크립트에 직접적인 관심이 없는 개발자도 질문을 통해 배우는 태도에서 깊은 영감을 받을 수 있을 것입니다.

김민태, 전 우아한형제들 이사

프로그래밍 언어에서 개발자에게 매우 중요한 부분은 프로그램을 만드는 활용적 측면입니다. 이론이나 원리도 중요하지만 결국 개발자에게 가장 와닿는 부분은 언제, 어떻게 활용하여 내가 원하는 프로그램을 만들어내는가 하는 점이지요.

현대의 프런트엔드 시장에서 자바스크립트의 위치는 다소 미묘합니다. 리액트 같은 프레임워크만 공부해도 손쉽게 화면을 만들어낼 수 있고 실무에서는 주로 타입스크립트를 사용하기 때문입니다. 하지만 실제 현업에서는 반드시 자바스크립트의 이해를 요구하는 순간이 나타나서 우리를 괴롭힙니다. 그저 라이브러리를 잘 아는 것만으로는 해결되지 않는 문제들이 꼭 생겨나죠. 이 책은 카카오 실무자들이 경험한 다양한 사례를 토대로 자칫 지루할 수 있는 문법 이야기를 '현장의 살아 있는 경험'으로 풀어냅니다. 실무에서 자바스크립트가 발목을 잡는 순간을 미리 짚어주고 통과시켜주는 든든한 사수이자 동료 같은 책입니다. 진짜 현업에서 부딪히는 문제와 그 해결 방법을 담은 이 책을 추천합니다.

맹기완, 모빌리티42 대표 & 뉴런데브 채널 운영

많은 프로젝트에서 타입스크립트와 리액트를 기반으로 개발이 이뤄지고 있으며 카카오 역시 크게 다르지 않습니다. 타입스크립트와 리액트는 개발 효율성과 안정성을 높여주는 훌륭한 도구입니다. 여러 개발자가 하나의 프로젝트를 함께 만들어간다면 저는 주저 없이 이 두 가지를 권할 것입니다. 리액트가 사용자 경험을 구축하는 강력한 도구라면, 타입스크립트는 그 과정에서 발생할 수 있는 문제를 코드 단계부터 예방해주는 안전망 역할을 합니다. 특히 협업 환경에서는 타입스크립트의 장점이 더욱 빛납니다.

다만, 타입스크립트 인기가 높아질수록 정작 그 근간이 되는 자바스크립트에 대한 관심과 이해는 점점 약해지는 듯하여 아쉽습니다. 타입스크립트로 작성한 코드도 결국 자바스크립트로 실행되며 그 동작 원리를 깊게 이해하는 것이 문제 해결 능력의 핵심입니다. 그런 의미에서 타입스크립트와 리액트를 주로 사용하는 개발자들이 업무를 진행하며 직접 얻은 경험을 바탕으로 자바스크립트 기본기를 다룬 책을 썼다는 사실은 큰 의미를 갖습니다. 이는 그들 스스로도 업무 속에서 '자바스크립트의 본질적인 이해가 반드시 필요하다'는 것을 절실히 느꼈기 때문이며, 저 역시 전적으로 동의합니다.

이 책은 단순히 자바스크립트 입문서를 넘어 자바스크립트를 다룰 줄 아는 개발자가 한 단계 더 성장하기 위해 필요한 책입니다. 실무에서 자주 접하는 주제를 중심으로 구성하여 더 좋은 프로그램을 더 빠르게 작성하는 데 든든한 밑거름이 되어줍니다. 특히 퀴즈 형식을 취했다는 점이 인상적입니다. 책 내용을 전달받기만 하는 것이 아니라 독자 스스로 고민하고 답을 찾은 뒤 저자의 해설과 비교하며 옳은 답을 향해 나아갈 수 있습니다. 또한 '리얼 현장 인터뷰'에서는 개발자들의 생생한 목소리를 통해 그들의 경험을 공유받으며 실제 개발 과정에서 주의해야 할 점을 미리 확인할 수 있습니다.

저는 이 책을 읽으며 단순히 지식을 학습하기보다는 활발하게 코드 리뷰를 주고받는 듯한 생동감을 느꼈습니다. 여러분도 설명을 읽는 데 그치지 말고 직접 퀴즈를 풀고 고민하며 생각해보기 바랍니다. 이러한 경험을 통해 개발자로서 성장한 자신의 모습을 발견하게 될 것입니다.

장정환, 카카오 Kanana 개발 리더

베타리더의 말

자바스크립트에 대한 개념을 정리하기 좋은 책입니다. 특히 기술 면접에서 자주 등장하는 질문에 대한 현업 개발자의 답변을 모은 '리얼 현장 인터뷰'가 매우 인상적이었습니다. 어느 정도 개발 지식을 갖추고 초급 단계를 넘어 성장하고자 하는 분에게 추천하고 싶습니다.

김채연, 국립경국대학교 취업 준비생

자바스크립트에 대한 깊은 지식 없이 실무에 투입되었던 사람으로서 늘 기초를 제대로 다지지 못한 채 코드를 짠다는 불안을 안고 있었습니다. 그래서 이 책은 저와 같은 처지에 있는 실무자에게 특히 의미 있는 책입니다.

'퀴즈북'이라는 제목 때문에 가볍게 느껴질 수도 있지만 이 책은 결코 겉핥기 수준이 아닙니다. 퀴즈가 단계적으로 설계되어 있어 자바스크립트의 본질을 점차적으로 깊이 이해할 수 있도록 돕고 이러한 방식은 강력한 동기부여가 됩니다. 또한 개념 설명 부분에서 이론 나열에 그치지 않고 실무 경험이 자연스럽게 녹아 있어 객관적 지식과 현업 개발자의 시각이 균형을 이룹니다. 이 책을 통해 저와 같은 고민을 가진 많은 실무자가 자바스크립트의 기초를 다지고 자신감을 회복하길 바랍니다.

박성경, 4년 차 웹 개발자

프런트엔드 분야를 준비하는 취업 준비생으로서 타입, 스코프, 프로토타입과 같은 자바스크립트의 중요한 개념을 제대로 익힐 수 있어 좋았습니다. 퀴즈 기반 학습 방식 덕분에 답을 생각하는 과정에서 스스로 부족한 부분을 확인할 수 있었고, 친구와 스터디하듯 코드를 적용하고 연습해보며 한층 더 깊게 이해할 수 있었습니다.

무엇보다 책 한 권으로 실력 점검과 보충 학습까지 동시에 할 수 있다는 점이 마음에 들었습니다. 뿐만 아니라 현직 개발자 의견과 경험이 더해져 개념이 실제 업무에 어떻게 쓰이는지 엿볼 수 있어 더욱 흥미로웠고 학습 방향을 잡는 데에도 큰 도움이 되었습니다. 마치 실무자와 커피챗을 하고 온 듯한 느낌이었습니다. 마지막으로 AI에게 하면 좋은 질문도 개발자 취업 시장에서 'AI를 활용할 줄 아는 개발자'가 되는 길잡이가 되어준 것 같아 좋았습니다. 개념을 아는 수준을 넘어 직접 터득할 수 있도록 돕는 이 책을 적극 추천합니다.

박채연, 서울여자대학교 디지털미디어학과 취업 준비생이 책은 자바스크립트를 사용하는 개발자라면 반드시 알아야 할 핵심 지식을 퀴즈와 이론 그리고 실무 예제를 유기적으로 엮어 전달합니다. 단순한 개념 나열이 아니라 퀴즈 → 이론 → 퀴즈 → 실무 활용이라는 단계적 흐름으로 학습을 이끌어갑니다. 먼저 '내가 알고 있다고 생각했던 부분'이나 '놓치고 있던 개념'을 점검하고, 이어지는 이론 설명에서 그 궁금증을 명확하게 해소합니다. 이후 다시 퀴즈를 풀면서 이해한 내용을 검증하고, 마지막으로 실무 사례를 통해 실제 개발 현장에서 어떻게 적용되는지 확인할 수 있습니다. 이러한 반복 학습 구조 덕분에 개념이 머릿속에 오래 남을 뿐만 아니라 곧바로 업무에 활용할 수 있다는 자신감도 생깁니다. 특히 현업에서 자주 마주치는 상황과 예시를 함께 제시하여 이 기술이 왜 필요한지, 어떤 방식으로 쓰이는지를 체감할 수 있습니다. 자바스크립트를 더 깊이 이해하고 싶은 개발자라면 이 책은 훌륭한 길잡이가 될 것입니다.

서재완, 3년 차 프런트엔드 개발자

자바스크립트를 공부하다 보면 단순히 문법을 아는 것과 동작 원리를 깊이 이해하는 것에는 큰 차이가 있다는 것을 느끼게 됩니다. 이 책은 단순한 이론서가 아니라 자바스크립트를 몇 개의 핵심 주제로 나누어 내부 동작 원리를 탄탄히 짚고 퀴즈를 통해 자연스럽게 개념을 체득하게 합니다. 특히 실무자의 경험이 녹아 있어 현업에서 실제로 마주하는 상황과 문제를 생생히 다루어 평소 지나치기 쉬운 디테일까지 꼼꼼히 설명합니다. 또한 최근 개발 환경에서 중요한 이슈인 AI 활용 시 발생할 수 있는 문제까지 다루고 있어 단순 학습을 넘어 최신 트렌드에 맞춘 통찰을 제공합니다. 이 책은 자바스크립트를 기초부터 깊이 있게 다지고 싶은 개발자 그리고 면접을 준비하는 이들에게 든든한 길잡이가 되어줄 것입니다.

서혜연, 4년 차 지마켓 웹 프런트엔드 개발자

실제 개발 현장에서 자바스크립트를 다루다 보면 기본 문법을 알고 있음에도 불구하고 예상치 못한 동작 때문에 오류를 해결하기 어려운 순간이 있습니다. 이 책은 바로 이런 어려움을 풀어내는 데 도움을 줍니다. 이 책의 장점은 자바스크립트의 개념을 나열하는 데 그치지 않고 각 개념이 실제로 어떻게 동작하는지를 꼼꼼하게 설명한다는 점입니다. 여기에 '퀴즈북'이라는 제목답게 놓치고 있는 부분을 깨닫게 하기 위해 허점을 찌르는 날카로운 질문을 함께 제시하여 독자가 수동적인 학습에서 벗어나 능동적으로 사고하고 개념에 더욱 집중할 수 있도록 이끕니다.

특히 각 챕터의 마지막에 실린 개발자 인터뷰가 인상적입니다. 현직 개발자들이 해당 개념과 관련해 실제로 겪었던 어려움과 해결 방법을 공유하며 개발 현장에서 맞닥뜨릴 수 있는 상황을 미리 경험하게 해줍니다. 마치 주니어 개발자가 선배 경험담이나 조언을 듣는 듯한 생생한 배움의 기회를 제공합니다. 덕분에 이 책은 입문자도 무리 없이 따라갈 수 있어 기본서로서의 역할도 충실히 수행하면서도 그 이상의 가치를 지닙니다. 바로 이론과 실무를 잇는 다리 역할을 한다는 점입니다. 저는 이 책을 단순한 문법 학습을 넘어 실무에 통용될 자바스크립트 지식을 쌓고자 하는 모든 개발자에게 자신 있게 추천합니다.

송진섭, 4년 차 풀스택 개발자

이 책은 자바스크립트의 개념을 단순히 설명하는 데 그치지 않고 퀴즈와 현직 개발자의 실무 사례를 통해 독자가 스스로 생각하고 이해할 수 있도록 안내합니다. 주니어 개발자라면 학교, 강의, 스터디에서 배운 이론이 실제 프로젝트에서 어떻게 활용되는지를 자연스럽게 익힐 수 있을 것이고, 시니어 개발자라면 치열한 현장에서 잠시 잊고 있던 자바스크립트의 본질을 다시금 새길 수 있을 것입니다. 또한 비전공자이거나 프런트엔드 전향을 준비하는 분들에게도 부족했던 기초를 단단히 다지고 성장할 수 있는 기회를 제공해줄 것입니다. 프런트엔드 프레임워크를 배우기 전에 자바스크립트의 본질적인 동작 원리를 이해하는 데 꼭 필요한 바이블과 같은 책입니다.

송형곤, CJ ENM 커머스 부문 18년 차 프런트엔드 개발자

처음에는 퀴즈 기반의 책이라고 하여 가볍게 풀어가는 문제집 정도를 상상했습니다. 그런데 막상 읽어 보니 웬만한 교재 못지않은 탄탄한 개념서라는 느낌을 받았습니다. 체계적인 개념 정리와 상세한 설명 덕분에 단순히 정답을 맞히는 수준을 넘어 '왜 그렇게 되는지'까지 친절하게 짚어주어 학습의 깊이가 한층 더해졌습니다. 평소에 아리송했던 개념도 책을 따라가다 보니 자연스럽게 이해되면서 마치 오래된 퍼즐 조각이 맞춰지는 듯한 경험을 했습니다.

특히 현직 개발자들의 실무 경험이 담긴 인터뷰는 감격스러울 정도였습니다. 평소 접하기 어려운 고급 노하우를 가까이에서 들을 수 있는 소중한 기회였습니다. 실제 사례를 통해 개념이 어떻게 활용되는지 확인하면서 단순한 이론이 아닌 살아 있는 지식으로 다가왔고 덕분에 개발자로서의 시야가 한층 넓어졌습니다. 또한 책 곳곳에 담긴 부가 설명이나 AI와 함께 학습할 수 있는 장치 덕분에 혼자 공부하는 데도 혼자가

아닌 듯한 든든함을 느낄 수 있었습니다. 퀴즈를 풀고 끝내는 것이 아니라 스스로 질문을 던지고 찾아보고 확장하는 과정을 통해 한 단계 성장할 수 있도록 이끌어주는 책이라는 확신이 듭니다. 이 책을 끝까지 탐독하면 앞으로 개발 여정에 큰 자산이 되어줄 것이라 확신합니다.

이소연, 7년 차 웹 개발자

근래 봤던 책 중 가장 획기적인 책이었습니다. 퀴즈부터 실무 의견, AI를 활용한 학습법까지 한 권에 담겨 있는 점이 매우 신선했습니다. 제가 부족한 부분이 무엇인지 바로 파악할 수 있었고 퀴즈를 풀고 실무자 경험담을 읽으며 저도 모르게 면접 준비까지 철저히 되는 느낌이었습니다. 특히 취업을 준비하는 분들에게 많은 도움이 될 책이라 확신합니다. 정말 추천합니다.

이장훈, 5년 차 인프라 엔지니어

최근 AI 기술 발전과 함께 각종 머신러닝 라이브러리가 잘 갖춰진 파이썬이 인기를 끌고 있지만, 사실 IT 업계에서 파이썬보다 더 대중적으로 사용되는 언어는 자바스크립트입니다. 스택오버플로가 발표한 2025년 개발자 설문 결과에서도 '지난 1년간 가장 많이 사용한 프로그래밍 언어' 1위가 바로 자바스크립트입니다. 자바스크립트는 단순한 웹 개발 언어를 넘어 이제는 대규모 서비스와 다양한 플랫폼의 핵심 기술로 자리 잡았습니다. 그리고 이 책은 자바스크립트에 대한 국내 대표 IT 기업 개발자들의 현업 경험과 지식을 담은 유익한 도서입니다.

실무자의 문제 해결 노하우와 언어 기본 역량을 퀴즈 형식으로 전달하는 구성은 이 책만이 가진 특별한 장점입니다. 독자 스스로가 문제에 도전하고 답을 고민하는 과정을 통해 자바스크립트 언어에 대한 보다 깊은 이해를 유도합니다. 그리고 각 챕터에 수록된 협업 개발자의 실무 노하우는 실무 경험을 접할 수 있는 귀중한 기회이자 개인 역량 강화를 위한 실질적인 도움이 됩니다. 이러한 지식이 쌓여 만들어지는 전문성이야말로 AI 시대에 개발자가 경쟁력을 갖추는 힘이 될 것이라 믿습니다. 이 책이 IT 기업 취업을 준비하는 예비 개발자뿐 아니라 현업에 몸담고 있는 모든 개발자가 시행착오를 줄이고 문제를 해결하면서 한 단계 성장할 수 있도록 돕는 든든한 길잡이가 되길 바랍니다.

최성욱, 삼성전자 VD사업부 Security Lab 엔지니어

저자 인터뷰

Q 프레임워크가 넘쳐나는 요즘 시대에 왜 '자바스크립트 언어 자체'를 공부해야 할까요?

프레임워크나 라이브러리를 다루는 책이나 강의, 동영상 자료는 매우 많습니다. 그런데 어느 순간부터 자바스크립트 언어 자체를 깊게 다루는 자료는 거의 찾아보기 어렵게 되었습니다. ECMAScript 2015 이후 새로운 문법과 기능이 매년 추가되면서 언어 자체를 심도 있게 파고드는 콘텐츠가 점점 사라지기 시작했죠.

하지만 결국 개발자의 진짜 경쟁력은 프레임워크가 아니라 자바스크립트 언어 자체에 대한 이해에서 나옵니다. 가령 리액트 같은 프레임워크는 생명주기가 있는 기술이에요. 특정 프레임워크에만 능숙한 개발자는 그 기술의 생명이 끝날 때 함께 경쟁력을 잃을 수 있죠. 반면 언어에 대한 확고한 기반이 있다면 어떤 새로운 기술이 등장하더라도 빠르게 적응하고 깊이 있게 습득할 수 있습니다.

개발자의 커리어는 길고 기술은 계속 변합니다. 자바스크립트의 근본을 깊이 있게 학습하는 것이 결국 장기적인 경쟁력을 확보하는 길입니다.

Q 이 책을 쓰게 된 특별한 계기나 문제의식이 있었나요?

여러 기술 면접에 면접관으로 참여했습니다. 최근 지원자들은 리액트나 뷰 같은 최신 프레임워크를 굉장히 잘 알고 있어요. 하지만 순수 자바스크립트에 대한 이해가 부족해서 면접에서 탈락하는 사례도 적지 않게 봤습니다.

역설적이게도 규모가 큰 회사일수록 당장 실무를 할 수 있는 프레임워크 전문가보다는 '장기적으로 함께 성장할 수 있는 개발자'를 원합니다. 함께 성장할 수 있는지를 판단하는 중요한 기준 중 하나가 바로 기초 실력입니다. 문제는 현재의 학습 생태계가 상업성이 높은 최신 기술 위주로만 돌아가고 있다는 거죠. 그러다 보니 실무를 버텨낼 기본기 없이 최신 기술만 외운 지원자가 많습니다.

실무에서 겪는 어려움 역시 결국 자바스크립트 언어에 대한 이해 부족에서 비롯됩니다. 프레임워크는 복잡한 동작을 감춰주지만, 실무의 모든 문제를 해결해주지는 않습니다. 개발자의 역량을 판가름하는 건 누구나 쉽게 해결하는 99%의 문제가 아니라 언어를 깊게 이해해야만 풀 수 있는 나머지 1%의 문제를 해결할 능력입니다.

이제 우리는 고민해봐야 합니다. 기초 없이 쌓아 올린 프런트엔드 지식이 정말 든든한 기반인지 아니면 작은 변화에도 쉽게 무너질 모래성인지 말이죠. 그래서 자바스크립트 언어의 본질에 집중한 이 책이 반드시 필요하다고 느꼈습니다.

Q 이 책이 독자에게 어떤 학습 효과와 커리어 성장을 제공할 수 있을까요?

단순히 지식을 나열하는 방식으로는 자바스크립트의 개념을 머릿속에 오랫동안 남기기 어렵습니다. 이 책은 퀴즈와 해설 중심의 구성을 통해 개념이 왜 이렇게 동작하는지를 독자가 직접 고민하고 의심하도록 유도합니다. 또한 퀴즈를 풀고 해설을 확인하는 과정을 통해 자바스크립트의 핵심 개념을 실제 코드로 자연스럽게 익힐 수 있으며, 그렇게 얻은 지식은 기술 면접과 실무에서 즉시 써먹을 수 있는 무기가 됩니다. 무겁고 추상적으로 느껴졌던 자바스크립트 개념이 구체적인 코드와 함께 또렷이 이해될 것입니다.

Q 요즘 개발자들이 가장 많이 고민하는 현실적인 문제는 무엇인가요?

개발자 취업이 어려워졌다는 이야기가 많습니다. 그런데 솔직히 취업이 쉬웠던 시절이 있었나요? 모두가 들어가고 싶은 회사는 언제나 문턱이 높았습니다. 결국 중요한 건 차별화된 기술 경쟁력이에요. 최신 프레임워크만 외우는 건 누구나 할 수 있습니다. 하지만 채용 담당자가 원하는 것은 기초가 탄탄하고 함께 오랫동안 성장할 수 있는 인재입니다.

취업 이후에도 고민은 계속됩니다. 실무에서는 기술이 너무 빠르게 변하거든요. 제이쿼리부터 백본, 앵귤러, 리액트까지 수많은 기술이 흥망성쇠를 겪었습니다(지금의 리액트는 상대적으로 오래가고 있지만, 이전 버전과 현재의 리액트가 같은 리액트라고 볼 수는 없죠). 결국 현장에서 살아남으려면 자바스크립트라는 근본 언어를 깊이 이해하는 것이 무엇보다 중요합니다.

Q AI 시대에 자바스크립트를 배운다는 것은 어떤 의미가 있을까요?

AI가 코드를 쓰고 리뷰하고 리팩터링까지 하는 시대입니다. 그래서 어떤 이들은 "내가 자바스크립트를 깊이 알 필요가 있을까?"라고 의문을 가지기도 합니다. 하지만 AI가 만들어준 코드가 실무에 적합한지를 판단하고 결정하는 건 결국 사람, 즉 개발자의 몫이에요.

AI는 훈련된 데이터를 기반으로 코드를 제안할 뿐 코드의 맥락이나 구체적인 의도까지 정확히 이해하진 못합니다. 따라서 언제든 잘못된 코드나 부적절한 제안을 할 수 있죠. 현직 프런트엔드 개발자들도 AI 도구를 활용하지만 그 결과를 비판 없이 그대로 사용하지는 않습니다. 오히려 이제는 AI의 제안을 분석하고 실무에 맞는 코드로 개선하는 능력이 중요합니다.

AI 시대의 개발자는 단순히 코드를 작성하는 사람이 아니라 AI가 만든 코드를 감별하고 응용하는 사람으로 변화하고 있습니다. 좋은 질문을 던지고, AI의 답변을 검증하고, 실무에 맞게 재구성하는 능력이 필수입니다. 그리고 이러한 능력의 바탕에는 프로그래밍 언어에 대한 깊은 이해가 있어야 합니다.

이 책은 AI와 협업하기 위한 기초 체력을 길러줍니다. 자바스크립트의 핵심 개념을 퀴즈로 익힘으로써 코드에 대한 감각과 판단력을 자연스럽게 키우고, AI와 협업할 수 있는 능력을 갖추도록 설계했습니다. 이 책과 함께 AI가 작성한 코드의 옳고 그름을 판단하는 능력을 키워보세요. 순수 자바스크립트를 배우는 것이야말로 AI 시대에 진정한 개발자로 성장하는 확실한 출발점입니다.

지은이 FE지컬:100 카카오 프런트엔드 연구 모임

카카오 프런트엔드 개발자들이 모인 연구 모임입니다. 자바스크립트의 본질을 이해하는 것이 무엇보다 중요하다는 공감대 아래 함께 공부하며 더 깊고 견고한 개발 역량을 쌓고 있습니다.

이 책에 대하여

이 책은 단순한 자바스크립트 문법서가 아닙니다. 순수 자바스크립트의 본질을 깊이 익힐 수 있는 자바스크립트 마스터 가이드입니다. 프레임워크나 라이브러리에 가려 자칫 놓칠 수 있는 자바스크립트의 핵심 개념을 퀴즈를 통해 체계적으로 학습할 수 있도록 구성했습니다.

이 책의 모든 퀴즈는 단순한 지식 점검을 넘어 실무에서 자주 접하는 문제 상황과 기술 면접 예상 질문을 기반으로 만들었습니다. 다양한 유형의 퀴즈를 풀어보며 자바스크립트를 제대로 이해하고 있는지 스스로 점검하고 부족한 부분을 보완하며 실력을 한 단계 높일 수 있습니다. 또한 카카오 프런트엔드 개발자들의 실제 경험을 담은 인터뷰를 장별로 수록해, 학습한 개념이 현장에서 어떻게 활용되는지를 생생하게 확인할 수 있습니다. 학습 후에는 AI를 활용해 지식을 더욱 심화할 수 있도록 AI에게 던질 수 있는 좋은 질문 예시도 함께 제공합니다.

이 책의 모든 퀴즈를 완주하면 '자바스크립트를 마스터했다'라고 자신 있게 말할 수 있을 것입니다. 나아가 AI 시대에 필수적인 AI가 생성한 코드를 분석하고 실무에 맞게 응용하는 비판적 사고력과 감각을 키울 수 있습니다. 이 책과 함께 빠르게 변화하는 프런트엔드 기술 환경 속에서도 결코 흔들리지 않는 실력을 갖춰 보세요.

이 책의 특징

- **문제 풀이 중심 학습**: 다양한 퀴즈를 풀어보며 실력을 향상하고 개념을 실전에 연결합니다.
- **기술 면접 완벽 대비**: 단계별 퀴즈와 꼬리 질문을 통해 기술 면접에 자주 등장하는 문제 유형을 철저히 대비합니다.
- **입체적 학습 패턴**: 실력 진단 → 기초 점검 → 이론 학습 → 실전 퀴즈 풀이 → 실무 인터뷰로 이어지는 구성을 통해 자바스크립트를 입체적으로 익힙니다.
- **AI 시대의 개발 역량 강화**: AI가 작성한 코드를 분석하고 실무에 응용할 수 있는 역량을 기릅니다.
- **카카오 프런트엔드 개발자 인터뷰 수록**: 현직 프런트엔드 개발자들의 생생한 실무 경험과 문제 해결 노하우를 통해 실무 감각을 키웁니다.

대상 독자

- 프레임워크는 익숙하지만 자바스크립트의 근본이 약하다고 느끼는 개발자
- 기술 면접과 실무 역량을 동시에 강화하고 싶은 예비 개발자
- 자바스크립트 코드의 작동 원리를 깊이 있게 이해하고 싶은 개발자
- AI 시대를 대비해 코드 분석과 응용력을 높이고 싶은 개발자

이 책의 구성

자바스크립트를 체계적으로 익힐 수 있도록 총 9개의 챕터로 구성했습니다. 각 챕터를 따라가며 자바스크립트의 핵심 개념들이 자바스크립트 전반에 어떻게 연결되어 있는지 자연스럽게 학습할 수 있습니다.

챕터 1부터 챕터 3까지는 자바스크립트의 기반 구조를 다집니다. 동적 타입 언어로서의 특징, 참조와 복사의 개념, 스코프 체계와 클로저의 메커니즘 등을 중심으로 기초 체력을 쌓습니다. 챕터 4부터 챕터 6에서는 함수 중심의 사고와 코드 실행 흐름을 익힙니다. 함수, this, 비동기의 개념과 실행 컨텍스트, 비동기 흐름 제어 방법을 다루며 실무 역량을 높입니다. 챕터 7부터 챕터 9까지는 클래스와 프로토타입, 이벤트, 모듈 개념을 통해 자바스크립트의 객체지향적 특징과 브라우저 환경에서의 상호작용, 효율적인 코드 구조화 방법을 학습합니다.

CHAPTER 01 타입	**#원시 타입 #참조 타입 #타입 변환** 자바스크립트의 기본적인 타입과 값의 저장 방식, 동적 타이핑, 암시적/명시적 타입 변환을 학습합니다.
CHAPTER 02 객체	**#객체 #객체 리터럴 #구조 분해 할당** 객체 생성 및 속성 관리, 객체의 전달과 복사 방법 등 객체와 관련된 유용한 개념을 학습합니다.
CHAPTER 03 스코프와 클로저	**#스코프 #호이스팅 #클로저** 변수 선언 방식의 차이점, 호이스팅, 스코프 및 클로저 개념을 이해합니다.
CHAPTER 04 함수	**#일급 함수 #고차 함수 #재귀 함수 #비동기 함수** 함수의 선언 방식과 일급 함수와 고차 함수의 개념, 다양한 형태의 함수를 소개합니다.

CHAPTER 05 this	#this #컨텍스트 #바인딩 this 키워드와 다양한 바인딩 방식, 호출 맥락에 따른 this의 차이를 이해합니다.
CHAPTER 06 비동기	#이벤트 루프 #프로미스 비동기 프로그래밍의 기초, 콜백 함수와 프로미스, 이벤트 루프를 통한 실행 순서를 익힙니다.
CHAPTER 07 클래스와 프로토타입	#클래스 #프로토타입 #상속 프로토타입 기반 상속과 ECMAScript 2015부터 도입된 클래스 문법 등 객체지향 설계를 위한 자바스크립트 구조를 배웁니다.
CHAPTER 08 이벤트	#DOM 이벤트 #캡처링 #버블링 #합성 이벤트 브라우저에서의 이벤트 처리 방식, 버블링과 캡처링, 합성 이벤트를 이용한 효율적인 이벤트 관리 기법을 학습합니다.
CHAPTER 09 모듈	#모듈 #모듈의 활용 #ESM 모듈의 기초와 활용, 모듈 시스템의 필요성과 ESM 이전의 여러 모듈 시스템에 대해 설명합니다.

환경 설정 안내

이 책에서 다루는 모든 예제는 기본적으로 엄격 모드를 기준으로 설명합니다. 비엄격 모드에서의 동작이 필요한 경우 해당 퀴즈에 별도로 비엄격 모드라는 조건이 명시되어 있으니 퀴즈의 지문을 참고하세요. 문법과 동작 방식이 달라지는 예외적인 상황을 구분해서 학습하면 실무 상황에서도 더욱 정확하게 이해하고 활용할 수 있습니다.

학습 사이클 살펴보기

셀프 실력 점검
각 챕터에서 다룰 핵심 개념을 미리 점검해보는 자가 진단 단계입니다. 이미 아는 개념과 낯선 개념을 구분하여 현재 실력을 객관적으로 파악하고 학습 방향을 정할 수 있습니다.

뇌를 깨우는 워밍업 퀴즈
본격적인 개념 학습 전 가벼운 퀴즈를 통해 기본기를 빠르게 정리합니다. 개념의 뼈대를 세우고 기초 체력을 확보하세요.

핵심 개념 파헤치기
자바스크립트의 핵심 개념을 정리합니다. 프레임워크나 라이브러리에 의존하지 않고 순수 자바스크립트 관점에서 언어의 본질을 설명하여 탄탄한 기반을 다질 수 있습니다.

퀴즈 SECTION 01
실력 진단

퀴즈 SECTION 02
기초 점검

SECTION 03
이론 학습

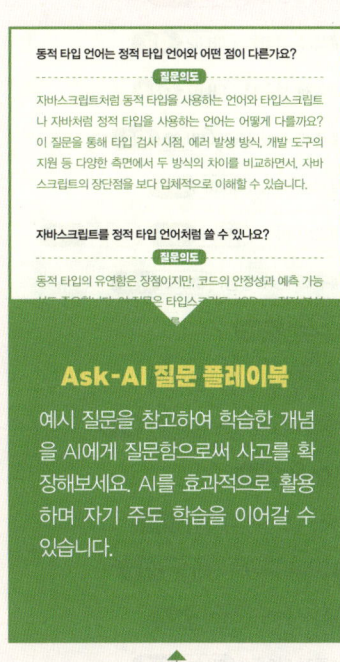
Ask-AI 질문 플레이북
예시 질문을 참고하여 학습한 개념을 AI에게 질문함으로써 사고를 확장해보세요. AI를 효과적으로 활용하며 자기 주도 학습을 이어갈 수 있습니다.

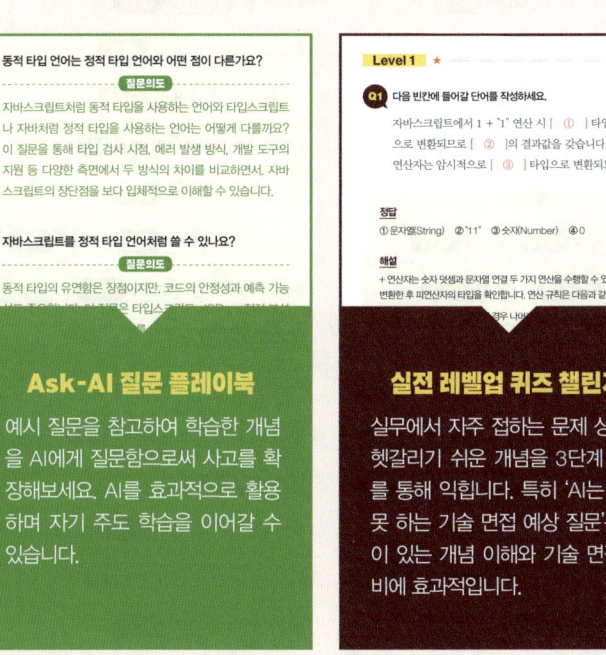
실전 레벨업 퀴즈 챌린지
실무에서 자주 접하는 문제 상황과 헷갈리기 쉬운 개념을 3단계 퀴즈를 통해 익힙니다. 특히 'AI는 통과 못 하는 기술 면접 예상 질문'은 깊이 있는 개념 이해와 기술 면접 대비에 효과적입니다.

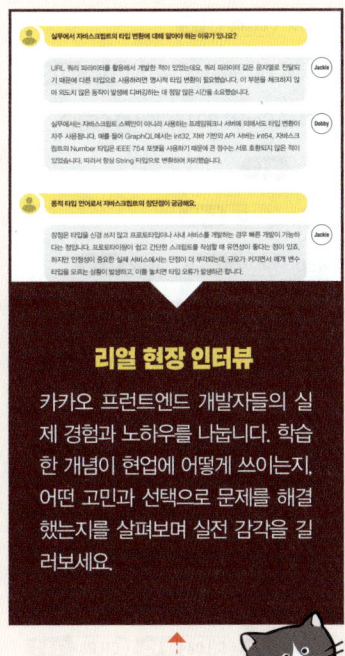
리얼 현장 인터뷰
카카오 프런트엔드 개발자들의 실제 경험과 노하우를 나눕니다. 학습한 개념이 현업에 어떻게 쓰이는지, 어떤 고민과 선택으로 문제를 해결했는지를 살펴보며 실전 감각을 길러보세요.

AI 활용 학습

퀴즈 SECTION 04
실전 퀴즈 풀이

SECTION 05
실무 문제 해결

이 책의 모든 챕터는 '실력 진단 → 기초 점검 → 이론 학습 → 실전 퀴즈 풀이 → 실무 인터뷰'의 다섯 단계 학습 사이클로 구성되어 있습니다. 학습 초반에는 간단한 체크 리스트와 워밍업 퀴즈로 현재 실력을 점검합니다. 이어서 이론 학습을 통해 핵심 개념을 정리하고, 실전 퀴즈 풀이로 실무와 기술 면접에 필요한 문제 해결력을 키웁니다. 또한 각 챕터에는 AI에게 던질 수 있는 질문 예시도 함께 제공해 스스로 사고를 확장할 수 있도록 설계했습니다.

태그별 퀴즈 모음.zip

#BigInt: CH.01 Q14
#DOM: CH.08 Q12
#DOMContentLoaded: CH.08 Q12
#ECMAScript 2015: CH.02 Q12 CH.07 Q12
#ESM: CH.09 Q12
#Map: CH.02 Q15 CH.02 Q16
#Node.js: CH.05 Q14
#Number: CH.01 Q9 CH.01 Q14
#Set: CH.02 Q15
#Symbol: CH.01 Q13 CH.02 Q12
#WeakMap: CH.02 Q16
#addEventListener: CH.03 Q15 CH.08 Q9 CH.08 Q10 CH.08 Q11 CH.08 Q12 CH.08 Q13 CH.08 Q14 CH.08 Q15
#apply: CH.05 Q7 CH.05 Q10
#arguments: CH.04 Q10 CH.04 Q12
#as: CH.09 Q9
#async/await: CH.06 Q10 CH.06 Q12 CH.06 Q13 CH.06 Q14 CH.09 Q13
#bind: CH.05 Q7 CH.05 Q10 CH.05 Q16
#call: CH.05 Q7 CH.05 Q10 CH.05 Q13
#constructor: CH.07 Q11

#customEvent: CH.08 Q13
#enumerable: CH.02 Q14
#export: CH.09 Q8
#export default: CH.09 Q8
#for...in: CH.02 Q14
#hint: CH.01 Q16 CH.01 Q17
#let: CH.03 Q9 CH.03 Q13
#lexical this: CH.05 Q14
#load: CH.08 Q12
#mouseover: CH.08 Q9
#new 바인딩: CH.05 Q7
#setTimeout: CH.05 Q11 CH.06 Q8 CH.06 Q10 CH.06 Q14
#super: CH.07 Q7
#this: CH.05 Q7 CH.05 Q8 CH.05 Q9 CH.05 Q10 CH.05 Q11 CH.05 Q12 CH.05 Q13 CH.05 Q14 CH.05 Q15 CH.05 Q16 CH.05 Q07 Q10
#typeof: CH.01 Q7 CH.01 Q9 CH.01 Q14
#var: CH.03 Q9 CH.03 Q11 CH.03 Q13 CH.09 Q10
#객체: CH.01 Q16 CH.01 Q17 CH.02 Q8 CH.02 Q9 CH.02 Q10 CH.02 Q11 CH.02 Q12 CH.02 Q13 CH.02 Q14 CH.02 Q15 CH.02 Q16 CH.02 Q17 CH.05 Q9 CH.07 Q7

#객체 동결: CH.02 Q11
#객체 리터럴: CH.02 Q9
#객체 서술자: CH.02 Q14
#객체 속성 접근: CH.02 Q8
#객체 타입: CH.01 Q7
#고차 함수: CH.04 Q8 CH.04 Q9
#구조 분해 할당: CH.02 Q10 CH.09 Q9
#깊은 복사: CH.02 Q13
#나머지 매개 변수: CH.04 Q10 CH.04 Q12
#논리 연산자: CH.01 Q8
#대괄호 표기법: CH.02 Q8
#동적 언어: CH.01 Q7
#동적 타이핑: CH.01 Q7
#렉시컬 스코프: CH.03 Q7
#마이크로태스크 큐: CH.06 Q9
#매개 변수: CH.04 Q12
#명시적 바인딩: CH.05 Q7 CH.05 Q11
#명시적 타입 변환: CH.01 Q9 CH.01 Q14
#모듈: CH.09 Q8 CH.09 Q9 CH.09 Q10 CH.09 Q11 CH.09 Q12 CH.09 Q13 CH.09 Q14
#모듈 스코프: CH.05 Q14 CH.09 Q10
#모듈 초기화: CH.09 Q12

#부동소수점: CH.01 Q10
#부분 적용: CH.04 Q9
#브라우저: CH.05 Q14
#블록 스코프: CH.03 Q6 CH.03 Q14
#비교 연산자: CH.01 Q10
#비동기: CH.06 Q8 CH.06 Q9
CH.06 Q10 CH.06 Q11 CH.06 Q12
CH.06 Q13 CH.06 Q14 CH.06 Q15
CH.09 Q12 CH.09 Q13
#비동기 import: CH.09 Q14
#비동기 함수: CH.03 Q13 CH.04 Q11
#비트 연산: CH.01 Q15
#상속: CH.07 Q7 CH.07 Q10
CH.07 Q12
#생성자 함수: CH.04 Q13 CH.07 Q9
CH.07 Q11
#섀도잉: CH.03 Q11
#스코프: CH.03 Q6 CH.03 Q7
CH.03 Q8 CH.03 Q9 CH.03 Q10
CH.03 Q11 CH.03 Q12 CH.03 Q13
CH.03 Q14 CH.03 Q15 CH.09 Q10
#스코프 체인: CH.03 Q7 CH.03 Q9
#시프트 연산: CH.01 Q15
#실시간 바인딩: CH.09 Q11
CH.09 Q12
#실행 순서: CH.04 Q11
#암시적 바인딩: CH.05 Q7 CH.05 Q11

#암시적 전역: CH.03 Q9
#암시적 타입 변환: CH.01 Q8
CH.01 Q11 CH.01 Q16 CH.01 Q17
#얕은 복사: CH.02 Q13
#엄격 모드: CH.03 Q14
#에러 처리: CH.06 Q12
#연산: CH.01 Q9 CH.01 Q10
CH.01 Q14
#원시 타입: CH.01 Q7 CH.01 Q10
#원시값: CH.01 Q10
#웹 워커: CH.06 Q15
#유사 Set 객체: CH.02 Q15
#이벤트: CH.03 Q15 CH.05 Q15
CH.08 Q9 CH.08 Q10 CH.08 Q11
CH.08 Q12 CH.08 Q13 CH.08 Q14
CH.08 Q15
#이벤트 루프: CH.06 Q8 CH.06 Q9
#이벤트 버블링: CH.08 Q9
CH.08 Q10
#이벤트 위임: CH.08 Q11
#이벤트 캡처링: CH.08 Q9
#이스케이프 시퀀스: CH.01 Q11
#일반 함수: CH.05 Q8 CH.05 Q9
CH.05 Q13 CH.05 Q15
#재귀 함수: CH.04 Q14
#전개 구문: CH.02 Q9
#전달 인자: CH.04 Q12

#전역 스코프: CH.03 Q6 CH.03 Q9
CH.03 Q14 CH.09 Q10
#점 표기법: CH.02 Q8
#정규식 리터럴: CH.01 Q12
#정수: CH.01 Q9 CH.01 Q14
CH.01 Q15
#제너레이터: CH.02 Q17
#즉시 실행 함수: CH.03 Q14
CH.04 Q11
#지연 실행: CH.04 Q11
#최상위 await: CH.09 Q13
#커링: CH.03 Q12 CH.04 Q14
#콜 스택: CH.06 Q8
#콜백: CH.04 Q14 CH.05 Q8
CH.05 Q11 CH.05 Q15
#콜백 큐: CH.06 Q9
#콜백 함수: CH.03 Q13 CH.03 Q15
CH.04 Q8 CH.08 Q10 CH.09 Q14
#클래스: CH.04 Q13 CH.05 Q9
CH.07 Q7 CH.07 Q10 CH.07 Q12
#클래스 필드: CH.07 Q10
#클로저: CH.03 Q6 CH.03 Q10
CH.03 Q12 CH.03 Q13 CH.03 Q15
#타입: CH.01 Q7 CH.01 Q8
CH.01 Q9 CH.01 Q10 CH.01 Q11
CH.01 Q12 CH.01 Q13 CH.01 Q14
CH.01 Q15 CH.01 Q16 CH.01 Q17

#타입 변환: CH.01 Q8 CH.01 Q9
CH.01 Q14 CH.01 Q16 CH.01 Q17

#태스크 큐: CH.06 Q8 CH.06 Q9

#템플릿 리터럴: CH.01 Q11

#프로미스: CH.06 Q10 CH.06 Q11
CH.06 Q12 CH.06 Q13 CH.06 Q14

#프로미스 체인: CH.06 Q11

#프로토타입: CH.07 Q7 CH.07 Q8
CH.07 Q9 CH.07 Q10 CH.07 Q11
CH.07 Q12 CH.07 Q13

#프로토타입 교체: CH.07 Q8
CH.07 Q9 CH.07 Q11

#프로토타입 체인: CH.07 Q8
CH.07 Q9 CH.07 Q13

#함수: CH.03 Q8 CH.03 Q14
CH.04 Q8 CH.04 Q9 CH.04 Q10
CH.04 Q11 CH.04 Q12 CH.04 Q13
CH.04 Q14 CH.05 Q12

#함수 선언: CH.03 Q8

#함수 스코프: CH.03 Q6 CH.03 Q14

#함수 표현식: CH.03 Q8

#호이스팅: CH.03 Q8 CH.03 Q9
CH.03 Q11 CH.03 Q13 CH.03 Q14

#화살표 함수: CH.04 Q11 CH.04 Q13
CH.05 Q8 CH.05 Q9 CH.05 Q10
CH.05 Q11 CH.05 Q12 CH.05 Q13
CH.05 Q14 CH.05 Q15 CH.05 Q16

목차

추천의 말 —————————————————————— 004
베타리더의 말 ————————————————————— 006
저자 인터뷰 ——————————————————————— 010
이 책에 대하여 ————————————————————— 013
학습 사이클 살펴보기 ——————————————————— 016
태그별 퀴즈 모음.zip ——————————————————— 018

CHAPTER 01 타입

퀴즈 **SECTION 01** 셀프 실력 점검 ——————————————— 031

퀴즈 **SECTION 02** 뇌를 깨우는 워밍업 퀴즈 ————————————— 032

SECTION 03 핵심 개념 파헤치기 ——————————————— 034

    01 자바스크립트의 데이터 타입 ——————————————— 034

    원시 타입 034 · 객체 타입 042 · typeof 연산자로 타입 확인하기 044

    02 타입 변환 ——————————————————————— 045

    Number 타입 변환 046 · String 타입 변환 049 · Boolean 타입 변환 051
    객체 타입 변환 052

    03 값과 타입의 비교 ——————————————————— 053

    === 연산자 053 · == 연산자 055 · Object.is 056
    SameValueZero 동등 비교 056

    Ask-AI 질문 플레이북 ——————————————————— 057

퀴즈 **SECTION 04** 실전 레벨업 퀴즈 챌린지 ————————————— 058

SECTION 05 리얼 현장 인터뷰 ——————————————— 086

021

CHAPTER 02 객체

퀴즈	**SECTION 01** 셀프 실력 점검	097
퀴즈	**SECTION 02** 뇌를 깨우는 워밍업 퀴즈	098
	SECTION 03 핵심 개념 파헤치기	100

  01 객체 생성하기   100

  02 객체 속성 다루기   102

  변수를 속성으로 정의하기 102 · 속성을 변수로 할당하기 103
  속성명의 중복과 계산된 속성명 104 · 속성 제거하기 104 · 속성 탐색하기 105
  속성 서술자 105

  03 객체 동결하기   110

  Object.preventExtensions 110 · Object.seal 110 · Object.freeze 111

  04 객체 전달하기   111

  05 객체 복사하기   112

  06 객체 더 알아가기   113

  이터레이터 114 · 키 기반 컬렉션 116

  Ask-AI 질문 플레이북   121

| 퀴즈 | **SECTION 04** 실전 레벨업 퀴즈 챌린지 | 122 |
| | **SECTION 05** 리얼 현장 인터뷰 | 147 |

CHAPTER 03 스코프와 클로저

- **퀴즈** **SECTION 01** 셀프 실력 점검 — 157
- **퀴즈** **SECTION 02** 뇌를 깨우는 워밍업 퀴즈 — 158
- **SECTION 03** 핵심 개념 파헤치기 — 160
  - 01 스코프 — 160
    - 전역 스코프 161 · 모듈 스코프 162 · 함수 스코프 163 · 블록 스코프 164
  - 02 변수 호이스팅 — 165
  - 03 함수 호이스팅 — 167
  - 04 재선언과 섀도잉 — 167
  - 05 클로저 — 169
    - 정보 은닉 170 · 부분 적용 함수 171 · 커링 172
  - 06 IIFE — 173
  - **Ask-AI 질문 플레이북** — 176
- **퀴즈** **SECTION 04** 실전 레벨업 퀴즈 챌린지 — 177
- **SECTION 05** 리얼 현장 인터뷰 — 196

CHAPTER 04 함수

- **퀴즈** **SECTION 01** 셀프 실력 점검 — 205
- **퀴즈** **SECTION 02** 뇌를 깨우는 워밍업 퀴즈 — 206

SECTION 03 핵심 개념 파헤치기 — 207

01 함수 정의하기 — 207

함수 선언문과 함수 표현식 207 · 화살표 함수 208 · Function 생성자 함수 210
함수의 매개 변수와 인수 211

02 일급 함수와 고차 함수 — 214

콜백 함수 214 · 배열 메서드 215

03 재귀 함수 — 218

꼬리 재귀 220

04 순수 함수와 부수 효과 — 221

05 비동기 함수 — 222

async 제너레이터 224

06 생성자 함수 — 225

생성자 함수 호출 구분하기 227 · 생성자 함수가 될 수 없는 함수 227

07 바인딩된 함수 — 228

Ask-AI 질문 플레이북 — 230

 **SECTION 04** 실전 레벨업 퀴즈 챌린지 — 231

SECTION 05 리얼 현장 인터뷰 — 249

CHAPTER 05 this

 **SECTION 01** 셀프 실력 점검 — 259

 **SECTION 02** 뇌를 깨우는 워밍업 퀴즈 — 260

SECTION 03 핵심 개념 파헤치기 — 263

01 전역 컨텍스트에서의 this ——————————————————————— 263
02 함수에서의 this ————————————————————————— 264

메서드와 this 265 · 화살표 함수와 this 266 · 생성자 함수와 this 267

03 클래스에서의 this ———————————————————————— 267

인스턴스 컨텍스트에서의 this 268 · 정적 컨텍스트에서의 this 269

04 실무에서의 this ————————————————————————— 270

메서드의 this 바인딩 270 · DOM 이벤트 핸들러 271
배열 메서드와 콜백 함수 272 · setTimeout 273

Ask-AI 질문 플레이북 ———————————————————————— 274

| 퀴즈 | **SECTION 04** 실전 레벨업 퀴즈 챌린지 ——————————————————— 275
| **SECTION 05** 리얼 현장 인터뷰 ——————————————————————— 299

CHAPTER 06 비동기

| 퀴즈 | **SECTION 01** 셀프 실력 점검 ———————————————————————— 305
| 퀴즈 | **SECTION 02** 뇌를 깨우는 워밍업 퀴즈 ——————————————————— 306
| **SECTION 03** 핵심 개념 파헤치기 ——————————————————————— 309

01 이벤트 루프 ——————————————————————————— 309

블로킹과 논블로킹 311 · setTimeout 311 · 마이크로태스크 313

02 프로미스 ———————————————————————————— 315

fetch 315 · 프로미스와 마이크로태스크 316 · 프로미스 체이닝 317
async/await 317 · 프로미스 생성하기 320 · 기존 코드에 프로미스 적용하기 321
프로미스 동시성 다루기 322 · 처리되지 않은 예외 처리하기 326
프로미스 취소하기 327

025

퀴즈		Ask-AI 질문 플레이북	328
	SECTION 04	실전 레벨업 퀴즈 챌린지	329
	SECTION 05	리얼 현장 인터뷰	348

CHAPTER 07 클래스와 프로토타입

퀴즈	SECTION 01	셀프 실력 점검	361
퀴즈	SECTION 02	뇌를 깨우는 워밍업 퀴즈	362
	SECTION 03	핵심 개념 파헤치기	365

    01 프로토타입 — 365

    프로토타입 가져오기 366 · 프로토타입 정의하기 367

    02 프로토타입과 상속 — 371

    생성자 함수를 통한 객체의 상속 371 · 메서드 오버라이딩 372
    정적 속성의 상속 373

    03 클래스 — 374

    클래스 선언하기 374 · 인스턴스 생성하기 376 · 클래스의 구성 요소 377

    04 클래스와 상속 — 383

    Ask-AI 질문 플레이북 — 385

| 퀴즈 | SECTION 04 | 실전 레벨업 퀴즈 챌린지 | 386 |
| | SECTION 05 | 리얼 현장 인터뷰 | 405 |

CHAPTER 08 이벤트

| 퀴즈 | **SECTION 01** 셀프 실력 점검 | 417 |
| 퀴즈 | **SECTION 02** 뇌를 깨우는 워밍업 퀴즈 | 418 |

SECTION 03 핵심 개념 파헤치기 ——— 420

01 웹에서의 이벤트 ——— 420

이벤트 리스너 420 · 이벤트 객체 423 · 기본 동작 제어하기 424

02 이벤트 캡처링과 버블링 ——— 425

이벤트 버블링 427 · 이벤트 캡처링 429 · 이벤트 전파 중단하기 430
이벤트 위임 431

03 합성 이벤트 ——— 432

Event를 이용한 이벤트 생성 432 · 합성 이벤트의 기본 동작 취소하기 433
CustomEvent를 이용한 이벤트 생성 434 · 합성 이벤트를 활용한 테스트
코드 작성하기 435 · 합성 이벤트와 실제 이벤트 구분하기 437

04 인라인 이벤트 핸들러 ——— 437

HTML 속성을 이용한 이벤트 핸들러 등록 437
DOM 요소의 속성을 이용한 이벤트 핸들러 등록 438

05 Node.js에서의 이벤트 ——— 439

Ask-AI 질문 플레이북 ——— 441

| 퀴즈 | **SECTION 04** 실전 레벨업 퀴즈 챌린지 | 442 |

SECTION 05 리얼 현장 인터뷰 ——— 461

CHAPTER 09 모듈

| 퀴즈 | **SECTION 01** 셀프 실력 점검 — 471
| 퀴즈 | **SECTION 02** 뇌를 깨우는 워밍업 퀴즈 — 472

SECTION 03 핵심 개념 파헤치기 — 475

01 모듈의 기초 — 475

모듈 내보내기 475 · 모듈 가져오기 476 · 기본 내보내기 477
모듈 이름 바꾸기 479 · 모듈 묶어 가져오기 479

02 모듈 활용하기 — 480

모듈 파일의 확장자 480 · 모듈 파일의 경로 481 · 모듈을 모아 내보내기 482
웹 브라우저에서 모듈 사용하기 483 · 정적 모듈 시스템과 번들링 484

03 모듈 더 알아보기 — 484

동적 모듈 로딩 485 · Top-level await 487 · 모듈 메타 정보 487
순환 참조 488

04 과거 모듈 시스템과 비교하기 — 489

CommonJS 489 · AMD 490

Ask-AI 질문 플레이북 — 491

| 퀴즈 | **SECTION 04** 실전 레벨업 퀴즈 챌린지 — 492
| | **SECTION 05** 리얼 현장 인터뷰 — 508

CHAPTER 01

타입

자바스크립트를 제대로 이해하려면 타입부터 정확히 짚고 넘어가야 합니다. 타입 시스템을 제대로 이해하면 더 견고하고 예측 가능한 코드를 작성할 수 있습니다.

자바스크립트는 동적 타입 언어입니다. 변수의 타입이 실행 중에 정해지며 필요에 따라 자동으로 타입이 바뀌는 암시적 타입 변환도 자주 일어납니다. 이러한 유연성 덕분에 자바스크립트를 처음 배울 때는 진입 장벽이 낮지만, 동시에 타입이 자유롭게 바뀌는 특성 때문에 의도하지 않은 버그가 발생하기도 합니다.

이번 챕터에서는 자바스크립트의 타입과 관련된 다양한 문제들을 직접 풀어보며 타입 시스템의 본질을 이해해보겠습니다. 이를 통해 면접은 물론 실무에서도 타입에 관해 자신 있게 설명할 수 있을 것입니다.

SECTION 01 셀프 실력 점검

자바스크립트의 타입 시스템에 대한 이해도를 점검해볼 수 있는 퀴즈입니다. 다음 항목들을 체크해봄으로써 자바스크립트의 타입 시스템을 얼마나 잘 알고 있는지 확인해보세요.

01 원시 타입의 종류와 각 타입에 대해 설명할 수 있다. [ ]

02 원시 타입과 객체 타입의 차이를 설명할 수 있다. [ ]

03 암시적 타입 변환과 명시적 타입 변환의 차이를 설명할 수 있다. [ ]

04 동등 연산자(==)와 일치 연산자(===)의 차이를 설명할 수 있다. [ ]

05 Number.MAX_SAFE_INTEGER + 1 === Number.MAX_SAFE_INTEGER + 2의 결과와 [ ]
   그 이유를 설명할 수 있다.

06 자바스크립트에서 BigInt가 무엇이며 언제 사용되는지 Number 타입과 비교해서 제시할 수 있다. [ ]

07 Truthy와 Falsy의 개념을 설명하고, Truthy 값과 Falsy 값의 예시를 1개 이상 설명할 수 있다. [ ]

08 typeof 연산자의 역할과 목적을 설명할 수 있다. [ ]

09 Symbol의 용도와 Symbol("a") == Symbol("a")의 결과에 대해 설명할 수 있다. [ ]

10 null과 undefined의 차이를 설명할 수 있다. [ ]

11 컨텍스트에 따라 달라지는 암시적 타입 변환의 과정에 대해 설명할 수 있다. [ ]

나의 실력은?

0-2개	출발 금지! 준비 운동이 필요해요. 이론부터 차근차근 학습하며 탄탄한 기본기를 쌓아보세요.
3-4개	준비 완료! 핵심 개념을 익히고 Level 1 퀴즈를 풀며 자신감을 키워보세요.
5-7개	잘하고 있어요! Level 2 퀴즈를 통해 학습한 개념을 코드에 적용하면서 더욱 깊이 있는 이해를 쌓아보세요.
8개 이상	Level 3 퀴즈에서 다양한 개념을 연관 지어 학습해보세요. 실무에서 어떤 문제를 만나도 충분히 해결할 수 있을 거예요.

SECTION 02 뇌를 깨우는 워밍업 퀴즈

본격적으로 핵심 개념을 익히기 전에 가벼운 퀴즈를 풀어보며 자바스크립트 타입의 특성과 동작 방식을 점검해보세요.

01 문자열 "1"에 숫자 1을 더하면 어떤 결과가 나올까요? 숫자 1에 문자열 "1"을 더한 결과와 비교해보세요. 또 문자열 "1"에서 숫자 1을 빼면 어떤 결과가 나올까요?

```
console.log("1" + 1);
console.log(1 + "1");
console.log("1" - 1);
```

힌트 "1" + 1과 1 + "1"에서 문자열과 숫자가 만나면 어떤 타입으로 변환되는지 생각해보세요. 또한 "1" - 1에서는 어떤 타입으로 변환되는지도 함께 고려해보세요.

02 Boolean("0")과 Boolean(0)의 결과는 각각 어떻게 될까요? 왜 이런 차이가 생기는지 설명하세요.

```
console.log(Boolean("0"));
console.log(Boolean(0));
```

힌트 "0"은 문자열이고 0은 숫자입니다. 각각 Boolean으로 변환될 때 어떤 값이 되는지 생각해보세요.

03 빈 배열 [ ]의 타입을 확인하면 어떤 결과가 나올까요? 또 Array.isArray([ ])를 호출하면 어떤 결과가 나올까요?

```
console.log(typeof []);
console.log(Array.isArray([]));
```

힌트 typeof 연산자는 값의 타입을 확인하는 방법이고, Array.isArray는 배열인지 여부를 확인하는 방법입니다. 두 방법의 결과가 어떻게 다른지 생각해보세요.

04 다음 코드의 실행 결과는 어떻게 다를까요?

```javascript
let a;
let b = null;

console.log(typeof a);
console.log(typeof b);
```

힌트 undefined는 변수가 선언만 되고 값이 할당되지 않은 상태이고, null은 의도적으로 값이 없음을 나타내는 상태입니다. typeof 연산자로 각각을 확인했을 때 어떤 결과가 나오는지 생각해보세요.

정답 및 해설

01	• "11", "11", 0 문자열과 숫자를 + 연산하면 숫자가 문자열로 변환되어 문자열 결합이 일어납니다. 따라서 "1" + 1과 1 + "1"은 모두 "11"이 됩니다. − 연산에서는 문자열이 숫자로 변환되어 산술 연산이 수행되므로 "1" − 1은 0이 됩니다.
02	• true, false "0"은 빈 문자열이 아니므로 Truthy 값이며 0은 자바스크립트에서 Falsy 값으로 평가됩니다.
03	• "object", true typeof [ ]는 배열도 객체의 일종이기 때문에 "object"를 반환합니다. 배열 여부를 정확히 확인하려면 Array.isArray([ ])를 사용해야 하며 Array.isArray([ ])는 true를 반환합니다.
04	• "undefined", "object" a는 값이 할당되지 않은 변수로 undefined, b는 null로 명시적으로 설정되었으며 자바스크립트에서 typeof null은 오래된 설계 오류로 인해 "object"를 반환합니다.

SECTION 03 핵심 개념 파헤치기

자바스크립트에는 숫자, 문자열 같은 원시 타입부터 복잡한 객체 타입까지 다양한 종류의 타입이 존재합니다. 동적 타입 언어인 자바스크립트의 타입을 잘 이해하면 값의 예기치 않은 변경이나 타입 변환 오류를 방지하여 코드의 안정성과 신뢰성을 높일 수 있습니다. 타입의 종류와 특징을 살펴보고 타입 변환과 비교 등 타입의 핵심 개념을 알아보겠습니다.

01 자바스크립트의 데이터 타입

자바스크립트는 다양한 종류의 값을 표현할 수 있으며, 이를 타입type이라고 합니다. 예를 들면 숫자를 표현하는 Number 타입, 문자열을 표현하는 String 타입 등이 있습니다. 자바스크립트의 타입은 크게 '원시 타입'과 '객체 타입'으로 나눌 수 있습니다.

| 원시 타입 |

원시 타입primitive type에는 총 7가지 타입이 있습니다.

- Number
- BigInt
- Boolean
- String
- Symbol
- Null
- Undefined

이러한 원시 타입 값들은 변경될 수 없으므로 '불변'하다고 하며 객체와 달리 속성이나 메서드를 가지지 않습니다. 그러나 Null과 Undefined 타입을 제외한 원시 타입에는 대응하는 래퍼 객체wrapper object[*]가 존재합니다. 원시값primitive value의 속성이나 메서드를 사용하려고 하면 자바스크립트는 값을 래퍼 객체로 감싸주고, 래퍼 객체는 원시값으로 작업하기 위한 여러 속성이나 메서드를 대신 제공합니다.

예를 들어 "Hello, World!"라는 문자열은 원시값이지만, 자바스크립트가 String 래퍼 객체로 감싸준 덕분에 다음과 같이 length라는 문자열 길이를 알아내는 속성을 사용할 수 있는 것입니다.

---

[*] https://en.wikipedia.org/wiki/Wrapper_function

```
const textLength = "Hello, World!".length;
```

이제 각 원시 타입을 하나씩 살펴보겠습니다.

Number

Number 타입은 이름 그대로 숫자를 표현하는 타입입니다. 자바스크립트는 내부적으로 배정밀도 부동소수점 방식으로 숫자를 다룹니다. 배정밀도는 64비트의 메모리를 사용해 숫자 하나를 표현한다는 뜻입니다.

자바와 C# 같은 다른 프로그래밍 언어에서는 정수 타입과 부동소수점* 타입을 나누기도 하지만, 자바스크립트는 정수와 부동소수점을 구분하지 않고 모두 부동소수점으로 다루기 때문에 자바스크립트에서 1과 1.0은 같은 값입니다.

1) 정수 리터럴

정수나 부동소수점 값은 3.14와 같이 숫자로 표현할 수 있습니다. 이렇듯 타입마다 정해진 표현을 사용해 자바스크립트 코드에서 값을 직접 표현할 수 있으며, 이를 리터럴literal이라고 합니다.

정수 리터럴integer literal은 일반적으로 0부터 9까지의 숫자를 사용해 다음과 같이 표현할 수 있습니다.

```
1234567890
```

10진수뿐만 아니라 8진수와 16진수 그리고 2진수도 표현할 수 있습니다. 숫자 앞에 각각 0o, 0x, 0b를 붙이면 됩니다. 이때 대소문자는 구분하지 않습니다.

```
0o77 // 8진수 -> 63
0xff // 16진수 -> 255
0b11 // 2진수 -> 3
```

---

* https://en.wikipedia.org/wiki/IEEE_754

2) 부동소수점 리터럴

부동소수점 리터럴floating-point literal의 경우 소수점(.)을 사용해 다음과 같이 표현할 수 있습니다.

```
3.141592
```

부동소수점은 지수를 넣어서 표현할 수도 있는데, e+1 또는 e-1과 같이 지수부를 나타내는 e 또는 E 문자와 지수를 결합해 사용합니다.

```
0.314e+1 // 3.14
3E-2 // 0.03
```

주의할 점은 정수나 부동소수점 모두 64비트 메모리에 저장되기 때문에 표현할 수 있는 값의 크기에 제약이 있다는 것입니다. 자바스크립트의 부동소수점은 IEEE 754 표준을 따르는데, 이에 따르면 표현할 수 있는 값의 최대 크기는 대략 2의 1024승입니다. 이 값은 Number.MAX_VALUE로 정의되어 있고, 이보다 큰 수는 Infinity라는 특수한 값으로 변환됩니다. 표현할 수 있는 최소 크기도 마찬가지로 Number.MIN_VALUE가 정의되어 있습니다.

```
Number.MAX_VALUE * 2 // Infinity
Number.MAX_VALUE === Number.MAX_VALUE - 1 // true
```

위의 코드에서 Number.MAX_VALUE에 2를 곱하면 Infinity로 평가되지만, 비교적 작은 값을 Number.MAX_VALUE에 더하거나 빼도 Number.MAX_VALUE로 같습니다. 왜냐하면 부동소수점은 특정 크기를 넘어가면 정확성을 잃기 때문입니다.

한편, 자바스크립트는 부동소수점 방식으로 오차 없이 표현할 수 있는 정수의 최댓값을 Number.MAX_SAFE_INTEGER로 정의해놓았습니다. 안전한 정수의 최솟값도 Number.MIN_SAFE_INTEGER로 정의되어 있습니다.

```
Number.MAX_SAFE_INTEGER === Number.MAX_SAFE_INTEGER - 1 // false
Number.MAX_SAFE_INTEGER + 1 === Number.MAX_SAFE_INTEGER + 2 // true
```

Number.MAX_VALUE와 다르게 첫 번째 줄은 false로 평가됩니다. 하지만 두 번째 줄은 안전한 정수의 최댓값을 벗어나기 때문에 계산이 정확해지지 않아 true로 평가되었습니다. 따라서 정확한 계산을 해야할 때는 이런 부동소수점의 성질을 잘 알고 유의해서 사용하는 것이 좋습니다.

BigInt

다행히도 자바스크립트는 BigInt 타입을 사용해 부동소수점으로 표현하지 못 하는 큰 정수를 다룰 수 있는 방법을 제공합니다. BigInt는 다음과 같이 정수 뒤에 n을 붙이거나 BigInt 함수를 호출해 사용할 수 있습니다.

```
1234567890n
0xABCDEFn
BigInt(1234567890)
BigInt("0xABCDEF")
```

안전한 정수의 최댓값을 넘어서는 숫자를 계산해볼까요?

```
BigInt(Number.MAX_SAFE_INTEGER) + 1n === BigInt(Number.MAX_SAFE_INTEGER) + 2n // false
```

Number 타입의 값은 true로 평가되었지만, BigInt 타입의 값을 사용하니 false로 정상적으로 평가되었습니다.

위 예제 코드에서 BigInt와 Number는 서로 다른 타입이기 때문에 계산할 때 같은 타입으로 맞춰야 한다는 점에 유의해야 합니다. Number.MAX_SAFE_INTEGER는 Number 타입이므로 BigInt 함수를 사용해 BigInt 타입으로 먼저 변환한 뒤, 마찬가지로 BigInt 타입의 1n과 2n을 더해 계산했습니다.

BigInt 타입의 값은 Number 타입의 값과 함께 연산할 수 없기 때문에 사용에 제약이 있을 수 있습니다. 예를 들어 제곱근을 구하는 Math.sqrt 함수는 Number 타입의 값을 인자로 받기 때문에 BigInt 타입의 값은 사용할 수 없어 Number 타입으로 먼저 변환해야 합니다. 64비트 부동소수점으로 표현할 수 없는 큰 정수의 경우 Number 타입으로 변환되면 정확성을 잃기 때문에 주의해야 합니다.

Boolean

Boolean 타입의 값은 논리적 참, 거짓을 나타내는 true와 false 두 개뿐입니다. 주로 if나 for, while 문 등의 조건문, 반복문에서 코드 실행 흐름을 제어하기 위해 사용됩니다.

String

String 타입은 문자열을 표현하기 위한 타입입니다. 문자열 값을 표현하기 위한 문자열 리터럴_{string literal}은 다음 3가지 방법을 사용할 수 있습니다.

```
"Hello, World!" // 큰따옴표 사용
'Hello, World!' // 작은따옴표 사용
`Hello, World!` // 백틱(`) 사용
```

1) 템플릿 리터럴

백틱(`)을 사용한 문자열 표현은 템플릿 리터럴_{template literal}이라고 불리는 특별한 형식입니다. 템플릿 리터럴을 사용하면 여러 줄을 적거나 문자열 사이에 다른 표현식을 끼워 넣을 수도 있습니다. 큰따옴표나 작은따옴표를 사용한 문자열에서 여러 줄을 표현하기 위해 개행 문자를 삽입해야 하는 것에 비해 매우 편리합니다.

```
const name = "Sally";
const greeting = `Hello. My name is ${name}.`; // "Hello. My name is Sally."
const multiLine = `<div>
백틱을 사용해 여러 줄을 적을 수도 있습니다.
</div>`;
```

템플릿 리터럴에는 태그드 템플릿_{tagged template}이라는 다른 기능도 있습니다. 태그는 표현식으로 분리된 문자열을 받아 파싱한 결과를 반환하는 함수입니다.

다음 코드에서 myTag라는 태그 함수는 입력받은 이름을 대문자로 변환하여 다시 합쳐줍니다. 이렇게 작성된 태그 함수를 템플릿 리터럴 앞에 붙여서 사용할 수 있습니다.

```
function myTag (strings, name) {
  return `${strings[0]}${name.toUpperCase()}${strings[1]}`;
}

const name = "Sally";
const greeting = myTag`Hello. My name is ${name}.`; // "Hello. My name is SALLY."
```

2) 문자 인코딩

자바스크립트의 문자열은 유니코드의 16비트 표현 방식인 UTF-16으로 인코딩되어 있습니다. UTF-16으로 인코딩된 문자 하나는 메모리에서 16비트, 즉 2바이트를 차지하는데 이는 65,536개의 문자를 표현할 수 있는 수입니다.

영문이나 한글, 한자와 같은 대부분의 문자는 유니코드에서 기본 다국어 평면Basic Multilingual Plane(BMP)이라고 불리는 문자 집합에 속해 있고, 이는 UTF-16 인코딩 체계에서도 하나의 문자로 표현이 가능합니다. 하지만 이모지와 같이 기본 다국어 평면에 속하지 못한 유니코드 문자는 하나의 문자로는 표현이 불가능하기 때문에 문자 두 개를 연이어 표현하는데, 자바스크립트에서 문자열을 다룰 때 주의해야 할 부분입니다.

예를 들면 문자열의 길이를 구하는 String 객체의 length 속성은 오직 16비트 단위를 기준으로만 길이를 구합니다. 따라서 이모지가 포함된 다음 문자열의 경우 예상과는 다른 결과를 얻을 수 있습니다.

```
"😀".length // 2
```

16비트 단위로만 자른 길이가 아닌 정확한 문자의 개수를 얻고자 한다면 다음과 같이 Array.from이나 배열 전개 문법 등을 사용해야 합니다.

```
Array.from("😀").length // 1
[..."😀"].length // 1
```

정확히 말하자면 String의 Symbol.iterator 메서드가 유니코드의 코드 포인트code point 단위*로 문자를 반환하기 때문이지만, 이를 이해하려면 챕터 2 '객체'에서 나중에 배울 반복자iterator의 개념이 필요하므로 지금은 이렇게 사용한다 정도로 이해하면 됩니다.

Symbol

Symbol 타입은 원시 타입 중 하나로, 리터럴이 없고 Symbol 함수를 통해서만 생성됩니다. 또한 같은 설명 문자열을 가졌다고 하더라도 매번 고유한 Symbol 값이 생성됩니다.

```
Symbol("unique symbol") === Symbol("unique symbol") // false
```

큰 특징이 없기 때문에 왜 이런 타입이 있는 것일까 의문을 가질 수 있지만, Symbol은 자바스크립트의 내부 동작에 접근하기 위해 특별히 고안된 타입입니다.

자바스크립트는 객체 간 상호작용을 하기 위해 다양한 메서드를 정의합니다. 대표적으로 객체를 문자열로 변환하기 위한 toString 메서드, JSON.stringify 메서드에서 사용되는 toJSON 메서드 등이 있습니다. 자바스크립트의 기능이 많아지면서 관련 메서드도 함께 늘어났습니다. 이 모든 메서드를 문자열 키로 정의하면 개발자가 정의할 수 있는 이름에 제약이 생기고, 어떤 것이 자바스크립트의 내장 기능인지 구분하기 어려워집니다. 따라서 개발자가 쉽게 접근할 수 있는 문자열 키 대신에 Symbol 키를 사용하여 메서드를 정의하게 되었습니다.

자바스크립트에서 제공하는 기능들을 위해 미리 정의된 Symbol들은 Symbol 함수의 정적 속성으로 접근할 수 있습니다. 예를 들어 instanceof 연산자에서 사용되는 Symbol.hasInstance나 순회 프로토콜iteration protocol에서 사용되는 Symbol.iterator 등이 있습니다.

만약 자바스크립트 전역에 걸쳐 공용으로 사용되는 Symbol 객체가 필요하다면 Symbol.for 메서드를 활용할 수 있습니다.

```
Symbol.for("shared symbol") === Symbol.for("shared symbol") // true
```

하지만 전역으로 공유되는 Symbol은 어디서든 생성하거나 참조가 가능하여 메모리에서 제거되지 않

---

* https://developer.mozilla.org/ko/docs/Glossary/Code_point

기 때문에 챕터 2 '객체'에서 다룰 WeakMap, WeakSet과 같이 가비지 컬렉션과 관련된 기능에서는 사용이 제한됩니다.

```javascript
new WeakSet([Symbol.for("shared symbol")]) // 에러 발생!
```

Null

Null 타입의 값은 null 하나뿐이며 주로 "값이 없음"을 나타냅니다. API에 따라 다르지만, 반환할 값이 없을 때 null 값을 대신 반환하기도 합니다. 예를 들어 문서에서 특정 요소를 찾는 DOM API인 document.querySelector는 찾는 요소가 없으면 null을 반환합니다.

```javascript
const element = document.querySelector(".no-exists");
console.log(element); // null
```

Undefined

Undefined 타입도 Null 타입과 마찬가지로 값이 undefined 하나뿐이며, 다음과 같은 경우 undefined가 반환됩니다.

- 변수에 초깃값을 지정하지 않을 때

```javascript
let undefinedValue;
console.log(undefinedValue); // undefined
```

- 객체에 속성이 없을 때

```javascript
let emptyObject = {};
console.log(emptyObject.undefinedProp); // undefined
```

- return 문에 값이 없을 때

```javascript
function noReturnValue () {
  return;
```

```
}
console.log(noReturnValue()); // undefined
```

- void 연산자를 사용할 때

```
console.log(void 1); // undefined
```

- 함수 인자에 값이 없을 때

```
function logMissingArgument(missingArg) {
  console.log(missingArg); // undefined
}
logMissingArgument();
```

이처럼 undefined는 값이 없음을 나타낼 때 언어 차원에서 기본적으로 사용되는 값입니다. null과 비슷한 용례를 가지지만 서로 다른 타입이고, typeof 연산자나 비교 연산 등에서 차이가 있으므로 구분해서 사용할 필요가 있습니다.

| 객체 타입 |

객체 타입은 수정 가능한 다양한 속성을 가진 자료구조입니다. 각 속성은 키와 값으로 이루어져 있고 키는 문자열이나 Symbol만 허용됩니다.

객체는 다음과 같이 키와 값들을 중괄호 {}로 감싼 객체 리터럴_{object literal}로 생성할 수 있습니다.

```
const animal = {
  kind: "Cat",
  age: 7,
};
```

객체는 다른 원시값과 다르게 변경이 가능합니다. 다음처럼 객체 속성의 값을 수정할 수도 있고, 속성을 추가하거나 제거할 수도 있습니다.

```
animal.kind = "Dog";
console.log(animal.kind); // "Dog"

animal.bark = "Bow wow!";
console.log(animal.bark); // "Bow wow!"

delete animal.bark;
console.log(animal.bark); // undefined
```

자바스크립트의 원시 타입을 제외한 모든 타입은 객체입니다. 객체 리터럴로 생성한 객체뿐만 아니라 시간과 날짜 기능을 제공하는 Date, 정규식 기능을 제공하는 RegExp, 심지어 함수와 배열도 객체입니다.

정규 표현식

정규 표현식regular expressions*은 정규식이라고도 부르며 문자열에서 특정 패턴을 다룰 수 있는 방법입니다. 정규식은 자바스크립트가 제공하는 매우 유용한 내장 객체 중 하나입니다.

정규식은 정규식 리터럴 또는 RegExp 생성자를 통해 만들 수 있습니다. 정규식 리터럴은 다음과 같이 찾고자 하는 문자열 패턴을 슬래시(/)로 감싸서 사용합니다.

```
/wo+w/
```

RegExp 생성자를 사용하면 정규식 패턴을 문자열로 전달할 수 있습니다. 이렇게 만들어진 정규식 객체는 exec, test 등의 메서드를 사용하거나 String 객체의 match, replace, split 메서드 등에 인수로 전달될 수 있습니다.

```
new RegExp("wo+w")
```

다음 코드에 작성된 /wo+w/에서 +는 앞의 글자가 적어도 한 번 이상 등장하는 패턴을 의미합니다. w가 앞뒤로 있고 o가 다섯 번 등장하는 문자열 "wooooow"은 이 패턴과 일치하지만, 중간에 o가 없

---

* https://developer.mozilla.org/ko/docs/Web/JavaScript/Guide/Regular_expressions

는 문자열 "ww"는 일치하지 않습니다.

```
/wo+w/.test("wooooow"); // true
/wo+w/.test("ww"); // false
```

정규식은 문자열을 특정 패턴으로 잘라낼 때도 유용하게 사용될 수 있습니다. 정규식에서 "\s"는 스페이스나 줄 바꿈 문자와 같은 공백 문자를 의미합니다. 다음 코드는 주어진 문자열을 공백 문자로 잘라 배열로 반환하는 것입니다.

```
"빈칸이나 빈 줄로\n잘립니다.".split(/\s+/); // ["빈칸이나", "빈", "줄로", "잘립니다."]
```

이 외에도 정규식은 매우 방대한 기능을 제공하기 때문에 관련 자료를 찾아 익히는 것을 추천합니다.*

| typeof 연산자로 타입 확인하기 |

어떤 값의 타입이 무엇인지 알고 싶다면 typeof 연산자를 사용할 수 있습니다. typeof 연산자는 주어진 값의 타입을 문자열로 반환합니다.

```
console.log(typeof 3.14); // "number"
console.log(typeof "Hello, world!"); // "string"
console.log(typeof true); // "boolean"
```

값의 타입에 따라 typeof 연산자가 반환할 수 있는 모든 결과는 다음 표로 정리할 수 있습니다.

타입	결과
Undefined	"undefined"
Null	"object"
Boolean	"boolean"
Number	"number"
BigInt	"bigint"
String	"string"

---

* https://developer.mozilla.org/ko/docs/Web/JavaScript/Reference/Global_Objects/RegExp

타입	결과
Symbol	"symbol"
Function	"function"
Object	"object"

함수 타입은 원시 타입이 아니기 때문에 객체로 평가되어 "object"가 반환되어야 할 것 같지만, 예외적으로 "function"을 반환합니다. null 값 또한 "object"를 반환한다는 점이 조금 특이한데, 이는 의도된 결과가 아니라 버그였다는 사실은 유명한 이야기입니다.

자바스크립트가 처음 개발될 때 값이 32비트 메모리에 저장되었으며, 이 메모리는 타입의 종류를 나타내는 비트와 실제값을 나타내는 비트로 이루어졌다고 합니다. 객체의 경우 타입 비트는 "000"이었고, null은 메모리상에서 "0x00"으로 표현되었기 때문에 초기 자바스크립트의 typeof 연산자는 둘을 구분하지 않고 모두 "object"를 반환했던 것입니다.

하지만 자바스크립트가 널리 퍼지면서 이 버그를 바로잡을 시간이 없었기 때문에 현재까지도 하위 호환성을 유지하기 위해 버그를 고치지 않고 그대로 남기게 되었습니다. 따라서 typeof 연산자를 다룰 때는 이런 부분도 유의해야 합니다.

02 타입 변환

자바스크립트는 변수의 타입이 할당된 값의 타입에 따라 변하기 때문에 동적 타입 언어dynamically-typed language라고 불립니다. 다음과 같이 최초 할당된 값의 타입에 상관없이 중간에 다른 타입의 값으로 바꿀 수 있습니다.

```
let dynamicValue = 7; // Number 타입
dynamicValue = "Hello, world!"; // String 타입
dynamicValue = true; // Boolean 타입
```

그러나 동적 타입 언어의 이러한 특징으로 인해 서로 다른 타입의 값을 처리해야 하는 경우도 자주 생깁니다. 다음 코드는 숫자와 문자열을 합하려고 시도하고 있습니다. 어떤 언어는 이렇게 타입이 맞지 않는 경우 타입 에러를 발생시키기도 하지만, 자바스크립트는 타입 강제 변환type coercion으로 타입을 맞춰 처리합니다.

```
7 + "13" // ???
```

이런 타입 변환은 개발자의 의도와는 상관없이 자동으로 일어나므로 암시적 타입 변환implicit type conversion 이라고 부르기도 합니다. 반면 개발자가 타입 변환 함수 등을 사용해 의도적으로 타입을 변환하는 것은 명시적 타입 변환explicit type conversion이라고 합니다.

타입 강제 변환을 통해 피연산자가 어떤 타입으로 변환될 것인지는 연산자에 따라 다릅니다. 예를 들어 + 연산자는 숫자를 합하기도 하지만, 문자열을 연결하는 연산자이기도 합니다. 이때 한쪽 피연산자가 문자열이라면 다른 피연산자도 문자열 타입으로 변환을 시도하고, 객체 타입이라면 원시 타입으로 변환을 시도합니다.

한편, - 연산자의 경우 숫자만 받아 처리할 수 있습니다. 만약 피연산자가 모두 BigInt 타입이 아니라면 Number 타입으로 변환을 시도합니다.

이렇듯 연산자에 따라 시도되는 타입 변환이 다르기 때문에 타입마다 어떻게 변환이 이루어지는지 주의 깊게 살펴야 합니다. Null과 Undefined 그리고 Symbol 타입을 제외한 모든 타입에 해당 타입으로 변환되는 규칙이 존재합니다. 하나씩 알아보겠습니다.

| Number 타입 변환 |

Number 타입으로의 변환은 변환 대상의 타입에 따라 다음 규칙이 적용됩니다.

타입	변환 규칙
Null	0으로 변환
Undefined	NaN*으로 변환
Boolean	true는 1로, false는 0으로 변환
String	Number 리터럴로 파싱되면 숫자로 변환, 아니면 NaN으로 변환
BigInt	암시적 변환의 경우 정확성을 잃을 수 있기 때문에 타입 에러(단, Number 함수를 통해 명시적으로 변환되는 경우는 정확성을 잃더라도 숫자로 변환)
Symbol	타입 에러

---

* 부동소수점을 정의하는 IEEE 754 표준에서 정한 값으로, Not a Number의 약자입니다. 수학적으로 정의되지 않거나 유효하지 않은 연산의 결과로 나타나는 특별한 값을 의미합니다.

Object 타입의 Number 타입으로의 변환

앞의 표에 없는 Object 타입을 Number 타입으로 변환할 때의 규칙은 다른 원시 타입에 비해 복잡합니다. Object 타입을 다른 원시 타입으로 변환하기 위해 필요한 세 가지 메서드에 대해 먼저 설명하겠습니다.

1) Symbol.toPrimitive

Object 타입의 Symbol.toPrimitive 메서드는 객체를 원시값으로 변환해주는 메서드입니다. 첫 번째 인수로 "number", "string"과 같은 변환할 타입에 대한 타입 힌트를 문자열로 전달할 수 있습니다. 만약 + 연산자와 같이 숫자와 문자열을 모두 받을 수 있다면 "default" 값을 전달합니다.

예를 들어 다음 코드에서 luckyNumber 객체는 "number", "string", "default" 값을 가질 수 있는 타입 힌트 인자를 받아 원시값을 반환하는 Symbol.toPrimitive 메서드를 정의하고 있습니다.

```
const luckyNumber = {
  [Symbol.toPrimitive] (hint) {
    switch (hint) {
      case "number":
        return 7;
      case "string":
        return "칠";
      case "default":
        return "seven";
      default:
        break;
    }
  },
};

console.log(+luckyNumber); // 7
console.log(`${luckyNumber}`); // "칠"
console.log("" + luckyNumber); // "seven"
```

첫 번째 console.log를 실행하면 단항 + 연산자에 의해 타입 힌트로서 "number"가 luckyNumber 객체의 Symbol.toPrimitive 메서드 인자로 전달되어 7을 반환합니다. 두 번째 경우는 템플릿 리터럴의 표현식이 String 타입을 기대하므로 타입 힌트로 "string"이 전달되어 "칠"을 반환합니다.

마지막 줄의 코드는 이항 + 연산자의 피연산자로 숫자 또는 문자열이 모두 올 수 있기 때문에 타입 힌트로 "default"가 전달되고 "seven"을 반환합니다.

2) valueOf

valueOf 메서드는 기본적으로 객체 자기 자신인 this를 반환하지만, 타입 변환을 위해 원시값을 반환하는 메서드로 재정의할 수 있습니다. 타입 힌트를 인자로 받는 Symbol.toPrimitive 메서드와 달리 아무 인자도 받지 않으며 반환값이 꼭 원시값일 필요도 없습니다.

3) toString

toString 메서드는 이름 그대로 객체를 문자열로 변환하기 위한 메서드입니다.

지금까지 설명한 세 가지 메서드는 타입 강제 변환 시 자바스크립트에 의해 자동으로 호출됩니다. 모두 정의되어 있을 필요는 없지만, 적어도 하나는 정의되어 있어야 에러가 발생하지 않을 것입니다.

숫자 타입으로 변환할 때도 세 가지 메서드가 Symbol.toPrimitive(타입 힌트는 "number"), valueOf, toString 순서로 원시값을 반환받을 때까지 호출됩니다.

단항 + 연산자

숫자 타입 중에서도 Number 타입으로만 강제 변환을 하는 대표적 연산자 중 하나는 단항 + 연산자입니다. 단항 - 연산자와 달리 단항 + 연산자는 BigInt 타입에 대해 예외적으로 타입 에러를 발생시킵니다.*

```
console.log(-123n); // -123n
console.log(+123n); // 에러 발생!
```

---

* 이는 역사적으로 asm.js라는 자바스크립트 부분 집합 명세와 관련이 있습니다. 자세한 내용은 TC39의 BigInt 제안을 참고해보세요.

비트 연산과 TypedArray

자바스크립트의 숫자 타입은 표면적으로 Number와 BigInt 타입뿐이지만, 내부적으로 이진 데이터의 저장을 위한 고정 너비 정수fixed-width integer 타입도 존재합니다. 고정 너비 정수는 생성 함수나 리터럴이 존재하지 않고, 비트 연산을 통한 타입 변환이나 TypedArray*라는 특수한 배열 객체를 통해 다룰 수 있습니다.

비트 연산은 Number 타입인 경우 32비트의 고정 너비 정수로 변환시킵니다. 따라서 32비트 이상의 정수(4294967296 이상)이거나 소수점을 가지고 있는 경우 값이 손실된다는 사실을 염두에 두어야 합니다.

다음 코드의 첫 번째 줄은 64비트 고정소수점으로 표현될 수 있었던 0x100000000, 즉 십진수로 표기하면 16의 8승인 4294967296이 16의 7승인 268435456이 되기를 기대했으나, 비트 시프트 연산으로 인해 32비트 정수로 변환되어 0이 되었습니다. 하지만 두 번째 줄의 코드는 BigInt 타입 간의 연산이기 때문에 타입 변환이 일어나지 않아 값이 보존되었습니다.

```
0x100000000 >> 1 // 0
0x100000000n >> 1n // 2147483648n
```

String 타입 변환

String 타입으로의 변환은 변환 대상의 타입에 따라 다음과 같은 규칙을 적용합니다.

타입	변환 규칙
Undefined	"undefined"로 변환
Null	"null"로 변환
Boolean	true는 "true"로, false는 "false"로 변환
Number	10진수 형식의 문자열로 변환
BigInt	10진수 형식의 문자열로 변환
Symbol	타입 에러

* https://developer.mozilla.org/ko/docs/Web/JavaScript/Reference/Global_Objects/TypedArray

Object 타입의 String 타입으로의 변환

Object 타입을 String 타입으로 변환할 때도 Number 타입에서 설명했던 세 가지 메서드가 그대로 사용됩니다. 다른 점은 대체로 Symbol.toPrimitive(타입 힌트는 "string"), toString, valueOf 순서로 메서드가 호출된다는 것입니다.

문자열 연결

String 타입으로 타입 강제 변환을 일으키는 대표적인 연산은 문자열 연결입니다. 문자열을 연결하는 방법에는 + 연산자를 사용하는 방법, concat 메서드를 사용하는 방법, 템플릿 리터럴을 사용하는 방법 등이 있지만 각 방법에 따라 약간의 차이가 있기 때문에 주의할 필요가 있습니다. + 연산자는 숫자를 더하기도 하지만 피연산자로 문자열이 주어진 경우 문자열을 서로 연결하는 연산자이기도 합니다. 숫자를 받을 수도, 문자열을 받을 수도 있기 때문에 객체의 경우 Symbol.toPrimitive(타입 힌트는 "default"), valueOf, toString 메서드를 차례로 호출하여 원시값을 받아 처리합니다.

그렇지만 문자열의 concat 메서드나 템플릿 리터럴을 사용한 문자열 연결은 인수로 문자열을 받을 것이 확실하기 때문에 객체의 경우 Symbol.toPrimitive(타입 힌트는 "string"), toString, valueOf 메서드를 차례로 호출한다는 점이 + 연산자와 다릅니다.

그래서 문자열을 연결할 때는 + 연산자보다 concat 메서드나 템플릿 리터럴을 사용하는 편이 의도치 않은 버그를 줄일 수 있습니다.

다음 코드에서 luckyNumber 객체의 valueOf와 toString 메서드는 서로 다른 값을 반환합니다. + 연산자는 valueOf 메서드를 먼저 호출하여 숫자 7이 반환되고, 템플릿 리터럴은 toString 메서드를 먼저 호출하여 문자열 "칠"이 반환됩니다. 이처럼 문자열 연결 방식에 따라 결과가 달라질 수 있습니다.

```
const luckyNumber = {
  valueOf () {
    return 7;
  },
  toString () {
    return "칠";
  },
};
```

```
console.log("행운의 숫자: " + luckyNumber); // "행운의 숫자: 7"
console.log(`행운의 숫자: ${luckyNumber}`); // "행운의 숫자: 칠"
```

| Boolean 타입 변환 |

Boolean 타입으로의 변환은 변환 대상의 타입에 따라 다음과 같은 규칙이 적용됩니다.

타입	변환 규칙
Undefined	false로 변환
Null	false로 변환
Number	0, -0, NaN은 false로 변환, 나머지 숫자는 true로 변환
BigInt	0n은 false로 변환, 나머지 BigInt 타입의 숫자는 true로 변환
String	빈 문자열("")은 false로 변환, 나머지 문자열은 true로 변환
Symbol	true로 변환
Object	true로 변환

표를 보면 생각보다 false로 변환되는 값이 적다는 것을 알 수 있습니다. false로 변환되는 값을 모두 나열해봐도 undefined, null, 0, -0, NaN, 0n, ""뿐인데, 이러한 값들을 Falsy 값이라고 부르기도 합니다. 반대로 그 외의 값들은 Truthy 값이 됩니다(document.all 객체라는 예외도 있지만, 오직 구버전 브라우저와의 호환성만을 위해 남겨놓은 기능입니다).

Boolean 타입으로 강제 변환을 일으키는 대표적인 방법에는 이중 NOT 연산자(!!)와 Boolean 함수 그리고 if 문 등이 있습니다.

```
console.log(!!undefined); // false
console.log(!!7); // true
console.log(Boolean("false")); // true

if ("") {
  console.log("빈 문자열은 false로 변환되어 출력되지 않아요.");
}
```

Boolean 타입 변환이 다른 타입 강제 변환과 다른 점은 Object 타입이 주어지면 다른 원시 타입으로 변환하지 않고 곧바로 true로 평가한다는 점입니다. 따라서 다음과 같이 빈 객체나 빈 배열 또한 객체이므로 true가 출력됩니다.

```
console.log(!!{}); // true
console.log(!![]); // true
```

| 객체 타입 변환 |

다른 원시 타입으로의 변환과 마찬가지로, 객체 타입을 피연산자로 기대하는 연산자는 원시 타입을 객체 타입으로 강제 변환합니다. Null과 Undefined 타입을 제외한 모든 원시 타입은 래퍼 객체가 존재한다고 설명했습니다. 바로 이 래퍼 객체가 생성되어 원시값을 감싸게 됩니다. undefined와 null 값에 대해서는 래퍼 객체가 존재하지 않기 때문에 객체로 타입 변환을 시도하면 에러가 발생합니다.

객체 타입으로 강제 변환을 일으키는 대표적인 방법에는 Object.prototype.valueOf 메서드나 Object 함수 등이 있습니다.

Object.prototype.valueOf는 객체 자기 자신인 this를 반환하기 때문에 다음과 같이 this를 원시값으로 전달하면 래퍼 객체를 그대로 반환합니다(이와 다르게 래퍼 객체의 valueOf 메서드는 원시값을 반환하도록 되어 있습니다).

```
const seven = Object.prototype.valueOf.call(7);

console.log(seven); // Number {7}
console.log(typeof seven); // object
console.log(seven.valueOf()); // 7
console.log(seven + 3); // 10
```

Object 함수도 비슷하게 원시값을 객체로 변환해주지만, undefined와 null 값에 대해 에러를 발생시키지 않고 빈 객체를 반환한다는 점이 다릅니다.

```
Object.prototype.valueOf.call(null); // 에러 발생!
Object(null); // {}
```

원시값에 메서드나 속성 등을 사용하는 경우에도 자바스크립트가 자동으로 래퍼 객체를 생성해 감싸줍니다. 정수의 경우 마침표 "."가 메서드를 참조하는 것인지 소수점을 의미하는 것인지 모호하므로 소괄호 ( )로 감싸서 사용할 수 있습니다.

```
"Hello, world!".length; // 13
(7).toFixed(2); // "7.00"
3.14.toFixed(); // "3"
```

참고로 toFixed 메서드는 숫자를 주어진 소수점 자릿수만큼 표현하여 문자열로 반환해주는 메서드입니다.

03 값과 타입의 비교

자바스크립트에는 값이 같은지 비교하는 세 가지 방법이 있습니다. 값과 타입을 모두 비교하는 === 연산자(일치 연산자)strict equality, 값의 타입이 다르면 암시적 타입 변환을 하는 == 연산자(동등 연산자) loose equality, 그리고 === 연산자와 거의 같은 동작을 하지만 +0, -0, NaN에 대해 예외를 두지 않는 Object.is 정적 메서드가 제공됩니다.

비교 방법	암시적 타입 변환	+0과 -0 비교	NaN과 NaN 비교
==	O	true	false
===	X	true	false
Object.is	X	false	true

| === 연산자 |

=== 연산자는 일치 연산자 또는 엄격한 동등 연산자라고 합니다. === 연산자는 값과 타입이 모두 일치하는지 비교하기 때문에 두 피연산자가 다른 타입인 경우 false를 반환합니다.

두 피연산자가 모두 같은 타입일지라도 값이 다르면 false를 반환하지만, +0, -0, NaN이라는 Number 타입의 값에 대해서는 예외가 존재합니다.

```
+0 === -0 // true
NaN === NaN // false
```

+0과 -0은 메모리에 저장되는 방식으로 보면 다른 값이지만, 부동소수점 표준인 IEEE 754에서 0 값의 비교 시 부호는 고려하지 않는다는 정의에 따라 같은 값으로 처리됩니다.

NaN은 자기 자신과의 비교에서조차 false를 반환하기 때문에 이해하기 어려울 수 있습니다. 사실 이 또한 IEEE 754에서 정의한 것으로, 숫자 간 연산에서 잘못된 결과가 나와도 즉시 예외 처리를 하는 대신에 에러가 조용히 전파되도록 고안된 장치입니다.

NaN과 다른 숫자와의 연산은 모두 NaN이 되고, 비교 연산은 false로 평가됩니다. 그러므로 아무리 같은 값을 비교하는 경우라도 NaN이 포함된 NaN === NaN 연산은 false가 되는 것입니다. 어떤 값이 NaN인지 알고 싶다면 Number.isNaN 메서드나 뒤에 설명할 Object.is 메서드를 사용합니다. isNaN 전역 함수도 존재하지만, 주어진 인수를 숫자 타입으로 강제 변환하기 때문에 예상하지 못한 결과를 얻을 수도 있으므로 사용하지 않는 편이 좋습니다.

```
isNaN("NaN") // true
isNaN(NaN) // true

Number.isNaN(undefined) // false
Number.isNaN("NaN") // false
Number.isNaN(NaN) // true
```

또한 === 연산자는 배열 요소의 인덱스를 탐색하는 Array.prototype.indexOf 메서드 등에서 내부적으로도 사용됩니다. 그래서 NaN이 배열에 존재하는지에 대한 여부는 Array.prototype.indexOf 메서드로는 알 수가 없습니다.

```
const array = [1, 2, NaN];

console.log(array.indexOf(NaN)); // -1
```

참고로 NaN은 부동소수점 표준으로부터 정의된 값으로서 Number 타입과의 연산에서만 등장합니다. 동일한 연산이라도 BigInt 타입 간의 연산에서는 다음과 같이 에러가 발생할 수 있습니다.

```
0 / 0 // NaN
0n / 0n // 에러 발생!
```

| == 연산자 |

등호가 두 개 있는 == 연산자는 동등 연산자 또는 느슨한 동등 연산자라고 합니다. == 연산자는 두 피연산자의 타입이 같다면 === 연산자와 동일하게 동작하지만, 타입이 다르다면 암시적 타입 변환을 진행합니다.

하지만 == 연산자에서 타입을 변환하는 규칙은 다소 복잡합니다.

- 한쪽 피연산자가 null이거나 undefined라면 다른 쪽 피연산자도 null이거나 undefined인 경우, true를 반환하고 아니면 false를 반환합니다.
- 한쪽 피연산자가 객체 타입이고 다른 쪽 피연산자는 원시 타입이라면, 객체 타입을 원시 타입으로 강제 변환 후 다시 비교합니다.
- 한쪽 피연산자가 Symbol 타입이라면 false를 반환합니다.
- 한쪽 피연산자만 Boolean 타입이라면 true를 1로, false를 0으로 변환한 후 다시 비교합니다.
- 한쪽 피연산자가 String 타입이고 다른 쪽 피연산자는 Number 타입이라면, String 타입을 Number 타입으로 변환한 후 다시 비교합니다.
- 한쪽 피연산자가 BigInt 타입이고 다른 쪽 피연산자는 Number 타입이라면 두 수를 비교합니다. Number 타입의 값이 +Infinity, -Infinity이거나 NaN이라면 false를 반환합니다.
- 한쪽 피연산자가 String 타입이고 다른 쪽 피연산자는 BigInt 타입이라면, String 타입을 BigInt 함수를 사용하여 강제 변환한 후 다시 비교합니다. 강제 변환에 실패하면 false를 반환합니다.

규칙이 복잡하기는 해도 == 연산자는 기본적으로 피연산자를 숫자 타입으로 변환한다고 단순하게 생각해볼 수 있습니다.

```
"123" == 123 // true
"0x10" == 16 // true
true == 1 // true
```

여기서 주의할 점은 Boolean 타입 변환에서 설명했던 Truthy, Falsy 값과 == 연산자와는 관련이 없다는 것입니다. 예를 들어 null 값은 Falsy 값에 해당되지만, == 연산자에서 0으로 변환되지는 않습니다. "0" 또한 빈 문자열이 아니므로 Truthy 값이지만, == 연산자에서는 false와 동등하게 평가됩니다.

```
null == 0 // false
null == undefined // true
"0" == false // true
```

참고로 〈, 〉, 〈=, 〉=과 같은 비교 연산자들 또한 두 피연산자의 타입이 다르면 == 연산자와 마찬가지로 타입 강제 변환을 일으킵니다.

| Object.is |

Object.is 정적 메서드는 === 연산자와 거의 동일하게 동작하지만, +0, -0, NaN 값에 대해 예외를 두지 않는다는 차이점이 있습니다.

```
Object.is(+0, -0) // false
Object.is(NaN, NaN) // true
```

| SameValueZero 동등 비교 |

지금까지 설명한 동등성을 비교하는 세 가지 연산자 외에 자바스크립트 내부적으로 사용하는 또 다른 동등 비교 연산이 존재합니다. 이 연산은 SameValueZero라고 불리며 NaN 값이 같다고 판단하는 점만 빼면 === 연산자와 동일합니다.

SameValueZero 연산은 특정 요소가 배열에 포함되었는지를 반환하는 Array.prototype.includes 메서드나 Map, Set 등의 자료구조에서 탐색을 위한 기능에 쓰입니다. 덕분에 === 연산자를 사용하는 Array.prototype.indexOf 메서드와는 달리, SameValueZero 연산을 사용하는 Array.prototype.includes 메서드로 배열에 NaN이 포함되었는지를 알 수 있습니다.

```
const array = [1, 2, NaN];

console.log(array.indexOf(NaN) > -1); // false
console.log(array.includes(NaN)); // true
```

Ask-AI 질문 플레이북

개념 이해에 그치지 말고 AI에게 질문하며 사고를 확장하고 실전 감각을 키워보세요. 무엇을 질문해야 할지 막막하다면 다음 질문들이 좋은 힌트가 되어줄 거예요.

동적 타입 언어는 정적 타입 언어와 어떤 점이 다른가요?

질문의도

자바스크립트처럼 동적 타입을 사용하는 언어와 타입스크립트나 자바처럼 정적 타입을 사용하는 언어는 어떻게 다를까요? 이 질문을 통해 타입 검사 시점, 에러 발생 방식, 개발 도구의 지원 등 다양한 측면에서 두 방식의 차이를 비교하면서, 자바스크립트의 장단점을 보다 입체적으로 이해할 수 있습니다.

자바스크립트를 정적 타입 언어처럼 쓸 수 있나요?

질문의도

동적 타입의 유연함은 장점이지만, 코드의 안정성과 예측 가능성도 중요합니다. 이 질문은 타입스크립트, JSDoc, 정적 분석 도구를 활용해 자바스크립트를 더 안전하게 작성하는 방법을 탐색하는 데 도움이 됩니다.

자바스크립트에서 타입 변환 규칙은 그냥 외워야 할까요?

질문의도

암시적 타입 변환은 헷갈리기 쉽고, 실수도 자주 발생합니다. 이 질문을 통해 다양한 연산자와 상황에 따른 변환 패턴을 구조적으로 이해하고 반복되는 규칙을 익혀, 실전에서도 정확하게 적용하는 방법을 배울 수 있습니다.

자바스크립트에서 Object.is, ===, ==는 각각 언제 쓰는 게 좋은가요?

질문의도

비슷해 보이는 이 비교 연산자들을 각각 언제 써야 하는지 제대로 알고 있어야 합니다. 이 질문을 통해 비교 연산자 간의 미묘한 차이를 명확히 이해하고 코드 상황에 맞는 비교 방법을 합리적으로 선택하는 기준을 세울 수 있습니다.

자바스크립트는 왜 Number 타입 하나로 정수와 실수를 모두 처리할까요?

질문의도

언어 설계의 이런 결정이 실제 개발에 어떤 영향을 주는지 궁금할 수 있습니다. 이 질문을 통해 부동소수점 기반의 표현 방식과 그로 인한 정확도 이슈를 이해하고 숫자 연산에서 주의해야 할 점을 파악할 수 있습니다.

자바스크립트에서 BigInt를 쓰면 성능에 문제가 없을까요?

질문의도

큰 정수 계산이 필요한 상황에서 BigInt를 선택해도 되는지 고민되기도 합니다. 이 질문을 통해 BigInt의 성능 특성과 한계를 이해하고 계산 정확도와 실행 성능 사이의 트레이드 오프를 판단할 수 있습니다.

자바스크립트에서 숫자를 다룰 때 Number와 BigInt 외에 다른 선택지가 있나요?

질문의도

성능 중심의 데이터 처리가 필요한 상황에서 자바스크립트의 숫자 처리 방법이 궁금할 수 있습니다. 이 질문을 통해 TypedArray, 비트 연산, WebAssembly 등 고정 너비 정수 처리 방식까지 배울 수 있습니다.

자바스크립트에서 태그드 템플릿은 어떻게 활용할 수 있나요?

질문의도

템플릿 리터럴은 익숙하지만 태그드 템플릿은 실무에서 어떻게 쓰이는 걸까요? 이 질문을 통해 HTML 이스케이프(escape) 처리, 다국어 처리(i18n), 커스텀 포맷팅(custom formatting) 등 태그 함수의 실전 적용 사례를 배울 수 있습니다.

SECTION 04 실전 레벨업 퀴즈 챌린지

자바스크립트의 타입 시스템은 언어의 동작 방식 전반에 영향을 미치는 핵심 개념입니다. 다양한 퀴즈를 풀어보며 암묵적 타입 변환, 원시 타입과 객체 타입, typeof와 같은 주요 개념을 다루며 자바스크립트 타입의 특징을 깊이 있게 점검해봅시다. 실무에서 자주 마주치는 타입 관련 오류를 사전에 방지할 수 있는 감각을 길러보세요.

Level 1 ★

Q1 다음 빈칸에 들어갈 단어를 작성하세요.

자바스크립트에서 1 + "1" 연산 시 [①] 타입이 아닌 피연산자는 암시적으로 [①] 타입으로 변환되므로 [②]의 결과값을 갖습니다. 반면 1 - "1" 연산 시 [③] 타입이 아닌 피연산자는 암시적으로 [③] 타입으로 변환되므로 [④]의 결과값을 갖습니다.

정답
① 문자열(String) ② "11" ③ 숫자(Number) ④ 0

해설
+ 연산자는 숫자 덧셈과 문자열 연결 두 가지 연산을 수행할 수 있습니다. 연산 시에는 먼저 두 피연산자를 원시 타입으로 변환한 후 피연산자의 타입을 확인합니다. 연산 규칙은 다음과 같습니다.

1) 한쪽의 피연산자가 문자열인 경우 나머지 피연산자도 문자열 타입으로 변환하여 문자열 연결을 수행합니다.

2) 두 피연산자가 모두 BigInt인 경우 BigInt 덧셈 연산을 합니다. 만약 한쪽만 BigInt이고 나머지 피연산자는 BigInt가 아니라면 TypeError가 발생합니다.

3) 그 외의 경우 두 피연산자를 모두 숫자 타입으로 변환하여 숫자 덧셈 연산을 합니다.

따라서 1 + "1"을 실행하면 피연산자 중 문자열 타입이 아닌 1이 문자열 타입인 "1"로 암시적 타입 변환되어 "11"이 출력됩니다. 비슷한 예로는 [1] + "1" 또한 [1]이 "1"로 타입 변환되어 결과값이 "11"이 됩니다.

– 연산자는 숫자 뺄셈을 수행하는 연산자이므로 피연산자 중 숫자가 아닌 것이 있다면 숫자 타입으로 변환하여 연산합니다. 따라서 1 – "1"을 실행하면 피연산자 중 숫자 타입이 아닌 "1"이 숫자 타입으로 암시적 타입 변환되어 0이 출력됩니다. 비슷한 예로는 [1] – 1 또한 [1]이 1로 타입 변환되어 결과값이 0이 됩니다.

Q2 다음 중 Falsy 값이 아닌 것을 모두 고르세요.

① undefined ② null ③ "0"
④ { } ⑤ NaN

정답
③ "0"   ④ { }

해설
자바스크립트는 Boolean 타입이 기대되는 위치에서 타입 변환을 수행합니다. Falsy 값은 Boolean 타입이 기대되는 위치에서 false로 평가되는 값입니다. 마찬가지로 Truthy 값은 Boolean 타입이 기대되는 위치에서 true로 평가되는 값입니다. false, undefined, null, 0, -0, NaN, "", 0n, document.all 이외에는 모두 true로 평가되는 Truthy 값으로 동작합니다.

Q3 다음 빈칸에 들어갈 단어를 작성하세요.

[①]은 자바스크립트에서 기본적으로 직접 표현되는 값으로, 불변하여 변경할 수 없습니다.
[①]을 제외한 모든 타입은 [②]에 속합니다.

정답
① 원시값   ② 객체 타입

해설
원시값은 객체가 아니면서 메서드나 속성을 갖지 않는 데이터입니다. 자바스크립트 원시 타입에는 String, Number, BigInt, Boolean, Undefined, Symbol, Null의 7가지 종류가 있습니다.

Q4 다음 빈칸에 알맞은 단어를 작성하세요.

자바스크립트 값의 타입은 개발자의 의도에 따라 다른 타입으로 변환할 수 있습니다. 개발자가 의도적으로 값의 타입을 변환하는 것을 [①]이라고 합니다. 반면 개발자의 의도와 상관없이 표현식을 평가하는 도중 자바스크립트 엔진에 의해 자동으로 타입이 변환되는 것을 [②]이라고 합니다.

정답
① 명시적 타입 변환   ② 암시적 타입 변환

Q5 다음 문장이 맞으면 "O", 틀리면 "X"로 표시하세요.

명시적 타입 변환이나 암시적 타입 변환은 기존 원시값(피연산자)을 직접 변경합니다. [_]

정답
X

해설
자바스크립트에서 원시값은 변경할 수 없습니다. 변수에 새로운 값을 다시 할당하는 것은 가능하지만, 이미 생성한 원시값은 객체, 배열, 함수와는 달리 변경이 불가합니다. 즉, 이미 생성된 원시값 자체를 변경할 수는 없습니다. 타입 변환 시에도 마찬가지로 기존 원시값을 사용해 다른 타입의 새로운 원시값이 생성됩니다.

Q6 다음 빈칸에 들어갈 단어를 작성하세요.

자바스크립트 원시 타입의 경우 [①] 연산자를 통해 타입을 알 수 있습니다. [①] null은 예외적으로 "null"이 아닌 [②]를 반환합니다.

정답
① typeof   ② "object"

해설

자바스크립트 원시 타입에서 null을 제외한 모든 타입은 typeof 연산자를 통해 타입을 알 수 있습니다. typeof null은 예외적으로 "null"이 아닌 "object"를 반환합니다. ECMAScript에 이에 대한 수정이 제안되기도 했으나 현존하는 많은 사이트에서 오류가 발생할 수 있어 거절되었습니다.

Level 2 ★★

Q7 #타입 #typeof #객체 타입 #동적 언어 #동적 타이핑 #원시 타입
다음 코드의 실행 결과를 예측하고 그 이유를 설명하세요.

```javascript
let foo;
console.log(typeof foo); ❶

foo = [1, 2, 3];
console.log(typeof foo); ❷

foo = NaN;
console.log(typeof foo); ❸

foo = Symbol();
console.log(typeof foo); ❹

foo = new Date();
console.log(typeof foo); ❺

foo = () => {
  console.log("hello");
}
console.log(typeof foo); ❻
```

> **힌트** 자바스크립트는 컴파일 시점이 아니라 런타임에 변수의 타입이 결정되는 동적 타입 언어입니다. 즉, 변수 선언 시 구체적인 타입을 명시하지 않아도 됩니다. 변수에 값이 할당될 때 그 값의 타입에 따라 변수 타입이 결정되며, 재할당에 의해 변수의 타입이 변경될 수 있습니다. 이러한 특성을 동적 타이핑이라고 합니다.

정답

❶ "undefined" ❷ "object" ❸ "number"
❹ "symbol"   ❺ "object" ❻ "function"

해설

자바스크립트는 변수 선언 시 구체적인 타입을 명시하지 않아도 되고 var, let 키워드로 선언된 변수에는 어떤 타입의 값도 재할당할 수 있습니다.

❶에서는 변수 foo가 선언되었지만 값이 할당되지 않았습니다. 따라서 ❶의 foo는 값이 할당되지 않음을 의미하는 undefined가 되며, undefined 값의 타입은 Undefined입니다. Undefined 타입은 오직 undefined라는 값만 가질 수 있습니다.

❷~❻에서는 foo에 새로운 값이 재할당되고 있으며, 할당된 값의 타입에 따라 변수의 타입이 변경됩니다. 특히 ❻에서 foo는 함수로, 자바스크립트에서 함수 또한 객체 타입이지만 일반 객체들과 달리 typeof 연산 수행 시 "function"을 반환하도록 설계되어 있습니다.

한 걸음 더

자바스크립트에는 다음과 같이 8가지 데이터 타입이 존재하며, 각 타입은 원시 타입과 객체 타입으로 분류할 수 있습니다.

구분	타입	설명
원시 타입	Boolean	• 논리적 참(true), 거짓(false)
	String	• 문자열
	Number	• 숫자, NaN, Infinity
	BigInt	• 부동소수점으로 표현하지 못 하는 큰 정수, Number의 안전한 정수 제한(Number.MAX_SAFE_INTEGER)을 넘어서는 큰 정수도 안전하게 저장하고 연산하기 위해 사용함
	Undefined	• Undefined 타입은 undefined라는 오직 하나의 값만 가질 수 있음 • undefined는 자바스크립트 엔진에 의해 할당되는 값으로, 값이 할당되지 않은 상태를 의미함
	Null	• Null 타입은 null이라는 오직 하나의 값만 가질 수 있음 • null은 값이 없음을 명시할 때 사용하는 값
	Symbol	• 고유하고 변경 불가능한 원시값
객체 타입		• 객체, 함수, 배열, Date 등

AI는 통과 못 하는 기술 면접 예상 질문

Q7-1 자바스크립트 변수의 선언과 할당 과정에 대해 설명하세요.

답변
- **변수 선언**: var, let, const 키워드를 사용하여 변수를 선언하며 이 과정에서 메모리에 변수가 등록됩니다.
- **변수 할당**: 선언된 변수에 값을 할당하여 초기화가 이루어집니다. 선언과 할당은 동시에 또는 별도로 수행될 수 있습니다.
- 선언된 변수는 해당 키워드의 스코프 규칙(var는 함수 스코프, let과 const는 블록 스코프)에 따라 접근할 수 있습니다.

Q7-2 자바스크립트의 undefined, null의 차이에 대해 설명하세요.

답변
- **undefined**: 변수가 선언되었지만 값이 할당되지 않은 상태를 의미합니다. 자바스크립트 엔진이 기본적으로 할당하는 값입니다. 명시적으로 변수를 초기화할 때도 사용할 수 있지만 일반적으로는 암시적으로 자바스크립트 엔진이 사용하는 값입니다.
- **null**: 변수에 명시적으로 "값이 없음"을 나타내기 위해 할당하는 값입니다.
- typeof 연산자를 사용하면 undefined의 타입은 "undefined"로 나오지만, null의 타입은 "object"로 출력됩니다.
- null의 타입이 "object"로 출력되는 것은 자바스크립트의 초기 설계에서 발생한 버그이지만 현재까지 유지되고 있는 특징입니다.
- undefined와 null은 동등 비교(==) 시에는 같다고 평가되지만, 일치 비교(===)에서는 다르게 평가됩니다. undefined === null은 false를 반환합니다.

 #타입 #논리 연산자 #== 연산자 #암시적 타입 변환 #=== 연산자 #타입 변환
다음 코드의 실행 결과를 예측하고 그 이유를 설명하세요.

```
console.log(123 === "123");   ❶
console.log(123 == "123");    ❷
```

```
console.log(true === 1);        ❸
console.log(true == 1);         ❹
console.log(0 == !!null);       ❺
console.log(0 == undefined);    ❻
console.log(-0 === +0);         ❼
console.log(NaN === NaN);       ❽
```

> **힌트** == 연산자로 값을 비교하는 과정에서 타입 변환을 할 때 문자열을 숫자로 변환하는 데 실패할 경우 결과값이 NaN이 됩니다. 이중 NOT 연산자(!!)는 값을 Boolean 타입으로 변환합니다.

자바스크립트에서는 값의 동등성 비교를 위해 세 가지 비교 연산을 사용할 수 있습니다.

첫 번째는 동등 연산자인 == 연산자입니다. 이 연산자는 피연산자의 값을 비교합니다. 피연산자의 데이터 타입이 다를 경우 자바스크립트 엔진에 의해 암시적 타입 변환으로 타입을 일치시킨 후 값을 비교합니다.

두 번째는 일치 연산자인 === 연산자입니다. 이 연산자는 값과 함께 데이터 타입까지 엄격하게 비교합니다. 따라서 두 피연산자의 값과 데이터 타입이 정확하게 일치할 때만 true를 반환합니다. 이는 강제 타입 변환이 없으므로 예상치 못한 동작을 방지할 수 있습니다.

== 연산자와 === 연산자는 비슷해 보이지만 동작에 큰 차이가 있어 적절히 사용하지 않으면 예상과 다르게 동작할 수 있습니다.

마지막으로는 Object.is 메서드가 있습니다. 이 메서드는 === 연산자와 같이 두 값을 비교하지만, +0과 -0을 서로 다른 것으로 취급한다는 차이점이 있습니다.

정답

❶ false ❷ true ❸ false ❹ true
❺ true   ❻ false ❼ true   ❽ false

해설

❶, ❸, ❼, ❽은 === 연산자와 관련된 예제로, 값과 함께 데이터 타입까지 비교합니다.

❶에서 123과 "123"은 각각 Number, String으로 타입이 다르기 때문에 연산의 결과는 false가 됩니다. ❸에서도 true와 1은 각각 Boolean, Number로 타입이 다르기 때문에 연산의 결과는 false가 됩니다. ❼에서는 +0과 -0은 Number로 타입이 같고, +0과 -0은 동일한 값으로 취급되기 때문에 결과는 true가 됩니다. ❽에서 두 NaN 모두 Number로 타입은 같지만, NaN은 항상 NaN과 다른 값으로 취급되어 결과는 false가 됩니다.

❷, ❹, ❺, ❻은 == 연산자와 관련된 예제로, 타입이 다를 경우 암시적으로 타입을 변환한 뒤 값을 비교합니다.

❷는 숫자와 문자열을 비교하는 경우로, 문자열 "123"은 숫자 123으로 변환됩니다. 따라서 결과는 true가 됩니다. ❹는 한쪽이 Boolean이고 다른 쪽이 Boolean이 아닌 경우로, Boolean은 숫자로 변환됩니다. true는 1, false는 0으로 변환되므로 결과는 true입니다. ❺에서 !!null의 값은 false이므로 ❹에서와 같이 !!null은 0으로 변환되어 결과는 true가 됩니다. ❻에서는 0과 undefined의 값을 비교하는데, 하나의 피연산자가 null이나 undefined인 경우 다른 하나가 null 또는 undefined가 아닌 이상 결과는 false가 됩니다.

AI는 통과 못 하는 기술 면접 예상 질문

Q8-1 NaN과 NaN을 같은 값으로 평가하기 위한 방법은 무엇인가요?

답변
- NaN은 일반적인 비교 연산자로는 비교할 수 없으므로 Object.is(NaN, NaN)을 사용하면 두 NaN을 같은 값으로 평가할 수 있습니다.

Q8-2 NaN을 다른 값과 비교할 때 주의할 점은 무엇인가요?

답변
- NaN은 자신을 포함한 어떤 값과도 같지 않으므로 NaN을 비교할 때는 isNaN 또는 Number.isNaN 함수를 사용해야 합니다.
- isNaN은 값이 숫자로 변환된 후 NaN인지 확인하고, Number.isNaN은 값이 NaN인지 직접 확인합니다.
- 가능한 경우 Number.isNaN을 사용하는 것이 비교적 안전합니다.

Q8-3 Object.is는 == 연산자와 === 연산자 중 어떤 것과 더 유사할까요?

답변
- Object.is는 === 연산자와 유사합니다. 둘 다 엄격한 동등 비교를 하지만 Object.is는 NaN을 동일하게 처리하고 -0과 +0을 구분하는 점에서 다릅니다.

Q8-4 자바스크립트에서 이중 NOT 연산자(!!)를 사용하는 이유는 무엇인가요?

답변
- !! 연산자는 값을 Boolean 타입으로 변환하는 데 사용됩니다.
- 첫 번째 NOT 연산자 !는 피연산자를 부정하여 Boolean 값을 반환하고, 두 번째 NOT 연산자 !는 이를 다시 부정하여 원래 값의 Boolean 값을 얻습니다.

Q9 #타입 #Number #typeof #명시적 타입 변환 #연산 #정수 #타입 변환

다음 코드의 실행 결과를 예측하고 그 이유를 설명하세요.

```js
let result = 5 + "7";
console.log(`${result}, ${typeof result}`); ❶

result = "Hello " + false;
console.log(`${result}, ${typeof result}`); ❷

result = "Hello " + null;
console.log(`${result}, ${typeof result}`); ❸

result = 10 + true;
console.log(`${result}, ${typeof result}`); ❹

result = 6 + null;
console.log(`${result}, ${typeof result}`); ❺

result = 6 + undefined;
console.log(`${result}, ${typeof result}`); ❻
```

힌트 자바스크립트는 피연산자의 데이터 타입에 따라 자동으로 데이터 타입을 변환하는 동적 타입 언어입니다. + 연산자는 먼저 두 개의 피연산자를 원시 타입으로 변환한 후, 두 피연산자의 타입을 확인하여 문자 연결이나 산술 연산을 수행하게 됩니다. + 연산자를 제외한 -, *, / 등의 다른 산술 연산자들은 피연산자들을 숫자 타입으로 변환시켜 연산을 수행합니다.

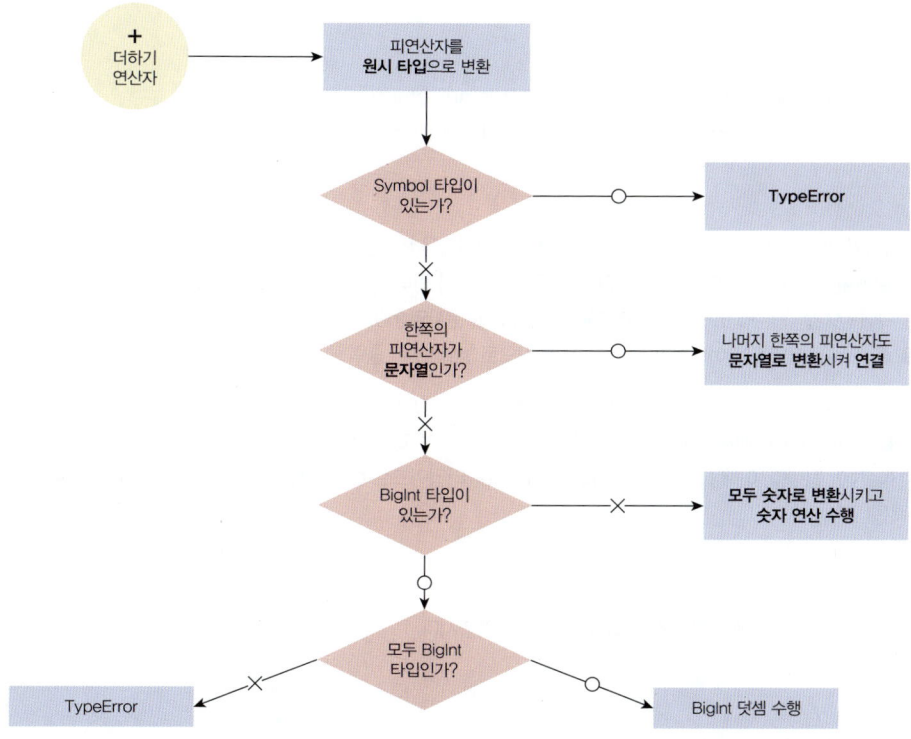

그림 1-1 + 연산 시 타입 변환 과정

다음 표는 일부 원시값의 타입 변환을 요약한 내용입니다.

값	String 변환	Number 변환	Boolean 변환
0	"0"	0	false
1	"1"	1	true
""	""	0	false
" "	" "	0	true
"0"	"0"	0	true
"1"	"1"	1	true
"글자"	"글자"	NaN	true
true	"true"	1	true
false	"false"	0	false
null	"null"	0	false
undefined	"undefined"	NaN	false

정답

❶ "57, string"　　❷ "Hello false, string"　　❸ "Hello null, string"
❹ "11, number"　　❺ "6, number"　　❻ "NaN, number"

해설

자바스크립트는 더하기 연산 시 피연산자에 문자열이 있으면 피연산자들을 문자열로 변환시켜 연결합니다. ❶에서는 숫자 5가 문자열 "5"로 변환되고 이후 문자열 "7"과 병합되어 문자열 "57"이 됩니다. 같은 방식으로 ❷에서는 false가 문자열 "false"로 변환되어 문자열 "Hello false"가 되고, ❸에서는 null이 문자열 "null"로 변환되어 문자열 "Hello null"이 됩니다. 이때 ❶, ❷, ❸ 모두 문자열 타입이므로 typeof result 값으로 "string"이 출력됩니다.

문자열이 없으면 피연산자들을 숫자로 변환하여 연산합니다. ❹에서는 10 + true에서 true가 숫자 1로 변환되어 숫자 11이 됩니다. ❺에서는 6 + null에서 null이 0으로 변환되어 숫자 6이 되고, ❻에서는 undefined가 NaN로 변환되어 6과 더해져 NaN이 됩니다. 이때 NaN 또한 타입이 Number 타입이므로 ❹, ❺, ❻ 모두 typeof result 값으로 "number"가 출력됩니다.

한 걸음 더

다른 예제를 통해 다양한 타입 조합에 따른 연산 결과에 대해 더 알아봅시다.

```
2 + Boolean("") // 2
2 + Boolean(" ") // 3
2 + Number("") // 2
2 + Number(" ") // 2

NaN + "x" // "NaNx"

"10" * "10" // 100
"y" - 8 // NaN
```

AI는 통과 못 하는 기술 면접 예상 질문

Q9-1 자바스크립트 타입 변환 규칙에서 + 연산자와 다른 산술 연산자(-, *, /)의 차이점은 무엇인가요?

답변
- + 연산자는 문자열 연결을 지원하여 피연산자가 문자열이면 문자열로 변환하지만, 다른 산술 연산자는 모두 숫자로 변환합니다.

Q9-2 자바스크립트에서 Boolean으로 타입 변환할 때 어떤 값이 true이고, 어떤 값이 false일까요?

답변
- false, 0(0, -0, 0n), "", null, undefined, NaN은 false로 변환되고, 그 외의 값은 true로 변환됩니다.

Q9-3 null과 undefined가 각각 숫자, 문자열, Boolean으로 변환될 때의 결과는 무엇인가요?

답변
- **null**: 숫자 0, 문자열 "null", Boolean false
- **undefined**: 숫자 NaN, 문자열 "undefined", Boolean false

 #타입 #부동소수점 #비교 연산자 #연산 #원시 타입 #원시값

Q10 다음 코드의 실행 결과를 예측하고 그 이유를 설명하세요.

```
const number1 = 0.1 + 0.2;
console.log(number1); ❶

const number2 = 0.1 * 0.2 === 0.02;
console.log(number2); ❷

const number3 = 0.3 - 0.2 < 0.1;
console.log(number3); ❸
```

힌트 컴퓨터에서 실수를 표현하는 방법으로 고정소수점 방식과 부동소수점 방식이 있습니다. 정수 부분과 소수 부분을 나타내는 메모리 크기를 미리 고정해버리는 고정소수점 방식은 부동소수점 방식에 비해 비트 수 대비 표현 가능한 수의 범위와 정밀도 측면에서 단점이 있습니다.

자바스크립트는 메모리를 효율적으로 사용하기 위해 IEEE 754 표준에서 정의하는 64비트 부동소수점 형식을 사용해 숫자를 표현합니다. 이 표현 방식에서는 소수를 표현할 때 다음과 같은 과정을 거칩니다.

1) 10진수 값을 2진수로 변환

2) 1.xxx 형태가 나올 때까지 소수점 이동(정규화 과정 – 소수점이 항상 가장 앞에 오도록 조정)

3) 정규화 과정에서 얻어낸 지수에 바이어스(bias)를 더한 값을 지수 부분에 할당

4) 소수점 오른쪽에 해당하는 수를 가수 부분에 할당

〈IEEE 754 표준 – 64비트 부동소수점 형식〉

1bit	11bit	52bit
부호 부분	지수 부분	가수 부분

<예시: 0.1>

1) 10진수를 2진수로 변환
   0.1 → 0.0001100110011....

2) 1.xxx 형태가 나올 때까지 소수점 이동(정규화 과정)
   0.0001100110011.... → 1.100110011001....

3) 정규화 과정에서 얻어낸 지수에 바이어스를 더한 값을 지수 부분에 넣음
   -4(지수) + 1023 = 1019 → 01111111011

4) 소수점 오른쪽에 해당하는 수를 가수 부분에 할당
   1.100110011001...   *무한 소수일 경우 52비트의 한정된 공간에 근사치를 할당하여 오차 발생

| 0 | 01111111011 | 1001100110011001100110011001100110011001100110011010 |

그림 1-2 부동소수점

정답

❶ 0.30000000000000004 ❷ false ❸ true

해설

자바스크립트 부동소수점 표현 방식에서 0.125와 같이 2진수로 표현했을 때 순환소수 없이 표현 가능한 숫자가 아니라면 소수점 오른쪽에 해당하는 수를 가수 부분에 넣을 때 나머지 부분을 반올림 처리하여 근사값이 저장되면서 오차가 발생합니다.

따라서 0.1과 0.2는 오차를 가진 근사치로 표현되어 에서는 0.3이 아닌 근사치인 0.30000000000000004가 출력됩니다. ❷에서는 곱셈 연산에서도 마찬가지로 부정확한 연산이 수행되어 0.02가 아니라 0.1 * 0.2 값으로 0.020000000000000004가 나와 false 값이 나타납니다. ❸에서도 같은 방식으로 0.3 − 0.2의 연산값으로 0.1보다 작은 0.09999999999999998로 계산되어 true가 출력됩니다.

따라서 소수점의 정확한 연산이 필요할 때는 부동소수점의 연산을 주의해야 하고, 정확한 연산을 위해 정수로 변환하여 계산하는 등 별도의 추가 작업을 해줘야 합니다.

📢 AI는 통과 못 하는 기술 면접 예상 질문

Q10-1 소수점의 정확한 연산을 수행할 방법에는 또 어떤 것들이 있을까요?

답변
- 소수점 연산의 정확성을 위해 decimal.js 등의 라이브러리를 사용하거나 정수로 변환 후 계산하는 방법을 사용할 수 있습니다.
- 특정 소수점 이하 자릿수까지 반올림하여 결과를 얻고자 할 때는 toFixed 메서드를 활용할 수 있습니다.

Q11 #타입 #암시적 타입 변환 #이스케이프 시퀀스 #템플릿 리터럴

다음 코드의 실행 결과를 예측하고 그 이유를 설명하세요.

```javascript
const weather = "맑음";
const temperature = 21;

const message = `오늘의 날씨는 ${weather}\n현재 기온은 ${temperature}도입니다.`;
console.log(message); // ❶
console.log(String.raw`오늘의 날씨는 ${weather}\n현재 기온은 ${temperature}도 입니다.`); // ❷
console.log(String.raw`${message}`); // ❸
```

힌트 이스케이프 시퀀스(escape sequence)는 문자 제어 코드로, 일반적인 문자와는 다르게 화면에 출력되는 역할이 아니라 특수한 기능을 수행하는 문자입니다. 주로 백슬래시(\)로 시작합니다. (예: \n, \t)

템플릿 리터럴은 ECMAScript 2015부터 도입된 개념으로 내장된 표현식을 허용하는 문자열 리터럴입니다. 변수 삽입, 문자열 보간, 여러 줄로 이루어진 문자열을 쉽게 작성할 수 있도록 합니다.

String.raw는 이스케이프 시퀀스를 해석하지 않고 문자 그대로를 출력하는 기능을 가진 태그드 템플릿 리터럴의 메서드입니다. 태그드 템플릿이란 템플릿 리터럴을 가공하기 위해 함수와 함께 사용하는 문법입니다. 함수 이름 뒤에 템플릿 리터럴을 붙여서 호출하면, 그 함수는 템플릿 리터럴의 문자열과 삽입된 표현식을 인수로 받아 처리합니다. 이를 통해 문자열을 다양한 방식으로 가공할 수 있습니다. String.raw 메서드를 이용하면 백틱으로 감싼 문자열을 통해 템플릿 리터럴을 만들되, 특정 문자열 내의 이스케이프 시퀀스를 해석하지 않고 그대로 출력할 수 있습니다.

정답

❶ "오늘의 날씨는 맑음
   현재 기온은 21도 입니다."

❷ "오늘의 날씨는 맑음\n현재 기온은 21도 입니다."

❸ "오늘의 날씨는 맑음
   현재 기온은 21도 입니다."

해설

❶에서는 템플릿 리터럴 내부의 ${weather}와 ${temperature}는 각각 변수 weather와 temperature의 값으로 대체됩니다. 이때 temperature의 값은 21로 Number 타입이지만, 템플릿 리터럴 내부에서 변수를 문자열로 변환합니다. 따라서 21은 문자열 "21"로 치환됩니다. \n은 줄 바꿈을 나타내는 이스케이프 시퀀스로, "현재 기온은 ~" 문장을 다음 줄에 출력합니다.

❷에서는 String.raw 메서드로 인해 템플릿 리터럴 내부의 이스케이프 시퀀스를 해석하지 않고 그대로 출력하게 됩니다. 따라서 ${weather}과 ${temperature}만 각각 변수의 값으로 치환되고, "현재 기온은 ~" 문장은 줄 바꿈되지 않으며 \n 문자가 그대로 출력됩니다.

❸에서는 ❷에서와 같이 String.raw 메서드로 인해 \n가 문자 그대로 출력된다고 생각할 수 있지만, 결과는 ❶과 동일합니다. `${message}`에서 \n은 줄 바꿈을 나타내는 이스케이프 시퀀스로, 이스케이프 시퀀스가 줄 바꿈 문자로 해석되어 String.raw 메서드에는 이미 치환된 문자열이 입력값으로 들어가기 때문입니다. 이스케이프 시퀀스를 문자 그대로 출력하기 위해서는 ❷와 같이 템플릿 리터럴 자체를 String.raw로 감싸야 합니다.

#타입 #정규식 리터럴

Q12 다음 코드의 실행 결과를 예측하고 그 이유를 설명하세요.

```
const regExp = /^[0-9A-Z]+@[0-9A-Za-z]*\.[a-zA-Z.]{2,4}$/i;

console.log(regExp.test("abc123@test.com"));      ❶
console.log(regExp.test("@test.com"));            ❷
console.log(regExp.test("abc123@.com"));          ❸
console.log(regExp.test("abc123@test.co.kr"));    ❹
```

힌트 자바스크립트에서는 정규 표현식도 객체로서 RegExp의 exec와 test 메서드를 사용할 수 있고, String의 match, matchAll, replace, replaceAll, search, split 메서드와도 함께 사용할 수 있습니다. 자바스크립트에서 정규 표현식 객체를 생성하기 위해서는 정규 표현식 리터럴과 RegExp 생성자 함수를 사용할 수 있습니다.

정규 표현식은 패턴과 플래그로 구성되며, 패턴은 문자열의 규칙을 표현하기 위해 사용되고 플래그는 정규 표현식의 검색 방식을 결정합니다. 자주 사용되는 플래그로는 대소문자를 구별하지 않고 검색하는 i(ignore case), 대상 문자열을 전역 검색하는 g(global) 그리고 문자의 행이 바뀌어도 계속 패턴을 검사하는 m(multi line)이 있습니다.

정답

❶ true ❷ false ❸ true ❹ false

해설

정규식은 다음 표와 같이 표현되며, 자주 사용되는 패턴과 플래그는 다음과 같습니다.

패턴	의미
a-zA-Z	영어 알파벳
0-9	숫자
.	숫자, 한글, 영어, 특수기호, 공백을 포함한 모든 문자열
\d	숫자
\w	밑줄 문자(_), 영어 알파벳, 숫자
\s	공백
[ ]	괄호 안의 문자들 중 하나로, or의 의미. 괄호 내의 -는 범위를 지정
+	앞선 패턴을 1번 이상 반복
*	앞선 패턴을 0번 이상 반복
?	앞선 패턴이 없거나 최대 1번 반복
{m, n}	앞선 패턴이 최소 m번, 최대 n번 반복

플래그	의미
i	대소문자를 구별하지 않고 검색
g	문자열 내의 모든 패턴을 검색
m	문자의 행이 바뀌어도 계속 패턴을 검색

❶에서 "@" 앞의 패턴에 "abc" 문자에 상응하는 패턴이 직접적으로 명시되어 있지 않지만, i 플래그로 인해 대소문자가 무시되고 true가 반환됩니다.

❷에서는 "@" 앞에 숫자나 문자열이 1번 이상 반복되지 않았으므로 false를 반환합니다.

❸에서 "@" 뒤에 오는 패턴이 0번 이상 반복되는 조건이기 때문에 "@"에 이어 바로 "."이 등장해도 검사를 통과하고 true가 반환됩니다.

❹에서는 첫 번째 "." 뒤의 글자 "co.kr"이 다섯 글자로, 알파벳 혹은 "."이 최소 2번 최대 4번 반복한다는 조건에 맞지 않아 false가 반환됩니다.

 AI는 통과 못 하는 기술 면접 예상 질문

Q12-1 플래그 i를 사용하지 않고 대소문자를 구별하지 않는 패턴을 만들 수 있는 방법이 있나요?

답변
- 패턴 내에서 [aA]와 같이 대소문자를 모두 포함하는 문자를 명시하여 대소문자를 구별하지 않는 패턴을 만들 수 있습니다.

Q12-2 +와 * 패턴의 차이점은 무엇일까요?

답변
- +는 1회 이상 반복을 의미하고, *는 0회 이상 반복을 의미합니다.

Q12-3 자바스크립트에서 정규 표현식을 사용하여 문자열을 검색하는 다양한 메서드(test, exec, match, replace, search, split)에 대해 설명하세요.

답변
- **test**: 정규 표현식과 일치하는지 확인하여 Boolean 값을 반환합니다.
- **exec**: 일치하는 정보를 배열로 반환합니다.
- **match**: 일치하는 결과를 배열로 반환합니다.
- **replace**: 일치하는 부분을 다른 문자열로 대체합니다.
- **search**: 일치하는 부분의 인덱스를 반환합니다.
- **split**: 정규 표현식을 기준으로 문자열을 분할하여 배열로 반환합니다.

Q12-4 match와 matchAll 메서드의 차이점은 무엇인가요?

답변
- match는 일치하는 결과를 배열로 반환하고, matchAll은 모든 일치 항목을 반복 가능한 객체로 반환합니다.

Level 3 ★★★

#타입 #Symbol

Q13 다음 코드의 실행 결과를 예측하고 그 이유를 설명하세요. 단, 에러가 발생해도 코드 실행이 중단되지 않는다고 가정합니다.

```javascript
const symbol = Symbol();
console.log(symbol); ❶

const symbol2 = Symbol("symbol2");
const symbol3 = Symbol("symbol2");
console.log(symbol2 === symbol3); ❷

console.log(!!symbol); ❸
```

```
console.log(symbol + "");   ❹
console.log(+symbol);       ❺
```

> **힌트** Symbol은 ECMAScript 2015에서 도입된 데이터 타입으로 변경 불가능한 원시 타입의 값입니다. Symbol은 다른 값과 중복되지 않는 유일한 값을 가지므로 주로 고유한 이름을 갖는 속성 키를 만들기 위해 사용하며, Symbol 값을 속성 키로 갖는 속성은 일반적인 방식(for...in 문, Object.keys 등)으로 접근할 수 없기 때문에 정보 은닉이 가능합니다.

정답

❶ Symbol()

❷ false

❸ true

❹ TypeError: Cannot convert a Symbol value to a string

❺ TypeError: Cannot convert a Symbol value to a number

해설

Symbol은 Symbol 함수를 호출해 생성할 수 있습니다. 생성된 Symbol은 고유하고 유일한 값이기 때문에 외부로 실제값을 노출하지 않습니다. 이는 Symbol의 고유성을 유지하기 위한 자바스크립트의 특성입니다. 따라서 ❶에서는 Symbol을 생성했다는 것을 보여주지만 내부값을 알 수 없도록 하기 위해 Symbol()을 출력합니다.

Symbol 생성 시 인수로 전달한 문자열은 Symbol의 description 속성으로서, Symbol에 대한 설명을 담은 읽기 전용 문자열입니다. description 속성은 생성되는 Symbol 자체에는 어떤 영향도 주지 않고 디버깅 용도로 사용됩니다. 때문에 Symbol에 대한 설명이 같아도 각 Symbol은 고유한 값을 가지기 때문에 ❷는 false로 평가됩니다.

Symbol은 기본 연산에서도 독특한 특징을 보여주는데, Symbol은 암시적으로 String 타입이나 Number 타입으로 변환되지 않습니다. 때문에 ❹, ❺의 + 연산 과정에서 Symbol을 문자열이나 숫자로 변환하려고 하면 TypeError가 발생하게 됩니다. 반면 Boolean 타입으로는 변환이 가능하기 때문에 ❸은 true가 됩니다.

AI는 통과 못 하는 기술 면접 예상 질문

Q13-1 Symbol을 속성 키로 갖는 속성에 접근할 수 있는 방법이 있을까요?

답변

- Object.getOwnPropertySymbols를 사용하여 Symbol 키에 접근할 수 있습니다.
- Object.getOwnPropertySymbols는 객체의 모든 Symbol 속성 키를 배열로 반환합니다.

Q13-2 Symbol을 속성 키로 사용하는 것 외에 또 다른 활용 방법이 있을까요?

답변
- Symbol을 통해 고유한 식별자를 생성할 수 있기 때문에 이터레이터 메서드 정의, 모듈 간의 충돌 방지, 은닉된 객체 속성 생성 등에서 활용할 수 있습니다.

 #타입 #BigInt #Number #typeof #명시적 타입 변환 #연산 #정수 #타입 변환

다음은 자바스크립트의 표준 내장 객체 중 하나인 Number의 정적 속성 중 큰 수를 나타내는 속성에 관한 표입니다. 다음 코드의 실행 결과를 예측하고 그 이유를 설명하세요. 단, 에러가 발생해도 코드 실행이 중단되지 않는다고 가정합니다.

속성	의미	크기	값
MAX_SAFE_INTEGER	자바스크립트에서 안전한 최대 정수	$2^{53} - 1$	9007199254740991
MAX_VALUE	자바스크립트가 표현할 수 있는 가장 큰 양수	대략 2^{1024}	약 1.79E+308
POSITIVE_INFINITY	양의 무한대를 나타내는 특수한 값	2^{1024}보다 큰 값	Infinity(전역 속성)

```
console.log(typeof 1n); ①
console.log(typeof BigInt(1)); ②
console.log(typeof BigInt(1) === typeof 1); ③

console.log(9999999999999999); ④
console.log(Number.MAX_SAFE_INTEGER + 2); ⑤

console.log(BigInt(Number.MAX_SAFE_INTEGER) + 2); ⑥
console.log(BigInt(Number.MAX_SAFE_INTEGER) + BigInt(2)); ⑦
```

힌트 BigInt 타입은 Number 타입이 안정적으로 나타낼 수 있는 최대 정수인 $2^{53} - 1$보다 큰 정수를 표현할 수 있는 내장 객체입니다. 큰 정수를 포함한 연산을 다룰 때는 BigInt 타입을 사용하여 잘못된 값이 나오지 않도록 주의해야 하며, BigInt 타입과 Number 타입 간 연산 시 타입 에러가 발생하기 때문에 타입을 맞춰 연산해야 합니다.

정답

❶ "bigint"   ❷ "bigint"   ❸ false

❹ 10000000000000000 // 부정확한 값

❺ 9007199254740992 // 잘못 계산된 값

❻ TypeError: Cannot mix BigInt and other types, use explicit conversions

❼ 9007199254740993n

해설

BigInt는 정수 리터럴의 뒤에 n을 붙이거나 함수 BigInt()를 호출해 생성할 수 있습니다.

❶과 ❷는 Number 타입 1이 명시적으로 BigInt 타입으로 변환되어 bigint가 출력되고, ❸에서 1은 Number 타입이기 때문에 BigInt 타입과 달라 false가 출력됩니다.

❹에서는 자바스크립트가 표현할 수 있는 최대 정수값을 벗어나 부정확한 값이 출력되고 있습니다.

❺에서는 Number.MAX_SAFE_INTEGER의 원시값인 9007199254740991보다 2가 큰 9007199254740993이 출력되어야 하지만 부정확한 계산으로 인해 올바른 값이 아닌 9007199254740992가 출력됩니다.

❻에서는 피연산자 하나만 명시적으로 타입을 변경했기 때문에 BigInt 타입과 Number 타입 간 혼합된 연산이 일어나 TypeError가 발생하고, ❼에서는 두 피연산자 모두 BigInt 타입으로 변경하여 연산했기 때문에 정확한 정수값인 9007199254740993이 BigInt 타입(~n)으로 출력됩니다.

한 걸음 더

BigInt 타입, 숫자 변환, 안전한 정수 범위와 오차에 관련된 예제를 더 살펴보겠습니다.

```
BigInt("1") // 1n
Boolean(0n) // false
Boolean(12n) // true
BigInt(10.5) // RangeError

Number(1n) === 1 // true
BigInt(1) === 1n // true

Number.MAX_SAFE_INTEGER // 9007199254740991
Number.MAX_SAFE_INTEGER === Math.pow(2, 53) - 1 // true
Number.MAX_VALUE < Number.POSITIVE_INFINITY // true
```

```
Number(9007199254740993n) // 9007199254740992 - 오차 발생

10 ** 500 // Infinity
10n ** 500n // 10000...0000n
5 / 2 // 2.5
5n / 2n // 2n - 소수점 이하 버림

1n === 1 // false
1n == 1 // true
2n > 1 // true
2n > 1n // true
```

AI는 통과 못 하는 기술 면접 예상 질문

Q14-1 자바스크립트에서 부정확한 연산이 발생하는 상황에는 어떤 것이 있고, 발생하는 이유는 무엇일까요?

답변
- 자바스크립트에서는 부동소수점 연산, 큰 숫자 계산 시 정밀도 손실이 발생할 수 있으며 IEEE 754 표준에 따른 결과입니다. 이러한 문제는 자바스크립트뿐만 아니라 IEEE 754 표준을 따르는 모든 언어에서 발생합니다.

Q15
#타입 #비트 연산 #시프트 연산 #정수

다음 코드의 실행 결과를 예측하고 그 이유를 설명하세요.

```
const result1 = (2 ** 32) >> 1;
console.log(result1); ❶

const result2 = (2 ** 31) >> 1;
```

```
console.log(result2); ❷

const result3 = (2 ** 31) >>> 1;
console.log(result3); ❸
```

> **힌트** 자바스크립트의 숫자는 64비트 부동소수점 형식으로 표현되며 이는 숫자가 정수 또는 소수점을 포함할 수 있고, 매우 크거나 작은 값을 표현할 수 있음을 의미합니다.
>
> 하지만 부동소수점 형식은 정수와 달리 정밀도 조절을 위해 지수부, 가수부로 나뉘므로 비트 연산을 수행하기에 적합하지 않습니다. 때문에 자바스크립트는 비트 연산 수행 시 숫자를 32비트 정수로 변환하는 과정을 거칩니다. 이 과정에서 소수점 이하의 값은 삭제되고, 숫자가 32비트 정수 범위를 벗어나면 오버플로가 발생하여 32비트 정수 범위를 벗어난 부분은 잘려 나가고 32비트 내에서만 표현됩니다.
>
> 〉〉는 오른쪽 시프트 연산자로 모든 비트를 지정된 비트 수만큼 오른쪽으로 이동시키며 만약 최상위 비트(most significant bit, MSB) 1이라면 왼쪽 비트는 1로 채워집니다.
>
> 〉〉〉는 부호 없는(unsigned) 오른쪽 시프트 연산자로 모든 비트를 지정된 비트 수만큼 오른쪽으로 이동시키며 최상위 비트와 상관없이 왼쪽 비트는 0으로 채워집니다.

정답

❶ 0   ❷ -1073741824   ❸ 1073741824

해설

**는 거듭제곱 연산자*로 2 ** 32는 2^{32}를 의미합니다. 2^{32}는 4294967296로 이진수 변환 시 100000000000000000000000000000000가 됩니다. 즉, 33번째 비트가 1인 32비트 이상의 정수값입니다. 따라서 오른쪽 시프트 연산 수행 시 해당 값을 32비트 정수로 변환하는 과정에서 32비트를 초과하는 값을 잘라내 0이 되고 결과적으로 0 〉〉 1이 되므로 ❶은 0이 출력됩니다.

2 ** 31이라는 값은 2147483648로 이진수 변환 시 10000000000000000000000000000000이 됩니다. 즉, 32번째 비트가 1인 32비트 정수값입니다. 해당 값에 오른쪽 시프트 연산 수행 시 32번째 비트가 31번째 비트로 이동하고, 최상위 비트가 1이었기 때문에 최상위 비트는 다시 1로 채워집니다. 최상위 비트가 1인 32비트 정수는 음수가 되므로 ❷는 음수값이 출력됩니다.

부호 없는 오른쪽 시프트 연산의 경우, 최상위 비트는 항상 0으로만 채워지기 때문에 ❸은 양수값이 출력됩니다.

한 걸음 더

다음 그림은 비트 연산 과정을 도식하여 정리한 것입니다.

---

* https://developer.mozilla.org/ko/docs/Web/JavaScript/Reference/Operators/Exponentiation

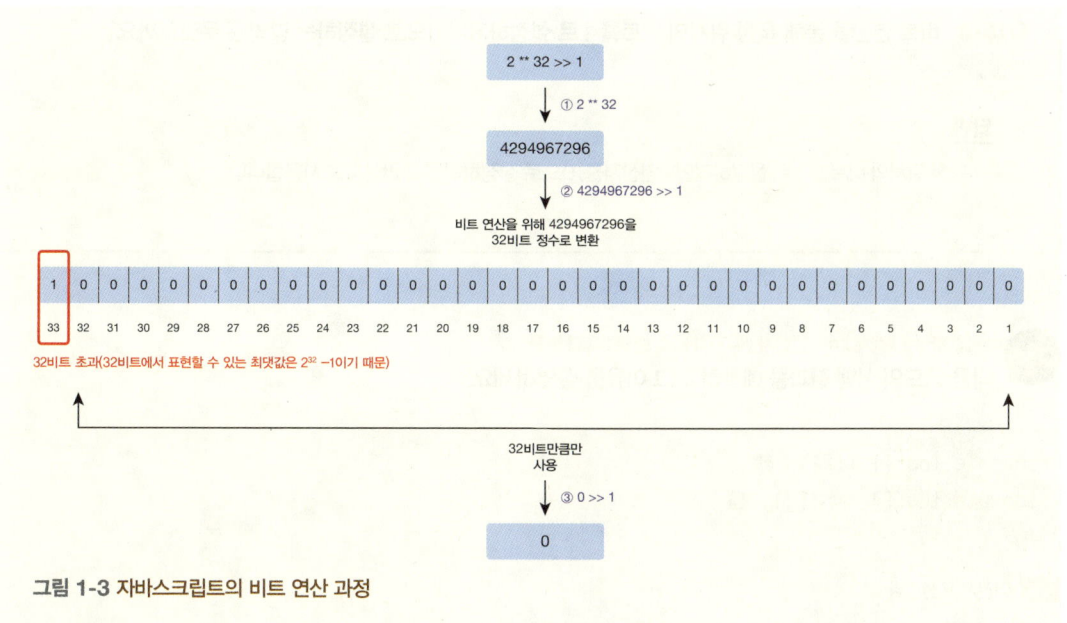

그림 1-3 자바스크립트의 비트 연산 과정

AI는 통과 못 하는 기술 면접 예상 질문

Q15-1 32비트 이상의 정수에 대해 시프트 연산을 적용할 수 있나요?

> **답변**
> - 자바스크립트는 32비트 정수에 대해서만 시프트 연산을 지원하기 때문에 32비트 이상의 정수에 직접적으로 시프트 연산을 적용할 수 없습니다.

Q15-2 자바스크립트에서 BigInt 타입을 사용하여 비트 연산을 수행할 수 있나요?

> **답변**
> - 두 피연산자가 모두 BigInt 타입이라면 >>> 연산을 제외하고 대부분의 비트 연산을 수행할 수 있습니다.
> - BigInt 타입은 고정된 비트수를 가지지 않으며 양수라면 0비트가, 음수라면 1비트가 좌측에 무한히 이어지는 것처럼 동작합니다.

Q15-3 비트 연산을 통해 특정 위치의 비트를 1로 설정하거나 0으로 설정하는 방법은 무엇일까요?

답변
- 특정 위치의 비트를 1로 설정하려면 | 연산자를, 0으로 설정하려면 & 연산자를 사용합니다.

#타입 #hint #객체 #== 연산자 #암시적 타입 변환 #타입 변환

다음 코드의 실행 결과를 예측하고 그 이유를 설명하세요.

```
console.log({} + []); ❶
console.log([] == ![]); ❷
```

힌트 연산자 우선순위

순위	기능	연산자
1	괄호	( )
2	증감/논리 연산자, not	++ -- !
3	산술 연산자 (곱셈)	* / %
4	산술 연산자 (덧셈)	+ -
5	비교 연산자 (대소)	< <= > >=
6	비교 연산자 (동등)	== === != !==
7	논리 연산자 (and)	&&
8	논리 연산자 (or)	||
9	대입 연산자	= += -= *= /= %=

정답
❶ "[object Object]"   ❷ true

해설
자바스크립트에서는 객체의 연산을 수행할 때 자동으로 타입 변환이 일어나며, 이때 객체는 특정 규칙에 따라 원시값으로 변환됩니다. 이러한 변환은 주로 연산자를 사용하거나 객체를 문자열이나 숫자로 변환할 때 발생합니다.

객체의 타입 변환은 세 종류로 구분되는데, 전달되는 hint 인자의 값이 구분 기준이 됩니다.

1) **string**: alert 함수, 템플릿 리터럴(``)과 같이 문자열을 기대하는 연산을 수행할 때 hint는 "string"이 됩니다.

2) **number**: Number 함수, 빼기 연산, 대소 비교 연산의 경우 hint는 "number"가 됩니다.

3) **default**: 피연산자가 객체일 때 이항 덧셈 연산자(+)나 동등 연산자(==)와 같은 연산자가 기대하는 자료형이 명확하지 않으면 hint는 기본값 "default"가 됩니다.

객체는 다음과 같은 내부 알고리즘에 따라 원시값으로 변환됩니다.

1) 객체에 Object[Symbol.toPrimitive]*(hint) 메서드가 있는지 찾고, 존재한다면 메서드를 호출합니다.

2) 1에 해당하지 않고 hint가 string이라면 먼저 toString이 호출되고, 반환값이 원시값이면 해당 값을 반환합니다. 이때 toString이 존재하지 않거나 반환값이 원시값이 아닌 경우 valueOf가 호출되며, 반환값이 원시값이면 해당 값을 반환합니다.

3) 1에 해당하지 않고 hint가 "number" 또는 "default"라면 먼저 valueOf가 호출되고, 반환값이 원시값이면 해당 값을 반환합니다. 이때 valueOf가 존재하지 않거나 반환값이 원시값이 아닌 경우 toString이 호출되며, 반환값이 원시값이면 해당 값을 반환합니다.

4) 위 2), 3)에서 마지막 반환값이 원시값이 아니면 TypeError가 발생합니다.

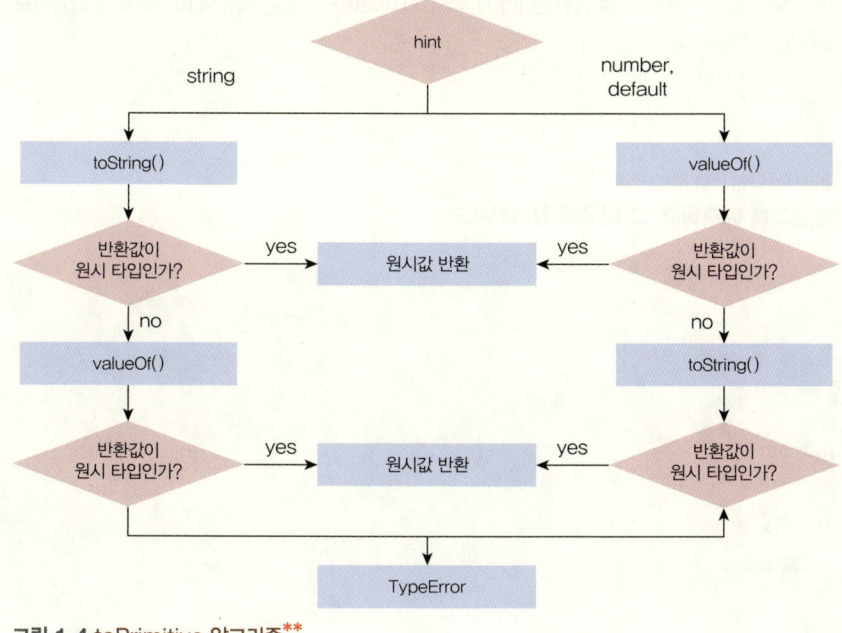

그림 1-4 toPrimitive 알고리즘**

---

* https://262.ecma-international.org/8.0/#sec-toprimitive
** https://dev.to/aman_singh/abstract-operations-the-key-to-understand-coercion-in-javascript-453i

자바스크립트에서 대부분의 객체는 Object의 인스턴스입니다. Object의 인스턴스인 객체들은 Object.prototype에서 상속된 메서드를 가지고 있습니다. ECMAScript 5*에 도입된 Object.create(null)로 생성된 객체는 Object.prototype의 속성과 메서드를 상속하지 않기 때문에 예외입니다.

{ }는 빈 객체로 속성을 가지지 않지만 Object.prototype으로부터 toString, valueOf를 상속받습니다. 반면 [ ]는 빈 배열로, 배열은 Array.toString 메서드를 자체적으로 가지고 있으며, valueOf는 Object.prototype으로부터 상속받습니다.

{ }와 [ ]에는 Symbol.toPrimitive 메서드가 없으며 hint 값은 모두 default입니다. 따라서 valueOf를 먼저 호출하지만, 객체 자체를 반환하여 원시값이 아니기 때문에 다음 단계인 toString을 호출합니다. { }.toString( )은 '[object Object]'를 반환하며, [ ].toString( )은 ""를 반환합니다. 결과적으로 ❶은 '[object Object]' + ""로 '[object Object]'가 출력됩니다.

❷에서는 연산자 우선순위에 따라 비교 연산을 위한 객체 타입 변환보다 ![ ]가 먼저 수행되며, 자바스크립트에서 [ ]와 { }는 Truthy한 값이기 때문에 ![ ]는 false가 됩니다. 자바스크립트에서 비교 연산을 할 때, 피연산자가 Boolean, String과 같은 타입이면 대개 두 값을 숫자로 변환합니다. 따라서 [ ] == false 비교와 같으며, == 연산자의 경우 하나의 피연산자가 객체이고 다른 하나가 원시 타입인 경우 객체를 원시 타입으로 변환합니다. 앞에서 설명한 과정을 통해 [ ]이 원시값 ""로 변환된 후 ""와 false를 비교하게 됩니다. == 연산자는 형이 다른 피연산자를 비교할 때 피연산자를 숫자형으로 바꾸기 때문에 빈 문자열 ""와 false는 모두 0으로 변환됩니다. 0 == 0의 비교에서는 같은 타입의 비교에 따라 결과적으로 true가 출력되는 것을 알 수 있습니다.

Q17 #타입 #hint #객체 #암시적 타입 변환 #타입 변환
다음 코드의 실행 결과를 예측하고, 그 이유를 설명하세요.

```javascript
const foo = {
  number1: 10,
  number2: "15",
  toString () {
    return this.number1;
  },
  valueOf () {
    return this.number2;
  },
};
```

---

* https://www.w3schools.com/js/js_es5.asp

```
console.log(foo + 10);    ❶
console.log(foo * 10);    ❷
console.log(`${foo}`);    ❸
```

힌트 특수한 객체 메서드를 사용하면 타입 변환을 조절할 수 있습니다. 변환될 객체 타입은 전달되는 hint 인자의 값이 기준이 되며 값은 "string", "number", "default" 세 종류가 있습니다.

String.prototype.concat과 같이 문자열을 기대하는 연산은 hint를 "string"으로 가집니다. - 연산과 같이 숫자를 기대하는 연산은 hint를 "number"로 가집니다. 마지막으로 "default"는 기대하는 타입이 불확실할 때 발생합니다. 예를 들어 + 연산은 문자열을 연결할 수도, 숫자를 더해줄 수도 있는데 한쪽 피연산자가 객체인 경우 어떤 연산이 일어나야 하는지가 불명확하므로 hint는 "default"가 됩니다.

객체가 원시값으로 변환되는 과정은 다음과 같습니다. 먼저 Object[Symbol.toPrimitive](hint) 메서드가 있는지 찾고, 존재하는 경우 메서드를 호출합니다. Symbol.toPrimitive라는 내장 심볼이 없다면 toString과 valueOf를 사용해 타입 변환이 일어납니다. 이때 hint 값에 따라 두 메서드가 호출되는 순서가 다른데, hint가 "string"이라면 toString, valueOf의 순으로 호출되고 이외에는 valueOf, toString순으로 호출됩니다.

정답

❶ "1510" ❷ 150 ❸ "10"

해설

+ 연산은 hint가 "default"입니다. Object[Symbol.toPrimitive] 메서드가 없으므로 valueOf, toString의 순으로 호출되어 객체의 타입 변환이 일어납니다. 객체 foo는 valueOf가 정의되어 있으므로 이를 호출하고, foo는 number2의 값인 string "15"를 반환하게 됩니다. 따라서 ❶은 "15" + 10이 되어 "1510"이 됩니다.

* 연산은 hint가 "number"이므로 + 연산과 같은 순서로 함수가 호출되며, foo는 "15"로 변환되지만, 곱셈 연산은 문자열을 숫자 타입으로 변환시키므로 ❷는 15 * 10이 되어 150이 됩니다.

템플릿 리터럴은 hint가 "string"이므로 toString, valueOf의 순으로 호출됩니다. toString이 정의되어 있으므로 foo는 number1의 값인 10으로 타입 변환이 됩니다. 따라서 ❸은 "10"이 됩니다.

SECTION 05 리얼 현장 인터뷰

현업 개발자들의 생생한 경험을 통해 자바스크립트 개념이 실제로 어떻게 적용되는지 확인해봅시다. 타입 변환, 동적 타입, 참조형 데이터 처리 등 실무에서 마주친 사례를 인터뷰 형식으로 풀어보며 자바스크립트를 더 깊이 이해하고, 실무에서 발생할 수 있는 문제를 예측하고 대비하는 감각을 길러보세요.

 실무에서 자바스크립트의 타입 변환에 대해 알아야 하는 이유가 있나요?

 Jackie

URL 쿼리 파라미터를 활용해서 개발한 적이 있었는데요, 쿼리 파라미터 값은 문자열로 전달되기 때문에 다른 타입으로 사용하려면 명시적 타입 변환이 필요했습니다. 이 부분을 체크하지 않아 의도치 않은 동작이 발생해 디버깅하는 데 정말 많은 시간을 소요했습니다.

 Dobby

실무에서는 자바스크립트 스펙만이 아니라 사용하는 프레임워크나 서버에 의해서도 타입 변환이 자주 사용됩니다. 예를 들어 GraphQL에서는 int32, 자바 기반의 API 서버는 int64, 자바스크립트의 Number 타입은 IEEE 754 포맷을 사용하기 때문에 큰 정수는 서로 호환되지 않은 적이 있었습니다. 따라서 항상 String 타입으로 변환하여 처리했습니다.

 동적 타입 언어로서 자바스크립트의 장단점이 궁금해요.

 Jackie

장점은 타입을 신경 쓰지 않고 프로토타입이나 사내 서비스를 개발하는 경우 빠른 개발이 가능하다는 점입니다. 프로토타이핑이 쉽고 간단한 스크립트를 작성할 때 유연성이 좋다는 점이 있죠. 하지만 안정성이 중요한 실제 서비스에서는 단점이 더 부각되는데, 규모가 커지면서 매개 변수 타입을 모르는 상황이 발생하고, 이를 놓치면 타입 오류가 발생하곤 합니다.

머릿속 생각을 바로 코드로 옮길 수 있다는 점이 편리합니다. 하지만 협업 시에는 코드 의도를 파악하기 어려운 경우가 있어 불편할 수 있습니다. 변수의 타입을 추적하기 어렵고, 타입 관련 버그를 방지하기 위해서는 타입 주석이나 타입 검사 로직을 많이 작성해야 합니다. `Hash`

타입을 고민하지 않고 코드를 빠르게 작성할 수 있다는 장점이 있습니다. 하지만 동적 타이핑을 지원하다 보니 다른 정적 타이핑 언어에 비해 컴파일러 단의 최적화가 잘 이루어지지 않고 대규모로 프로젝트를 진행할 때는 오히려 어떤 필드를 갖고 있는지 파악하기 어려워 작업 속도가 느려질 수 있습니다. `Dobby`

> **예상치 못한 타입 변환으로 문제가 발생한 적이 있나요?**

배열의 요소를 객체로 묶기 위해 map 함수를 사용할 때 어떤 요소가 Falsy 값이어서 객체가 아닌 그 Falsy 값 자체로 매핑이 되는 일이 있었습니다. 타입 변환을 체크하지 않아서 생긴 문제였죠. `Jackie`

```
// 예시
[1, 0, 4, 0, 5].map(value => (value ? {num: value} : value));

// 의도했던 결과
[{num: 1}, {num: 0}, {num: 4}, {num: 0}, {num: 5}];

// 실제 결과
[{num: 1}, 0, {num: 4}, 0, {num: 5}];
```

문자열과 숫자의 더하기 연산에서 숫자가 문자열로 변환되어 문자열 연결이 된 적이 있습니다. `Hash`

```
// 예시
let total = 0;

function addNumber (num) {
  total += num;
```

리얼 현장 인터뷰 **087**

```
}

addNumber(1);
addNumber(2);
addNumber("3"); // 타입 변환을 체크하지 못하고 addNumber 함수를 실행
addNumber(4);

console.log(total); // 기대한 결과값: 10, 실제 결과값: "334"
```

> **Lillie**: 사용자가 입력한 값에서 맨 앞글자가 "0"이었는데요, 이를 Number로 타입 변환하면서 맨 앞의 0이 없어져 문제가 생긴 적이 있습니다.
>
> ```
> // 예시
> Number("0123") // 123
> ```

> **Frey**: 자바스크립트만으로 개발하는 프로젝트를 진행했을 때 값의 타입을 세밀하게 체크해야 하는 경우가 많았습니다. 예를 들어 API의 응답값이 숫자 0인지 문자 0인지 데이터마다 확인해야 했고 이를 놓친 경우 버그가 발생하기도 했어요.

 참조형 데이터를 다룰 때 가장 흔히 하는 실수가 무엇인가요?

> **Jackie**: 여러 곳에서 동일한 객체를 참조하고 수정할 때 변경 예측이 어려워 사이드 이펙트가 발생하곤 했습니다. 또 객체나 배열을 다룰 때 제가 자주 범하는 실수는 깊은 복사를 하지 않고 참조값만 복사해서 의도치 않게 원본 데이터가 훼손되는 경우입니다. 스프레드 문법을 사용해도 깊은 복사가 되지 않기 때문에 주의해야 합니다.

const로 선언된 객체라 변하지 않을 거라 생각하고 여러 곳에서 사용했는데, 다른 곳에서 해당 객체 내부가 변경되어 있어 테스트가 실패한 적이 있습니다.

```
const user = {
  id: 123,
  name: "user123",
};

user.name = "changed123"; // 객체의 속성값 변경

expect(user.id === 123); // true
expect(user.name === "user123"); // false
```

리액트에서는 [useEffect의 deps]*나 useState에 같은 값이 들어오면 실행을 시키지 않는 구조를 가지고 있는데요, 이때 객체의 경우에는 데이터 필드를 직접 비교하는 게 아니라 Object.is를 이용하여 레퍼런스를 비교하기 때문에 이슈가 발생했던 경우가 있었습니다.

 타입 변환을 잘 활용한 경험담을 들려주세요.

응답의 특정 필드가 문자열 형태의 배열이었지만 이를 실제 배열 형태로 변환하는 게 유리했습니다. 이때 map과 parseInt를 활용해 타입을 변환했죠. Jackie

제가 자주 쓰는 패턴은 Boolean 생성자를 이용해서 Falsy 값들을 실제 Boolean 타입으로 변경하여 사용하는 편입니다. !!을 이용하여 타입 변환을 해도 되지만 코드 규모가 커지다 보면 잘 보이지 않는 경우가 많아 Boolean을 통해 조금 더 명확하게 타입 변환을 하는 편이에요.

---

* https://react.dev/reference/react/useEffect#useeffect

타입스크립트가 왜 필요한가요?

Jackie | 타입 체크를 자동화할 수 있어 안정성 측면에서 좋고 타입 자체가 코드 역할을 설명해주기 때문에 협업에 유리합니다. 정적 타입 지정으로 타입 안전성이 높아지고 IDE의 인텔리센스 기능을 활용할 수 있어서 개발 효율성과 가독성이 크게 향상됩니다. 물론 타입스크립트를 적용하려면 코드 마이그레이션에 시간이 걸리는 등 러닝 커브가 있습니다.

Gling | 최근 프로젝트 멤버들과 타입스크립트를 더 엄격하게 제대로 활용할 수 있는 방법에 대해서 이야기한 적이 있습니다. 특히 초기 개발 시 빠른 개발을 위해 타입을 너무 넓게 정의하는 경우가 많은데요, 이런 코드로 인해 종종 버그가 발생하는 것 같아요. 예를 들어 문자열 유니온 타입을 문자열로 지정한 경우 어떤 문자열이 와도 타입 에러가 발생하지 않기 때문에 잘못된 문자열을 전달해도 에러가 발생하기 전까지 알아채기 쉽지 않습니다. 하지만 이런 타입들을 추후에 다시 리팩터링하는 건 쉽지 않은 일입니다. 특히 이미 서비스되고 있는 프로젝트에서 사이드 이펙트 없이 얽히고설킨 타입을 체계적으로 정리하는 일은 생각보다 어렵다고 느껴졌습니다. 따라서 처음부터 더 견고하고 엄격한 타입을 유지하기 위해 노력하는 편입니다.

Lumi | 프로젝트에서 API 응답 데이터의 타입을 정의하고 관련 데이터 처리 로직에 활용함으로써 API 변경으로 인한 문제를 사전에 알아내거나 변경 히스토리를 추적하고 대응할 때 도움이 되었습니다.

 undefined 혹은 null로 인해 문제가 발생한 경험이 있나요?

Jake | undefined와 null은 의미가 비슷한 반면, 타입이 다르기 때문에 둘을 엄격하게 관리하지 않으면 예상치 못한 사고를 일으킬 수 있어요. 예를 들면 null과 undefined를 혼용하여 사용하다가 실수로 둘 중 하나만 체크하는 경우 문제가 발생할 수 있습니다. 게다가 typeof 연산자는 null을 "object"로 반환하기 때문에 다음처럼 null인지 확인하는 로직을 빠뜨린 경우 에러가 발생하기도 합니다.

```javascript
const someObject = null;
if (typeof someObject === "object" && someObject.toString) { // 에
러 발생!
  console.log(someObject.toString());
}
```

함수나 구조 분해 할당 등에서 인자나 속성의 값이 없는 경우나 Map, Set 등의 자료구조에서 값이 없는 경우 등에 자바스크립트에서 대부분 undefined를 기본적으로 사용하고 있기 때문에 프로젝트 내에서도 null은 가능한 한 사용하지 않도록 하고 있습니다.

Sally

null과 undefined 모두 Falsy 값이라 기본값 함수 매개 변수default function parameter로 전달될 경우 명명된 기본값으로 설정되는 것을 기대했었는데요, undefined인 경우에만 해당된다는 차이가 있었습니다.

```javascript
function initialValueTest (b = "b", c = "c") {
  console.log(b, c);
}

initialValueTest(undefined, null); // "b" null
```

Terry

객체에 어떤 속성이 없는 경우와 undefined로 지정된 경우 모두 속성에 접근하면 undefined로 같지만 다르게 동작하는 부분이 있어 주의해야 합니다. 전개 구문을 이용해 객체를 합칠 때 undefined로 지정된 속성이 기존에 값이 있는 속성을 덮어 써서 문제가 발생했던 적이 있습니다.

```javascript
const defaultValues = {foo: "foo"};
const inputValues = {foo: undefined};

const values = {...defaultValues, ...inputValues}; // {foo: undefined}
```

Frey

특별히 기억나는 케이스는 없지만 종종 겪는 문제입니다. 평소 코딩 시 프로젝트에서 데이터 초기화에 사용하는 값을 하나로 통일해서 사용하려고 하며 주로 undefined를 사용하는 편입니다.

어떤 경우에 타입 유효성 검사가 필요한가요?

외부에서 데이터를 받을 때는 반드시 타입 유효성을 검사해야 합니다. API 응답값, 사용자 입력값, 쿼리 파라미터 등 데이터의 출처가 불확실하기 때문입니다. 이러한 검사를 소홀히 하면 타입 관련 버그가 숨어들기 때문에 유효성 검증은 필수적이라고 봅니다. 예를 들어 API 요청의 payload나 응답 데이터 타입, 사용자 입력값, URL에서 읽어오는 정보 등을 다룰 때 보안 측면에서 유효성 검사가 필요합니다.

배열을 반복하거나 배열값을 사용하는 로직에서 예상했던 타입과 다른 타입의 값이 들어오면 에러가 발생할 수 있기 때문에 타입에 대한 유효성 검사가 필요합니다.

흔히 발생하는 오류 케이스가 TypeError: Cannot read properties of null(혹은 undefined)라고 생각하는데요, 유효하지 않은 데이터의 속성을 조회할 경우 오류가 발생하므로 속성을 조회할 때는 객체 타입인지 확인하거나 옵셔널 체이닝 연산자(?.)를 활용하는 등의 처리가 필요했던 경험이 있습니다.

try...catch 문에서 catch에 잡힌 에러가 어디서 발생한 에러인지 확인할 때 타입 유효성 검사가 필요합니다. API를 감싼 try...catch 문이더라도 API 응답에서 오는 에러가 아닐 수 있기 때문에 API 에러라고 가정해서 코드를 작성하면 잘못된 값에 접근할 수도 있습니다. 타입 유효성 검사로 에러의 종류를 잘 파악해야 그에 맞는 적절한 에러 메시지를 노출할 수 있습니다. Lillie

 정규식 사용에 관한 경험담을 들려주세요.

화폐 단위 세 자릿수 콤마 나타내기를 구현할 때 로직을 직접 짰던 기억이 있는데, 정규식으로도 간단히 구현할 수 있는 것을 보고 정규식을 제대로 한번 공부해보고 싶다는 생각을 한 기억이 나네요!

Lucy 전에 담당하던 서비스에서 사용자에게 이메일을 입력받는 인풋이 있었는데요, 이 인풋의 이메일 유효성 검증은 한 줄의 정규식 코드로 깔끔하게 작성되어 있었습니다. 그 이후에 이메일 관련 정책이 바뀌면서 입력할 수 있는 값의 길이가 2배 가까이 늘었고, 최대 길이에 가까운 긴 이메일을 입력하는 경우 화면이 멈추는 현상이 발생했습니다. 관련 이슈를 해결하는 과정에서 정규식의 성능 문제로 인해 복잡한 정규식은 검증해야 하는 문자열의 길이가 길어질 때 성능이 저하되는 것을 알 수 있었습니다.

Ethan & Joy 담당 서비스에서 사용자 정보를 입력받는 부분이 있었는데요, 이메일이나 전화번호뿐만 아니라 송장번호, 배송지명 등의 유효성을 모두 정규식으로 판별하여 코드 한 줄로 간단하게 구현할 수 있었습니다. 정수나 소수에서 첫째 자리에 불필요하게 붙어 있는 0을 제거한다든가 하이픈(-)이 포함된 정보에서 숫자만 추출하는 등의 작업에도 정규식이 활용되었습니다. 서비스 정책에 따라 이메일 형태가 복잡한 경우에서도 필터링하고자 하는 패턴을 쉽게 검출할 수 있었는데, 이처럼 실무에서 정규식의 활용도는 매우 높은 편이라고 생각합니다.

Terry 프로젝트에 정적 코드 분석 도구를 도입한 뒤 사용하던 정규식에 ReDoS 공격을 받을 수 있는 보안 취약점이 있다는 경고를 받아 수정한 경험이 있습니다. ReDoS는 정규식 구현의 취약점을 이용해 정규식의 실행을 매우 느리게 만드는 문자열을 입력함으로써 서비스가 제대로 동작하지 못하게 하는 공격으로, 스택오버플로도 ReDoS 공격으로 다운된 적이 있다고 합니다. 정규식이 ReDoS 공격에 취약한지를 간단히 확인할 수 있는 도구나 웹사이트들이 공개되어 있어 이를 이용해 정규식이 안전한지 확인한 뒤 사용하는 것이 좋습니다.

 타입과 관련하여 AI를 활용했던 경험을 들려주세요.

Joy 타입이나 유효성 검사처럼 다양한 케이스를 고려해야 하는 작업에서는 AI가 큰 도움이 돼요. 예전에 전화번호 입력값을 검증하는 정규식을 만들 일이 있었는데, 안심번호(050), 지역번호(02, 031 등), 이동통신 번호(010 등)까지 여러 조건을 만족해야 해서 꽤 복잡하다고 느꼈습니다. 이럴 때 AI에게 도움을 요청하면 빠르게 조건을 반영한 정규식을 제안해줘서 작업 속도가 훨씬 빨라집니다.

AI가 제안한 정규식은 동작 자체는 문제없었지만 제가 느끼기엔 다소 난해하다고 느껴지는 부분도 있었어요. 예를 들어 단순히 숫자 3~4자리를 표현할 때 \d{3,4}만 써도 되는데, AI는 (?:\d{3,4})처럼 비캡처 그룹으로 감싸서 제시하더라고요. 물론 정규식 문법상 틀린 건 아니지만 이 경우엔 굳이 그룹으로 묶을 이유가 없기 때문에 오히려 가독성을 떨어뜨릴 수 있습니다.

그래서 AI가 제시한 코드를 무조건 그대로 쓰기보다는 내가 작성하는 코드의 컨벤션에 맞는지, 가독성이 좋은지, 유지/보수하기 쉬운지를 꼭 검토하는 게 중요하다고 생각합니다. 결국 최종 결정은 개발자의 몫이니까요.

CHAPTER 02

객체

객체는 자바스크립트에서 데이터를 구조화하고 다루는 데 중요한 핵심 도구입니다. 사용자 정보, 제품 목록, 서버 응답 등 대부분의 복잡한 데이터는 객체 형태로 표현되고 처리됩니다. 자바스크립트의 객체는 매우 유연한 구조를 가지고 있어 속성과 메서드를 자유롭게 추가/수정/삭제할 수 있습니다. 또한 다양한 내장 메서드를 통해 복잡한 데이터도 비교적 쉽게 처리할 수 있습니다.

이번 챕터에서는 객체의 기본 개념부터 객체를 생성하고 관리하는 방법, 그리고 효율적으로 활용하는 팁까지 함께 알아보겠습니다. 이 과정을 통해 객체를 더 능숙하게 다루는 힘을 키워봅시다.

SECTION 01 셀프 실력 점검

자바스크립트의 객체에 대한 이해도를 점검해볼 수 있는 퀴즈입니다. 다음 항목들을 체크해봄으로써 자바스크립트의 객체를 얼마나 잘 알고 있는지 확인해보세요.

01 객체를 생성하고 속성을 추가하는 코드를 작성할 수 있다. [ ]
02 객체의 속성값을 읽고 설정하는 방법을 설명할 수 있다. [ ]
03 Object 클래스의 정적 메서드를 이용하여 객체의 키나 값을 가져올 수 있다. [ ]
04 객체 타입과 원시 타입이 변수에 할당될 때 어떤 차이가 있는지 설명할 수 있다. [ ]
05 Map과 Set의 차이를 알고 적절히 활용할 수 있다. [ ]
06 속성 서술자가 무엇인지 알고 이를 활용할 수 있다. [ ]
07 객체에 대한 깊은 복사와 얕은 복사의 차이점을 설명할 수 있다. [ ]
08 객체를 동결하는 방법에 대해 설명할 수 있다. [ ]
09 구조 분해 할당을 활용해 코드를 간결하게 작성할 수 있다. [ ]
10 객체 속성에 대한 변경을 제어하는 메서드를 알고 있고 이를 활용할 수 있다. [ ]
11 이터러블, 이터레이터, 제너레이터 등이 무엇인지 설명할 수 있다. [ ]
12 키 기반 컬렉션인 WeakMap과 WeakSet의 동작이 메모리 관리 측면에서 어떻게 다른지 설명할 수 있다. [ ]

나의 실력은?

0-2개	출발 금지! 준비 운동이 필요해요. 이론부터 차근차근 학습하며 탄탄한 기본기를 쌓아보세요.
3-5개	준비 완료! 기본 개념을 활용해 Level1 퀴즈를 풀며 자신감을 키워보세요.
6-8개	잘하고 있어요! Level 2 퀴즈를 통해 학습한 개념을 코드에 적용하면서 더욱 깊이 있는 이해를 쌓아보세요.
9개 이상	Level 3 퀴즈에서 다양한 개념을 연관 지어 학습해보세요. 실무에서 어떤 문제를 만나도 충분히 해결할 수 있을 거예요.

SECTION 02 뇌를 깨우는 워밍업 퀴즈

본격적으로 핵심 개념을 익히기 전에 가벼운 퀴즈를 풀어보며 자바스크립트 객체의 특성과 동작 방식을 점검해보세요.

01 다음 코드에서 copiedObject와 referencedObject의 차이점은 무엇인가요? copiedObject와 referencedObject의 color를 변경했을 때 나타나는 차이점을 확인해보세요.

```javascript
const originalObject = {
  color: "red"
};

const copiedObject = Object.assign({}, originalObject);
copiedObject.color = "blue";

console.log(originalObject.color);
console.log(copiedObject.color);

const referencedObject = originalObject;
referencedObject.color = "green";

console.log(originalObject.color);
console.log(referencedObject.color);
```

힌트 Object.assign은 하나 이상의 소스 객체로부터 타깃 객체로 속성을 복사합니다. 이 경우 Object.assign({ }, originalObject)는 originalObject의 복사본을 생성하는데, 복사본은 원본과 독립적으로 작동합니다. 반면 referencedObject는 원본 객체를 참조하므로 변경 시 원본 객체에 영향을 미칩니다.

02 다음 코드에서 book 객체의 title 속성값은 무엇일까요?

힌트 Object.defineProperty는 객체의 속성을 정의하거나 수정하는 데 사용됩니다. writable 속성은 속성값의 변경 여부를 결정합니다. writable: false로 설정하면 속성값을 변경할 수 없습니다.

```
const book = {
  title: "Yes I Know JS"
};

Object.defineProperty(book, "title", {
  writable: false
});

book.title = "Really know?";
console.log(book.title);
```

정답 및 해설

01
- "red", "blue", "green", "green"

copiedObject는 Object.assign을 사용해 originalObject의 복사본을 생성했기 때문에 독립된 객체입니다. referencedObject는 originalObject를 참조하므로 변경 시 원본에도 영향을 줍니다.

02
- "Yes I Know JS"

Object.defineProperty에서 writable: false로 설정된 속성은 값 변경이 불가능합니다. 엄격 모드에서는 값 변경을 시도할 경우 TypeError가 발생하며, 비엄격 모드에서는 "Really know?"로 변경하려는 시도는 무시되고 기존 값이 유지됩니다.

SECTION 03 핵심 개념 파헤치기

자바스크립트에서 객체는 키와 값을 묶어 데이터를 저장할 수 있는 구조를 제공해 원시 타입만으로 표현하기 어려운 복잡한 데이터를 표현할 수 있게 해줍니다. 객체의 생성과 속성을 다루는 법부터 활용도가 높은 Map과 Set 객체까지 차근차근 알아봅시다.

01 객체 생성하기

객체는 다음과 같이 콤마(,)로 구분한 키와 값의 쌍을 중괄호 { }로 감싸서 생성할 수 있습니다. 이를 객체 리터럴이라고 합니다.

다음 코드에서 person 객체는 이름을 표현하는 name이라는 키와 "Jake"라는 값을 가지고 있는데, 이를 묶어서 속성property이라고 합니다. 키는 속성명, 값은 속성값이라고 하며 속성값이 함수인 경우는 메서드method라고도 부릅니다. 메서드는 예제 코드의 say 메서드와 같이 function 키워드를 생략해 표현할 수 있습니다.

```js
const person = {
  name: "Jake",
  say () {
    return `Hello, my name is ${this.name}!`;
  },
};
console.log(person.say()); // "Hello, my name is Jake!"
```

객체 리터럴을 사용해 생성된 객체는 모두 Object 객체를 상속합니다. 여기서 상속이란 일반적인 객체지향에서 말하는 상속과 동일한 개념이며, 자바스크립트에서도 프로토타입 체인prototype chain을 통해 상속을 구현하고 있습니다. 프로토타입 체인과 관련된 개념은 챕터 7 '클래스와 프로토타입'에서 다룹니다.

다시 말해 객체 리터럴로 생성된 객체는 Object 생성자 함수로 만든 객체와 기능적으로 동일하므로 다음 코드처럼 작성할 수도 있습니다.[*]

```javascript
const person = new Object();
person.name = "Jake";
person.say = function () {
  return `Hello, my name is ${this.name}!`;
};
```

Object 객체를 상속한다는 것은 곧 Object 객체가 제공하는 속성들도 그대로 사용할 수 있다는 의미입니다. 예를 들어 person 객체에 toString 메서드를 정의한 적은 없지만 Object 객체에 정의된 메서드이므로 다음과 같이 사용할 수 있습니다.

```javascript
console.log(person.toString()); // "[object Object]"
```

객체는 키와 값의 쌍을 저장할 수 있다는 특징 덕분에 연관 배열associative array[**]로서 활용되기도 합니다. 객체 리터럴이나 Object 생성자 함수로 생성된 객체는 Object 객체를 상속받기 때문에 toString, hasOwnProperty, constructor 등과 같은 내장 메서드와 사용자 정의 키가 충돌할 위험이 있습니다.

다음 코드는 사용자 입력을 받아 dictionary 객체에 입력한 값이 속성으로 존재하는지 여부를 판단해 처리하는 예시 코드입니다. dictionary 객체는 빈 객체를 의도하여 생성됐지만, 사용자가 toString을 입력하면 값이 존재한다는 결과를 초래합니다.

```javascript
const dictionary = {};
const userInput = "toString";
if (userInput in dictionary) {
  console.log("입력한 값이 존재합니다!"); // "입력한 값이 존재합니다!"
} else {
  console.log("입력한 값이 존재하지 않습니다!");
}
```

---

[*] 단, Object 생성자 함수에 인자를 전달하면 숫자, 문자열 등의 래퍼 객체를 반환하며 이 경우 프로토타입이 달라질 수 있습니다. 반면 객체 리터럴은 항상 일반 객체를 생성합니다.
[**] 서로 연관된 키와 값이 쌍으로 저장된 자료구조로서 키를 통해 연관된 값을 얻을 수 있습니다. (참고: https://ko.wikipedia.org/wiki/연관_배열)

이런 경우를 방지하기 위해 Object.create 정적 메서드에 null을 인자로 주어 아무것도 상속받지 않은 순수한 객체를 생성할 수 있습니다. Object.create 정적 메서드는 주어진 인자를 프로토타입으로 하여 새로운 객체를 생성해 반환하는 메서드이지만, null을 인자로 주면 프로토타입이 없는 객체를 생성합니다.

```
const dictionary = Object.create(null);
console.log(dictionary.toString); // undefined
```

02 객체 속성 다루기

객체의 속성에 접근하여 값을 가져오기 위해서는 점 표기법dot notation이나 대괄호 표기법bracket notation을 사용합니다. 단, 점 표기법은 속성명이 일반적인 자바스크립트 식별자 형태*인 경우에만 사용 가능하다는 점에 유의하세요.

```
console.log(person.name); // "Jake"
console.log(person["name"]); // "Jake"
console.log(person.1); // 숫자가 앞에 오면 식별자가 아니기 때문에 에러 발생!
```

자바스크립트에서 활용도가 높은 객체는 속성과 관련된 다양한 기능을 제공합니다. 여기서 모든 내용을 다룰 수는 없지만 속성을 다루기 위한 필수적인 개념부터 조금씩 살펴보겠습니다.

| 변수를 속성으로 정의하기 |

객체 리터럴의 값에는 원시 타입뿐만 아니라 다양한 표현식을 넣을 수 있습니다. 그렇기 때문에 이미 정의된 변수를 그대로 사용하는 것도 가능합니다.

```
const name = "Jake";
const job = "Developer";
const person = {
```

---

* https://developer.mozilla.org/ko/docs/Glossary/Identifier

```
  name: name,
  job: job,
};
console.log(person); // {name: "Jake", job: "Developer"}
```

변수명과 속성명이 같다면 다음과 같이 하나로 줄여 쓸 수 있습니다.

```
const name = "Jake";
const job = "Developer";
const person = {
  name,
  job,
};
console.log(person); // {name: "Jake", job: "Developer"}
```

| 속성을 변수로 할당하기 |

객체의 속성을 변수로 할당할 수도 있습니다. 이는 객체의 구조를 분해하여 변수에 할당한다고 하여 구조 분해 할당destructuring assignment이라고 부릅니다.

다음 코드는 name과 job 속성을 가진 객체의 구조 그대로 변수명을 지정하여 변수를 선언합니다.

```
const person = {
  name: "Jake",
  job: "Developer",
};
const {name, job} = person;
console.log(name); // "Jake"
console.log(job); // "Developer"
```

구조 분해 할당은 객체뿐만 아니라 배열 또는 객체와 배열이 섞인 구조에도 적용될 수 있습니다. 이 문법의 다양한 활용법을 익혀두면 간결한 코드를 작성하는 데 도움이 됩니다.

속성명의 중복과 계산된 속성명

ECMAScript 2015 이전의 엄격 모드strict mode에서는 속성명을 중복해 정의하는 것이 불가능했지만, ECMAScript 2015에서 계산된 속성명computed property name 기능이 추가되면서 속성명 중복도 허용되었습니다. 속성명이 중복되면 가장 나중에 정의한 속성값을 적용합니다.

```
const animal = {
  name: "Rabbit",
  name: "Dog",
};
console.log(animal); // {name: "Dog"}
```

계산된 속성명이란 객체 리터럴의 속성명에 임의의 표현식을 넣어 정의할 수 있는 기능입니다. 다음 코드는 profile 객체에 hobby1, hobby2 등의 속성명을 지정하기 위해 count 변수를 하나씩 증가시키며 계산된 속성명을 사용하고 있습니다.

```
let count = 1;
const profile = {
  name: "Jake",
  [`hobby${count++}`]: "swimming",
  [`hobby${count++}`]: "watching movie",
};
console.log(profile); // {name: "Jake", hobby1: "swimming", hobby2: "watching movie"}
```

속성 제거하기

객체의 속성을 제거할 때는 delete 연산자와 함께 점 표기법 또는 대괄호 표기법을 사용합니다.

```
const person = {
  name: "Jake",
  job: "Developer",
};
delete person.job; // 또는 delete person["job"];
console.log(person.job); // undefined
```

| 속성 탐색하기 |

객체에 정의된 속성을 탐색하기 위한 기능들도 있습니다. 그중에서 Object.keys 정적 메서드는 객체의 Symbol을 제외한 모든 키를 배열로 만들어 반환합니다.

```javascript
const emailKey = Symbol("email");
const user = {
  name: "홍길동",
  age: 20,
  [emailKey]: "hong@gildong.com",
};
console.log(Object.keys(user)); // ["name", "age"]
```

Object.keys의 반환 배열을 단순히 순회하고자 한다면 for...in 반복문을 사용할 수도 있습니다. 단, for...in 반복문의 경우 상속된 열거 가능한 키도 순회한다는 점에 유의해야 합니다.

```javascript
Object.keys(user).forEach(key => {...});
// 다음의 코드는 위의 코드에서 순회된 키를 동일하게 순회합니다.
for (const key in user) {
  ...
}
```

한편, 객체 속성의 키가 아닌 값을 탐색하고 싶은 경우에는 Object.values 정적 메서드를, 키와 값의 쌍을 탐색하고 싶은 경우에는 Object.entries 정적 메서드를 사용합니다.

```javascript
console.log(Object.values(user)); // ["홍길동", 20]
console.log(Object.entries(user)); // [["name", "홍길동"], ["age", 20]]
```

| 속성 서술자 |

객체의 속성에는 키와 값 외에도 쓰기, 설정, 열거 가능 여부 등의 세부 동작을 정의하는 또 다른 속성attribute이 존재합니다. 각각 writable, configurable, enumerable이라고 부르며, Object.defineProperty 정적 메서드를 통해 설정 가능합니다. Object.defineProperty 정적 메서드의 첫 번

째 인자에는 설정하려는 객체를, 두 번째 인자에는 설정하려는 키를 전달합니다. 세 번째 인자는 속성 서술자property descriptor라고 불리는 설정 객체를 전달합니다.

다음 코드에서는 user라는 빈 객체에 name 속성을 Object.defineProperty로 정의합니다. 세 번째 인자로 주어진 속성 서술자의 writable 속성이 false이기 때문에 값을 변경하려는 순간 에러가 발생합니다.

```
const user = {};
Object.defineProperty(user, "name", {
  value: "홍길동",
  writable: false,
});
console.log(user.name); // "홍길동"
user.name = "전우치"; // 에러 발생!
```

만약 코드가 엄격 모드strict mode에서 실행되는 것이 아니라면 에러는 발생하지 않고 그냥 넘어갈 수 있습니다. 하지만 여전히 name 속성의 값은 "홍길동"으로 변하지 않고 유지될 것입니다.

writable 속성이 값의 변경을 제어한다면 configurable 속성은 속성의 재정의 및 삭제 가능 여부를 제어합니다. 객체 속성의 configurable이 false로 설정되면 Object.defineProperty 정적 메서드로 속성을 다시 정의할 수 없습니다.

```
const user = {};
Object.defineProperty(user, "name", {
  value: "홍길동",
  configurable: false,
});
console.log(user.name); // "홍길동"
Object.defineProperty(user, "name", {
  configurable: true,
}); // 에러 발생!
```

마찬가지로 삭제하는 것도 불가능합니다.

```javascript
const user = {};
Object.defineProperty(user, "name", {
  value: "홍길동",
  configurable: false,
});
console.log(delete user.name); // false (엄격 모드에서는 에러 발생!)
console.log(user.name); // "홍길동"
```

마지막으로 enumerable 속성은 객체의 속성이 열거 가능한지를 결정합니다. 객체 리터럴로 정의된 속성은 기본적으로 enumerable이 true로 설정되어 있지만, Object.defineProperty 정적 메서드를 통해 false로 설정하면 for...in 반복문이나 Object.keys 정적 메서드 등에 의해 열거되지 않습니다.

다음 코드는 user 객체의 email 속성을 enumerable: false로 설정하여 열거되지 않게 합니다.

```javascript
const user= {
  name: "홍길동",
  age: 20,
};
Object.defineProperty(user, "email", {
  value: "hong@gildong.com",
  enumerable: false,
});
console.log(user.email); // "hong@gildong.com"
console.log(Object.keys(user)); // ["name", "age"]
for (const key in user) {
  console.log(key); // "name", "age"를 차례로 출력
}
```

만약 enumerable 속성과 상관없이 해당 객체의 모든 속성을 열거하고 싶다면 Object.getOwnPropertyNames 정적 메서드를 사용합니다.

```javascript
console.log(Object.getOwnPropertyNames(user)); // ["name", "age", "email"]
```

한편, Object.getOwnPropertySymbols 메서드는 객체에 정의된 Symbol 타입의 속성들을 열거합니다. 이 메서드 또한 enumerable 속성과 관계없이 모든 Symbol 키를 반환합니다.

하지만 Object.assign이나 전개 구문spread syntax을 사용할 경우에는 enumerable이 true로 설정된 Symbol 키만 복사 대상에 포함됩니다. 따라서 Symbol 키를 외부로 노출하거나 감추고 싶다면 enumerable 속성값을 적절히 설정할 수 있습니다.

```js
const user = {
  [Symbol("name")]: "홍길동",
};
const ageKey = Symbol("age");
Object.defineProperty(user, ageKey, {
  value: 20,
  enumerable: false,
});
console.log(user[ageKey]); // 20
console.log(Object.getOwnPropertySymbols(user)); // [Symbol(name), Symbol(age)]
const copied = {...user};
console.log(Object.getOwnPropertySymbols(copied)); // [Symbol(name)]
```

데이터 서술자와 접근자 서술자

앞서 속성 서술자에서 value 속성을 통해 속성값을 설정할 수 있었습니다. value와 writable 속성이 주어진 속성 서술자를 데이터 서술자data descriptor라고 부릅니다. 이와 달리 실제값을 가지진 않지만 값의 접근과 설정을 접근자getter와 설정자setter 함수로 제어하는 서술자를 접근자 서술자accessor descriptor라고 부릅니다. 접근자와 설정자는 속성 서술자의 get과 set 메서드로 정의합니다.

box 객체의 double 속성에 입력받은 값에 2를 곱하여 저장하도록 설정자가 지정되었기 때문에 double에 10을 지정했지만 접근자를 통해 얻어온 값은 20으로 출력되고 있습니다.

```js
const box = {};
let myValue = 0;
Object.defineProperty(box, "double", {
  get () {
    return myValue;
  },
  set (newValue) {
```

```
    myValue = newValue * 2;
  },
});
console.log(box.double); // 0
box.double = 10;
console.log(box.double); // 20
```

참고로 데이터 서술자의 value, writable 속성은 접근자 서술자의 get, set 속성과 함께 쓰일 수 없습니다. 속성 서술자는 데이터 서술자이거나 접근자 서술자 중 하나여야만 합니다.

```
const box = {};
Object.defineProperty(box, "double", {
  get () {
    return 3;
  },
  value: 3, // 에러 발생!
});
```

정의된 속성 서술자 가져오기

객체의 속성에 대한 속성 서술자를 가져와 확인하는 것도 가능합니다. 어떤 속성이 쓰기 가능한지를 알고 싶다면 Object.getOwnPropertyDescriptor를 사용해 다음과 같이 작성합니다.

```
const user = {
  name: "홍길동",
};
const descriptor = Object.getOwnPropertyDescriptor(user, "name");
console.log(descriptor.writable); // true
```

만약 객체의 모든 속성에 대한 속성 서술자를 모두 얻고 싶다면 Object.getOwnPropertyDescriptors 정적 메서드를 사용할 수 있습니다.

```
const descriptors = Object.getOwnPropertyDescriptors(user);
console.log(descriptors.name.writable); // true
```

03 객체 동결하기

객체 타입은 원시 타입과 달리 값을 변경하거나 속성을 자유롭게 추가할 수 있어 유연하게 확장할 수 있다는 장점이 있습니다. 하지만 의도하지 않은 속성 수정이나 삭제로 인해 버그가 발생할 수 있고, 그로 인해 코드의 안정성이 떨어지는 단점도 있습니다. 특히 라이브러리 형태로 배포되어 사용자에게 노출되는 코드는 더욱 주의가 필요합니다.

이러한 위험을 줄이기 위해 자바스크립트는 객체의 확장을 제어할 수 있는 다음 세 가지 정적 메서드를 제공합니다.

- Object.preventExtensions
- Object.seal
- Object.freeze

| Object.preventExtensions |

Object.preventExtensions 정적 메서드는 객체에 속성이 추가되지 못하도록 하여 확장을 제한합니다. 다만, 이미 존재하는 속성은 여전히 수정되거나 삭제될 수 있습니다.

```javascript
const user = {name: "홍길동"};
Object.preventExtensions(user);
user.age = 20; // 속성 추가 불가, 에러 발생!
```

| Object.seal |

Object.seal 정적 메서드는 객체에 속성을 추가하거나 삭제할 수 없도록 합니다. 단, 이미 존재하는 속성은 여전히 수정될 수 있습니다.

```javascript
const user = {name: "홍길동"};
Object.seal(user);
user.age = 20; // 속성 추가 불가, 에러 발생!
delete user.name; // 속성 삭제 불가, 에러 발생!
user.name = "전우치"; // 속성의 수정은 가능
```

| Object.freeze |

Object.freeze 정적 메서드는 객체의 속성 추가, 삭제, 수정을 모두 막습니다. 하지만 객체의 속성이 또 다른 객체를 참조하고 있다면 그 객체의 변경까지 막지는 못한다는 점에 유의해야 합니다.

```javascript
const user = {name: "홍길동", address: {country: "조선", city: "장성군"}};
Object.freeze(user);
user.name = "전우치"; // 속성 수정 불가, 에러 발생!
user.address.country = "고려"; // 하지만 속성에 참조된 객체에는 적용되지 않음
console.log(user.address.country); // "고려"
```

04 객체 전달하기

객체 타입은 변수가 메모리 공간의 주소를 참조하기 때문에 참조 타입$_{\text{reference type}}$이라고도 불립니다. 반대로 다른 원시 타입들은 변수에 값 자체가 그대로 저장되기 때문에 값 타입$_{\text{value type}}$이라고 합니다.

다음과 같이 객체를 다른 변수에도 할당한 경우 객체 자체가 복사된 것이 아니라 객체를 참조하는 주소가 할당된 것이기 때문에 객체의 수정이 다른 변수의 객체에도 동일하게 영향을 미칩니다.

```javascript
const user1 = {name: "홍길동"};
const user2 = user1;
user2.name = "전우치";
console.log(user1.name); // "전우치"
console.log(user1 === user2); // true
```

다시 말해 변수 user1과 변수 user2는 동일한 메모리 주소를 참조하고 있고, 변수 user2가 참조하고 있는 객체는 변수 user1이 참조하고 있는 것과 동일합니다. 이는 다른 함수의 인자로 객체를 전달할 때도 마찬가지입니다.

```javascript
const user1 = {name: "홍길동"};
function setName (user2) {
  user2.name = "전우치";
```

```
}
setName(user1);
console.log(user1.name); // "전우치"
```

함수 setName의 인자 user2는 변수 user1이 참조하는 객체의 메모리 주소를 전달받기 때문에, 인자 user2가 참조하는 객체의 속성을 수정하면 변수 user1의 객체도 영향을 받게 됩니다. 만약 이런 영향을 피하고 싶다면 Object.freeze 등을 사용해 객체를 얼리거나 객체를 직접 복사하여 전달해야 합니다.

05 객체 복사하기

객체를 복사하려면 일반적인 객체의 경우 Object.assign 정적 메서드나 전개 구문 등을 사용합니다.

```
const user = {name: "홍길동", address: {country: "조선", city: "장성군"}};
const clone1 = Object.assign({},user); // Object.assign 정적 메서드를 사용하여 복사
const clone2 = {...user}; // 전개 구문 문법을 사용하여 복사
console.log(clone1.name); // "홍길동"
console.log(clone2.address.country); // "조선"
console.log(user === clone1); // false
console.log(user === clone2); // false
```

하지만 객체의 속성 중에 중첩된 객체가 있는 경우 해당 객체까지 복사되지는 않습니다. 그러므로 다음처럼 복사한 객체의 내부 속성을 변경하면 여전히 원본 객체에도 영향을 미칩니다.

```
const user = {name: "홍길동", address: {country: "조선", city: "장성군"}};
const clone = {...user};
clone.name = "전우치";
clone.address.country = "고려";
console.log(user.name); // "홍길동"
console.log(user.address.country); // "고려"
```

이처럼 객체의 최상위 속성만 복사하는 것을 얕은 복사shallow copy라고 합니다. 모든 속성이 원시값이거나 속성의 객체를 변경할 일이 없다면 얕은 복사도 유용하게 쓰일 수 있습니다.

그러나 모든 속성에 동일한 참조가 전혀 없는 완전한 복사가 필요한 경우도 있는데, 이를 깊은 복사deep copy라고 부릅니다. 사실 깊은 복사는 객체를 재귀적으로 참조하는 경우나 함수와 같이 복사하기 힘든 객체가 포함된 경우가 있어 다루기 쉽지 않습니다.

다만, JSON 포맷으로 직렬화serialization가 가능한 객체에 한해 JSON.stringify, JSON.parse라는 두 정적 메서드를 이용하여 깊은 복사가 가능합니다. JSON.stringify는 객체를 JSON 포맷의 문자열로 변환해주는 메서드이며, JSON.parse는 JSON 포맷의 문자열로부터 자바스크립트 객체를 생성하여 변환해줍니다. 이러한 변환을 거치면서 중첩된 객체 속성도 새로 생성되어 깊은 복사가 이루어집니다.

```javascript
const user = {name: "홍길동", address: {country: "조선", city: "장성군"}};
const clone = JSON.parse(JSON.stringify(user));
clone.address.country = "고려";
console.log(user.address.country); // "조선"
console.log(clone.address.country); // "고려"
```

함수나 심볼과 같이 JSON 포맷으로 직렬화되지 않는 객체가 포함되었거나 순환 참조가 있는 경우 이런 방법은 불가능하지만 깊은 복사를 간단하게 할 수 있어 종종 사용하는 방법입니다.

06 객체 더 알아가기

자바스크립트는 원시 타입을 제외한 모든 것이 객체입니다. 함수나 배열은 물론이고 HTML 문서를 구성하는 DOM 요소들도 객체입니다. 심지어 오류를 나타내는 에러조차 객체로 표현됩니다. 이처럼 객체는 자바스크립트의 전반에 걸쳐 핵심적인 역할을 하므로 객체를 잘 이해하고 다루는 것은 필수입니다.

지금까지 다룬 개념을 기반으로 객체와 관련된 몇 가지 유용한 개념들을 소개하겠습니다.

| 이터레이터 |

프로그래밍에서는 특정 작업을 반복하거나 순회하는 일이 매우 흔합니다. 그렇기 때문에 자바스크립트는 반복을 일관성 있고 확장성 있게 처리하기 위해 이터러블 프로토콜iterable protocol과 이터레이터 프로토콜iterator protocol이라는 규칙을 만들었습니다. 말 그대로 규칙이기 때문에 객체에 특정 속성이 정의되어 있기만 하면 됩니다.

이터러블 프로토콜

이터러블 프로토콜이란 for...of 문법이나 전개 구문, 배열의 구조 분해 할당과 같은 문법에서 객체가 순회 가능하도록 정의하는 규칙입니다. 이 규칙을 지키는 객체를 이터러블 객체라고 하며, 이터러블 객체에는 이터레이터를 반환하는 Symbol.iterator 메서드가 존재해야 합니다. String 객체나 배열은 Symbol.iterator 메서드가 구현된 대표적인 이터러블 객체입니다.

```
console.log(typeof "Iterable!"[Symbol.iterator]); // "function"
console.log([..."Iterable!"]); // ["I", "t", "e", "r", "a", "b", "l", "e", "!"]
```

이터레이터 프로토콜

이터레이터 프로토콜은 객체가 반복 과정에서 다음 값을 반환하는 방식과 반복이 종료되었는지의 여부를 정의하는 규칙입니다. 이 규칙을 지키는 객체를 이터레이터라고 하며, 이터레이터에는 done과 value라는 속성을 가진 객체를 반환하는 next 메서드가 정의되어 있어야 합니다.

```
const myIterator = {
  count: 0,
  next () {
    if (++this.count > 2) {
      return {done: true};
    } else {
      return {done: false, value: this.count};
    }
  },
};
```

```
console.log(myIterator.next()); // {done: false, value: 1}
console.log(myIterator.next()); // {done: false, value: 2}
console.log(myIterator.next()); // {done: true}
```

반복이 종료되었다면 done 속성을 true로, 아니라면 false로 지정합니다. value는 이터레이터가 반환하는 값이고, 반복이 종료되어 done이 true가 되면 생략할 수 있습니다.

이터러블 이터레이터

이렇게 만들어진 이터레이터는 일반적으로 이터러블 객체와 함께 쓰입니다. 다음 코드의 myIterator 객체처럼 이터레이터 프로토콜과 이터러블 프로토콜이 모두 정의된 객체를 이터러블 이터레이터iterable iterator라고 합니다.

```
const myIterator = {
  count: 0,
  next () {
    // 생략...
  },
  [Symbol.iterator] () {
    return this;
  },
};
console.log([...myIterator]); // [1, 2]
console.log([...myIterator]); // []
```

하지만 마지막 줄에서 볼 수 있듯이 이터러블 이터레이터는 '반복이 종료되면 다시 시작되지 않는다'라는 점에 주의해야 합니다.

제너레이터

이터레이터는 다음에 반환할 값이 무엇이고, 언제 종료할 것인지에 대한 상태를 고려해야 하기 때문에 구현이 복잡해지기 쉽습니다. 다행히 자바스크립트는 이터레이터를 쉽게 구현할 수 있는 제너레이터_{generator}라는 기능을 제공합니다. 이전 예제에서 만든 이터러블 이터레이터 객체인 myIterator는 제너레이터 함수를 사용하면 매우 간단하게 정의할 수 있습니다.

```javascript
function* generator () {
  for (let i = 1; i <= 2; i++) {
    yield i;
  }
}
const myIterator = generator();
console.log([...myIterator]); // [1, 2]
console.log(myIterator.next().done); // true
```

function* 키워드를 통해 정의되는 제너레이터 함수는 yield 키워드로 반복해서 값을 반환하며, 함수가 종료되면 반복도 종료됩니다. 제너레이터 함수를 실행하면 함수가 즉시 실행되는 것이 아니라 제너레이터 객체가 반환되며, 제너레이터 객체는 이터러블 프로토콜과 이터레이터 프로토콜을 모두 준수하는 이터러블 이터레이터입니다.

이터러블 프로토콜과 이터레이터 프로토콜은 문자열이나 배열과 같이 자바스크립트에 내장된 객체뿐만 아니라 우리가 직접 구현한 객체에도 적용될 수 있어 일관성과 확장성을 높이는 데 중요한 역할을 합니다. 이제 이터러블 객체로서 유용하게 활용되는 Map, Set, WeakMap, WeakSet 등의 키 기반 컬렉션_{keyed collection}에 대해서도 알아봅시다.

| 키 기반 컬렉션 |

객체는 간단한 데이터를 저장하기 위한 연관 배열로 자주 활용됩니다. 하지만 객체의 키는 문자열과 심볼만 추가할 수 있고, 키가 추가된 순서를 보장하지도 않습니다. 또한 데이터 처리에 특화되어 있지 않아 데이터 규모가 커지면 성능이 저하될 수 있습니다.

따라서 자바스크립트는 이러한 단점들을 보완하여 연관 배열이나 집합과 같은 자료구조에 특화된 Map과 Set이라는 내장 객체를 제공하고 있습니다. 이들은 키를 기준으로 데이터를 처리하기 때문에 키 기반 컬렉션이라고 불립니다.

Map

Map 객체는 키와 값의 쌍을 저장하는 자료구조입니다. 객체와 달리 Map 객체는 문자열과 심볼뿐만 아니라, 숫자, 함수, 객체 등 모든 타입의 값을 키로 사용할 수 있습니다. 또한 키가 삽입된 순서를 보장하고, 데이터의 빈번한 추가 및 제거에도 최적화된 성능을 제공합니다.

Map 객체는 new 키워드로 생성한 후, set 메서드로 키와 값의 쌍을 추가할 수 있습니다. 이외에 키가 이미 존재하는지 여부를 반환하는 has 메서드, 키와 값의 쌍을 제거하는 delete 메서드, 키로 값을 조회하는 get 메서드 등 연관 배열을 위한 풍부한 기능을 지원합니다.

```javascript
const animals = new Map();
animals.set("dog", {walk: true, fly: false});
animals.set("dove", {walk: true, fly: true});
console.log(animals.has("dog")); // true
console.log(animals.get("dove")); // {walk: true, fly: true}
animals.delete("dog");
console.log(animals.has("dog")); // false
```

또한 Map 객체는 이터러블 프로토콜을 준수하는 이터러블 객체이기 때문에 키와 값의 쌍을 편리하게 순회할 수도 있습니다. 다음은 for...of 문법과 구조 분해 할당을 사용하여 키와 값의 쌍을 순회하여 출력하는 예제입니다.

```javascript
const words = new Map();
words.set("a", ["ant", "apple"]);
words.set("b", ["bee", "banana"]);
for (const [key, value] of words) {
  console.log(key, value); // a ["ant", "apple"], b ["bee", "banana"]
}
```

Set

Set 객체는 값의 집합을 다루는 자료구조입니다. Map과 마찬가지로 모든 타입의 값을 저장할 수 있고, 삽입된 순서가 보장됩니다. Map과 다른 점은 키와 값의 쌍이 아니라, 값만 저장한다는 점입니다. Set 객체의 add 메서드를 사용해 값을 추가하고 has 메서드로 값이 존재하는지를 알 수 있습니다.

```
const animals = new Set();
animals.add("dog");
animals.add("dove");
console.log(animals.has("dog")); // true
animals.delete("dog");
console.log(animals.has("dog")); // false
```

Set 객체는 중복된 값을 가지지 않기 때문에 유일한 값만을 포함해야 하는 자료구조에 적합합니다. 이런 특징이 수학의 집합과 유사한데요, 실제로 교집합intersection, 합집합union과 같은 다양한 집합 연산을 쓸 수 있습니다.

```
const animals = new Set(["dog", "dove", "frog"]);
const mammals = new Set(["dog", "cat", "monkey"]);
console.log(animals.union(mammals)); // Set(5) {"dog", "dove", "frog", "cat", "monkey"}
console.log(animals.intersection(mammals)); // Set(1) {"dog"}
```

WeakMap과 WeakSet

자바스크립트의 WeakMap과 WeakSet 객체는 기본적으로 Map과 Set 객체와 유사한 기능을 수행하지만 객체의 참조를 약하게 유지한다는 점에서 차이가 있습니다. 이 약한 참조weak reference의 의미를 이해하려면 먼저 가비지 컬렉션garbage collection에 대해 알아야 합니다.

자바스크립트의 객체가 생성되면 메모리 공간에 객체와 관련된 데이터가 할당됩니다. 객체가 많아질수록 더 많은 메모리 공간이 필요하므로 더 이상 사용하지 않는 객체를 정리하여 메모리 공간을 확보하는 과정이 필요합니다. 이를 가비지 컬렉션이라고 부르며, 이 과정은 자바스크립트 엔진이 자동으로 수행합니다.[*]

그렇다면 더 이상 사용하지 않는 객체를 어떻게 식별할 수 있을까요? 단순하게 이야기하자면 현재 사용 중인 변수나 다른 객체가 참조하지 않는 객체는 더 이상 사용되지 않는 것으로 간주됩니다.

Map과 Set 객체에 저장된 키나 값은 컬렉션 내부에서 참조를 유지하기 때문에 외부에서 더 이상 사용

---

[*] https://developer.mozilla.org/ko/docs/Web/JavaScript/Memory_management

하지 않더라도 가비지 컬렉션의 대상이 되지 않습니다. 이로 인해 의도하지 않은 메모리 누수memory leak 가 발생할 수 있습니다. 반면 WeakMap과 WeakSet 객체는 키로 저장된 객체를 외부에서 더 이상 사용하지 않으면 해당 키뿐만 아니라 키와 연결된 값도 가비지 컬렉션의 대상이 되며, 이를 약한 참조라고 부릅니다.

WeakMap과 WeakSet 객체를 사용하면 다른 객체와 연관된 데이터를 메모리 누수 걱정 없이 저장할 수 있습니다.

다음은 DOM 요소와 관련된 데이터를 WeakSet 객체를 사용하여 저장하는 예제입니다.

```javascript
const loaded = new WeakSet();
const images = document.querySelectorAll("img");
images.forEach(image => {
  image.addEventListener("load", () => {
    loaded.add(image);
  }, {once: true});
});
```

이 예제에서 모든 이미지 요소를 탐색하고, 이미지가 로드되면 loaded라는 WeakSet 객체에 저장하도록 합니다. 저장된 데이터는 이미지 요소가 문서에서 제거되면 loaded 객체에서도 자동으로 제거됩니다. 이 과정을 차례로 설명하겠습니다.

1 예제 코드가 실행된 후의 메모리 공간을 다음 그림으로 표현했습니다. 여기서는 문서상에 두 개의 이미지 객체, Image (1)과 Image (2)가 있다고 가정합니다. 실선 화살표는 변수 또는 객체 간 참조를 의미하고, 점선 화살표는 약한 참조를 의미합니다. 현재 사용 중인 변수인 document부터 시작하여 모든 객체가 참조되어 있기 때문에 아직 가비지 컬렉션에 의해 정리되는 객체는 없습니다.

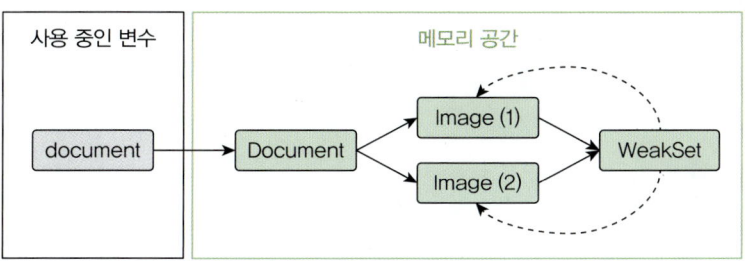

그림 2-1 모든 이미지 객체가 문서에 참조된 상태

2 Image (2) 객체가 문서에서 제거되면 Image (2) 객체는 어떤 변수나 객체도 참조하지 않기 때문에 가비지 컬렉션의 대상입니다. WeakSet 객체가 약하게 참조하고 있지만, 약한 참조는 가비지 컬렉션에 의해 참조로 판단되지 않습니다. 다음 그림에서 가비지 컬렉션이 참조되었다고 식별한 객체는 굵은 테두리로 표시했습니다.

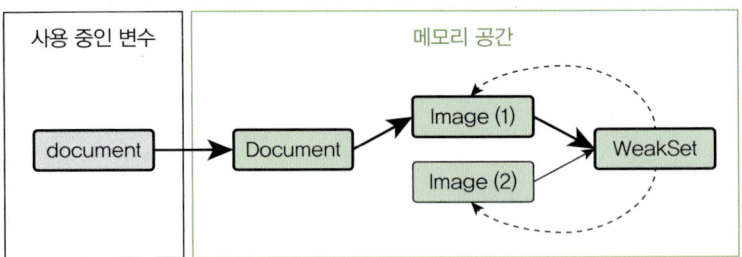

그림 2-2 Image (2) 객체가 문서에서 제거된 상태

3 이제 Image (2) 객체는 가비지 컬렉션이 실행되면 최종적으로 메모리 공간에서 제거됩니다. 만약 Image (2) 객체를 WeakSet이 아니라 Set 객체가 참조했다면 약한 참조가 아니기 때문에 더 이상 쓰이지 않음에도 메모리 공간에 계속 남아 있었을 것입니다.

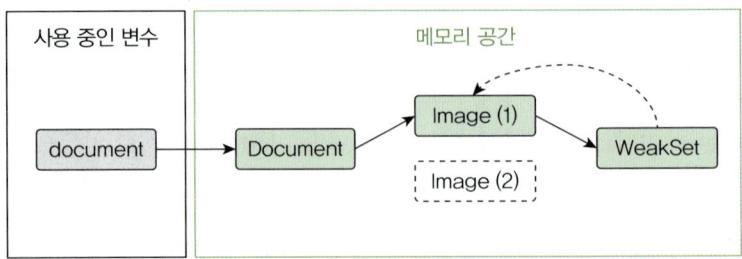

그림 2-3 가비지 컬렉션이 실행된 상태

이런 방식으로 WeakMap과 WeakSet 객체를 활용하면 메모리 누수 없이 객체와 관련된 데이터를 효율적으로 관리할 수 있습니다.

Ask-AI 질문 플레이북

개념 이해에 그치지 말고 AI에게 질문하며 사고를 확장하고 실전 감각을 키워보세요. 무엇을 질문해야 할지 막막하다면 다음 질문들이 좋은 힌트가 되어줄 거예요.

자바스크립트에서 객체를 연관 배열처럼 사용하는 것과 Map을 사용하는 것에는 어떤 차이가 있나요?

> **질문의도**
> 객체도 키값의 저장 용도로 쓸 수 있지만, Map과 비교했을 때 어떤 걸 선택해야 할지 고민될 수 있습니다. 이 질문을 통해 키로 사용할 수 있는 타입의 제약, 순서 보장, 성능 등 실무에서 고려해야 할 차이를 명확히 이해할 수 있습니다.

자바스크립트에서 객체의 계산된 속성명은 어떻게 활용하나요?

> **질문의도**
> 계산된 속성명이 실제로 어떤 상황에서 유용한지 직관적으로 떠오르지 않을 수 있습니다. 이 질문을 통해 동적 키 생성, 필드 자동 매핑, 다국어 처리 등 실전 활용 예제를 확인해볼 수 있습니다.

자바스크립트에서 객체를 동결했을 때 어떤 이점이 있고, 언제 활용하면 좋을까요?

> **질문의도**
> 객체를 변경하지 못하게 만드는 일이 실무에서 정말 필요할까요? 이 질문을 통해 불변성 유지, 상태 보호, 예상치 못한 버그 방지 등 동결의 실용적 의미를 알 수 있습니다.

자바스크립트에서 순환 참조가 있는 객체는 어떻게 복사하나요?

> **질문의도**
> JSON.stringify가 순환 참조를 처리하지 못한다는 점은 알고 있지만, 그렇다면 어떤 대안이 있을까요? 이 질문을 통해 순환 참조를 가진 객체의 복사에 필요한 기법이나 라이브러리 그리고 그런 상황의 실전 예제를 익힐 수 있습니다.

자바스크립트의 이터레이터와 제너레이터는 실무에서 어떤 식으로 활용되나요?

> **질문의도**
> 단순한 반복문보다 복잡해 보이는 구조를 써야 하는 이유가 뭘까요? 이 질문을 통해 복잡한 상태 흐름 제어, 지연 평가, 커스텀 순회 등 제너레이터의 강점을 실전 예제와 함께 배울 수 있습니다.

자바스크립트에서 메모리 누수는 어떤 상황에서 발생하며, WeakMap을 사용하여 이를 어떻게 해결할 수 있을까요?

> **질문의도**
> WeakMap이 가비지 컬렉션과 관련 있다는 설명은 들어봤지만 실제로 어떤 문제를 해결해줄 수 있는지 감이 오지 않을 수 있습니다. 이 질문을 통해 이벤트 핸들러, 캐시, 클로저로 인한 메모리 유지 문제에 WeakMap을 어떻게 적용할 수 있는지 이해할 수 있습니다.

SECTION 04 실전 레벨업 퀴즈 챌린지

자바스크립트 객체는 유연하면서도 강력한 구조를 지닌 데이터의 핵심입니다. 퀴즈를 풀어보며 객체 리터럴, 프로퍼티 접근 방식, 불변성 유지 방법 등 실무에서 자주 다루는 객체의 다양한 동작 원리를 점검할 수 있습니다. 객체를 더욱 안전하고 효과적으로 다루는 능력을 키워보세요.

Level 1 ★

Q1 다음 문장이 맞으면 "O", 틀리면 "X"로 표시하세요.

Object.keys 함수는 객체에서 문자열로 키가 지정된 모든 열거 가능한 속성명(키)을 요소로 갖는 배열을 반환합니다. [_]

정답
O

해설
자바스크립트에서 Object.getOwnPropertyNames 혹은 Object.keys를 사용하여 해당 객체만 가진 열거 가능한 키들을 원소로 하는 배열을 얻을 수 있습니다. 이때 Object.getOwnPropertyNames는 열거 불가능한 속성(예시: length)도 포함한 배열을 반환하지만 Object.keys는 열거 가능한 속성만 포함한 배열을 반환합니다.

```
const object1 = {a: 1, b: 2, c: 3};
console.log(Object.getOwnPropertyNames(object1)); // ["a", "b", "c"]
console.log(Object.keys(object1)); // ["a", "b", "c"]

const stringExample = "foo";
```

```
console.log(Object.getOwnPropertyNames(stringExample)); // ["0", "1", "2",
"length"]
console.log(Object.keys(stringExample)); // ["0", "1", "2"]
```

Q2 | 보기 |에서 다음 빈칸에 알맞은 단어를 고르세요.

객체의 복사는 크게 얕은 복사와 깊은 복사로 구분할 수 있습니다.

- 얕은 복사: 복사된 객체의 중첩된 객체 중 최상위 객체만 복사하고 하위의 객체들은 기존 참조를 유지합니다.
- 깊은 복사: 복사된 객체의 모든 중첩된 객체를 복사하여 원본 객체의 중첩된 객체의 참조 대신 복사된 객체의 참조를 가집니다.

이때 Object.assign, 전개 구문을 이용한 복사는 [①]로 볼 수 있고, JSON.stringify와 JSON.parse를 이용한 복사는 [②]로 볼 수 있습니다.

| 보기 |

(a) 얕은 복사   (b) 깊은 복사

정답

① (a) 얕은 복사   ② (b) 깊은 복사

해설

얕은 복사는 객체의 최상위 속성만 복사하는 것을 말합니다. 객체의 속성 중에 중첩된 객체가 있는 경우 해당 객체까지 복사되지는 않아 복사된 객체 내 중첩된 객체의 속성을 변경하면 원본에까지 영향을 미칩니다. Object.assign과 전개 구문 문법은 객체의 속성들을 얕은 복사로 복사해 원본 객체에 붙여 넣는 방식으로 동작합니다.

반면 깊은 복사에서 JSON.stringify는 객체를 문자열로 변환해주기 때문에 그 과정에서 참조가 모두 끊어집니다. 그리고 JSON.parse를 통해서 새로운 객체를 생성하기 때문에 중첩된 객체 구조로 되어 있더라도 모두 새로 생성된 객체를 참조하게 됩니다. 단, 이 경우 복사하는 객체가 JSON에서 지원하지 않는 요소(함수, undefined, 심볼, NaN, Infinity, Date, RegExp 등)가 있다면 온전히 복사하지 못한다는 점을 주의해야 합니다.

Q3 | 보기 |에서 다음 빈칸에 알맞은 단어를 고르세요.

Object.create는 ECMAScript 5에 추가된 객체를 생성하기 위한 메서드이며, 첫 번째 매개 변수로 [①]을 받습니다. 만약 첫 번째 매개 변수로 null을 넘겨받은 경우 [②]를 반환합니다.

| 보기 |
(a) 생성할 객체
(b) 생성할 객체가 상속받을 프로토타입
(c) 생성할 빈 객체의 수
(d) null
(e) undefined
(f) 프로토타입이 Object인 빈 객체
(g) 프로토타입이 null인 빈 객체

힌트 Object.create 메서드는 첫 번째 인자로 지정된 객체를 새로 생성되는 객체의 프로토타입으로 설정하고 선택적인 두 번째 인자에 따라 속성들을 새 객체에 추가하여 반환합니다. 그리고 첫 번째 매개 변수로 새로 만드는 객체의 프로토타입으로 사용할 객체를 넘겨받습니다.

객체 리터럴({ })로 생성한 빈 객체는 Object를 프로토타입으로 가지기 때문에 프로토타입 체인을 통해 Object의 메서드를 사용할 수 있지만, Object.create(null)로 생성한 빈 객체는 프로토타입을 가지지 않기 때문에 Object 객체의 메서드를 사용할 수 없습니다.

정답
① (b) 생성할 객체가 상속받을 프로토타입   ② (g) 프로토타입이 null인 빈 객체

Q4 다음 문장이 맞으면 "O", 틀리면 "X"를 표시하세요.

Object.freeze로 객체를 동결시킨 후 getOwnPropertyDescriptors로 해당 객체의 속성 서술자를 확인하면 configurable과 writable이 모두 false이고, 동결된 객체의 프로토타입을 변경할 수 없습니다.　　　　　　　　　　　　　　　　　　　　　　　　　　　　　　　[_]

정답
O

해설
Object.freeze 메서드는 객체를 변경할 수 없도록 동결시키는 역할을 합니다. 동결된 객체는 새로운 속성 추가 및 제거가 불가능하며, 동결된 객체의 프로토타입을 변경할 수 없습니다. 단, 이 경우 프로토타입으로 연결된 객체 자체는 동결되지 않아 변경 가능합니다.

Q5 다음 빈칸에 들어갈 단어를 작성하세요.

ECMAScript 2015에서는 키 기반 컬렉션으로 [①], [②], [③], [④]이 새로 추가되었습니다.

정답
① Map ② Set ③ WeakMap ④ WeakSet

해설
ECMAScript 2015에서는 키 기반 컬렉션으로 Map, Set, WeakMap, WeakSet이 새로 추가되었습니다. Map은 객체처럼 키를 통한 접근이 가능하면서 동시에 배열처럼 순회도 가능합니다. WeakMap은 키를 통해 접근할 수 있지만 키가 가비지 컬렉션의 대상이 될 수 있도록 설계되어 있어서 순회는 불가능합니다. Set은 중복되지 않은 값의 집합이고 배열처럼 순회가 가능합니다. WeakSet은 중복되지 않은 객체의 집합이며 WeakMap과 마찬가지 이유로 순회가 불가능합니다.

Q6 다음 빈칸에 들어갈 단어를 작성하세요.

for...of 명령문은 [_] 메서드를 통해 이터러블 객체가 반환한 이터레이터 객체의 각 요소를 순회하며 구문을 처리하는 루프를 수행합니다.

정답
Symbol.iterator

해설

for...of 문은 이터러블 객체의 Symbol.iterator 메서드를 호출해 생성된 이터레이터를 사용하여 각 요소를 순회하며 루프 본문을 실행하는 반복문입니다.

 다음 빈칸에 들어갈 단어를 작성하세요.

객체의 속성에 접근하는 방법으로는 [①] 표기법과 [②] 표기법이 있습니다.

정답

① 점   ② 대괄호

해설

객체의 속성에 접근하는 방법으로 점 표기법과 대괄호 표기법이 있습니다. 점 표기법은 "객체.속성"의 형태로 객체와 속성 사이에 온점을 찍어 표기하는 방법이고, 대괄호 표기법은 "객체["속성"]"의 형태로 객체 뒤에 대괄호 [ ]를 쓰고 그 안에 객체의 속성을 표기하는 방법입니다. 특히 대괄호 표기법에 들어가는 "속성"에는 문자열 리터럴 이외에도 문자열 변수나 Symbol 객체도 들어갈 수 있습니다.

Level 2 ★★

 #객체 #객체 속성 접근 #대괄호 표기법 #점 표기법

다음 코드의 실행 결과를 예측하고 그 이유를 설명하세요. 단, 에러가 발생해도 코드 실행이 중단되지 않는다고 가정합니다.

```javascript
const nickName = "joy";
const person = {nickName};
person["favorite-color"] = "blue";

console.log(person.nickName); ❶
console.log(person[nickName]); ❷
console.log(person.age); ❸
console.log(person[age]); ❹
```

```
console.log(person.favorite-color); ❺
console.log(person.favorite-name); ❻
```

정답

❶ "joy"

❷ undefined

❸ undefined

❹ Uncaught ReferenceError: age is not defined

❺ Uncaught ReferenceError: color is not defined

❻ NaN

해설

ECMAScript 2015에서는 변수를 속성값으로 사용할 때 속성 키를 생략할 수 있고, 속성 키는 변수 이름으로 생성됩니다. 따라서 person은 nickName이 키, "joy"가 값인 속성을 갖는 객체로 생성됩니다. 이후 키가 favorite-color이고 값이 blue인 속성이 person 객체에 추가됩니다. 객체의 속성에 접근할 때는 점 표기법 또는 대괄호 표기법을 이용할 수 있습니다. 마침표 접근 연산자 혹은 대괄호 접근 연산자 좌측에는 객체로 평가되는 표현식을 기술하고, 마침표 접근 연산자 우측 혹은 대괄호 접근 연산자 내부에는 속성 키를 기술하는 방식입니다. 점 표기법에서 속성 키는 유효한 자바스크립트 식별자여야 하며 대괄호 접근 연산자 내부의 문자열은 따옴표로 감싸야 합니다.

❶의 경우 person 객체의 nickName 속성에 접근하고 있으므로 "joy"를 반환합니다. ❷는 대괄호 표기법이 사용되었으므로 식별자 nickName을 평가하기 위해 선언된 nickName의 값을 찾습니다. 선언된 nickName의 값은 joy이므로 person 객체에서 joy 속성의 값을 찾습니다. 객체에 존재하지 않는 속성에 접근했으므로 undefined가 반환됩니다. ❸에서도 객체에 존재하지 않는 속성에 접근했으므로 undefined가 반환됩니다. ❹에서는 식별자 age를 평가하기 위해 선언된 age를 찾습니다. 선언된 age의 값을 찾지 못했기 때문에 ReferenceError가 발생합니다. ❺는 점 표기법을 사용했으므로 person.favorite이 먼저 평가됩니다. person 객체에 favorite 속성이 존재하지 않으므로 person.favorite은 undefined로 평가됩니다. 따라서 person.favorite-color는 undefined-color이고, 다음으로 color 식별자가 평가됩니다. 이때 선언된 color의 값을 찾지 못했기 때문에 ReferenceError가 발생합니다. ❻의 경우 ❺와 동일하게 person.favorite이 undefined로 평가됩니다. 이후 name 식별자가 평가되고, 그 값이 joy이므로 person.favorite-name은 undefined-"joy"입니다. 결과적으로 undefined와 문자열을 - 연산자로 연산한 결과값인 NaN이 출력됩니다.

AI는 통과 못 하는 기술 면접 예상 질문

Q8-1 대괄호 표기법을 사용해야 하는 경우는 언제인가요?

답변
- 속성 이름이 동적으로 결정되거나 속성 이름이 식별자 규칙을 따르지 않는 경우에는 대괄호 표기법을 사용해야 합니다.
- 예를 들어 person["favorite-color"]처럼 속성 이름에 '-'이 포함된 경우 점 표기법 대신 대괄호 표기법을 사용해야 합니다.

Q8-2 대괄호 표기법에서 따옴표를 생략할 수 있는 경우는 어떤 경우인가요?

답변
- 대괄호 표기법에서는 따옴표를 생략해도 문자열로 평가되는 표현식은 자동으로 문자열로 변환됩니다.
- 예를 들어 const object = {"123": "value"} 객체가 있을 때 object[123]은 123이 문자열 "123"으로 변환되어 object["123"]과 동일하게 처리됩니다.
- 하지만 명시적인 문자열을 키로 사용할 때는 따옴표를 쓰는 것이 일반적입니다.

Q8-3 객체의 존재하지 않는 속성에 접근하면 어떤 결과가 발생하나요?

답변
- 존재하지 않는 속성에 접근하면 undefined가 반환됩니다.

#객체 #객체 리터럴 #전개 구문

다음 코드의 실행 결과를 예측하고 그 이유를 설명하세요. 단, 에러가 발생해도 코드 실행이 중단되지 않는다고 가정합니다.

```
console.log(...[0, 1, 2]); ❶
console.log(...{name: "car", color: "white"}); ❷
console.log(..."joy"); ❸
console.log(...new Set([0, 1, 2])); ❹
console.log({...{name: "car", color: "white"}, ...{size: "small", color: "black"}}); ❺
```

정답

❶ 0 1 2

❷ Uncaught TypeError

❸ j o y

❹ 0 1 2

❺ {name: "car", color: "black", size: "small"}

해설

전개 구문은 세 개의 점(...)으로 표현됩니다. 배열, 문자열 등과 같이 순회가 가능한 값을 펼쳐 개별적인 값들의 목록으로 만듭니다. 루프를 사용해서 순회할 수 있는 객체를 이터러블이라고 합니다. 전개 구문은 for...of 문으로 순회할 수 있는 이터러블에 한해 사용이 가능합니다.

❶은 이터러블인 배열이 전개되어 0 1 2가 출력됩니다.

❷에서 일반 객체는 이터러블이 아니므로 TypeError가 발생합니다.

❸은 이터러블인 문자열이 전개되어 j o y가 출력됩니다.

❹는 이터러블인 Set이 전개되어 0 1 2가 출력됩니다.

❺는 객체 리터럴 내부에서 전개 구문이 사용되었습니다. ECMAScript 2018부터 객체 리터럴의 속성 목록에서는 전개 구문 사용이 가능합니다. 이때 속성이 중복되는 경우 뒤에 위치한 속성이 우선권을 갖습니다. 따라서 {name: "car", color: "black", size: "small"}이 출력됩니다.

AI는 통과 못 하는 기술 면접 예상 질문

Q9-1 이터러블 객체란 무엇인가요?

> **답변**
> - 이터러블 객체는 Symbol.iterator 메서드가 존재하는 객체를 말합니다.
> - Symbol.iterator 메서드는 이터레이터를 반환해야 합니다.
> - Symbol.iterator 메서드가 반환한 이터레이터는 next 메서드를 가지고 있어 반복문에서 순차적으로 값을 반환할 수 있습니다.
> - 이터러블 객체는 for...of 문과 같은 반복문으로 순회할 수 있습니다.

Q9-2 전개 구문을 사용할 때 유의할 점은 무엇인가요?

> **답변**
> - 전개 구문은 얕은 복사만 수행하므로 중첩된 객체나 배열을 복사할 때는 내부 객체가 참조로 복사됩니다. 이를 방지하려면 깊은 복사를 사용해야 합니다.

 #객체 #구조 분해 할당
구조 분해 할당을 활용하여 다음 빈칸에 들어갈 코드를 각각 한 줄로 작성하세요.

```javascript
const dog = {
  name: "코코",
  activity: {
    morning: "산책하기",
    lunch: "낮잠 자기",
    evening: "공놀이하기",
  },
  mealPriority: ["알러지프리", "체중 조절", "노령견용", "기호성"],
};
```

```
/* 빈칸 */ ❶

console.log(`우리 집 강아지 ${petName}는 아침에 ${morning}, 점심에 ${lunch}, 저녁에
${evening}를 주로 합니다.`); // 우리 집 강아지 코코는 아침에 산책하기, 점심에 낮잠
자기, 저녁에 공놀이하기를 주로 합니다.

[mealPriority[0], mealPriority[2]] = /* 빈칸 */ ❷

console.log(`${petName}의 사료는 다음 우선순위로 선택합니다:`, mealPriority.join(", 
")); // 코코의 사료는 다음 우선순위로 선택합니다: 노령견용, 체중조절, 알러지프리, 기호성
```

정답

❶ const {name: petName, activity: {morning, lunch, evening}, mealPriority} = dog;

❷ [mealPriority[2], mealPriority[0]];

해설

구조 분해 할당 구문은 배열이나 객체의 속성을 해체하고 할당할 수 있게 하는 자바스크립트 표현식입니다.

❶에서 dog 객체의 name 속성, mealPriority 속성과 dog 객체 내 activity 객체의 morning, lunch, evening 속성을 가져와서 변수에 할당해야 합니다. 이때 dog 객체의 name 속성은 petName이라는 새로운 변수명으로 할당되어야 합니다. 이를 위해 정답 ❶과 같이 구조 분해 할당을 활용할 수 있습니다. 여기서 petName, morning, lunch, evening, mealPriority는 각각 dog.name, dog.activity.morning, dog.activity.lunch, dog.activity.evening, dog.mealPriority에 해당하는 값을 갖는 변수입니다.

❷의 출력 결과를 보면 mealPriority 변수 내의 첫 번째 요소인 "알러지프리"와 세 번째 요소인 "노령견용"의 순서가 서로 바뀌어 있습니다. 구조 분해 할당을 활용하여 정답 ❷와 같이 한 줄의 코드로 첫 번째 요소와 세 번째 요소의 순서를 바꿀 수 있습니다.

AI는 통과 못 하는 기술 면접 예상 질문

Q10-1 객체에서 구조 분해 할당을 사용할 때 속성 이름을 다른 변수 이름으로 변경하려면 어떻게 해야 하나요?

답변
- : 구문을 사용하여 속성 이름을 다른 변수 이름으로 변경할 수 있습니다.
- 예를 들어 const {name: petName} = dog은 dog.name을 petName 변수에 할당합니다.

Q10-2 구조 분해 할당을 사용하여 객체의 깊숙한 속성에 접근하는 방법은 무엇인가요?

답변
- 중첩된 객체의 속성에 접근하려면 중첩 구조에 따라 구조 분해 할당을 해야 합니다.
- 예를 들어 const {activity: {morning, lunch, evening}} = dog은 dog.activity의 각 속성을 morning, lunch, evening 변수로 추출합니다.

Q10-3 구조 분해 할당을 사용할 때 기본값을 설정할 수 있는 방법에 대해 설명하세요.

답변
- = 연산자를 사용하여 기본값을 설정할 수 있습니다.
- 예를 들어 const {name = "paul"} = dog은 dog 객체에 name 속성이 없을 때 "paul"을 name 변수에 할당합니다.

Q11 다음 코드의 실행 결과를 예측하고 그 이유를 설명하세요.

```
const person = {
  name: "lucy",
  hobby: ["뜨개질", "운동"],
};

Object.freeze(person);

person.email = "lucy@gmail.com";
console.log(person.email); ❶

person.hobby.push("음악 감상");
console.log(person.hobby); ❷
```

힌트 Object.freeze는 객체를 변경할 수 없도록 하는 메서드입니다. Object.freeze 메서드를 통해 변경이 제한된 객체는 새로운 속성을 추가하거나 기존 속성을 제거할 수 없으며 속성의 값을 변경하는 것도 불가능합니다. 하지만 속성의 값이 원시 타입이 아니라 객체 타입이라면 해당 객체 내부 속성은 추가, 제거, 재할당이 가능합니다.

정답
❶ undefined ❷ ["뜨개질", "운동", "음악 감상"]

해설
Object.freeze 메서드를 통해서 객체를 변경할 수 없도록 했기 때문에 person에 존재하지 않는 email 속성 정의 및 값 할당이 불가능합니다. 엄격 모드에서는 "TypeError: Cannot add property email, object is not extensible"와 같은 에러가 발생하며, 비엄격 모드에서는 오류가 발생하지는 않지만 속성이 추가되거나 수정되지 않습니다. 따라서 ❶에서는 person 객체에 존재하지 않는 email 속성에 접근하기 때문에 undefined가 출력됩니다. Object.freeze는 얕은 동결shallow freeze만 수행하므로 객체의 최상위 속성들만 변경이 불가능합니다. 즉, 속성의 값이 객체라면 해당 속성의 값은 변경이 가능합니다. 따라서 ❷는 Array.push 메서드로 추가한 "음악 감상" 요소가 추가된 배열을 반환합니다.

AI는 통과 못 하는 기술 면접 예상 질문

Q11-1 엄격 모드와 비엄격 모드에서 Object.freeze 동작의 차이점은 무엇인가요?

답변
- 엄격 모드에서는 Object.freeze로 동결된 객체에 새로운 속성을 추가하거나 변경하려고 하면 TypeError가 발생합니다.
- 비엄격 모드에서는 Object.freeze로 동결된 객체에 새로운 속성을 추가하거나 변경하려는 시도가 조용히 무시되며 속성은 추가, 변경되지 않습니다.

Q11-2 동결된 객체를 완전히 불변하게 만들기 위해 어떤 방법을 사용할 수 있나요?

답변
- 객체를 완전히 불변하게 만들기 위해서는 Object.freeze를 중첩된 모든 객체에 재귀적으로 적용해야 합니다. 예를 들어 다음과 같은 재귀 함수를 사용할 수 있습니다.

```javascript
function deepFreeze(object) {
  Object.freeze(object);

  Object.keys(object).forEach(key => {
    if (typeof object[key] === "object" && object[key] !== null) {
      deepFreeze(object[key]);
    }
  });
}
```

Q12 #객체 #ECMAScript 2015 #Symbol
다음 코드의 실행 결과를 예측하고 그 이유를 설명하세요.

```javascript
const firstName = Symbol("name");
const lastName = Symbol("name");

const person = {
  [firstName]: "Bob",
  [lastName]: "Smith",
  age: 30,
};

console.log(Object.keys(person)); ❶
console.log(Object.getOwnPropertyNames(person)); ❷
console.log(Object.getOwnPropertySymbols(person)); ❸
```

힌트 Symbol 자체는 고유하기 때문에 같은 문자열을 가진 Symbol이어도 다른 Symbol로 취급되어 person 객체는 같은 "name"이라는 문자열을 가진 두 개의 다른 Symbol을 각각 키로 가집니다. 또한 Symbol은 열거할 수 없는(non-enumerable) 속성*으로 취급되어 for...in 반복문이나 Object.keys 함수로 탐색할 수 없습니다.

정답
❶ ["age"]
❷ ["age"]
❸ [Symbol(name), Symbol(name)]

해설
❶, ❷에서 Object.keys와 Object.getOwnPropertyNames는 person 객체 내의 문자열로 된 속성 키만을 배열 형태로 반환하며 Symbol 타입의 속성 키는 반환하지 않습니다. 따라서 이 두 메서드는 문자열 타입인 "age"라는 키 하나만을 반환합니다.

❸에서는 함수 Object.getOwnPropertySymbols는 Symbol을 키로 가진 속성들을 배열 형태로 반환합니다. 따라서 Object.getOwnPropertySymbols(person)는 "name"이라는 동일한 설명(문자열)을 가진 두 개의 다른 심볼을 배열 형태인 [Symbol(name), Symbol(name)]로 반환합니다.

---
* https://developer.mozilla.org/ko/docs/Web/JavaScript/Enumerability_and_ownership_of_properties

AI는 통과 못 하는 기술 면접 예상 질문

Q12-1 Symbol을 어떤 경우에 사용하나요?

답변
- Symbol은 주로 객체의 속성 키로 사용되어 다른 속성과 충돌하지 않도록 하거나 라이브러리 간의 이름 충돌을 방지하여 고유한 키를 생성하기 위해 사용됩니다.
- 예를 들어 const id = Symbol("id"); const user = {[id]: "paul"}과 같이 사용하면 id 속성은 다른 속성과 충돌하지 않는 고유한 키를 가집니다.

Q12-2 Symbol을 키로 사용하는 속성들은 JSON.stringify로 변환할 때 어떻게 처리되나요?

답변
- Symbol을 키로 사용하는 속성들은 JSON 출력에 포함되지 않습니다.

Q12-3 Symbol을 키로 사용하는 속성들을 열거할 수 있는 방법이 있을까요?

답변
- Object.getOwnPropertySymbols 메서드를 사용하여 열거할 수 있습니다.
- Object.getOwnPropertySymbols 메서드는 객체의 모든 Symbol 속성 키를 배열로 반환합니다.

 #객체 #깊은 복사 #얕은 복사
Q13 다음 코드의 실행 결과를 예측하고 그 이유를 설명하세요.

```
const bag1 = [
  {
    name: "boston",
    color: "white",
    material: {
```

```
      small: "fabric",
      large: "leather",
    },
  },
];

const bag2 = [...bag1];

console.log(bag1 === bag2); ❶

bag2[0].color = "black";
console.log(bag1[0].color); ❷
console.log(bag2[0].color); ❸

const bag3 = Object.assign({}, bag1);
bag3[0].material.small = "plastic";

console.log(bag1[0].material.small); ❹
console.log(bag3[0].material.small); ❺

const bag4 = JSON.parse(JSON.stringify(bag3));
bag4[0].material.small = "fabric";

console.log(bag3[0].material.small); ❻
console.log(bag4[0].material.small); ❼
```

정답

❶ false   ❷ "black"   ❸ "black"   ❹ "plastic"
❺ "plastic"   ❻ "plastic"   ❼ "fabric"

해설

자바스크립트의 객체는 참조에 의해 저장, 복사된다는 특징이 있습니다. 변수에 객체를 할당하면 객체가 존재하는 메모리 주소인 참조값이 저장됩니다.

12번째 행에서 전개 구문을 이용해 bag2에 bag1을 복사하고 있습니다. bag1과 bag2는 각각 다른 메모리 주소에 저장되는 별개의 객체지만, bag1과 bag2의 내부에 중첩되어 있는 객체들은 동일한 참조값을 가집니다. 이처럼 객체를 속성값으로 갖는 객체를 한 단계까지만 복사하는 것을 "얕은 복사"라고 합니다.

결과적으로 bag1과 bag2 배열은 각각 다른 배열을 참조하므로 ❶은 false가 됩니다. 반면 bag1과 bag2의 내부 객체는 동일한 참조값을 가지므로 bag2의 내부 객체의 속성값을 변경하면 bag1 내부 객체도 변경됩니다. 즉 복사본의 변경이 원본 객체에도 영향을 줍니다. 때문에 ❷, ❸은 모두 "black"을 출력합니다. 20번째 행에서 Object.assign을 이용해 bag1 객체를 bag3에 복사하는 것 또한 얕은 복사로 ❹, ❺는 "plastic"을 출력합니다.

26번째 행에서는 JSON.stringify를 이용해 객체를 문자열로 변환하는 과정에서 원본 객체와의 참조가 끊깁니다. 이후 JSON.parse를 이용해 다시 자바스크립트 객체로 변환하면 내부 중첩 객체까지 원본 객체와 다른 별개의 참조값을 갖게 됩니다. 이를 깊은 복사라고 합니다. 따라서 27번 행에서 bag4의 첫 번째 객체의 material의 small 속성을 변경해도 bag3의 내부 객체에는 영향을 주지 않고 ❻, ❼은 "plastic", "fabric"이 출력됩니다.

 AI는 통과 못 하는 기술 면접 예상 질문

Q13-1 자바스크립트에서 깊은 복사를 할 수 있는 다른 방법을 알고 있나요?

답변
- 전역 structuredClone 메서드를 사용하여 깊은 복사가 가능합니다.
- 반복문과 스택을 사용해 깊은 복사를 구현할 수도 있습니다.
- 재귀적으로 객체를 복사하는 방법이 있습니다.
- 예를 들어 다음과 같은 재귀 함수를 사용하면 객체를 깊은 복사할 수 있습니다.

```
function deepClone(object) {
  if (object === null || typeof object !== "object") {
    return object;
  }

  const clone = Array.isArray(object) ? [] : {};
  for (let key in object) {
    if (object.hasOwnProperty(key)) {
      clone[key] = deepClone(object[key]);
    }
  }
  return clone;
}
```

Q13-2 JSON.parse(JSON.stringify)를 사용하여 깊은 복사를 수행할 때 발생할 수 있는 문제점은 무엇인가요?

> **답변**
> - JSON 포맷에서 인식하지 못 하는 속성들(undefined, Symbol, 함수, Date 객체, RegExp 객체)은 복사하지 못합니다.
> - 또한 JSON은 순환 참조를 처리할 수 없기 때문에 순환 참조가 포함된 객체의 경우 에러가 발생합니다.

Level 3 ★★★

Q14 #객체 #enumerable #for...in #객체 서술자
다음 코드의 실행 결과를 예측하고 그 이유를 설명하세요.

```javascript
const bark = Symbol("bark");
const dog = {
  name: "",
  color: "white",
  [bark]: function() {
    console.log(`${this.name} woof!`);
  },
};

Object.defineProperty(dog, "age", {
  value: 3,
  enumerable: true,
});

for (const prop in dog) {
  console.log(prop); ❶
}
```

힌트 ECMAScript 5에서 추가된 Object.defineProperty 메서드는 객체에 새로운 속성을 정의하거나 이미 존재하는 속성을 수정하고 수정된 객체를 반환합니다. Object.defineProperty 메서드는 마지막 인자로 속성 서술자를 받을 수 있습니다. 속성 서술자는 새로 정의하거나 수정하려는 속성을 기술하는 객체입니다.

속성 서술자 객체의 writable, enumerable, configurable을 통해 속성의 변경 가능 여부, 열거 가능 여부, 삭제 가능 여부 등을 결정할 수 있습니다.

for...in 문은 객체에서 enumerable 속성이 true인 모든 열거 가능한 속성을 순회하며, 이때 해당 객체의 프로토타입 체인상의 속성도 포함합니다. 프로토타입 체인의 개념은 챕터 7 '클래스와 프로토타입'에서 자세히 다룹니다.

정답

❶ "name"
  "color"
  "age"

해설

자바스크립트 객체의 기본 속성들은 열거 가능합니다. 따라서 name과 color는 열거 가능한 속성입니다. dog 객체의 bark 속성은 Symbol 타입으로 지정된 속성으로 Symbol 타입의 속성은 열거 불가능합니다. Object.defineProperty로 정의하는 속성에서 enumerable을 지정하지 않는다면 기본값은 false입니다. dog 객체의 age 속성은 Object.defineProperty로 정의되지만, enumerable을 true로 설정했기 때문에 열거 가능한 속성입니다.

for...in 문으로 순회 시 자바스크립트 객체의 기본 속성들과 enumerable이 true인 속성은 열거 가능하기 때문에 name, color, age 속성은 출력값에 포함되며, Symbol 타입의 속성은 열거 불가능하기 때문에 출력값에 포함되지 않습니다.

 AI는 통과 못 하는 기술 면접 예상 질문

Q14-1 Object.defineProperty로 정의된 속성의 기본 enumerable 값은 무엇인가요?

답변

- Object.defineProperty로 정의된 속성의 기본 enumerable 값은 false입니다.
- 따라서 for...in 문이나 Object.keys 메서드에서 열거되기 위해서는 명시적으로 enumerable: true로 설정해야 합니다.

Q15 #객체 #Map #Set #유사 Set 객체
다음 코드의 실행 결과를 예측하고 그 이유를 설명하세요.

```
const firstGroup = [1, 2, 3, 4, 2, 4, 1, 5];
const secondGroup = [1, 2, 3, 6, 4, 9, 12];
const firstGroupSet = new Set(firstGroup);
const secondGroupSet = new Set(secondGroup);
console.log(firstGroupSet); ❶

const evenMap = new Map([
  [2, "two"],
  [4, "four"],
  [6, "six"],
]);

console.log(firstGroupSet.union(evenMap)); ❷
console.log(firstGroupSet.intersection(secondGroupSet)); ❸
console.log(firstGroupSet.isDisjointFrom(secondGroupSet)); ❹
console.log(firstGroupSet.difference(secondGroupSet)); ❺
console.log(secondGroupSet.isSupersetOf(evenMap)); ❻
```

힌트 모든 Set 메서드는 this가 실제 Set 인스턴스여야 하지만 인자로 Set과 유사한 객체, 즉 유사 Set 객체를 받을 수 있습니다. 다음을 제공하는 객체를 유사 Set 객체*라고 할 수 있습니다.

- Set의 요소에 대한 반복자를 반환하는 values(keys) 메서드 또는 반복자를 반환하는 [Symbol.iterator] 메서드
- 숫자값을 가진 size 속성
- 요소가 포함되어 있는지를 검사하여 true 또는 false를 반환하는 has 메서드

메서드	반환 유형	수학적 동치	벤 다이어그램
A.difference(B)	Set	$A \backslash B$	
A.intersection(B)	Set	$A \cap B$	

---

* https://developer.mozilla.org/ko/docs/Web/JavaScript/Reference/Global_Objects/Set#%EC%9C%A0%EC%82%AC_set_%EA%B0%9D%EC%B2%B4set-like_objects

A.symmetricDifference(B)	Set	$(A\backslash B)\cup(B\backslash A)$	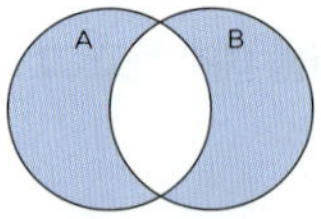
A.union(B)	Set	$A\cup B$	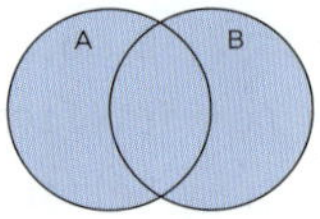
A.isDisjointFrom(B)	Boolean	$A\cap B=\varnothing$	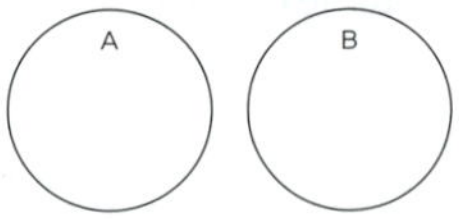
A.isSubsetOf(B)	Boolean	$A\subseteq B$	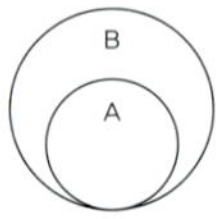
A.isSupersetOf(B)	Boolean	$A\supseteq B$	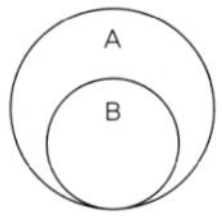

그림 2-4 집합을 구성할 수 있는 Set 객체의 메서드

정답

❶ Set(5) {1, 2, 3, 4, 5}

❷ Set(6) {1, 2, 3, 4, 5, 6}

❸ Set(4) {1, 2, 3, 4}

❹ false

❺ Set(1) {5}

❻ true

해설

Set 객체는 원시값이나 객체 참조값 등 모든 유형의 고유값을 저장할 때 사용하는 값의 컬렉션(집합)입니다. Set은 요소를 순회할 수 있으며, 순회 순서는 각 요소가 Set에 추가된 순서를 따릅니다. Set 생성자로 Set 객체를 생성할 수 있으며 Set에 요소를 추가, 제거, 초기화할 때는 add, delete, clear 메서드를 이용합니다. 또한 Set 객체는 수학 연산과 같이 집합을 구성할 수 있는 difference, intersection 등의 메서드들도 제공합니다.

firstGroupSet과 secondGroupSet은 Set 생성자를 통해 Set 객체로 생성되었고, Set 객체는 고유한 값의 집합이므로 ❶에서 firstGroupSet은 Set(5) {1, 2, 3, 4, 5}, secondGroupSet은 Set(7) {1, 2, 3, 6, 4, 9, 12})가 됩니다. 이 이후에는 Set 객체의 메서드를 활용해 여러 연산을 수행하고 있습니다. evenMap은 Map 객체지만 유사 Set 객체로서 Set 객체 메서드의 인자로 사용할 수 있습니다. 이때 유사 Set 프로토콜은 keys 메서드를 호출해 Map을 유효한 유사 Set 객체로 변환합니다. 결과적으로 ❷는 firstGroupSet과 evenMap의 합집합 Set인 Set(6) {1, 2, 3, 4, 5, 6}이 됩니다. ❸은 firstGroupSet과 secondGroupSet의 교집합 Set이므로 Set(4) {1, 2, 3, 4}가 됩니다. ❹의 isDisjointFrom 메서드는 기준 집합인 firstGroupSet과 매개 변수로 전달된 집합의 공통 요소가 없는지 그 여부를 나타내는 불리언을 반환합니다. 두 집합의 공통 요소가 없다면(서로소 집합) true, 공통 요소가 있다면 false를 반환하기 때문에 ❹에서는 false가 출력됩니다. ❺의 difference 메서드는 기준 집합인 firstGroupSet에는 있지만, 매개 변수로 전달된 집합에는 존재하지 않는 요소들을 포함하는 새로운 집합을 반환하므로 Set(1) {5}가 됩니다. 마지막으로 isSupersetOf 메서드는 기준 Set인 firstGroupSet의 모든 요소가 매개 변수로 전달된 집합 요소인지의 여부를 나타내는 불리언을 반환합니다. evenMap(2,4,6)이 secondGroupSet(1, 2, 3, 6, 4, 9, 12)의 부분 집합이므로 ❻은 true가 됩니다.

Q16 #객체 #Map #WeakMap

다음과 같이 image 요소에 valid 속성을 직접 연결한 경우 외부 코드에서 valid 속성에 접근하여 값을 조작할 수 있습니다. 외부 코드에서 valid 속성을 조작할 수 없도록 valid 속성을 WeakMap 객체로 생성하세요(❶). 또한 valid 속성의 값을 세팅하는 기존 코드를 수정하세요(❷).

```javascript
const images = document.querySelectorAll("img");
/* 빈칸 */ ❶

const isValidImage = image => {
  if (...) {
    return true;
  }
  return false;
};

images.forEach(image => {
  image.valid = isValidImage(image); ❷
});
```

정답

❶ const valid = new WeakMap();
❷ valid.set(image, isValidImage(image));

해설

기존 코드처럼 DOM의 image 요소에 valid 속성을 직접 추가한 경우 valid 속성이 열거 가능하므로 for...in 등의 반복문에 노출됩니다. 또한 외부 코드에서 valid 속성에 직접 접근 및 조작이 가능하다는 문제가 있습니다.

외부 코드에서 valid 속성에 접근하지 못하도록 해당 값을 변수화하고자 할 때 Map 혹은 WeakMap이 적절한 자료구조로 선택될 수 있습니다. Map 혹은 WeakMap을 사용하면 키를 image 요소로 지정하고, 값에는 image 요소가 valid한지 여부를 지정할 수 있습니다. 이제 valid 변수는 내부 코드에서만 접근 가능합니다.

뿐만 아니라 WeakMap을 사용하는 경우 객체의 참조를 약하게 유지하기 때문에 key 값인 image가 DOM에서 제거되면 연관된 데이터도 가비지 컬렉터에 의해 정리된다는 장점이 있습니다. 만약 image가 지속적으로 새로 추가/제거되는 환경이라면 객체의 참조에 의해 image 객체가 제거되지 않고 의도치 않은 메모리 누수가 발생하는 상황을 방지할 수 있을 것입니다.

 AI는 통과 못 하는 기술 면접 예상 질문

Q16-1 WeakMap 대신 Map을 사용하는 경우 어떤 문제가 발생할 수 있나요?

답변

- Map을 사용하는 경우 키로 사용된 객체가 더 이상 필요 없게 되어도 Map 내부에서 참조를 계속 유지하게 됩니다.
- 따라서 가비지 컬렉션이 발생하지 않아 메모리 누수가 발생할 수 있습니다.
- 반면 WeakMap은 약한 참조를 사용하므로 키로 사용된 객체가 제거되면 자동으로 가비지 컬렉션에 의해 정리됩니다.

Q17 다음은 generator를 활용하여 메시지 정보를 가져오고 메시지를 읽음으로 처리하는 코드입니다. 빈칸에 들어갈 코드를 작성하세요.

```javascript
function* readMessage(title) {
  const sender = yield getSender(title); // getSender는 Promise를 반환
  const id = yield getId(sender); // getId는 Promise를 반환
  const content = yield getContent(id); // getContent는 Promise를 반환
  const result = yield readContent(content);
  return result;
}

const generator = readMessage("Javascript Newsletter");
let result;

(function run(param) {
  result = /* 빈칸 */ ❶
  if (!result.done) {
    result.value.then(run);
  } else {
    console.log(result.value);
  }
})();
```

힌트 제너레이터 함수는 제너레이터 객체를 반환하고 이 객체는 이터러블이자 동시에 이터레이터입니다. 따라서 Symbol.iterator 메서드를 상속받으며 value, done 속성을 갖는 이터레이터 결과 객체를 반환하는 next 메서드를 갖습니다. 또한 제너레이터 객체는 이터레이터에는 없는 return, throw 메서드를 갖습니다.

정답
❶ generator.next(param);

해설
제너레이터의 next 메서드를 호출하면 제너레이터 함수의 yield 표현식까지 코드를 실행합니다. 이때 next 메서드의 매개 변수는 yield 식을 할당받는 변수에 할당됩니다. 또한 next 메서드는 제너레이터가 생성하거나 반환한 값인 value 속성과 실행이 끝났는지를 나타내는 done 속성을 갖는 객체를 반환합니다.

readMessage는 제너레이터 함수로 선언되었습니다. 그리고 상수 generator에는 readMessage를 호출하여 반환된 제너레이터 객체가 할당되었습니다. run 함수 내부를 보면 변수 result의 done 속성과 value 속성을 활용해 제너레이터 함수를 순차적으로 실행하고 있습니다. 따라서 에는 done과 value 속성을 반환하는 next 메서드를 실행하는 코드가 들어가야 합니다.

결과적으로 첫 번째 next 메서드의 실행 결과로 getSender의 반환값인 프로미스가 result.value에 할당됩니다. 제너레이터 함수의 실행이 끝나지 않았으므로 result.done에는 false가 할당됩니다. 두 번째, 세 번째 그리고 네 번째 실행에서도 각각 result.value에 getId, getContent, readContent의 반환값이 할당되고, result.done에는 false가 할당됩니다.

마지막으로 next 메서드를 호출하면 남은 yield 표현식이 없으므로 제너레이터 함수의 마지막까지 실행됩니다. result.value에는 제너레이터 함수인 readMessage의 반환값, 즉 제너레이터의 마지막 yield 식인 readContent(content)가 할당되고, result.done에는 true가 할당됩니다.

📢 AI는 통과 못 하는 기술 면접 예상 질문

Q17-1 제너레이터 함수의 throw, return 메서드는 각각 어떻게 동작하나요?

답변

- throw 메서드는 제너레이터 함수 내부에서 예외를 발생시킵니다.
- 해당 예외는 try...catch 구문으로 처리할 수 있습니다.
- 예외가 발생하면 제너레이터의 실행이 중단되며 적절히 처리되지 않으면 done이 true로 설정되며 제너레이터가 종료됩니다.
- return 메서드는 제너레이터의 실행을 즉시 종료시키고 지정된 값을 value 속성으로 done 속성을 true로 설정하여 반환합니다.

SECTION 05 리얼 현장 인터뷰

현업 개발자들이 자바스크립트의 객체를 어떻게 다루고 있는지 살펴봅시다. 모듈 패턴, 불변성 유지, 데이터 모델링, 성능 최적화, 참조 타입의 주의점 등 다양한 실무 경험을 인터뷰 형식으로 풀어보며 객체의 개념을 넘어서 실제 상황에서 안정적이고 예측 가능한 객체 코드를 어떻게 설계하고 관리할 수 있는지 감각을 키워보세요.

 객체를 안전하게 다루기 위해 사용하는 패턴이나 방법론이 있나요?

> **Lucy**
> 모듈 패턴을 사용하면 데이터를 캡슐화하고 필요한 메서드만 공개해서 객체의 내부 상태를 안전하게 보장할 수 있습니다. 보통 모듈 패턴은 다음과 같이 IIFE나 클로저를 활용해서 구현할 수 있습니다.

```javascript
// 클로저 활용
function createUser() {
  let users = [];
  return {
    addUser: function(name, age) {
      users.push({name, age});
    },
    findUser(name) {
      const user = users.find(user => user.name === name);
      return user ? { ...user } : undefined;
    }
  }
}

const userModule = createUser();
userModule.addUser("Amy", 20);
console.log(userModule.findUser("Amy")); // {name: "Amy", age: 20}
```

변경이 일어나면 안 되는 객체에 대해서는 Object.freeze 메서드를 이용하면 되지만, Object.freeze도 객체의 필드가 객체이면 재귀적으로 Object.freeze를 사용하지 않는 이상 불변성이 유지되지 않기 때문에 타입스크립트의 readOnly 등을 사용하여 최대한 내부 필드를 직접 바꿀 수 없도록 제한하고 있습니다. — Dobby

객체를 좀 더 세밀한 개별 속성으로 안전하게 다루기 위해 Object.defineProperty를 사용할 수도 있습니다. 이 메서드를 통해 특정 속성을 읽기 전용으로 만들거나 열거되지 않도록 설정하고 삭제할 수 없게 하는 등 세밀한 제어가 가능합니다. 다만, Object.freeze와 마찬가지로 Object.defineProperty도 객체에 대해 얕은 제어만 제공합니다. 즉, 속성 자체는 보호할 수 있지만 그 속성이 객체일 경우 내부 속성까지는 제어하지 못합니다. 이러한 특성을 잘 이해하고 상황에 맞게 사용하면 객체를 안전하게 관리할 수 있습니다. — Lumi

자바스크립트 객체는 자유롭게 변경 가능한데 getter와 setter를 활용해 읽기만 가능한 값을 만들거나 값을 변경할 때 잘못된 값을 입력하지 않는지 검증 또는 필터링할 수 있어 객체를 더욱 안전하게 다루는 데 도움이 됩니다. — Terry

클래스로 객체를 만들 때는 타입스크립트의 private을 이용해 데이터를 캡슐화하려고 합니다. 또한 객체를 다룰 때 가장 신경 쓰는 부분은 객체를 전달할 때 객체의 참조가 전달되는 부분입니다. 다루려는 객체가 deepCopy된 객체인지 아닌지, 만약 아니라면 객체의 변경이 미치는 영향 범위 등에 파악하고 코드를 작성하려고 합니다. — Frey

 객체의 불변성을 유지하기 위해 어떤 방법을 사용하고 있나요?

자바스크립트의 내장 메서드 중에서도 원본 객체를 변경하지 않는 고차 함수를 사용합니다. 예를 들어 배열을 조작해야 한다면 기존 배열을 직접 수정하지 않고 Array.prototype.map을 사용해서 새로운 배열을 반환하게 합니다. — Lillie

객체를 변경할 때 객체의 복제본을 만들어 변경하는 Copy-on-Write 방식을 사용합니다. 객체를 직접 변경하지 않고 객체를 복제한 후 변경한 새로운 객체를 반환하는 함수를 만들고 함수를 통해서만 객체를 변경하도록 합니다. 이 방식은 객체의 불변성을 유지할 뿐만 아니라 객체를 다루는 로직이 추상화되어 코드의 재사용성 측면에서도 장점이 있다고 생각합니다. — Terry

여러 방법이 있겠지만 주로 사용하는 방식은 전개 구문을 사용해 새로운 객체를 생성하는 것입니다. 이 방식은 코드가 간결하고 작성이 쉬우며 객체와 배열 모두에 일관되게 적용할 수 있습니다. 또한 다른 방법들보다 일반적으로 사용되기 때문에 협업 측면에서 유리하다는 장점도 있습니다. — Sally

```javascript
const originalObject = {a: 1, b: 2};
const newObject = {...originalObject, b: 3};
```

 코드 재사용성을 높이기 위해 객체를 어떻게 활용하시나요?

코드의 재사용성을 높이기 위해 전개 구문을 자주 사용합니다. 객체 A가 객체 B의 부분 집합의 성격을 가진다면 객체 B의 필드를 모두 하나하나 정의하는 대신, 객체 A를 전개 구문으로 포함하고 객체 A에 포함되지 않는 필드만 정의하는 방식으로 중복된 코드를 줄일 수 있습니다. 다만, 이런 방식은 객체 A와 객체 B가 의미적으로도 부분 집합의 관계일 때 유의미하다고 생각하며, 단순히 코드 재사용성을 높이기 위해 무분별하게 사용되는 경우 오히려 유지/보수하기 어려운 코드가 되는 경우도 있습니다. — Eve

 객체가 값 타입이 아닌 참조 타입이기 때문에 특별히 주의해야 할 점이 있을까요?

객체가 참조 타입이기 때문에 동일한 객체를 여러 변수에 할당하여 사용하고 있다면 한 변수에서의 변경이 다른 변수에도 반영되는 예기치 못한 부작용이 발생할 수 있습니다. 따라서 객체를 변수에 할당할 때는 객체의 불변성을 유지하도록 유의하거나 깊은 복사를 통하여 독립적인 사본을 만드는 방법을 사용합니다. 또한 자바스크립트에서 객체를 비교할 때는 객체 내부의 속성이 아닌 — Eve

참조를 비교하기 때문에 두 객체가 동일한 속성과 값을 가지고 있더라도 다른 메모리 주소를 참조하면 동일하지 않은 객체로 판단됩니다. 이러한 객체의 특성은 특히 리액트 등의 라이브러리를 사용할 때 dependency 비교 등에서 예기치 않은 결과를 가져올 수 있기 때문에 유의하는 것이 좋습니다.

실무에서 객체를 사용하여 데이터 모델링을 할 때 중요한 요소는 무엇인가요?

객체를 사용하여 데이터 모델링을 할 때 동일한 도메인 내에서 일관성을 유지하는 것이 중요하다고 생각합니다. 일관된 모델 구조를 사용하면 프로젝트 협업자 간의 이해도가 높아지고 협업이 원활해집니다. 또 가독성과 코드 품질, 유지/보수에 도움이 됩니다. 동일한 도메인 객체 모델에 대한 일관성을 유지하기 위해 타입스크립트를 적극적으로 활용해 타입을 관리하고 활용하고자 노력하는 편입니다.

실무에서 객체의 구조 변경이 필요할 때 이를 어떻게 관리하고 협업하나요?

객체 구조 변경이 필요한 경우 해당 객체를 사용하는 모든 코드를 찾아 수정해야 하는데요, 타입스크립트를 사용하면 구조 변경이 필요한 객체의 타입 변경 시 컴파일 에러가 발생해 변경이 필요한 모든 코드를 파악할 수 있습니다. 단위 테스트를 꼼꼼히 작성하는 것도 변경이 필요한 코드를 파악하고 구조 변경으로 인한 문제를 미리 발견하는 데 많은 도움이 됩니다.

Object 객체의 메서드 중 실무에서 자주 쓰이는 메서드는 어떤 것들이 있나요?

가장 많이 쓰는 메서드는 아무래도 Object.entries, Object.keys, Object.values 등과 같이 객체의 키와 값을 순회하는 메서드이지 않을까 싶습니다. 특히 Object.entries 메서드를 사용할 때는 순회 요소가 [키, 값] 형태이기 때문에 구조 분해 할당을 이용하여 변수를 정의하면 편리합니다.

```javascript
const cat = {name: "Goorm", age: 5};
console.log(Object.entries(cat)); // [ ["name", "Goorm"], ["age", 5] ]

for (const [key, value] of Object.entries(cat)) {
  console.log(`${key}: ${value}`); // "name: Goorm", "age: 5"
}
```

객체를 배열로 변환하는 Object.entries와 반대로 배열을 객체로 변환하는 Object.fromEntries 메서드를 자주 사용하는 편입니다. 모든 메서드를 외우고 있지는 않지만, 내장 메서드로 해결되는 경우가 많기 때문에 직접 구현한 부분이 있다면 대체할 수 있는 메서드가 있는지 확인해보고 수정하기도 합니다.

객체를 사용하는 동안 만난 성능 문제와 이를 해결한 경험을 공유해주실 수 있나요?

매우 큰 객체 때문에 성능 이슈가 생겼던 적이 있습니다. GraphQL을 클라이언트에서 호출하기 위해 따로 request 객체를 만들어서 사용했는데 이 객체는 항상 페이지 첫 로드 시 평가됩니다. 처음 프로젝트를 시작할 땐 문제가 없었는데 request 객체에 모든 GraphQL 정보가 담기면서 페이지 로드 성능에 아주 큰 영향을 미치게 되었습니다. 따라서 글로벌하게 객체를 만드는 게 아니라 필요한 곳에서 따로 정의하는 방식으로 변경하여 성능 문제를 해결했던 적이 있습니다.

60여 개의 속성이 있는 객체를 반환하는 리액트 훅을 만들었습니다. 이 훅을 사용하는 컴포넌트가 리렌더링될 때마다 훅에서 객체를 다시 생성하게 되었습니다. 어떤 리렌더링에도 기능상 항상 같은 역할을 하는 객체였기에 리액트 훅을 사용하지 않고 일반 함수로 변경했습니다.

파티클 효과를 구현하다가 성능 문제를 겪었어요. 이벤트가 발생할 때마다 파티클이 '팡'하고 터지는 애니메이션을 만들 때였는데요, 수많은 파티클 객체가 생성되고 모션이 종료된 후 제거되는 과정이 반복되었습니다. 객체 제거 후 메모리 회수가 즉시 실행되지 않아서 메모리 사용량이 계속 증가하는 이슈가 있었어요. 그래서 객체를 제거하지 않고 숨겨두었다가 필요할 때 재사용하는 오브젝트 풀링object pooling을 적용하여 문제를 해결했습니다.

WeakMap과 WeakSet 사용에 관한 경험담을 들려주세요.

객체의 private 데이터를 관리할 때 WeakMap을 사용했습니다. 자바스크립트가 private 필드를 지원하기 전에는 완전한 캡슐화를 제공하지 않았기 때문에 WeakMap을 활용해 객체 외부에서 접근할 수 없는 private 데이터를 저장했습니다. WeakMap을 사용하면 객체가 가비지 컬렉션에 의해 자동으로 제거될 수 있기 때문에 메모리 누수를 방지할 수 있다는 장점이 있었습니다. — Paul

```
const PRIVATE_DATA = new WeakMap();
class Person {
  constructor(name) {
    PRIVATE_DATA.set(this, {name});
  }
  getName() {
    return PRIVATE_DATA.get(this).name;
  }
}
const person = new Person("Paul");
console.log(person.getName()); // Paul
// person.name으로 접근할 수 없음
```

WebGL에서 GPU 리소스를 관리할 때도 WeakMap을 활용했습니다. GPU와 관련된 리소스를 직접 관리하는 데 WeakMap을 사용하면 객체가 더 이상 필요 없을 때 자동으로 해제되어 GPU 리소스 관리가 간편했고 메모리 관리 측면에서 유용했습니다.

WeakSet은 DOM 객체의 이벤트 핸들러 관리를 위해 사용했습니다. DOM 요소에 이벤트 핸들러가 중복으로 추가되지 않도록 WeakSet을 활용해 이벤트 핸들러가 추가된 요소들을 추적했습니다. 이를 통해 메모리를 효율적으로 관리할 수 있었습니다.

객체의 깊은 중첩 구조를 다룰 때 최적화를 위해 고려해야 할 점은 무엇인가요?

우선 객체의 깊은 중첩 구조가 꼭 필요한 케이스인지 따져보아야 합니다. 깊은 중첩 구조는 코드의 복잡성을 증가시키고 가독성을 떨어뜨립니다. 또한 객체의 탐색 및 수정 과정에서 추가 작업이 — Eve

필요해져 성능에도 영향을 줄 수 있습니다. 따라서 설계 단계에서 중첩 수준을 줄이는 것이 하나의 방법이 될 수 있는데요, 예를 들어 객체를 중첩하는 대신 속성에 데이터의 고유한 식별자를 저장하여 필요한 경우 식별자를 통하여 다른 객체를 참조하는 방법을 사용할 수 있습니다. 만약 깊은 중첩 구조가 불가피한 경우라면 자바스크립트에 내장된 Map이나 Set 자료구조를 활용하여 최적화해볼 수도 있을 것 같습니다.

객체를 복사할 때 자주 쓰는 방법이 있나요? 또 각 방법의 장단점도 궁금해요.

주로 얕은 복사로도 충분한 경우가 많아 전개 구문을 통한 복사를 가장 많이 사용하는데요, 깊은 복사가 필요한 경우는 deepCopy 메서드를 유틸 함수로 만들어서 사용하거나 프로젝트 내에서 Lodash와 같은 라이브러리를 사용하는 경우 제공되는 메서드를 활용했습니다. JSON.stringify, JSON.parse 메서드를 이용한 깊은 복사는 편리하긴 하지만 함수 등 직렬화가 불가능한 속성이 포함되어 있는 경우나 객체의 크기가 매우 커서 stringify 가능한 용량을 초과할 경우에는 에러가 발생할 수 있어 잘 사용하지 않습니다.

보통 프로젝트에서는 객체 복사에 필요한 공통 유틸리티를 만들어 사용하지만 공통 유틸이 없는 경우에는 (간단한 객체라면) 깊은 복사는 JSON.parse, JSON.stringify를, 얕은 복사는 전개 구문이나 Object.assign을 주로 사용합니다. 복잡한 객체라면 재귀 함수를 주로 사용합니다.

자바스크립트 객체를 이용하여 API 응답을 처리할 때 주의해야 할 점은 무엇인가요?

API 응답에 특정 key 값이 존재하는지를 항상 주의 깊게 확인합니다. 예를 들어 data.product.id와 같은 값에 접근할 때 data 내에 product가 존재하는지, product 내에 id가 존재하는지 확인해야 합니다. 만약 data.product가 undefined라면 data.product.id와 같은 코드는 에러를 발생시키기 때문입니다. 따라서 참조가 nullish인지 확인하는 옵셔널 체이닝 연산자(?.)를 사용하거나 Object.hasOwnProperty와 같은 메서드를 활용해 객체의 유효성을 항상 확인하고 있습니다.

실무에서는 당연한 철칙이지만 애플리케이션 외부에서 주입되는 값은 무조건 검증을 거쳐 사용합니다. 응답 객체에 예상한 필드가 있고 해당 필드에 예상한 값이 있는지 항상 검증합니다. 당연히 언제나 의도하지 않은 데이터가 들어올 수 있다는 전제하에 개발해요. 특히 모바일 환경에서 실행되는 서비스를 많이 만들기 때문에 네트워크가 느리거나 모바일에서 지원되지 않는 케이스의 예외 처리를 꼭 합니다. — Paul

 객체를 테스트할 때 사용되는 기법이나 도구가 있나요?

객체를 테스트할 때도 일반적인 단위 테스트 툴을 사용할 수 있었는데요, Jest와 같은 테스트 프레임워크에는 객체 비교를 위한 내장 함수들이 아주 잘 구현되어 있었습니다. 테스트 코드 작성 시 객체가 참조 타입이라는 점과 객체의 중첩 구조를 고려하여 이러한 내장 함수를 활용했습니다. 또한 테스트 중에 객체가 의존하는 다른 모듈이나 사이드 이펙트를 피하기 위하여 객체를 mocking하는 방법도 자주 사용합니다. — Eve

 제너레이터 사용에 관한 경험담을 들려주세요.

리액트 상태 관리 라이브러리 중 제너레이터 함수 기반으로 만들어진 Redux-Saga를 사용하는 프로젝트에서 제너레이터를 처음 접했던 기억이 나네요. 개인적으로 초보자 입장에서 처음 이해하기엔 다소 복잡하고 어려웠지만 제너레이터를 잘 활용하면 비동기 흐름을 명확하게 파악할 수 있고, yield로 흐름을 정지하여 특정 액션 및 응답 결과를 계속 기다리지 않아도 되는 장점이 있습니다. 또한 필요한 데이터만 순차적으로 생성할 수 있어 메모리를 효율적으로 관리하는 데도 효과적이었습니다. — Sally

CHAPTER 03

스코프와 클로저

스코프와 클로저는 자바스크립트의 동작 원리를 깊이 이해하기 위해 반드시 짚고 넘어가야 할 핵심 개념입니다. 스코프는 변수가 어느 범위에서 접근 가능한지를 결정하고, 클로저는 함수가 외부 스코프의 변수를 기억하여 특별한 동작을 가능하게 합니다. 이 두 가지 개념을 제대로 이해하면 자바스크립트에서 자주 마주치는 비동기 로직, 메모리 누수 같은 문제를 깊이 이해하고 안정적으로 해결할 수 있습니다.

이번 챕터에서는 스코프와 클로저의 본질을 파헤치며 견고하고 예측 가능한 코드를 작성하는 능력을 길러보겠습니다.

SECTION 01 셀프 실력 점검

자바스크립트의 스코프와 클로저에 대한 이해도를 점검해볼 수 있는 퀴즈입니다. 다음 항목들을 체크해봄으로써 자바스크립트의 스코프와 클로저를 얼마나 잘 알고 있는지 확인해보세요.

01	스코프와 호이스팅 측면에서 var, let, const의 차이점을 설명할 수 있다.	[ ]
02	전역 스코프, 모듈 스코프, 함수 스코프, 블록 스코프의 차이점을 설명할 수 있다.	[ ]
03	변수 호이스팅과 함수 호이스팅의 차이점을 설명할 수 있다.	[ ]
04	변수 섀도잉이 무엇이며 자바스크립트에서 이러한 현상이 왜 발생하는지 설명할 수 있다.	[ ]
05	TDZ가 무엇이며 let, const와 어떤 관련이 있는지 설명할 수 있다.	[ ]
06	클로저의 개념과 동작 원리를 설명할 수 있다.	[ ]
07	렉시컬 스코프가 클로저의 동작 방식에 어떤 영향을 미치는지 설명할 수 있다.	[ ]
08	스코프 체인이 어떻게 동작하는지 이해하고, 변수를 찾는 과정을 스코프 체인으로 설명할 수 있다.	[ ]
09	즉시 실행 함수 표현식(IIFE)이란 무엇인지 스코프와 관련지어서 설명할 수 있다.	[ ]
10	클로저와 IIFE의 차이점을 설명할 수 있다.	[ ]
11	데이터를 캡슐화하기 위해 클로저를 활용하는 방법을 설명할 수 있다.	[ ]
12	클로저를 활용해 코드를 구조화하고 효율성을 높이는 방법을 설명할 수 있다.	[ ]

나의 실력은?

0-2개	출발 금지! 준비 운동이 필요해요. 이론부터 차근차근 학습하며 탄탄한 기본기를 쌓아보세요.
3-4개	준비 완료! 이제 기본 개념을 활용해 Level 1 퀴즈를 풀며 자신감을 키워보세요.
5-8개	잘하고 있어요! Level 2 퀴즈를 통해 학습한 개념을 코드에 적용하면서 더욱 깊이 있는 이해를 쌓아보세요.
9개 이상	Level 3 퀴즈에서 다양한 개념을 연관 지어 학습해보세요. 실무에서 어떤 문제를 만나도 충분히 해결할 수 있을 거예요.

SECTION 02 뇌를 깨우는 워밍업 퀴즈

본격적으로 핵심 개념을 익히기 전에 가벼운 퀴즈를 풀어보며 자바스크립트 스코프와 클로저의 특성과 동작 방식을 점검해보세요.

01 다음 코드의 실행 결과는 각각 어떻게 다를까요?

```javascript
function print () {
  if (true) {
    var x = 1;
    let y = 2;
  }
  console.log(x);
  console.log(y);
}

print();
```

힌트 var와 let은 변수의 스코프 규칙이 다릅니다. var는 함수 스코프를 가지며 let은 블록 스코프를 가집니다.

02 다음 코드의 출력 결과는 무엇일까요?

```javascript
for (var i = 0; i < 3; i++) {
  setTimeout(function () {
    console.log(i);
  }, 1000);
}
```

힌트 var로 선언된 변수는 함수 스코프를 가지며 비동기 함수에서 의도한 값을 참조하기 위해서는 클로저를 이해해야 합니다.

03 다음 코드를 분석해보고 결과를 예상해보세요.

```javascript
function counter () {
  let count = 0;
  return function () {
    count++;
    return count;
  }
}
const increment = counter();
console.log(increment());
console.log(increment());
```

힌트 클로저는 상태를 유지하는 데 매우 유용합니다. 함수가 반환된 후에도 그 함수 내부에서 선언된 변수의 상태를 유지할 수 있습니다.

정답 및 해설

01	• 1, ReferenceError: y is not defined var는 함수 스코프를 가지므로 x는 함수 내 어디서든 접근 가능하지만, let은 블록 스코프를 가지므로 y는 블록 외부에서 접근할 수 없습니다.
02	• 3, 3, 3 var는 함수 스코프이기 때문에 루프가 끝난 뒤의 최종값인 3이 모든 콜백에서 공유됩니다.
03	• 1, 2 클로저는 함수가 반환된 이후에도 해당 함수가 선언된 스코프의 변수에 접근할 수 있습니다. 따라서 count는 increment가 호출될 때마다 증가합니다.

SECTION 03 핵심 개념 파헤치기

자바스크립트의 변수가 영향을 미치는 범위를 스코프라고 하며, 이 스코프를 저장하여 함수 내부에서 함수 외부의 변수에 언제든 접근할 수 있도록 하는 기능을 클로저라고 합니다. 스코프와 클로저는 프로그래밍의 유연성을 극대화하여 자바스크립트를 인기 있는 언어로 만드는 데 기여한 개념이기도 합니다. 지금부터 스코프와 클로저에 대해 깊이 알아보고, 이를 효과적으로 활용하는 방법을 살펴보겠습니다.

01 스코프

자바스크립트뿐만 아니라 대부분의 프로그래밍 언어는 스코프scope라는 개념을 가지고 있습니다. 스코프는 변수가 코드 내에서 무엇을 지칭하는지를 결정하는 중요한 규칙이기 때문입니다. 자바스크립트의 스코프는 코드의 위치에 따라 결정되는데, 보통은 컴파일러의 어휘 분석 단계lexical analysis에서 결정되므로 이를 렉시컬 스코프lexical scope라고 부릅니다.

다음 코드에서 ❶과 ❷의 코드가 실행될 때 각각 어떤 값이 출력될까요? 렉시컬 스코프는 변수가 선언된 코드의 위치에 따라 스코프가 결정된다는 뜻입니다. 다시 말해 코드가 어떻게 실행되는지는 전혀 고려할 필요가 없습니다. 변수 value가 코드의 어디에서 어떻게 선언되었는지만 유심히 살펴보면 정답을 알 수 있습니다.

```
var value = 1;
function logNestedValue () {
  var value = 2;
  console.log(value); ❶
  logValue();
}
function logValue () {
  console.log(value); ❷
}
logNestedValue();
```

❶은 함수 logNestedValue 내부에 있기 때문에 함수 logNestedValue 내부에 변수 value의 선언이 있는지 살펴봅니다. 다행히 변수 value의 선언이 바로 윗줄에 존재합니다. 따라서 ❶에서는 2가 출력됩니다.

❷는 함수 logValue 내부에 있지만, 변수 value의 선언은 함수 내에 존재하지 않습니다. 이 경우 더 상위의 스코프를 살펴봅니다. 여기서 상위 스코프란 함수 외부의 스코프이고, 첫 번째 줄의 코드에서 변수 value가 선언되었음을 알 수 있습니다. 따라서 ❷에서는 1이 출력됩니다.

이 예제에서는 함수를 기준으로 스코프를 살펴봤습니다. 변수 value의 선언 방식이 함수 스코프를 따르는 var 선언이기 때문입니다. 이렇듯 자바스크립트의 스코프는 스코프의 종류와 변수 선언 방식에 의존합니다. 지금부터 스코프의 종류를 하나씩 살펴보겠습니다.

| 전역 스코프 |

실행되는 모든 코드에서 접근할 수 있는 가장 바깥쪽 범위를 전역 스코프global scope라고 합니다. 스크립트 최상위에서 var나 function으로 선언하면 전역 스코프에 바인딩이 생기고 동시에 전역 객체global object의 속성으로도 추가됩니다. 그러나 let, const, class로 선언한 전역 변수는 전역 스코프에 바인딩되지만 전역 객체의 속성으로는 추가되지 않습니다.

모듈 최상위에서는 var를 포함한 모든 선언이 전역이 아니라 모듈 스코프에 한정되므로, 전역 변수는 만들어지지 않습니다.

```
var myName = "Jake";
console.log(myName); // "Jake"
console.log(window.myName); // "Jake"
```

브라우저 환경에서는 console이나 Math처럼 선언 없이 바로 사용할 수 있는 이름들이 있습니다. 이들은 개발자가 선언한 전역 변수가 아니라, 언어와 실행 환경이 전역 객체에 기본으로 제공하는 속성들입니다. 전역 객체의 속성 역시 전역 환경에 포함되므로 전역 변수와 마찬가지로 코드 어디서든 접근할 수 있습니다.

```
console.log(Math.floor(3.14)); // 3
```

그러나 웹 워커web worker* 환경이라면 window 대신에 self를, Node.js 환경이라면 global을 사용하는 등 전역 객체의 이름은 환경마다 다르다는 문제가 있었습니다. 다행히도 ECMAScript 2020에서 전역 객체를 globalThis라는 이름으로 표준화하여 다양한 환경에서 동작하는 코드를 간편하게 작성할 수 있게 되었습니다.

다음은 브라우저 환경에서 globalThis와 window를 통해 동일한 전역 객체에 접근할 수 있음을 보여주는 코드입니다.

```javascript
globalThis.myName = "Jake";
console.log(myName); // "Jake"
console.log(window.myName); // "Jake"
```

| 모듈 스코프 |

모듈로 실행되는 코드에서 접근 가능한 스코프를 모듈 스코프module scope라고 합니다. 다음 코드에서 파일 A.js에서 선언된 변수 a를 파일 B.js에서 참조하려고 하면 스코프가 모듈로 나뉘어져 접근할 수 없기 때문에 에러가 발생합니다.

```javascript
// 파일 A.js
var a = 7;
```

```javascript
// 파일 B.js
import "./A.js";
console.log(a); // 에러 발생!
```

이런 경우 다음과 같이 export 구문을 통해 변수를 내보내고, import 구문으로 사용하려는 변수를 가져와야 합니다.

```javascript
// 파일 A.js
export var a = 7;
```

---

* https://developer.mozilla.org/ko/docs/Web/API/Web_Workers_API

```
// 파일 B.js
import {a} from "./A.js";
console.log(a); // 7
```

| 함수 스코프 |

자바스크립트의 함수는 스코프를 생성하며 이를 함수 스코프function scope라고 합니다. 함수 스코프는 함수가 정의한 코드 내부에서만 유효하기 때문에 모든 코드에서 유효한 전역 스코프와 비교하여 지역 스코프local scope라고도 부릅니다.

함수가 중첩되어 선언될 수 있는 것과 마찬가지로 함수 스코프 역시 중첩되어 생성될 수 있습니다. 다음은 함수 print 내부에서 함수 sum이 중첩되어 선언된 코드입니다.

```
var value1 = 1;
function print () {
  var value2 = 2;
  function sum () {
    console.log(value1 + value2); ❶
  }
  sum();
}
print();
```

이 코드의 스코프를 시각화하면 다음과 같습니다.

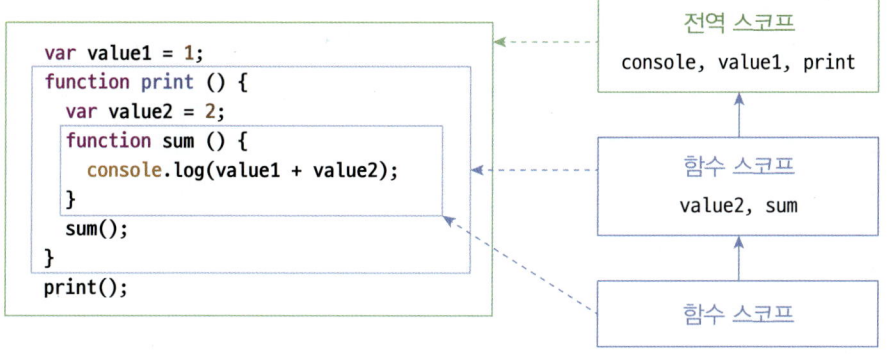

그림 3-1 스코프 체인

❶에서 참조된 변수 value1과 value2는 함수 sum의 함수 스코프 내에서는 선언을 찾을 수 없기 때문에 더 상위의 스코프로 거슬러 올라가야 합니다. 상위 스코프란 현재 스코프가 포함된 더 넓은 범위의 스코프를 의미합니다. 반대로 현재 스코프 내의 더 좁은 범위의 스코프는 하위 스코프라고 부르고, 상위 스코프에서 하위 스코프로의 접근은 불가능합니다.

함수 sum의 상위 스코프인 함수 print의 스코프에서 변수 value2의 선언을 발견할 수 있습니다. 하지만 여전히 변수 value1의 선언은 발견할 수 없기 때문에 이번에는 함수 print의 상위 스코프로 올라가야 합니다. 여기서 함수 print의 상위 스코프는 전역 스코프입니다.

다행히 전역 스코프에서 변수 value1의 선언을 발견할 수 있습니다. 이제 ❶에서 변수 value1과 value2의 값을 상위 스코프에서 참조하여 가져오고, 3이라는 값을 출력할 것으로 예상할 수 있습니다.

이렇게 현재 스코프에서부터 상위 스코프로 거슬러 올라가며 변수를 찾는 과정을 스코프 체이닝scope chaining이라고 부릅니다. 이 과정에서 상위의 어떤 스코프에서도 변수를 찾을 수 없다면 에러가 발생합니다.

| 블록 스코프 |

블록 스코프는 let, const 키워드와 함께 ECMAScript 2015에서 새롭게 추가되었습니다. 함수 스코프가 함수 시작과 끝 사이의 범위라면, 블록 스코프는 블록의 시작과 끝 사이의 범위라고 볼 수 있습니다. 블록이란 중괄호 {}로 둘러싸인 코드 영역을 의미합니다.

var로 선언된 변수가 함수 스코프의 영향을 받듯이 블록 스코프의 영향을 받는 변수는 let 또는 const로 선언된 변수입니다. 다음 코드에서 변수 a는 var로 선언되었기 때문에 블록 스코프의 영향을 받지 않지만, const로 선언된 변수 b는 if 문 블록 밖에서는 접근이 불가능한 것을 알 수 있습니다.

```
if (true) {
  var a = 1;
  const b = 2;
  console.log(a); // 1
  console.log(b); // 2
}
console.log(a); // 1
console.log(b); // 에러 발생!
```

함수 스코프와 마찬가지로 블록 스코프도 중첩되기 때문에 현재 스코프로부터 상위 스코프를 거슬러 올라가는 스코프 체이닝이 발생합니다. 영향을 받는 변수 선언 방식이 다를 뿐 둘 다 지역 스코프로서는 동일하게 동작한다고 볼 수 있습니다.

엄격 모드에서는 function으로 선언된 함수도 블록 스코프를 가집니다. 여기서 엄격 모드라고 명시한 이유는 비엄격 모드에서는 브라우저마다 그 동작이 달라지기 때문입니다. 따라서 엄격 모드에서만 블록 내 함수 선언을 사용하는 것을 추천합니다.

```
"use strict";
{
  function print () {
    console.log("print 함수가 실행되었습니다.");
  }
  print(); // "print 함수가 실행되었습니다."
}
print(); // 에러 발생!
```

02 변수 호이스팅

지금까지의 예제 코드에서는 항상 변수를 먼저 선언한 후 사용했습니다. 하지만 만약 다음 코드와 같이 변수 선언 전에 변수에 접근하면 무슨 일이 벌어질까요?

```
console.log(a); // ?
var a = 3;
```

정답은 "undefined가 출력된다"입니다. 그 이유는 var로 선언된 변수의 경우 현재 스코프의 최상단으로 선언이 올라가고 undefined로 초기화되기 때문인데요. 마치 선언문을 위로 끌어올리는 것과 같다고 하여 호이스팅hoisting이라고 불립니다. 이는 다음 코드와 정확히 같은 효과를 가집니다.

```
var a;
console.log(a);
a = 3;
```

반면 let이나 const로 선언된 변수의 경우 선언 전에 변수에 접근하면 에러가 발생합니다. let이나 const로 선언된 변수도 var로 선언된 변수와 마찬가지로 호이스팅이 발생하지만 undefined로 초기화되지는 않기 때문입니다.

```
console.log(a); // 에러 발생!
let a = 3;
```

선언 전에 접근할 수 없는 것이라면 let과 const로 선언된 변수가 호이스팅되는 이유가 궁금할 수도 있습니다. 그 이유는 다음 코드처럼 스코프 내에 선언된 변수를 어디서든 일관되게 참조하기 위해서입니다.

```
var a = 3;
{
  console.log(a); // 에러 발생!
  let a = 7;
  console.log(a); // 위 에러가 발생하지 않았다면 7을 출력
}
```

만약 let으로 선언된 변수가 호이스팅되지 않는다면 첫 번째 console.log의 출력은 상위 스코프의 변수 a의 값인 3이 되었을 것입니다. 그러나 let으로 선언된 변수 a의 선언이 블록 스코프 최상단으로 호이스팅되었고, 해당 스코프 내에서 변수 a를 찾을 수 있었지만 초기화되지 않아 에러가 발생하고 있습니다.

한편, const로 선언된 변수는 재할당이 불가능하다는 제약이 있습니다. 만약 const로 선언된 변수가 호이스팅된 후 undefined로 초기화된다면 이후 재할당이 필요하므로 const 제약에 위배됩니다.

이렇듯 var와 달리 let과 const로 선언된 변수는 호이스팅되지만 초기화되지 않아 접근 시 에러가 발생하는 구간이 존재합니다. 이를 TDZ_temporal dead zone_라고 부릅니다. TDZ로 인한 에러를 피하기 위해 let, const 선언은 항상 스코프 상단에 위치시키는 것이 좋습니다.

03 함수 호이스팅

변수 선언과 마찬가지로 함수 선언도 호이스팅을 발생시킵니다. 함수 선언이 변수 선언과 다른 점은 함수 선언문은 함수 객체까지 함께 호이스팅된다는 것입니다. 그래서 다음 코드와 같이 함수 선언 전에 참조한 함수는 undefined로 초기화되거나 에러를 발생시키지 않고 정상적으로 호출될 수 있습니다.

```javascript
print(); // "print 함수 실행"
function print() {
  console.log("print 함수 실행");
}
```

다만, 함수 선언문이 아닌 함수 표현식의 경우에는 값으로 취급되므로 위와 같이 호이스팅되지 않습니다. 대신 함수가 할당된 변수 선언에 따라 호이스팅이 다르게 동작한다는 점에 유의해주세요.

```javascript
console.log(print); // undefined
print(); // 에러 발생!
var print = function () {
  console.log("print 함수 실행");
};
```

04 재선언과 섀도잉

자바스크립트에서는 let과 const를 사용한 변수의 재선언redeclaration은 불가능하지만, var와 function을 사용한 변수와 함수의 재선언은 가능합니다. 하지만 몇 가지 주의해야 할 점이 있습니다. 예를 들어 var로 변수를 재선언할 경우 초기화가 없으면 이전 값이 유지된다는 특징이 있습니다.

```javascript
var a = 1;
var a;
console.log(a); // 1
```

함수의 재선언은 비엄격 모드에서는 var 선언과 마찬가지로 허용이 되지만, 엄격 모드에서는 불가능합니다. 또한 비엄격 모드에서 동일한 이름으로 var 변수와 function 함수 선언이 함께 사용되면 호이스팅 시점에 함수가 적용됩니다. 그리고 실행 중에 var에 값이 할당되면 그 값이 최종적으로 변수에 저장됩니다.

```
var print = 1;
function print () {
  return 3;
}
console.log(print); // 1
```

아무리 var 선언이라도 다른 let과 const로 선언된 변수가 동일 스코프 내에 있다면 재선언될 수 없습니다. 특히 var는 블록 스코프를 가지지 않기 때문에 다음 코드와 같은 실수를 하지 않도록 주의하세요.

```
let a = 1;
{
  var a = 1; // 이미 동일한 스코프에 a가 선언되었기 때문에 에러 발생!
}
```

반면 let과 const 변수는 재선언이 불가능하지만 서로 다른 스코프에서라면 동일한 변수명을 사용할 수 있습니다. 다음은 전역 스코프와 블록 스코프에서 각각 같은 이름을 가진 변수 a를 선언한 코드입니다. 블록 스코프에서 선언한 변수 a의 값이 1이 아니라 2가 출력된 것을 알 수 있는데요, 이는 현재 스코프의 변수가 우선적으로 참조되었기 때문입니다.

```
let a = 1;
{
  let a = 2;
  console.log(a); // 2
}
console.log(a); // 1
```

이렇게 상위 스코프의 변수명과 동일한 변수명을 현재 스코프에서 사용하고 있다면 현재 스코프의 변수가 먼저 참조되어 상위 스코프의 변수는 참조될 수 없습니다. 마치 상위 스코프가 현재 스코프에 가려진 것처럼 보이는 이 현상을 변수 섀도잉variable shadowing이라고 부릅니다. 그러나 변수 섀도잉은 코드를 이해하기 어렵게 만들고 잠재적인 버그를 불러일으킬 수 있습니다.

05 클로저

자바스크립트의 함수는 자신이 생성한 스코프의 변수뿐만 아니라 외부 스코프의 변수를 참조할 수 있습니다. 심지어 함수가 전혀 다른 스코프에서 호출되어도 외부 스코프의 변수 참조는 그대로 유지됩니다. 이것이 가능한 이유는 함수가 생성되면 생성 당시 참조한 변수를 기억하기 때문이며, 이러한 특성을 클로저closure라고 부릅니다.

다음 코드는 외부 스코프의 변수 a를 참조하는 함수를 반환하는 함수를 작성한 코드입니다. 함수 getPrintA의 실행 종료 후 printA 함수가 선언된 스코프와 다른 스코프에서 호출되었음에도 불구하고 변수 a의 값을 출력하고 있습니다.

```javascript
function getPrintA () {
  const a = "외부 스코프의 변수 a";
  return function printA () {
    console.log(a);
  };
}
const printA = getPrintA();
printA(); // "외부 스코프의 변수 a"
```

함수 printA가 생성될 당시 외부 스코프의 변수 a도 생성된 함수 printA와 함께 묶여 클로저가 만들어졌습니다. 유의할 점은 변수 a의 값이 아니라 변수 a 자체가 묶였다는 것입니다. 다음 코드는 이러한 사실을 간과하여 흔히 실수하게 되는 사례입니다.

```javascript
for (var i = 1; i <= 3; i++) {
  document
    .getElementById(`button_${i}`)
    .addEventListener("click", function handleClick () {
```

```
      console.log(`button_${i} clicked!`);
    });
}
```

HTML 문서에 button_1, button_2, button_3라는 id를 가진 버튼 요소가 3개 있다고 가정하겠습니다. 각 버튼을 클릭하면 클릭된 버튼마다 "button_1 clicked!", "button_2 clicked!", "button_3 clicked!"와 같은 메시지가 출력되어야 하지만 결과는 모든 출력이 "button_4 clicked!"가 되어버립니다.

그 이유는 handleClick 함수가 참조한 변수 i가 var로 선언된 변수이기 때문입니다. 만약 클로저가 변수가 아닌 값을 저장하는 것이었다면 앞선 코드는 예상대로 동작했을 것입니다. 하지만 변수 i는 블록 스코프가 아닌 전역 스코프로 동작하여 for 문이 끝난 후 값이 4로 변했고, 함수 handleClick이 이벤트 호출에 의해 실행될 때 변수 i가 참조되면서 모든 출력이 "button_4 clicked!"가 된 것입니다.

이를 해결하는 방법은 다음처럼 var가 아닌 블록 스코프 변수 선언인 let을 사용하는 것입니다. 이렇게 하면 반복문마다 새로운 변수 i가 만들어지기 때문에 의도한 대로 동작합니다.

```
for (let i = 1; i <= 3; i++) {
  document
    .getElementById(`button_${i}`)
    .addEventListener("click", function handleClick () {
      console.log(`button_${i} clicked!`);
    });
}
```

클로저는 다양한 패턴을 효과적으로 구현할 수 있게 해주는 자바스크립트의 핵심 기능입니다. 그중 클로저를 활용하여 코드의 구조화와 효율성을 높이는 몇 가지 방법들을 소개하겠습니다.

| 정보 은닉 |

클로저는 함수 생성 당시의 스코프에 있던 변수들을 기억하지만 이 변수들은 오직 생성된 함수 내부에서만 접근이 가능합니다. 이를 통해 상태를 유지하면서 외부에는 이 상태를 노출하지 않는 정보 은닉 information hiding 이 가능해집니다.

다음 코드는 함수를 호출할 때마다 카운트를 증가시켜 반환하는 클로저의 예제입니다. count 변수는 오직 counter 함수에서만 접근이 가능하며, counter 함수 외부에서는 count 변수에 접근할 수 없습니다.

```javascript
function createCounter () {
  let count = 0;
  return function counter () {
    return ++count;
  }
}
const counter1 = createCounter();
const counter2 = createCounter();
console.log(counter1()); // 1
console.log(counter1()); // 2
console.log(counter2()); // 1

console.log(count); // 에러 발생!
```

함수가 실행될 때마다 새로운 변수가 만들어지므로 코드에서 같은 변수를 참조하는 것처럼 보여도 실제로는 서로 다른 변수를 바라보게 됩니다. 여기서 createCounter 함수에서 반환된 두 클로저 함수 counter1과 counter2의 출력을 보면 count 변수에 대한 상태가 별개로 유지된다는 것을 알 수 있습니다.

부분 적용 함수

함수의 인수가 많은 경우 미리 몇 개의 인수에 대해 값을 적용해두어 편리하게 이용할 수 있는 함수를 만들 수 있습니다. 이러한 함수를 부분 적용 함수partially applied function라고 합니다. 다음은 값을 더하는 함수에 대해 미리 특정 값을 더하도록 인수를 받아 반환하는 부분 적용 함수의 간단한 예제입니다.

```javascript
function add (a, b) {
  return a + b;
}
function adder (n) {
  return function (m) {
    return add(n, m);
```

```
    };
  }
  const add1 = adder(1);
  const add7 = adder(7);
  console.log(add1(9)); // 10
  console.log(add7(9)); // 16
```

함수 adder는 인수 n을 미리 받아 정해진 숫자와의 계산을 간결하게 해주는 함수 add1과 add7 등을 생성할 수 있습니다. 이렇듯 부분 적용 함수는 코드의 재사용성을 높이고 복잡한 계산이나 동작을 간결하게 표현할 수 있게 해주는 유용한 패턴입니다.

커링

커링currying은 여러 개의 인수를 받는 함수를 하나의 인수만 받는 함수로 연속적으로 변환해주는 함수형 프로그래밍 기법의 하나입니다. 클로저를 활용하면 자바스크립트에서도 커링의 개념을 구현할 수 있습니다.

다음은 함수 curry를 이용해 부분 적용 함수를 더 간단하게 적용한 예시입니다.

```
function curry (myFunction) {
  return function (a) {
    return function (b) {
      return myFunction(a, b);
    };
  };
}
function add (a, b) {
  return a + b;
}
function multiply (a, b) {
  return a * b;
}
const adder = curry(add);
const multiplier = curry(multiply);
```

```
const add7 = adder(7);
const multiply7 = multiplier(7);
console.log(add7(3)); // 10
console.log(multiply7(3)); // 21
```

함수 curry는 두 개의 인수를 받는 함수를 대상으로 커링을 적용해 변환해줍니다. 덕분에 함수 add뿐만 아니라 다른 함수 multiply에 대해서도 부분 적용 함수를 구현하는 것이 간단해졌습니다.

이 예제에서는 두 개의 인수를 받는 함수만을 대상으로 했지만 더 많은 인수에 대해서도 일반적으로 구현하는 것이 가능합니다. 직접 구현하는 방법도 있고 이러한 기능을 제공하는 라이브러리를 사용하는 방법도 있습니다.

하지만 자바스크립트에서는 클로저를 통해 커링을 구현할 수 있을 뿐 언어적으로 커링하는 방법을 제공하지 않습니다. 커링은 언어 기능의 일부인 하스켈이나 스칼라와 같은 다른 프로그래밍 언어와 달리 일반적인 방법이 아닐 수 있습니다. 따라서 커링을 사용할 경우 협업하는 다른 개발자와 충분히 논의하고 공감을 얻는 것이 중요합니다.

06 IIFE

전역 스코프의 var 변수 선언과 function 함수 선언은 다른 코드에 이미 존재하는 변수나 함수 이름과 충돌이 일어날 가능성이 있습니다. 이러한 이름 충돌을 방지하고 전역 스코프의 오염을 피하기 위한 기법으로 IIFE_{Immediately Invoked Function Expression}라는 프로그래밍 패턴이 자주 사용됩니다.

IIFE는 이름을 그대로 번역하면 즉시 실행 함수 표현식입니다. 함수 표현식이 즉시 실행되면서 함수 스코프를 생성하여 변수나 함수 선언의 범위를 제한하는 것입니다. 다음 코드는 var 변수의 선언이 외부 스코프로 오염되지 않도록 하는 간단한 IIFE 예제입니다.

```
(function () {
  var a = "IIFE 안에 있는 변수";
  console.log(a); // "IIFE 안에 있는 변수"
})();
console.log(a); // 에러 발생!
```

IIFE는 함수 표현식을 소괄호 ( )로 감싼 후 실행하여 동작하는데요, 괄호로 감싸지 않으면 컴파일러는 function으로 시작하는 구문을 함수 선언문으로 해석하려고 하기 때문에 에러가 발생합니다. 함수 선언문과 표현식의 차이는 챕터 4 '함수'에서 더 자세히 설명하겠습니다.

여기서 괄호는 함수 선언문을 표현식으로 해석하도록 유도하는 역할을 합니다. 사실 다음과 같이 표현식으로 유도하는 +, -, !와 같은 연산자를 대신 사용하는 것도 가능하지만, IIFE 패턴인 경우 괄호를 사용하는 것이 일반적입니다.

```javascript
+function () {
  console.log("+ 연산자를 붙여도 즉시 실행이 가능해요!");
}(); // "+ 연산자를 붙여도 즉시 실행이 가능해요!"
```

IIFE와 클로저를 활용하면 공개할 속성이나 함수만 외부에 노출하는 모듈 패턴을 구현할 수 있습니다. 다음 코드는 모듈의 공개된 함수만을 통해 비공개 상태를 제어하여 정보 은닉과 캡슐화를 구현한 예제입니다.

```javascript
const myModule = (function () {
  let myName = "Jake";
  return {
    setName (newName) {
      myName = newName;
    },
    getName () {
      return myName;
    },
  };
})();
console.log(myModule.getName()); // "Jake"
myModule.setName("Lucy");
console.log(myModule.getName()); // "Lucy"
console.log(myName); // 에러 발생!
```

myName이라는 변수는 함수 스코프로 제한되었고, IIFE를 통해 이를 제어하는 공개 메서드인 setName과 getName 메서드가 반환되었습니다. 반면 은닉하고자 하는 변수인 myName을 외부에서 접근하려고 하면 에러가 발생하는 것을 알 수 있습니다.

import와 export를 사용하는 모듈이 일반화된 요즘은 IIFE가 자주 사용되는 패턴이 아니긴 하지만 알아두면 좋은 개념입니다.

Ask-AI 질문 플레이북

개념 이해에 그치지 말고 AI에게 질문하며 사고를 확장하고 실전 감각을 키워보세요. 무엇을 질문해야 할지 막막하다면 다음 질문들이 좋은 힌트가 되어줄 거예요.

렉시컬 스코프 외에 다른 방식의 변수 스코프도 있나요?

─────── 질문의도 ───────

자바스크립트는 렉시컬 스코프를 사용하지만 다른 스코프 체계를 사용하는 언어도 존재합니다. 이 질문을 통해 동적 스코프(dynamic scope) 개념을 배우고 렉시컬 스코프가 선택된 이유와 장점을 이해할 수 있습니다.

자바스크립트의 스코프 규칙은 다른 언어와 비교했을 때 어떤 특징이 있나요?

─────── 질문의도 ───────

파이썬이나 자바 등 다른 언어를 다뤄본 경험이 있다면 자바스크립트의 스코프가 어딘가 다르게 느껴질 수 있습니다. 이 질문을 통해 각 언어의 스코프 결정 방식의 차이, 중첩 스코프의 처리 방식 등을 비교하며 자바스크립트만의 특징을 깊이 이해할 수 있습니다.

자바스크립트의 var, let, const는 각각 어떤 상황에서 쓰는 것이 좋을까요?

─────── 질문의도 ───────

자바스크립트에서 각각 다른 변수 선언이 왜 존재하고, 언제 써야 할까요? 이 질문을 통해 스코프, 재할당 가능성, 호이스팅 차이에 따라 실제로 어떤 선언을 언제 쓰는 것이 바람직한지 코드 안정성과 가독성 관점에서 정리할 수 있습니다.

자바스크립트에서 변수의 호이스팅이 왜 발생하나요?

─────── 질문의도 ───────

호이스팅이 발생한다는 것은 알지만 왜 그런 동작이 나타나는 걸까요? 이 질문을 통해 자바스크립트의 실행 컨텍스트와 컴파일 과정, 코드 해석 방식의 역사적 배경을 이해하며 내부 동작에 대한 통찰력을 얻을 수 있습니다.

자바스크립트에서 엄격 모드와 비엄격 모드를 구분하는 이유가 뭔가요?

─────── 질문의도 ───────

엄격 모드와 비엄격 모드를 굳이 구분하여 실행 결과에 차이를 만들어내는 이유가 뭘까요? 이 질문으로 의도하지 않은 오류 방지, 더 안전한 코드 실행 방식 등을 위해 자바스크립트가 어떻게 진화했는지를 알 수 있습니다.

클로저는 자바스크립트에만 있는 개념인가요? 다른 언어에도 비슷한 개념이 있나요?

─────── 질문의도 ───────

자바스크립트에서는 클로저를 자주 접하는데 이게 자바스크립트에만 있는 특수한 기능일까요? 이 질문을 통해 함수형 언어뿐 아니라 다양한 언어에서의 클로저와 유사한 개념과 활용 방식을 비교하며 사고의 폭을 넓힐 수 있습니다.

자바스크립트에서 클로저를 사용하면 성능에 문제가 없을까요? 있다면 어떻게 해결하나요?

─────── 질문의도 ───────

클로저가 변수를 오래 붙잡고 있다면 메모리에 부담을 줄 수 있지 않을까 걱정이 될 수 있습니다. 이 질문을 통해 클로저와 가비지 컬렉션의 관계, 메모리 누수 가능성, 성능 최적화를 위한 설계까지 고민할 수 있습니다.

SECTION 04 실전 레벨업 퀴즈 챌린지

스코프는 코드의 구조와 변수의 접근을 관리하는 데 중요한 역할을 합니다. 자바스크립트에는 특히 함수 스코프, 블록 스코프, 클로저와 같은 독특한 개념이 존재합니다. 이러한 개념을 제대로 이해하면 코드의 예측 가능성과 유지 보수성을 크게 높일 수 있습니다. 단계별 퀴즈를 통해 자바스크립트에서 이들을 어떻게 활용할 수 있는지 점검해보세요.

Level 1 ★

Q1 다음 빈칸에 들어갈 단어를 작성하세요.

[①]는 변수의 유효 범위를 의미합니다. [②]는 전역 스코프에 담긴 변수로, 어느 곳에서나 해당 변수에 접근할 수 있습니다. [③]는 특정 스코프에 담긴 변수로 해당 스코프를 벗어나면 접근할 수 없습니다.

정답
① 스코프 ② 전역 변수 ③ 지역 변수

해설
스코프는 변수의 유효 범위를 의미하고, 변수를 어디에서 접근할 수 있는지 결정하는 규칙입니다. 스코프는 주로 블록이나 함수 단위로 구분하며 자바스크립트에서는 중괄호 { }를 통해 블록이나 함수 스코프가 구분됩니다.

프로그램 내 존재하는 변수는 스코프에 의해 크게 전역 변수, 지역 변수로 구분합니다. 전역 변수는 전역 컨텍스트에 담긴 변수로 어느 곳에서든지 해당 변수에 접근할 수 있습니다. 지역 변수는 특정 스코프에 담긴 변수로 해당 스코프를 벗어나면 접근할 수 없습니다.

Q2 다음 빈칸에 들어갈 단어를 작성하세요.

[_]은 코드를 실행하기 전에 함수, 변수, 클래스 또는 import의 선언문이 해당 스코프의 최상단으로 끌어올려진 것 같은 현상을 의미합니다.

정답

호이스팅

해설

호이스팅은 코드를 실행하기 전에 함수, 변수, 클래스 또는 import의 선언문이 해당 스코프의 최상단으로 끌어올려진 것 같은 현상을 의미합니다. 호이스팅은 ECMAScript에서 정의된 용어는 아니지만, 자바스크립트 인터프리터가 변수와 함수의 메모리 공간을 선언 전에 미리 할당하여 발생하는 자바스크립트의 고유한 현상입니다.

Q3 다음 빈칸에 들어갈 단어를 작성하세요.

[①]의 변수명과 동일한 변수명을 현재 스코프에서 사용하고 있다면 현재 스코프의 변수를 먼저 참조하여 [①]의 변수는 참조할 수 없습니다. 마치 [①]가 현재 스코프에 가려진 것처럼 보이는 이 현상을 [②]이라고 부릅니다.

정답

① 상위 스코프   ② 변수 섀도잉

해설

let과 const 변수 선언은 재선언이 불가능하지만 다른 스코프에서라면 동일한 변수명을 사용할 수 있습니다. 이때 현재 스코프의 변수가 우선적으로 참조되고 상위 스코프의 변수는 참조될 수 없는데, 이를 변수 섀도잉이라고 부릅니다.

Q4 다음 빈칸에 들어갈 단어를 작성하세요.

함수 내부에서 선언된 변수를 참조하는 새로운 함수를 정의하여 return 문, 콜백 함수 등으로 함수 외부에 전달할 경우 함수의 실행 컨텍스트가 종료된 후에도 해당 변수가 사라지지 않는 기능을 [_]라고 합니다.

정답

클로저

해설

클로저는 함수와 그 함수가 선언될 때의 렉시컬 환경(lexical environment)을 함께 저장하는 기능을 말합니다. 클로저는 함수가 자신이 선언된 스코프 외부에서 호출되더라도 내부 변수에 접근할 수 있게 하고, 상태 유지와 은닉화를 가능하게 합니다.

Q5 다음 빈칸에 들어갈 단어를 작성하세요.

자바스크립트가 변수값을 참조하고자 할 때 [①]을 따라 자신이 속해 있는 스코프의 변수를 먼저 참조하고 해당 스코프에 참조값이 없다면 [②]를 타고 올라가며 참조값을 찾아갑니다. 단, [③]에 선언된 변수는 [②]에서 참조할 수 없는데, 만약 최상위 스코프인 [④]에도 찾는 참조값이 없다면 [⑤]가 발생합니다.

정답

① 스코프 체인   ② 상위 스코프   ③ 하위 스코프
④ 전역 스코프   ⑤ ReferenceError

해설

자바스크립트는 스코프 체인을 따라 가장 가까운 유효 범위부터 상위 스코프 방향으로 탐색을 진행하며 해당 식별자를 결정합니다. 이렇게 현재 스코프에서 시작해 상위 스코프로 검색 범위를 확장해나가는 방식으로 식별자를 찾아내는 것이 자바스크립트의 스코프 해석 방식입니다.

Level 2 ★★

#스코프 #블록 스코프 #전역 스코프 #클로저 #함수 스코프
Q6 다음 코드의 실행 결과를 예측하고 그 이유를 설명하세요.

```
const numbers = [];
for (var i = 0; i < 3; i++) {
```

```
numbers[i] = function () {
  return i;
};
}
for (var j = 0; j < numbers.length; j++) {
  console.log(numbers[j]());
}
```

정답

3

3

3

해설

var 키워드는 함수 스코프를 따르므로 for 문에서 선언된 i 변수는 해당 함수의 스코프에 속합니다. 따라서 첫 번째 for 문의 변수 선언문에서 선언한 i는 최상위 스코프에 속합니다. i에 0, 1, 2가 차례대로 할당되고, numbers 배열의 0, 1, 2번째 인덱스에는 i를 반환하는 함수가 할당됩니다. 첫 번째 for 문이 종료될 때 후위 연산자로 인해 최종적으로 i는 3이 됩니다. 이후 두 번째 for 문에서는 numbers의 인덱스에 할당되어 있는 함수를 실행하며 i를 출력합니다. 변수 i를 참조하므로 i는 3이 되고 0, 1, 2가 아닌 3, 3, 3을 출력합니다.

 AI는 통과 못 하는 기술 면접 예상 질문

Q6-1 클로저를 이용해 앞선 코드의 출력 결과가 0, 1, 2가 되도록 수정하려면 어떤 방법을 사용할 수 있을까요?

답변

- 클로저를 이용해 각 반복에서 i의 값을 얻어내려면 즉시 실행 함수(IIFE)를 사용해 i 값을 함수 내부에 저장할 수 있습니다.
- 각 함수가 함수만의 i 값을 갖기 때문에 나중에 호출될 때 고유한 i 값을 반환합니다.
- 따라서 출력 결과는 0, 1, 2가 됩니다.

Q6-2 문제 6번 코드의 출력 결과가 0, 1, 2가 되도록 수정하고자 할 때 클로저 외에 어떤 방법이 있을까요?

> **답변**
> - let 키워드를 사용해 블록 스코프를 만들면 각 반복에서 고유한 i 값을 갖게 됩니다.
> - 따라서 출력 결과는 0, 1, 2가 됩니다.

Q6-3 자바스크립트에서 var 키워드 사용 시 발생할 수 있는 문제점에 대해 설명하세요.

> **답변**
> - var는 함수 스코프를 가지며 블록 스코프를 지원하지 않습니다.
> - 따라서 의도치 않은 변수의 공유가 발생할 수 있습니다.
> - 또한 호이스팅으로 인해 변수 선언 전에 접근이 가능하여 예기치 않은 오류가 발생할 수도 있습니다.

 #스코프 #렉시컬 스코프 #스코프 체인
다음 코드의 실행 결과를 예측하고 그 이유를 설명하세요.

```
const x = 1;
function foo () {
  const x = 10;
  bar(); ❶
  function baz () {
    console.log(x);
  }
  baz(); ❷
}
function bar () {
  console.log(x);
}
foo();
bar(); ❸
```

힌트 함수가 실행되면 실행 컨텍스트가 생성되며 렉시컬 환경의 식별자 정보들이 저장됩니다. 함수에서 변수를 참조할 때 자바스크립트는 현재 스코프부터 차례대로 상위 스코프로 올라가며 변수를 찾습니다. 이렇게 스코프를 따라 변수를 탐색하는 구조를 스코프 체인이라고 합니다.

또한 자바스크립트는 렉시컬 스코프 방식으로 함수의 스코프를 결정하는데, 이는 함수의 호출 위치와 상관없이 선언 위치에 따라 스코프가 결정된다는 것을 의미합니다.

정답
❶ 1   ❷ 10   ❸ 1

해설
bar 및 baz 함수 선언 시 함수 내 x를 찾기 위해 현재 스코프에서 시작하여 상위 스코프로 탐색을 진행합니다. bar 함수의 경우 선언이 이루어진 스코프 내에서 자신이 참조할 수 있는 가장 가까운 x의 값이 1이기 때문에 이를 참조하고, 이는 어느 스코프에서 호출하여도 변하지 않습니다. ❷에서는 baz 함수가 선언된 스코프에서 자신이 참조할 수 있는 가장 가까운 x의 값이 10이기 때문에 이를 참조하여 10을 출력합니다.

📢 **AI는 통과 못 하는 기술 면접 예상 질문**

Q7-1 함수 내부에서 외부 변수와 동일한 이름의 변수를 선언하면 어떻게 될까요?

답변
- 함수 내부에 선언된 변수가 외부 변수와 동일한 이름을 가진 경우 스코프 체인에 따라 내부 변수를 우선적으로 참조합니다. 외부 변수는 가려지며(섀도잉) 내부에서 접근할 수 없습니다.

Q8 #스코프 #함수 #함수 선언 #함수 표현식 #호이스팅

다음 코드의 실행 결과를 예측하고 그 이유를 설명하세요.

```
getColor(); ❶
var getColor = function () {
  console.log("Red");
};
```

```
getColor(); ❷
function getColor () {
  console.log("Green");
}
getColor(); ❸
```

> **힌트** 함수 선언문으로 생성된 함수는 선언, 초기화, 할당 단계가 동시에 진행되는데 선언 단계에서 함수 전체가 호이스팅됩니다. 이때 엄격 모드에서 블록 레벨이라면 블록 범위 최상단에 호이스팅되고, 함수 레벨이라면 선언을 둘러싼 함수의 최상단이나 전역 스코프로 호이스팅됩니다. 따라서 선언하기 전에 호출해도 함수를 사용할 수 있습니다.

이와 다르게 함수 표현식으로 생성된 함수는 변수에 할당되는 방식으로 정의되기 때문에 선언과 할당이 나뉘어 진행되고 선언 과정에서 변수 선언부가 호이스팅됩니다. 따라서 함수 표현식 선언 이전에 함수를 호출하면 아직 함수가 할당되지 않은 상태이므로 함수가 아니라는 타입 에러가 발생합니다.

정답
❶ "Green"   ❷ "Red"   ❸ "Red"

해설
❶에서는 Red를 출력하는 함수 표현식을 변수에 할당하기 전에 함수 선언으로 선언된 "Green"을 출력하는 함수 전체가 먼저 호이스팅되어 "Green"을 출력합니다.

❷에서는 "Red"를 출력하는 함수 표현식을 변수에 할당한 이후로 기존의 getColor 함수가 오버라이드되어 결과적으로 "Red"를 출력합니다.

❸에서는 함수 선언문으로 선언한 함수는 이미 해당 스코프의 최상위로 호이스팅되어 선언 및 할당이 이루어졌기 때문에 선언 위치에서 다시 정의되지 않습니다. 따라서 선언 위치 뒤에서 다시 호출할 때도 이후에 함수 표현식으로 오버라이드된 함수를 호출하여 "Red"를 출력합니다.

한 걸음 더
이 문제의 코드는 마치 다음 코드처럼 동작합니다.

```
var getColor; // 표현식 선언부만 호이스팅
function getColor () { // 함수 선언 호이스팅(선언, 초기화, 할당)
  console.log("Green");
}
getColor(); // Green
getColor = function () { // 표현식 할당 - 오버라이딩
  console.log("Red");
```

```
};
getColor(); // Red
getColor(); // Red
```

 AI는 통과 못 하는 기술 면접 예상 질문

Q8-1 이 문제의 코드처럼 여러 곳에서 같은 이름으로 선언된 함수를 사용하면 사용하는 위치에 따라 의도와 다르게 동작할 수 있습니다. 이를 방지하기 위한 방법으로는 어떤 것들이 있을까요?

답변
- 각 함수를 고유한 이름으로 관리합니다.
- 고유한 이름으로 관리하는 것이 여의치 않다면 모듈 패턴이나 네임스페이스를 사용해 이름의 충돌을 방지할 수 있습니다.
- const 키워드를 사용해 함수의 재정의를 막을 수도 있습니다.

 #스코프 #let #var #스코프 체인 #암시적 전역 #전역 스코프 #호이스팅

브라우저 환경 비엄격 모드에서 다음 코드의 실행 결과를 예측하고 그 이유를 설명하세요. 단, 에러가 발생해도 코드 실행이 중단되지 않는다고 가정합니다.

```
console.log(x); ❶
console.log(z); ❷
var x = 0;
function foo () {
  var y = 2;
  function bar () {
    x = 3;
    y = 4;
    z = 5;
  }
  bar();
```

```
    console.log(x, y, z); ❸
}
foo();
console.log(x, z); ❹
console.log(window.x, window.z); ❺
```

> **힌트** 비엄격 모드에서 var, let, const 키워드 없이 선언된 식별자는 스코프 체인을 따라 올라가며 이미 선언된 변수인지 확인합니다. 이 과정에서 전역 스코프까지도 해당 식별자를 찾지 못하면 자바스크립트는 암시적으로 해당 식별자를 전역 객체의 속성으로 추가합니다. 이로 인해 해당 식별자는 전역 변수처럼 동작하며 이를 암시적 전역 변수라고 합니다.

정답

❶ undefined

❷ ReferenceError: z is not defined

❸ 3 4 5

❹ 3 5

❺ 3 5

해설

var로 선언한 전역 변수 x는 전역 스코프의 최상단으로 호이스팅된 후 undefined로 초기화되어 ❶에서는 undefined를 출력합니다. 반면 z는 아직 선언되지 않은 변수이므로 ❷에서는 참조 에러가 발생합니다.

foo 함수를 호출하면 x, y, z에 값을 재할당하는 bar 함수가 실행되는데, 이때 전역 변수 x에는 3을 재할당하고 지역 변수 y에도 4를 재할당합니다. var, let, const로 선언하지 않은 식별자 z는 비엄격 모드에서 전역 객체의 속성인 window.z로 해석하여 전역 변수 5인 것처럼 동작합니다. 따라서 ❸에서는 3 4 5를 출력합니다.

❹에서 x, z는 지역 변수가 아니기 때문에 foo( )의 호출이 끝난 후에도 재할당된 값 3 5를 출력합니다. ❺에서 window.x는 var로 선언된 전역 변수이기 때문에 3이 출력됩니다. window.z는 암시적 전역으로 만들어진 속성이므로 5가 출력됩니다.

> 📢 **AI는 통과 못 하는 기술 면접 예상 질문**
>
> **Q9-1** 엄격 모드에서 앞선 코드의 실행 결과는 어떻게 될까요?
>
> **답변**
> - 엄격 모드에서는 var, let, const 없이 선언된 변수에 값을 할당하면 ReferenceError가 발생합니다.
> - 따라서 z = 5에서 에러가 발생하고, z는 전역 변수로 생성되지 않습니다.
> - 에러가 발생해도 실행이 중단되지 않는다고 가정했기 때문에 이후 z를 참조하는 모든 위치에서 ReferenceError가 발생합니다.

Q10 #스코프 #클로저
다음 코드의 실행 결과를 예측하고 그 이유를 설명하세요.

```javascript
function createButton (buttonText) {
  let clickCount = 0;
  return {
    text: buttonText,
    click () {
      clickCount++;
    },
    log () {
      console.log(`${this.text} 버튼이 ${clickCount}번 클릭되었습니다.`);
    },
  };
}
const submitButton = createButton("제출");
submitButton.click();
submitButton.log(); ❶
submitButton.click();
submitButton.click();
submitButton.log(); ❷
const cancelButton = createButton("취소");
cancelButton.click();
```

```
cancelButton.click();
cancelButton.log(); ❸
```

정답

❶ "제출 버튼이 1번 클릭되었습니다."

❷ "제출 버튼이 3번 클릭되었습니다."

❸ "취소 버튼이 2번 클릭되었습니다."

해설

자바스크립트의 함수는 생성 당시의 스코프를 기억하기 때문에 자신이 정의된 외부 스코프의 변수에도 접근할 수 있습니다. 이러한 함수와 그 외부 변수의 조합을 클로저라고 부릅니다. 문제에서 createButton 함수는 클릭 횟수를 추적하는 clickCount 변수를 사용하는 함수들을 반환합니다. createButton 함수가 반환한 객체에는 clickCount에 대한 참조가 포함되어 있습니다. 이때 clickCount 변수의 값이 메모리에서 사라지지 않고 이 값에 접근할 수 있는 클로저로 인해 ❶과 ❷에서 clickCount의 값은 각각 1과 3이 됩니다.

createButton 함수로 다른 버튼을 생성하는 경우에도 마찬가지로 독립된 클로저가 생성됩니다. submitButton과 cancelButton은 각각 별개의 clickCount 변수를 가지는 클로저를 생성하고 유지합니다. 따라서 submitButton의 clickCount 값이 증가하더라도 cancelButton의 clickCount 값에는 영향을 미치지 않습니다. 이것은 클로저의 강력한 특징 중 하나이며 ❸에서의 clickCount 값은 2가 됩니다.

AI는 통과 못 하는 기술 면접 예상 질문

Q10-1 버튼의 종류와 관계없이 사용자의 총 클릭 횟수를 기록하는 방법에는 어떤 것이 있을까요?

답변

- 버튼의 종류와 관계없이 사용자의 총 클릭 횟수를 기록하려면 클릭 횟수를 전역 변수 또는 모든 버튼이 공유하는 상위 스코프에 위치한 변수로 관리하면 됩니다.
- 모든 버튼 객체가 동일한 변수를 참조하기 때문에 각각의 클릭 이벤트가 발생할 때마다 총 클릭 횟수가 증가합니다.
- 따라서 모든 버튼에서 클로저를 통해 공유된 변수를 사용하여 누적된 클릭 횟수를 추적할 수 있습니다.

Q11 #스코프 #var #섀도잉 #호이스팅

다음 코드의 실행 결과를 예측하고 그 이유를 설명하세요.

```
function outer (inner) {
  console.log(inner); ❶
  var inner = function () {
    return "var inner";
  };
  function inner () {
    return "function inner";
  }
  console.log(inner()); ❷
}
outer("outer");
```

힌트 인터프리터가 코드를 실행하기 전에 함수, 변수, 클래스 또는 import 선언문이 해당 스코프의 최상단으로 끌어올려지는 것처럼 동작하는 현상을 호이스팅이라고 합니다. function 함수명( ) { } 형태를 함수 선언문이라고 하며, var 함수명 = function ( ) { } 과 같은 형태는 함수 표현식이라고 합니다. 함수 선언문은 함수 전체가 호이스팅되기 때문에 선언 전에 호출해도 동작합니다. 반면 함수 표현식은 함수 전체가 아닌 변수만 호이스팅되므로 선언 전에 호출할 수 없습니다.

정답

❶ [Function: inner]

❷ "var inner"

해설

❶이 실행되는 시점에 inner는 함수 스코프 상단으로 호이스팅된 함수 선언 function inner를 참조합니다. 따라서 ❶에는 return 값이 아닌 함수 정의 자체를 출력합니다. ❷가 실행되는 시점에 inner는 function () {return "var inner";};를 참조합니다. ❷에서는 이 함수를 실행하기 때문에 "var inner"를 출력합니다.

이때 전달된 인자 "outer"는 inner라는 이름으로 받지만 동일한 이름의 함수 선언문과 변수 선언으로 인해 매개 변수가 완전히 가려집니다. 이러한 현상을 섀도잉이라고 합니다.

한 걸음 더

이 문제의 코드는 마치 다음 코드처럼 동작합니다.

```
function outer(inner) {
  function inner() { // 함수 선언문 호이스팅
```

```
      return "function inner";
    }
    var inner; // var 선언 호이스팅
    console.log(inner);    // ❶ [Function: inner] (함수 선언문 참조)
    inner = function () { // 함수 표현식 할당
      return "var inner";
    };
    console.log(inner());  // ❷ "var inner"
  }
  outer("outer");
```

Level 3 ★★★

 #스코프 #커링 #클로저

다음 코드의 실행 결과를 예측하고 그 이유를 설명하세요.

```
function curry (fn) {
  return function (a) { // f1 함수
    return function (b) { // f2 함수
      return fn(a, b); // fn 함수
    };
  };
}
function sum (a, b) {
  return a + b;
}
const myCurry = curry(sum);
const addTen = myCurry(10);
console.log(myCurry(10)(20)); ❶
console.log(addTen(10)); ❷
```

정답

❶ 30   ❷ 20

해설

클로저는 내부 함수에서 외부 함수의 스코프에 접근할 수 있게 해줍니다. curry 함수의 내부에서는 순차적으로 함수를 리턴하고 있습니다. fn 함수는 자신의 렉시컬 환경 변수인 b를 참조합니다. f2 함수는 마찬가지로 자신의 렉시컬 환경 변수인 a를 참조합니다. 또한 f1 함수는 fn을 참조합니다. 따라서 curry 함수의 마지막 return 문이 실행될 때 fn, a, b에는 외부에서 인자로 전달된 값들이 참조됩니다.

에서 curry의 인자 fn, a, b에는 각각 sum, 10, 20을 할당합니다. 에서는 curry의 인자 fn, a, b에 각각 sum, 10, 10을 할당합니다. 이렇듯 클로저의 성질을 활용하여 f(a, b, c)와 같이 단일 호출로 처리되는 함수를 f(a)(b)(c)처럼 인자를 분리해 받을 수 있도록 하는 함수를 커링 함수라고 합니다.

📢 AI는 통과 못 하는 기술 면접 예상 질문

Q12-1 커링은 여러 개의 인수를 갖는 함수를 각각 단일 인수를 갖는 함수로 변환하는 기법입니다. 사용할 때의 장점에는 어떤 것들이 있을까요?

답변
- 커링의 장점은 함수를 더 작은 단위로 쪼개어 재사용성을 높이는 것입니다.
- 또한 부분 적용을 통해 특정 인수를 고정하여 코드의 유연성과 가독성을 향상시킬 수 있습니다.
- 예를 들어 addTen = add(10)처럼 10을 고정한 함수 addTen을 만들어 재사용할 수 있습니다.
- 커링된 함수는 나중에 인수를 순차적으로 전달할 수 있기 때문에 add(10)(20)처럼 함수 호출을 직관적으로 작성할 수 있습니다.

Q13 #스코프 #let #var #비동기 함수 #콜백 함수 #클로저 #호이스팅

다음 코드의 실행 순서 및 결과를 예측하고 그 이유를 설명하세요. 단, 에러가 발생해도 코드 실행이 중단되지 않는다고 가정합니다.

```
let x = 1;
function outer() {
  let x = 2;
  setTimeout(() => {
    console.log("A1", x); ❶
```

```
      let x = 3;
    }, 0);
    function inner() {
      console.log("A2", x); ❷
      var x = 4;
    }
    inner();
  }
  outer();
  console.log("A3", x); ❸
```

정답

"A2" undefined

"A3" 1

Uncaught ReferenceError: Cannot access 'x' before initialization

해설

첫 번째로 실행되는 console.log는 inner 함수 내부에 있는 ❷입니다. inner 함수가 호출되면 var x = 4; 선언이 호이스팅되어 함수의 최상위로 끌어올려집니다. 이때문에 var x는 ❷ 이후에 정의되었음에도 불구하고 console.log 전에 선언된 것과 같이 동작합니다. 변수의 선언은 코드의 최상단으로 끌어올리지만 값의 할당은 해당 코드 라인에서 이루어집니다. ❷는 값의 할당이 이루어지는 코드 라인보다 상위 라인에 위치하기 때문에 undefined를 출력합니다.

두 번째로 실행되는 console.log는 ❸입니다. 이때 x는 전역 범위에 선언된 let x = 1;을 참조하므로 1을 출력합니다.

setTimeout 함수는 비동기 함수이기 때문에 setTimeout의 콜백 함수는 비동기로 실행됩니다. 따라서 outer 함수의 실행이 끝난 후 이벤트 루프에 의해 나중에 호출되어 ❶이 마지막으로 실행됩니다. 이때 ❶에서 해당 스코프 내의 변수 x는 let으로 선언하여 값이 할당되기 전에는 참조할 수 없어 에러가 발생합니다.

AI는 통과 못 하는 기술 면접 예상 질문

Q13-1 비동기 코드에서 클로저를 사용할 때 주의해야 할 점은 무엇인가요?

답변
- 비동기 코드에서 클로저를 사용할 때는 클로저가 참조하는 외부 변수의 값이 비동기 작업이 완료되기 전에 변경될 수 있다는 점에 주의해야 합니다.
- 값이 변경되는 것을 방지하기 위해 let을 사용하여 변수를 블록 스코프로 묶거나 즉시 실행 함수를 사용해 클로저가 고유한 값을 가지도록 할 수 있습니다.

 #스코프 #블록 스코프 #엄격 모드 #전역 스코프 #즉시 실행 함수 #함수 #함수 스코프 #호이스팅

Q14 다음 코드의 실행 결과를 예측하고 그 이유를 설명하세요. 단, 에러가 발생해도 코드 실행이 중단되지 않는다고 가정합니다.

```javascript
"use strict";
(() => {
  if (true) {
    // 첫 번째 dog
    function dog () {
      console.log("멍멍");
    }
  }
  dog(); ❶
})();
// 두 번째 dog
function dog () {
  console.log("왈왈");
}
(() => {
  if (false) {
    function cat () {
      console.log("야옹");
    }
```

```
    }
    cat(); ❷
})();
```

정답

❶ "왈왈"

❷ ReferenceError: cat is not defined

해설

엄격 모드에서는 블록 내의 함수 범위가 해당 블록으로 제한됩니다. 즉, 첫 번째 dog 함수의 스코프는 즉시 실행 함수의 if 문 블록 내부가 되고, 두 번째 dog 함수의 스코프는 전역이 됩니다. 따라서 호출하는 함수도 전역 함수인 dog가 됩니다. 두 번째 즉시 실행 함수의 if 문 내에 선언된 cat 함수의 스코프도 if 문 내부가 되기 때문에 cat 함수 호출 시 전역 cat 함수를 찾지 못하고 에러가 발생합니다.

 AI는 통과 못 하는 기술 면접 예상 질문

Q14-1 엄격 모드가 아닐 때 앞선 코드의 실행 결과는 어떻게 될까요?

답변

- "멍멍", TypeError
- 비엄격 모드에서는 블록 안에서 선언한 함수도 바깥에서 접근 가능하기 때문에 "멍멍"이 출력됩니다.
- 조건이 false인 블록 안에 선언된 cat 함수는 실행되지 않아 undefined가 되고 호출 시 TypeError가 발생합니다.
- 이러한 동작은 호환성을 위해 유지된 예외적인 규칙으로 블록 스코프 내 함수 선언이 브라우저마다 다르게 처리되었던 이유이기도 합니다.

Q15 #스코프 #addEventListener #이벤트 #콜백 함수 #클로저

다음 코드에서 해당 변수가 클로저로 사용된 곳의 번호를 모두 선택하세요.

```javascript
const animals = ["penguin", "dog", "cat"];
const flowers = ["rose", "lily", "tulip"];
const planets = ["Mars", "Jupiter", "Saturn"];
const alertAnimal = function (animal) {
  return function () {
    alert("you clicked " + animal); ❶
  };
};
animals.forEach(function (animal) {
  const liElement = document.createElement("li");
  liElement.addEventListener("click", alertAnimal(animal));
});
const alertFlower = function (flower) {
  alert("you clicked " + flower); ❷
};
flowers.forEach(function (flower) {
  const liElement = document.createElement("li");
  liElement.addEventListener("click",
    alertFlower.bind(null, flower) ❸
  );
});
planets.forEach(function (planet) {
  const liElement = document.createElement("li");
  liElement.addEventListener("click", function () {
    alert("you clicked " + planet); ❹
  });
});
```

힌트 클로저란 어떤 함수에서 선언한 변수를 참조하는 내부 함수를 외부로 전달하는 경우 함수의 실행 컨텍스트가 종료된 이후에도 해당 변수가 사라지지 않는 현상으로, 내부 함수에서 외부 함수의 스코프에 접근할 수 있게 해줍니다. 외부로 함수를 전달하는 방법에는 함수를 반환하여 전달하는 방법과 콜백 함수를 통해 전달하는 방법이 있습니다.

정답

❶, ❹ // 총 2개

해설

❷, ❸에서는 함수의 매개 변수로 받은 변수를 같은 함수 레벨 안에서 사용하므로 클로저가 아닙니다. ❶에서는 반환되는 내부 함수 안에서 외부 함수인 alertAnimal의 스코프 내에 있는 animal 변수에 접근하므로 클로저이고, ❹에서는 내부 함수인 addEventListener 함수의 콜백 함수에서 외부 함수의 스코프 내에 있는 planet 변수에 접근하며 외부로 전달하고 있으므로 역시 클로저입니다. 이와 같이 클로저를 활용하면 외부 함수가 종료되어도 내부 함수에서 외부 함수의 값을 이용할 수 있습니다.

 AI는 통과 못 하는 기술 면접 예상 질문

Q15-1 클로저를 사용할 때 메모리 누수가 발생할 수 있는 상황과 해결 방법은 무엇일까요?

답변

- 클로저를 사용할 때 참조를 유지하는 외부 변수가 메모리에서 해제되지 않고 남아 있으면 메모리 누수를 발생시킬 수 있습니다.
- 메모리 누수 현상을 해결하기 위해 더 이상 필요 없는 클로저 변수를 명시적으로 null로 설정해야 합니다.

Q15-2 addEventListener와 클로저가 결합할 때 발생할 수 있는 문제점과 그 문제를 해결하는 방법은 무엇일까요?

답변

- addEventListener와 클로저가 결합할 때 이벤트 리스너가 제거되지 않으면 참조가 유지되어 메모리 누수가 발생할 수 있습니다.
- 메모리 누수 현상을 해결하기 위해 적절한 시점에 removeEventListener를 사용해 이벤트 리스너를 제거해야 합니다.
- 또는 once 옵션을 설정하여 이벤트 리스너가 한 번만 실행되도록 할 수 있습니다.

SECTION 05 리얼 현장 인터뷰

스코프, 클로저, 호이스팅, 메모리 누수 등은 문법 이상의 문제입니다. 현업 개발자들의 생생한 경험을 통해 이 개념들이 실전에서 어떻게 활용되고, 때로는 어떤 문제를 일으키는지 구체적으로 살펴보세요. 자바스크립트의 실행 컨텍스트를 더 깊이 이해하고 예측 가능한 코드 설계 감각을 길러봅시다.

실무에서 클로저를 활용한 경험 혹은 해결할 수 있는 문제에 대해 공유해주세요.

함수가 외부의 영향을 받지 않고 호출될 때마다 함수 스코프 내의 변수를 수정해야 하는 상황에서 클로저를 유용하게 사용할 수 있습니다. 서비스에서 각각 스크롤을 가지고 있는 캐로셀의 스크롤 관련 작업을 진행했었는데요, 캐로셀 스크롤마다 이벤트 핸들러를 가지고 이 이벤트 핸들러는 자신의 스코프 안의 변수만 조작해서 스크롤의 정보를 처리하는 로직을 위해 클로저를 사용했습니다. — Dobby

```javascript
function handleScroll(index) {
  let previousScrollTop = 1;
  return (event) => {
    // ... 처리 로직
    previousScrollTop = scrollTop;
  };
}
tab.forEach((element, index) => {
  const handler = handleScroll(index);
  element.addEventListener("scroll", handler);
});
```

리액트의 훅은 클로저를 기반으로 동작하기 때문에 커스텀 Hook에서 이전 값을 기억하거나 비동기 콜백 내부에서 상태를 안전하게 참조할 수 있습니다. 예를 들어 useThrottle 훅에서 마지막 실행 시점을 클로저로 기억해 불필요한 호출을 막을 수 있었습니다. — Paul

이벤트 핸들러에서 매개 변수로 값을 넘겨 사용하고 싶을 때 클로저를 활용했던 경험이 있습니다. 고유한 매개 변수값을 클로저로 기억하여 해당 값을 사용하는 함수를 반환하는 onClick 핸들러를 만들었고, 이를 통해 버튼마다 다른 값을 전달하여 처리할 수 있었습니다. — Sally

```javascript
// 간단한 예시
function handleClick (item) {
  return function () {
    console.log(`${item} 구매하기 요청`);
  };
}
function ItemButtons () {
  const items = ["당근", "가지", "양배추"];
  return (
    <div>
      {items.map(item => (
        <button key={item} onClick={handleClick(item)}>구매하기</button>
      ))}
    </div>
  );
}
```

 스코프, 클로저와 관련된 메모리 문제를 경험한 적이 있나요?

웹에서 동영상을 재생하는 플레이어를 개발한 적이 있습니다. video 요소를 클로저가 계속 참조하고 있어 브라우저의 메모리 점유율이 점점 올라가는 현상을 겪은 적이 있는데요. 다행히 크롬 개발자 도구의 Memory 탭을 통해 새로운 동영상이 재생될 때마다 메모리가 급격히 올라간다는 사실을 파악하여 문제를 해결했습니다. 동영상은 용량이 크기 때문에 쉽게 인지할 수 있었지만, 만약 작은 크기의 데이터였다면 메모리 누수가 발생한 것도 모르고 지나쳤을 수도 있기 때문에 클로저를 활용할 때는 메모리 누수가 발생하지 않도록 주의해야겠다고 느꼈습니다. — Jake

사용자가 에디터로 HTML 앱을 만들어 배포하면 페이지 전환할 때마다 DOM 요소들을 지우고 다시 그려야 하는 형태의 앱이 있었는데요, 특정 DOM 요소를 전역 변수에서 참조하고 있어 페이지 전환 시 해당 요소를 지워도 메모리상에서는 삭제되지 않고 계속 쌓여 결국 메모리 누수가 발생했던 경험이 있습니다. 코드 구조가 복잡해 원인을 찾고 해결하는 데 꽤 많은 시간이 걸렸는데요, 자바스크립트에 대해 잘 이해하고 사용하는 것이 실무에 얼마나 중요한지 느꼈습니다.

 클로저에 대한 이해가 실무에서 어떤 도움이 될 수 있을까요?

리액트에서는 상태가 대부분 클로저 형태로 관리되기 때문에 클로저를 잘 이해하지 못하면 리액트를 제대로 활용하기 어렵습니다. 리액트뿐만 아니라 많은 라이브러리가 클로저 기반인 경우가 많기 때문에 자바스크립트를 쓴다면 클로저는 반드시 이해하고 활용할 수 있어야 합니다.

클로저에 대해 이해하는 것은 중요합니다. 자바스크립트의 클로저를 알기 위해서는 자연스럽게 렉시컬 스코프, 스코프 체인 등에 대해서도 이해해야 하기 때문입니다. 클로저는 함수가 생성될 때의 환경을 기억하는 특성 덕분에 다양한 곳에서 활용되고 있습니다. 예시로 리액트에서는 상태 관리와 관련된 동작들이 클로저를 기반으로 하고 있습니다. 또한 프로젝트 내 디바운스나 쓰로틀을 유틸화하여 사용하고 있다면 지금 확인해보세요. 클로저를 활용하고 있지 않나요? `Roddy`

 스코프에 대한 이해가 실무에서 코드 작성 시 어떤 도움이 될까요?

스코프는 변수나 함수가 어느 범위까지 접근할 수 있는지에 대한 개념으로 스코프를 잘 이해한다면 코드의 가독성과 재사용성, 메모리 효율성을 향상시킬 수 있습니다. 지역 스코프와 전역 스코프를 적절히 분리해서 사용하면 변수의 영향 범위가 명확해져서 코드의 가독성이 높아지고, 유지/보수할 때 변경 사항이 코드의 다른 부분에 영향을 미치지 않게 할 수 있습니다. 또 스코프가 명확하게 구분된다면 디버깅 도구를 사용할 때 각 변수의 값이 변경되는 시점이나 위치를 쉽게 파악할 수 있습니다. 지역 변수는 함수나 블록이 끝날 때 자동으로 해제되므로 메모리를 효율적으로 사용할 수 있는 반면, 전역 변수는 프로그램이 종료될 때까지 메모리를 차지하므로 스코프에 대한 이해가 부족하면 메모리 누수가 발생할 수 있습니다.

스코프 체인을 활용하여 코드를 작성했던 경험이 있나요? 스코프 체인을 이해하면 어떤 유용한 점이 있을까요?

스코프 체인을 활용하여 클로저를 통한 변수 은닉 패턴을 구현한 경험이 있습니다. Paul

```
function outer() {
  const outerVar = "outer data";
  function inner() {
    console.log(outerVar);
  }
  return inner;
}
const innerFunc = outer();
innerFunc(); // "outer data"
```

또 섀도잉 패턴을 사용할 때도 스코프 체인을 사용했습니다. 하위 스코프에서 상위 스코프와 동일한 식별자의 변수를 선언하여 상위 스코프에 있는 변수를 보호할 수 있었습니다. 요즘은 섀도잉 패턴을 사용하면 eslint에서 사용하지 말라고 안내하는 경우가 많습니다.

리액트에서 useState 훅이나 최적화 기법으로 자주 사용되는 디바운스, 쓰로틀 등은 클로저를 활용하는 대표적인 사례입니다. 혹시 실무에서 나중에 "알고 보니 이것도 클로저였구나!"라고 깨달았던 경험이 있나요?

처음 리액트를 사용할 때 setState가 즉시 반영될 것이라 생각했는데 함수가 실행되는 동안에는 state가 바로 반영되지 않아 당황했던 적이 있습니다. 리액트 공식 문서와 블로그를 보니 클로저 기반으로 되어 있다고 하더라구요!

get과 set 구문을 단순히 객체의 속성을 설정하고 가져오는 메서드로만 이해했었는데 나중에 클로저의 원리를 활용한 좋은 사례라는 것을 알게 되었습니다. get과 set을 사용하면 객체 내부의 변수를 외부에서 직접 수정하지 못하게 할 수 있는데요, 이때 내부 변수는 클로저에 의해 은닉되고 유지되기 때문에 외부에서는 해당 변수에 직접 접근하거나 변경할 수 없어 보다 안전하게 상태를 제어할 수 있습니다.

```javascript
function player() {
  let _score = 0;
  let _hp = 100;

  return {
    get score() {
      return _score;
    },
    set score(value) {
      _score = value;
    },
    get hp() {
      return _hp;
    }
  };
}

const archer = player();

archer.score = 80;  // score는 get/set 모두 가능
console.log(archer.score);  // 80

archer.hp = 50;
console.log(archer.hp);  // 100

archer._score = 999;
archer._hp = 0;
console.log(archer.score);  // 80
console.log(archer.hp);  // 100
```

실무에서 호이스팅으로 인해 발생할 수 있는 문제를 예방하거나 호이스팅을 활용했던 경험이 있나요?

 호이스팅이 코드를 읽을 때 방해되기 때문에 굳이 적극적으로 사용하진 않습니다. 하지만 예전에 프로젝트의 컴포넌트 안에서 useState – 외부 훅 – 로직 – useEffect 순으로 작성하는 룰이 존재했었는데요. 로직에서의 함수를 useState나 외부 훅에서 사용하기 위해 로직 내의 함수를 function으로 작성하여 호이스팅시킨 경험이 있습니다.

 ECMAScript 2015에서 도입된 let과 const를 사용함으로써 얻을 수 있는 장점은 무엇이라고 생각하나요? var를 사용할 때 겪었던 단점에 대한 이야기도 좋습니다.

 let은 코드 실행 중간에 값이 재할당되는 경우, const는 절대 재할당되지 않는 경우로 나누어 작성하기 때문에 더 안전하고 읽기 좋은 코드를 만들 수 있습니다.

 let, const는 신경 써서 봐야 할 지점이 블록 안으로 좁혀진 것이 장점이라고 생각합니다. 실무에서 var를 쓴 적은 없지만 let도 var와 마찬가지로 변경될 수 있는 값이므로 언제 어디서 변경될지 신경 써서 봐야 하는 점은 단점이라고 생각해요.

 let과 const가 도입된 후 프런트엔드 개발을 시작했기 때문에 사실 실무에서 var 키워드를 본 적은 없습니다. 현재 담당하는 프로젝트에서 let도 거의 사용되지 않는 것 같아요. let 사용도 지양하고 있고 불가피할 경우 스코프를 최대한 좁혀서 사용하려고 합니다. 그렇다 보니 대부분 const를 사용하게 되는데요, const를 사용하면 이 값은 이후에 재할당이 일어나지 않는다는 것을 명확히 전달할 수 있고, 재할당으로 생기는 문제도 방지할 수 있어 코드 품질에 도움이 되는 것 같습니다.

 개인적으로 const가 있는 언어와 그렇지 않은 언어는 굉장히 다르다고 생각해요. 우리가 만나는 대부분의 에러가 의도하지 않은 값을 만났을 때 발생하는 error거든요(undefined...). 그래서 불변하는 변수를 명시적으로 선언할 수 있는 것은 대단히 큰 장점이라고 생각합니다.

CHAPTER 04

함수

SECTION 01 셀프 실력 점검

자바스크립트의 함수에 대한 이해도를 점검해볼 수 있는 퀴즈입니다. 다음 항목들을 체크해봄으로써 자바스크립트의 함수를 얼마나 잘 알고 있는지 확인해보세요.

01	함수가 필요한 이유를 이해하고 함수를 정의할 수 있다.	[ ]
02	일반 함수와 화살표 함수의 차이를 설명할 수 있다.	[ ]
03	생성자 함수가 무엇이고 어떻게 동작하는지 설명할 수 있다.	[ ]
04	자바스크립트의 함수가 일급 객체로서 지닌 특성을 설명할 수 있다.	[ ]
05	고차 함수를 사용하여 함수를 인자로 받거나 반환하는 코드를 작성할 수 있다.	[ ]
06	순수 함수의 특징과 장점을 설명할 수 있다.	[ ]
07	함수 선언의 방법과 위치에 따라 함수 호출로 인해 발생할 수 있는 에러를 설명할 수 있다.	[ ]
08	함수 호출 시 전달되는 값인 인수와 함수 정의 시 사용되는 매개 변수의 차이점을 설명할 수 있다.	[ ]
09	자기 자신을 호출하는 재귀 함수의 동작을 설명할 수 있다.	[ ]
10	콜백 함수의 특징에 대해 설명할 수 있다.	[ ]
11	비동기, 제너레이터, 콜백 함수 등이 함께 사용되었을 때 함수의 실행 순서를 설명할 수 있다.	[ ]

나의 실력은?

0-3개	출발 금지! 준비 운동이 필요해요. 이론부터 차근차근 학습하며 탄탄한 기본기를 쌓아보세요.
4-6개	준비 완료! 이제 기본 개념을 활용해 Level 1 퀴즈를 풀며 자신감을 키워보세요.
7-9개	잘하고 있어요! Level 2 퀴즈를 통해 학습한 개념을 코드에 적용하면서 더욱 깊이 있는 이해를 쌓아보세요.
10개 이상	Level 3 퀴즈에서 다양한 개념을 연관 지어 학습해보세요. 실무에서 어떤 문제를 만나도 충분히 해결할 수 있을 거예요.

SECTION 02 뇌를 깨우는 워밍업 퀴즈

본격적으로 핵심 개념을 익히기 전에 가벼운 퀴즈를 풀어보며 자바스크립트 함수의 특성과 동작 방식을 점검해보세요.

01 다음 코드의 실행 결과는 무엇일까요?

```javascript
const add = (a, b) => a + b;
console.log(add(2, 3));
```

힌트 화살표 함수의 기본 동작 방식을 이해하고 전달된 인자들이 함수 내에서 어떻게 처리되는지 생각해보세요.

02 다음 코드의 실행 결과는 무엇일까요?

```javascript
const numbers = [1, 2, 3, 4];
const doubled = numbers.map(num => num * 2);
console.log(doubled);
```

힌트 map 메서드는 배열의 각 요소에 특정 연산을 적용하여 새로운 배열을 생성합니다.

정답 및 해설

01
- 5

화살표 함수 add는 두 수를 더한 값을 반환합니다.

02
- [2, 4, 6, 8]

map은 배열의 각 요소에 콜백 함수를 적용하여 새로운 배열을 생성합니다.

SECTION 03 핵심 개념 파헤치기

함수는 복잡한 로직을 작은 단위로 나눠 처리하고 반복되는 코드를 줄여 프로그램을 효율적인 방식으로 설계할 수 있게 해줍니다. 특히 자바스크립트의 함수는 변수의 값으로 할당되거나 다른 함수의 인자로 전달할 수 있는 일급 객체로서 함수형 프로그래밍의 다양한 고급 기능을 제공합니다. 지금부터 자바스크립트 함수의 다양한 정의 방법과 종류 그리고 활용법을 살펴보겠습니다.

01 함수 정의하기

| 함수 선언문과 함수 표현식 |

함수를 정의하기 위해서는 함수 선언문 또는 함수 표현식이 필요합니다. 먼저 함수 선언문은 function 키워드를 사용하여 이름 있는 함수를 정의하는 방식입니다.

```javascript
function hi () {
  console.log("Hello, world!");
}
```

챕터 3 '스코프와 클로저'에서도 안내했듯이 함수 선언문으로 정의된 함수는 호이스팅이 발생하여 함수 선언문 이전에 함수를 호출해도 정상적으로 작동합니다.

```javascript
hi(); // "Hello, world!"
function hi () {
  console.log("Hello, world!");
}
```

함수 표현식은 함수 선언문과 동일하게 function 키워드를 사용하지만 다음 코드처럼 변수에 값을 할당하거나 함수의 인자로 전달하는 등 다른 표현식 내에 정의할 수 있습니다.

```
const hi = function hello () {
  console.log("Hello, world!");
};
```

함수 표현식은 함수 선언문과 달리 함수 객체가 호이스팅되지 않기 때문에 함수가 할당된 후에만 호출이 가능합니다. 또한 다음처럼 함수 이름을 지정하지 않은 익명 함수를 정의할 수 있습니다.

```
const hi = function () {
  console.log("Hello, world!");
};
```

| 화살표 함수 |

화살표 함수를 사용해 함수 표현식을 정의할 수도 있습니다. 화살표 함수는 => 키워드를 사용해 함수를 간결하게 정의하는 방법을 제공합니다.

```
const hi = () => {
  console.log("Hello, world!")
};
```

하지만 화살표 함수는 이름을 지정할 수 없고 일반 함수와는 다른 점이 있습니다. 화살표 함수의 대표적인 특징은 호출 시점에 this가 바인딩되지 않는다는 점과 arguments 객체를 사용할 수 없다는 점입니다. 챕터 5 'this'에서 자세히 다루겠지만, 일반적으로 this는 함수가 호출되는 컨텍스트의 객체를 참조합니다. 그러나 화살표 함수에서는 this가 상위 스코프의 this를 클로저로 저장하고 있어 함수가 정의된 시점의 this를 유지합니다.

이런 특징은 this를 유지해야 하는 상황에서 매우 유용하게 사용할 수 있습니다. 예를 들어 특정 시간 후에 함수를 실행하는 setTimeout에 화살표 함수를 전달하면 함수가 정의된 시점의 this를 그대로 유지할 수 있습니다.

```
const person = {
  name: "Paul",
  say () {
    setTimeout(() => {
      console.log(`Hi! My name is ${this.name}.`);
    }, 1000);
  },
};
person.say(); // (1초 뒤) "Hi! My name is Paul."
```

반면, setTimeout의 인자로 function 키워드로 정의한 함수를 전달하려면 person 객체의 this를 유지하기 위해 bind 메서드 등을 사용해야 합니다.

```
const person = {
  name: "Paul",
  say () {
    setTimeout(function () {
      console.log(`Hi! My name is ${this.name}.`);
    }.bind(this), 1000);
  },
};
person.say(); // (1초 뒤) "Hi! My name is Paul."
```

화살표 함수로 함수를 더 간결하게 정의할 수 있습니다. 화살표 함수의 본문에 단 하나의 표현식만 있을 경우 중괄호와 return 문을 생략할 수 있습니다.

```
const add = (a, b) => a + b;
console.log(add(1, 2)); // 3
```

그러나 객체 리터럴을 반환해야 할 때는 주의가 필요합니다. 중괄호를 그냥 사용하면 코드 블록으로 인식하기 때문에 객체 리터럴을 반환하려면 괄호로 감싸줘야 합니다. 예를 들어 다음의 getUserName1 함수는 undefined를 반환하는데, name: 부분이 label* 구문으로 인식됩니다.

---

* https://developer.mozilla.org/ko/docs/Web/JavaScript/Reference/Statements/label

```
const getUserName1 = () => {name: "Gling"};
console.log(getUserName1()); // undefined
const getUserName2 = () => ({name: "Gling"});
console.log(getUserName2()); // {name: "Gling"}
```

그리고 매개 변수가 하나일 때는 매개 변수를 감싸는 괄호도 생략할 수 있습니다.

```
const square = n => n * n;
console.log(square(3)); // 9
```

이 외에도 화살표 함수는 생성자 함수나 제너레이터 함수로 사용할 수 없다는 특징이 있습니다.

Function 생성자 함수

자주 사용되는 방법은 아니지만 Function 생성자 함수를 사용하여 함수를 정의할 수도 있습니다. Function 생성자 함수는 인자로 받은 문자열을 컴파일하여 함수를 생성합니다. 단, 컴파일이 동적으로 일어나기 때문에 성능이나 보안 문제가 있을 수 있어 사용에 주의가 필요합니다.[*]

Function 생성자 함수는 함수에 전달할 인자의 이름을 차례대로 인자로 받고 마지막 인자로 함수의 내용을 문자열로 받습니다. new 키워드는 붙이지 않아도 무방합니다.

```
const square = new Function("a", "return a * a;");
console.log(square(3)); // 9
```

Function 생성자 함수의 중요한 특징은 오직 전역 스코프에만 접근할 수 있다는 점입니다. 다음 코드에서 지역 스코프의 함수 인자 n을 참조하는 함수를 생성하려 했으나, 생성한 함수는 전역 스코프에 없는 변수 n을 찾으려고 하기 때문에 에러가 발생하고 있습니다.

```
function createMultiplier (n) {
  return new Function("a", "return a * n;");
```

---

[*] 사이트의 CSP(Content Security Policy) 설정에 따라 문자열을 코드로 실행하는 기능이 차단되어 개발자 도구에서도 Function 생성자 함수를 사용할 수 없는 경우가 있습니다. (MDN 문서 참고: https://developer.mozilla.org/ko/docs/Web/HTTP/Guides/CSP)

```
}
const multiply7 = createMultiplier(7);
console.log(multiply7(3)); // 에러 발생!
```

| 함수의 매개 변수와 인수 |

함수는 여러 개의 값을 전달하며 호출할 수 있습니다. 이렇게 호출 시 전달되는 값을 인수arguments라 부르며 함수에서 정의된 매개 변수parameter를 통해 참조됩니다. 매개 변수는 인자라 부르기도 합니다.

다음 코드는 매개 변수 a와 b를 곱한 값을 반환하는 함수 multiply를 정의하고, multiply에 인수로 두 개의 숫자 2와 3을 전달하여 호출하는 예제입니다.

```
function multiply (a, b) {
  return a * b;
}
console.log(multiply(2, 3)); // 6
```

매개 변수는 함수의 지역 스코프로 접근이 가능하며, 값에 의한 전달call by value을 하기 때문에 매개 변수의 값을 변경해도 함수 외부에는 아무런 영향을 주지 않습니다.

값에 의한 전달이란 함수에 인자를 전달할 때 값을 복사하여 전달하는 방식입니다. 예를 들어, 다음 코드에서 함수 호출 시 외부 변수 originalValue의 값이 복사되어 매개 변수 copy로 전달되므로 함수 내부에서 copy를 변경해도 originalValue의 값은 그대로 유지됩니다.

```
let originalValue = 1;
function updateValue (copy) {
  copy = 3;
}
updateValue(originalValue);
console.log(originalValue); // 1
```

하지만 참조 타입인 객체를 전달할 때는 객체 자체가 아닌 객체에 대한 참조값이 복사되므로 다음처럼 함수 내부의 변경이 외부에도 영향을 줄 수 있습니다.

```
let sharedObject = {value: 1};
function modifyObject (obj) {
  obj.value = 3;
}
modifyObject(sharedObject);
console.log(sharedObject.value); // 3
```

이는 참조에 의한 전달call by reference과 비슷해 보이지만, 사실 전달된 변수의 값이 아닌 객체의 속성을 변경하기 때문에 함수 호출과는 무관한 메커니즘입니다. 다만, 이해를 돕기 위해 객체는 참조에 의한 전달로 설명되기도 합니다.

함수의 인자에 접근하는 또 다른 방법으로는 arguments 객체를 사용하는 방법이 있습니다. arguments 객체는 유사 배열array like*로서 0부터 시작하는 인덱스로 인자에 접근하고, length 속성은 받은 인자의 수를 저장합니다.

다음은 arguments 객체를 활용하여 임의의 인자 여러 개를 받아 모두 곱한 값을 반환하는 함수 예제입니다. 이렇게 정해진 개수보다 더 많은 인자를 받을 수 있는 함수를 가변인자 함수variadic function라고 부릅니다.

```
function multiplyAll () {
  let result = 1;
  for (let i = 0; i < arguments.length; i++) {
    result *= arguments[i];
  }
  return result;
}
console.log(multiplyAll(2, 3, 4)); // 24
```

가변인자 함수는 나머지 매개 변수rest parameter 문법을 사용하면 더 편리하고 가독성 있게 구현할 수 있습니다. 나머지 매개 변수는 배열이기 때문에 유사 배열인 arguments 객체처럼 배열로 변환하지 않고 사용할 수 있습니다.

다음 코드의 함수 nthMin은 주어진 인자 중 n번째로 작은 수를 반환하는 함수입니다. 매개 변수 n 뒤

---

* https://developer.mozilla.org/ko/docs/Web/JavaScript/Guide/Indexed_collections

에 붙은 ...rest는 함수에 전달된 인자 중 n을 제외한 나머지를 배열 형태로 받습니다.

```
function nthMin (n, ...rest) {
  return rest.toSorted((a, b) => a - b)[n - 1];
}
console.log(nthMin(2, 5, 3, 1)); // 3
```

기본적으로 함수의 매개 변수 수보다 적은 수의 인자가 전달되면 값을 받지 못한 매개 변수의 값은 undefined가 됩니다. 하지만 다음과 같이 등호 기호 =를 사용하여 매개 변수의 기본값을 지정할 수도 있습니다.

```
function hi (name = "Paul") {
  console.log(`Hello, my name is ${name}!`);
}
hi(); // "Hello, my name is Paul!"
```

한편, arguments 객체의 속성을 변경하면 실제 매개 변수의 값에도 영향을 받습니다. 다음 코드에서 arguments의 첫 번째 값을 변경하여 첫 번째 매개 변수인 name의 값에도 영향을 주었습니다.

```
function hi (name) {
  arguments[0] = "Lucy";
  console.log(`Hello, my name is ${name}!`);
}
hi("Gling"); // "Hello, my name is Lucy!"
```

그러나 함수가 엄격 모드에서 실행되거나 나머지 매개 변수, 매개 변수 기본값 등을 지정한 경우에는 arguments 객체의 속성을 변경해도 실제 매개 변수의 값은 영향을 받지 않습니다.

```
function hi (name = "Jake") {
  arguments[0] = "Lucy";
  console.log(`Hello, my name is ${name}!`);
}
hi("Gling"); // "Hello, my name is Gling!"
hi(); // "Hello, my name is Jake!"
```

02 일급 함수와 고차 함수

우리는 지금까지 함수를 변수에 할당하거나 다른 함수의 인자로 전달하거나 함수의 반환값으로 사용하는 등의 작업을 자연스럽게 해왔습니다. 이러한 작업이 가능한 이유는 자바스크립트에서 함수가 일급 객체first-class object로 다루어지기 때문입니다.

일급 객체란 변수에 할당되거나 함수의 인자 또는 반환값으로 사용될 수 있는 일반적인 작업이 가능한 모든 요소를 의미하는 개념입니다. 자바스크립트에서는 숫자, 문자열, 객체도 일급 객체이며 함수 또한 Function 객체로 생성되는 일급 객체입니다.

함수가 일급 객체라는 것은 곧 함수를 값처럼 다룰 수 있다는 뜻입니다. 자바스크립트 함수는 자신이 선언된 환경을 기억하는 클로저로 동작하기 때문에 외부 스코프의 변수(비지역 변수)를 안전하게 참조하면서도 자유롭게 전달, 반환될 수 있습니다. 자바스크립트는 이러한 함수 객체를 가비지 컬렉션으로 관리하여 함수를 다른 값과 마찬가지로 자연스럽게 활용할 수 있게 합니다.

함수가 일급 객체인 경우를 특별히 일급 함수first-class function라고 부릅니다. 또한 함수가 일급 함수인 것을 이용하여 다른 함수를 인자로 받거나 반환하는 함수를 고차 함수higher-order function라고 합니다.

| 콜백 함수 |

콜백 함수callback function는 고차 함수인 다른 함수의 인자로 전달되어 어떤 작업이 끝나거나 이벤트가 발생했을 때 호출되는 함수입니다. 예를 들면 배열 메서드인 toSorted는 두 인자를 비교하는 콜백 함수를 인자로 전달받습니다.

```
function compare (a, b) {
  return b - a;
}
console.log([1, 2, 3].toSorted(compare)); // [3, 2, 1]
```

toSorted 배열 메서드의 경우 메서드 호출이 끝나면 콜백 함수의 호출도 완료되기 때문에 동기식 콜백synchronous callback이라고 합니다.

반면 setTimeout 함수와 같이 호출이 완료되어도 콜백 함수가 즉시 호출되지 않고 일정 시간이 지나야 호출되는 경우도 있습니다. 다음 코드에서 함수 hi는 isCalled의 값을 true로 변경하지만

setTimeout의 호출이 끝난 후 isCalled의 값을 확인해보면 여전히 false인 것을 알 수 있습니다. 이는 함수 hi가 아직 호출되지 않았기 때문입니다.

```javascript
let isCalled = false;
function hi () {
  console.log("Hello!");
  isCalled = true;
}
setTimeout(hi, 1000); // (1초 뒤) "Hello!"
console.log(isCalled); // false
```

이렇듯 함수의 호출이 끝나더라도 콜백 함수가 즉시 호출되지 않고 어떤 작업이나 이벤트가 발생했을 때 비동기적으로 호출되는 것을 비동기식 콜백asynchronous callback이라고 합니다.

| 배열 메서드 |

toSorted, forEach, map, filter, reduce와 같은 배열 메서드들도 모두 콜백 함수를 활용하는 고차 함수입니다. 유용하고 활용도가 높은 몇 가지 배열 메서드를 간단히 소개하겠습니다.

map

map 메서드는 배열의 각 요소를 변환하여 새로운 배열을 만듭니다. 이 과정에서 반환된 배열은 기존 배열을 변경하지 않으며, 콜백 함수가 반환한 값들로 구성된 새 배열을 반환하게 됩니다.

다음 코드는 크기가 픽셀 단위로 저장된 데이터인 widths 배열을 parseInt 함수를 사용해 숫자 배열로 변환하는 예제입니다.

```javascript
const widths = ["1px", "13px", "7px"];
const result = widths.map(width => parseInt(width, 10));
console.log(result); // [1, 13, 7]
```

map 메서드를 사용하면 배열에 담긴 객체 데이터의 구조 변경을 간단히 처리할 수도 있습니다. 다음은 이름과 이메일 정보를 가진 사용자 데이터를 바탕으로 화면에 표시할 정보로 변환하는 예제입니다. 콜백 함수의 두 번째 인자로 각 요소가 몇 번째 요소인지 알 수 있어 데이터를 간단히 구분할 키값으로 이용했습니다.

```javascript
const users = [
  {name: "Jake", email: "jake@example.com"},
  {name: "Lucy", email: "lucy@example.com"},
  {name: "Joy", email: "joy@example.com"},
];
const result = users.map((user, index) => ({
  key: index + 1,
  displayName: `${user.name} (${user.email})`,
}));
console.log(result[0]); // {key: 1, displayName: "Jake (jake@example.com)"}
```

map 메서드는 배열의 각 요소를 순회하며 작업을 처리하지만 새로운 배열을 반환하기 때문에 단순 반복 목적에 사용하면 비효율적입니다. 배열을 순회할 때는 forEach 메서드나 for...of 반복문을 사용하는 것이 더 적절합니다.

```javascript
[1, 2, 3].map(value => {
  console.log(`${value} + 1 = ${value + 1}`);
}); // 안티 패턴, [undefined, undefined, undefined]라는 배열이 반환되어 버려짐

[1, 2, 3].forEach(value => {
  console.log(`${value} + 1 = ${value + 1}`);
}); // OK
```

filter

filter 메서드는 배열의 각 요소 중 콜백 함수에 의해 주어진 조건을 만족하는 요소만 남기고 나머지 요소는 제외한 후 새로운 배열을 만들어 반환합니다. 다음은 주어진 숫자 배열에서 홀수만 골라내는 예제입니다.

```
const numbers = [1, 2, 3, 4, 5];
const odds = numbers.filter(value => value % 2 === 1);
console.log(odds); // [1, 3, 5]
```

반환된 배열의 길이는 기존 배열과 같거나 짧을 수 있고, 조건에 맞는 요소가 하나도 없다면 빈 배열을 반환합니다. map 메서드와 마찬가지로 콜백 함수의 두 번째 인자로 각 요소가 몇 번째 요소인지 알 수 있습니다.

reduce

reduce 메서드는 이전에 처리된 값과 각 요소를 누적 계산하여 최종적으로 하나의 결과를 만들어냅니다. 따라서 map, filter와 다르게 꼭 배열만을 반환하지는 않습니다. 예를 들면 다음처럼 배열의 모든 숫자를 더하는 작업을 간단히 처리할 수 있습니다.

```
const numbers = [1, 2, 3, 4, 5];
const sum = numbers.reduce((accumulator, currentValue) => accumulator + currentValue);
console.log(sum); // 15
```

reduce 메서드는 콜백 함수의 첫 번째 인자로 이전까지의 누적 결과를, 두 번째 인자로 현재 요소를 전달합니다. 처음 콜백 함수가 호출되면 이전에 처리한 값이 없으므로 첫 번째 인자로 배열의 첫 번째 요소를 전달하고, 두 번째 인자로는 두 번째 요소를 전달합니다. 다음은 콜백 함수가 호출됨에 따라 전달되는 인자와 반환값이 어떻게 달라지는지를 보여주는 표입니다.

호출 수	첫 번째 인자	두 번째 인자	반환값
1	1	2	3
2	3	3	6
3	6	4	10
4	10	5	15

reduce 메서드는 두 번째 인자로 초깃값을 지정할 수 있습니다. 초깃값이 지정되면 콜백 함수가 처음 호출될 때 콜백 함수의 첫 번째 인자로는 초깃값이, 두 번째 인자로는 배열의 첫 번째 요소가 전달됩

니다. 다음은 모든 숫자를 더하는 동일한 로직이지만 reduce 메서드의 두 번째 인자를 지정한 코드입니다.

```
const numbers = [1, 2, 3, 4, 5];
const sum = numbers.reduce((accumulator, currentValue) => accumulator + currentValue, 5);
console.log(sum); // 20
```

다음 표를 통해 두 번째 인자가 지정되지 않았을 때와 비교하여 호출 수나 반환값이 어떻게 달라지는지를 확인해보세요.

호출 수	첫 번째 인자	두 번째 인자	반환값
1	5	1	6
2	6	2	8
3	8	3	11
4	11	4	15
5	15	5	20

reduce 메서드는 원본 배열을 변경하지 않고 새로운 값을 매번 반환하기 때문에 함수형 프로그래밍 패러다임을 잘 이해하고 응용한다면 매우 유용하게 사용될 수 있습니다. 하지만 함축된 기능으로 인해 가독성이나 프로그램의 성능이 떨어질 우려가 있어 map, filter, flat, flatMap, groupBy 등 적절한 배열 메서드의 사용을 먼저 고려하는 것이 좋습니다.

03 재귀 함수

함수 내부에서 자기 자신을 호출하는 함수를 재귀 함수recursive function라고 합니다. 재귀 함수는 동일한 작업이 반복되는 경우 간결하게 작성할 수 있어 자주 사용되는 패턴입니다.

재귀 함수는 자기 자신을 호출하면서 무한 루프에 빠지지 않으려면 종료 조건을 필수적으로 포함해야 합니다. 다음은 재귀 함수를 소개할 때 빠지지 않는 유명한 팩토리얼 함수의 예제입니다.

```
function factorial (n) {
  if (n === 0) {
    return 1;
  }
  return n * factorial(n - 1);
}
console.log(factorial(5)); // 120
```

함수의 처음에는 종료 조건을 작성하여 입력값이 0인 경우 1을 반환합니다. 입력값이 0이 아니면 입력값에서 1을 뺀 값을 자기 자신을 호출하면서 전달하기 때문에 최종적으로 0에 도달하여 종료하게 됩니다.

함수가 자기 자신을 호출하려면 함수명이 필요합니다. 함수 표현식인 경우 function 키워드를 사용해 함수명을 명시하거나 함수를 변수에 할당하여 사용할 수 있습니다.

```
const factorial = n => {
  if (n === 0) {
    return 1;
  }
  return n * factorial(n - 1);
};
console.log(factorial(5)); // 120
```

단, function 키워드를 사용한 함수 표현식의 경우 함수명을 명시해도 함수의 외부 스코프에서는 함수명에 접근할 수 없다는 점에 유의하기 바랍니다.

```
console.log(function factorial (n) {
  if (n === 0) {
    return 1;
  }
  return n * factorial(n - 1);
}(5)); // 120
console.log(factorial(6)); // 에러 발생!
```

꼬리 재귀

재귀 함수에서 가장 마지막에 호출되는 함수를 꼬리 호출tail call이라 부르며, 꼬리 호출을 포함한 재귀 함수를 꼬리 재귀tail recursion라고 합니다. 이전에 정의한 factorial 함수는 재귀 호출 후에 n을 곱하는 연산이 남아 있기 때문에 꼬리 재귀가 아닙니다. 이 함수를 꼬리 재귀로 변환하려면 곱셈의 중간 결과를 매개 변수로 전달하여 재귀 호출이 마지막에 실행되도록 변경해야 합니다.

```javascript
function tailCallFactorial (n, accumulator = 1) {
  if (n === 0) {
    return accumulator;
  }
  return tailCallFactorial(n - 1, n * accumulator);
}
console.log(tailCallFactorial(5)); // 120
```

일반적인 재귀와 꼬리 재귀를 구분하는 이유는 둘 사이에 기능적인 차이가 있는 것은 아니지만 컴파일러의 최적화를 기대할 수 있기 때문입니다. 꼬리 재귀는 콜 스택을 추가적으로 사용하지 않도록 최적화될 수 있어 스택 오버플로stack overflow를 방지하는 데 도움이 됩니다. 이러한 최적화를 꼬리 재귀 최적화tail call optimization(TCO)라고 합니다.

비록 ECMAScript 2015에서 Proper Tail Call*이라는 이름으로 꼬리 재귀 최적화 기능이 추가되었지만 현재까지 대부분의 브라우저에는 이 기능이 구현되어 있지 않습니다. 꼬리 재귀 최적화는 메모리 효율성을 높이는 장점이 있지만, 컴파일러가 자동으로 최적화하기 때문에 개발자가 예측하기 어렵고 때로는 의도치 않은 최적화로 인해 성능이 느려질 수 있습니다. 또한 콜 스택이 쌓이지 않으므로 일반적인 방법으로는 디버깅하기 어렵다는 단점도 있습니다.

따라서 아직은 꼬리 재귀 최적화를 활용하기 어려운 단계이지만 자바스크립트뿐만 아니라 다른 언어에서도 같은 개념이 쓰이므로 꼬리 재귀에 대해 알아두면 좋습니다.

---

* https://github.com/tc39/proposal-ptc-syntax?tab=readme-ov-file

04   순수 함수와 부수 효과

순수 함수pure function란 다음 두 가지 특징을 가지는 함수를 말합니다.

- 함수 외부 상태에 의존하거나 외부 상태를 변경하지 않습니다.
- 동일한 입력이 주어지면 동일한 출력을 반환합니다.

순수 함수는 함수형 프로그래밍 패러다임에서 자주 쓰이는 개념으로, 예측 가능하고 테스트가 용이한 코드를 작성하는 데 큰 도움이 됩니다.

다음은 동일한 입력에 대해 동일한 출력을 반환하는 순수 함수의 예시입니다. multiply 함수는 오직 입력 a와 b만 사용하여 계산하기 때문에 동일한 입력값이 주어진다면 언제나 같은 값을 반환하게 될 것입니다.

```
function multiply (a, b) {
  return a * b;
}
console.log(multiply(2, 3)); // 6
console.log(multiply(2, 3)); // 6
```

반면 다음 increment 함수는 함수 입력 외에 외부 스코프의 변수 count에 의존하고 있어 매번 반환값이 달라지기 때문에 순수 함수가 아닌 비순수 함수impure function입니다.

```
let count = 0;
function increment () {
  return ++count;
}
console.log(increment()); // 1
console.log(increment()); // 2
```

increment 함수는 count 변수의 값을 변경하고 있습니다. 이렇듯 함수의 반환값 외에 발생하는 외부의 변화를 부수 효과side effect라고 합니다. 부수 효과는 프로그램의 상태를 복잡하게 만들고 결과를 예측하기 힘들게 하므로 적절한 곳에만 사용하는 것이 좋습니다.

자바스크립트가 제공하는 기능에는 순수 함수와 비순수 함수가 모두 존재하지만 비순수 함수의 사용을 점점 줄여가는 방향으로 가고 있습니다. 배열을 정렬하는 sort 메서드를 대체하는 새로운 toSorted 메서드가 도입된 것이 대표적인 예입니다.

배열의 sort 메서드는 주어진 배열을 직접적으로 변경합니다. 따라서 의도치 않게 원본 데이터가 오염되는 일이 발생할 수 있습니다. 다음은 sort 메서드를 한 번 사용했을 뿐인데 원본 배열까지 변경되는 예제입니다.

```
const originalArray = [3, 2, 1];
console.log(originalArray.sort()); // [1, 2, 3]
console.log(originalArray); // [1, 2, 3]
```

이런 실수를 피할 수 있도록 ECMAScript 2023에서는 toSorted라는 새로운 배열 메서드가 추가되었습니다. toSorted는 원본 배열을 복사하여 정렬한 후 반환하기 때문에 부수 효과가 발생하지 않습니다.

```
const originalArray = [3, 2, 1];
console.log(originalArray.toSorted()); // [1, 2, 3]
console.log(originalArray); // [3, 2, 1]
```

toSorted뿐만 아니라 부수 효과가 발생하지 않는 toReversed, toSpliced 메서드들도 추가되었으므로 사용해보는 것을 추천합니다.

05 비동기 함수

자바스크립트 코드는 기본적으로 동기적으로 실행되지만 비동기적인 작업도 손쉽게 구현할 수 있습니다. 예를 들어 콜백 함수나 프로미스 객체는 비동기 작업을 구현하는 대표적인 방법입니다. 프로미스는 챕터 6 '비동기'에서 자세히 다룰 예정이므로, 지금은 어떤 작업이 완료되면 then 메서드로 전달된 콜백 함수를 호출하는 객체 정도로 이해해도 충분합니다.

콜백 함수를 인자로 받는 고차 함수와 프로미스 객체를 반환하는 함수 모두 비동기 작업이 가능한 함수이며, 콜백 함수를 미리 받거나 나중에 받는 정도의 차이가 있을 뿐입니다.

자바스크립트는 프로미스 객체를 반환하는 함수를 더 쉽게 작성할 수 있도록 async 함수라는 특별한 기능을 제공하고 있습니다. async 함수는 프로미스 객체를 반환하는 함수이며, 함수 앞에 async 키워드를 붙여 정의합니다. 직접 프로미스 객체를 반환할 수도 있고, 반환값이 프로미스 객체가 아니라면 자동으로 프로미스 객체로 변환합니다.

```js
async function myAsyncFunction () {
  return "Hello!";
}
console.log(myAsyncFunction()); // Promise {<fulfilled>: "Hello!"}
```

async 함수의 장점은 비동기 코드를 마치 동기 코드처럼 직관적이고 가독성 있는 코드로 작성할 수 있도록 해준다는 것입니다.

다음 코드의 fetchAndPrintUserName 함수는 fetch 함수를 사용해 사용자 정보를 조회하는 API로부터 데이터를 받아 사용자의 이름을 출력합니다.

```js
function fetchAndPrintUserName (id) {
  return fetch(`https://api.example.com/users/${id}`)
    .then(response => response.json())
    .then(data => console.log(data.name))
    .catch(error => console.error(error));
}
fetchAndPrintUserName(1); // (시간이 지난 뒤) "Jake"
```

fetch는 네트워크에서 리소스를 비동기적으로 가져와 프로미스 객체로 반환하는 함수입니다. 여기서는 응답이 JSON 객체로 파싱될 것을 기대하므로 json 메서드를 호출해 다시 한번 프로미스를 반환받습니다. 따라서 이후 다른 작업이 추가되어야 한다면 코드의 복잡도가 높아질 수 있습니다.

하지만 async 함수와 await 연산자를 함께 사용하면 다음처럼 then 메서드를 제거하고, 비동기 코드를 동기 코드처럼 다룰 수 있습니다. 예외 처리 역시 동기 코드와 마찬가지로 try...catch 구문을 사용합니다.

```js
async function fetchAndPrintUserName (id) {
  try {
```

```
    const response = await fetch(`https://api.example.com/users/${id}`);
    const data = await response.json();
    console.log(data.name);
  } catch (error) {
    console.log(error);
  }
}
fetchAndPrintUserName(1); // (시간이 지난 뒤) "Jake"
```

참고로 ECMAScript 2022 이전에는 async 함수 내에서만 await을 사용할 수 있었으나 이제는 자바 스크립트 모듈의 최상위 레벨top-level에서도 await의 사용이 가능해졌습니다.*

```
import doSomethingAsync from "./doSomethingAsync";
const result = await doSomethingAsync();
console.log(result); // doSomethingAsync 비동기 함수가 완료된 이후 출력
```

| async 제너레이터 |

챕터 2 '객체'에서 소개했던 제너레이터 또한 yield로 프로미스 객체를 반환하면 비동기 작업을 순차적으로 처리하는 비동기 제너레이터가 됩니다. 이 역시 async 함수와 마찬가지로 async 키워드를 사용하여 async 제너레이터를 정의할 수 있습니다.

```
async function* generator () {
  for (let i = 1; i <= 2; i++) {
    yield await Promise.resolve(i);
  }
}
const iterator = generator();
iterator.next().then(({value}) => console.log(value)); // 1
iterator.next().then(({value}) => console.log(value)); // 2
iterator.next().then(({done}) => console.log(done)); // true
```

* https://github.com/tc39/proposal-top-level-await

async 제너레이터는 비동기 반복 프로토콜async iteration protocol을 준수하는 비동기 이터러블 이터레이터를 반환합니다. 이러한 관계는 비동기 개념이 추가된 것을 제외하면 이터러블, 이터레이터 프로토콜과 동일합니다.

이터러블 객체를 for...of 문법으로 순회할 수 있듯이 비동기 이터러블 객체 또한 for await...of 문법으로 순회가 가능합니다.

```javascript
async function* generator () {
  for (let i = 1; i <= 2; i++) {
    yield await Promise.resolve(i);
  }
}
const iterator = generator();
for await (const value of iterator) {
  console.log(value); // 1과 2를 차례로 출력
}
```

참고로 제너레이터와 async 제너레이터는 모두 화살표 함수로 정의될 수 없습니다.

06 생성자 함수

자바스크립트에는 함수의 호출을 통해 객체를 생성하는 new라는 특별한 연산자가 존재합니다. 물론 객체 리터럴 등의 다양한 방법으로도 객체를 생성할 수 있지만, new 연산자로 생성된 객체는 생성자 함수의 인스턴스instance가 된다는 점이 다릅니다.

new 연산자를 사용해 호출 가능한 함수를 생성자 함수constructor function라고 합니다. 생성자 함수는 다음과 같이 동작합니다.

1. new 연산자로 생성자 함수가 호출되면 빈 객체가 만들어집니다. 만들어진 빈 객체는 생성자 함수 내부에서 this로 바인딩되며, 이를 통해 속성을 추가할 수 있습니다.

2. 만들어진 빈 객체의 프로토타입은 생성자 함수의 prototype 속성에 연결된 객체로 지정됩니다.

3. 생성자 함수가 아무것도 반환하지 않거나 원시값을 반환하면 this로 바인딩된 객체를 반환합니다. 만약 명시적으로 객체를 반환하면 그 객체가 반환됩니다.

참고로 프로토타입은 객체 간의 상속을 구현할 수 있는 강력한 개념입니다. 챕터 7 '클래스와 프로토타입'에서 자세히 다룰 예정이므로 여기서는 생성자 함수의 동작에 대해서만 설명하겠습니다.

다음은 x, y 속성을 가진 객체를 생성하는 Position 생성자 함수의 예제입니다.

```javascript
function Position (x, y) {
  this.x = x;
  this.y = y;
}
Position.prototype.toString = function () {
  return `${this.x},${this.y}`;
};
const position1 = new Position(1, 7);
console.log(position1.x); // 1
console.log(position1.y); // 7
console.log(position1.toString()); // 1,7
```

이 예제에서 Position 함수 내부에서 this를 참조해 x와 y 속성을 추가했고 prototype 속성에 toString 메서드를 정의했습니다. new 연산자로 Position 함수를 호출하면 이 함수에서 정의한 속성과 메서드를 가진 인스턴스가 생성됩니다.

생성자 함수의 prototype 속성에는 생성자 함수의 constructor 속성이 포함되어 있습니다. 이를 통해 생성된 인스턴스가 어떤 생성자 함수에서 만들어졌는지 확인할 수 있습니다.

```javascript
const prototype = Object.getPrototypeOf(position1);
console.log(prototype.constructor); // Position
```

또한 instanceof 연산자를 사용해도 어떤 생성자 함수의 인스턴스인지 확인할 수 있지만, 프로토타입 체인에 해당 생성자 함수의 prototype에 바인딩된 객체가 존재하는지를 검사한다는 점이 다릅니다.

```javascript
console.log(prototype.constructor === Object); // false
console.log(position1 instanceof Object); // true
console.log(position1 instanceof Position); // true
```

| 생성자 함수 호출 구분하기 |

만약 Position 함수를 new 연산자 없이 호출하면 함수 내부의 this는 전역 객체나 undefined가 되어 의도하지 않은 동작이 발생할 수 있습니다. 또한 Position 함수가 실행되더라도 반환값이 없으므로 undefined가 반환됩니다.

```
const position2 = Position(2, 8);
console.log(position2); // undefined
```

이러한 상황을 방지하려면 함수가 new 연산자 없이 호출되었을 때 예외를 던지는 방식이 좋은 해결책이 될 수 있습니다. new.target 속성을 사용하면 함수가 생성자 함수로 호출되었는지 여부를 알 수 있습니다.

new.target은 함수를 new 연산자로 호출하면 해당 함수를 반환하고, 그렇지 않으면 undefined를 반환합니다. 다음 코드는 new 연산자 없이 호출되었을 때 예외를 발생시키는 예시입니다.

```
function SafePosition (x, y) {
  if (new.target === undefined) {
    throw new TypeError("new 연산자로 호출되지 않았습니다!");
  }

  this.x = x;
  this.y = y;
}
const position3 = new SafePosition(7, 11);
console.log(position3.x); // 7
console.log(position3.y); // 11
const position4 = SafePosition(13, 17); // TypeError: new 연산자로 호출되지 않았습니다!
```

| 생성자 함수가 될 수 없는 함수 |

화살표 함수, async 함수, 메서드 등은 생성자 함수로 사용할 수 없습니다. 제너레이터나 async 제너레이터는 new 연산자를 사용하지 않고 제너레이터 객체를 생성하는 데 사용됩니다. 다음은 생성자 함수가 될 수 없는 함수 정의의 예입니다.

```
const arrowFunction = () => {};
const asyncFunction = async function () {};
const methodFunction = {method () {}}.method;
const generator = function* () {};
const asyncGenerator = async function* () {};
```

bind 메서드로 생성된 함수의 경우 원본 함수가 생성자 함수라면 생성자 함수로 사용될 수 있습니다. 특히 다음 코드에서 instanceof 연산자는 원본 생성자 함수를 대상으로 비교됩니다.

```
const YPosition = Position.bind(null, 0);
console.log(YPosition.prototype); // undefined
const position5 = new YPosition(10);
console.log(position5.x); // 0
console.log(position5.y); // 10
console.log(position5 instanceof Position); // true
console.log(position5 instanceof YPosition); // true
```

07 바인딩된 함수

지금까지 함수에 대해 설명하면서 종종 언급했던 bind 메서드는 this를 함수에 바인딩하는 유용한 기능을 제공합니다. 이 메서드는 this뿐만 아니라 함수의 인자도 함께 바인딩하여 새로운 함수를 반환하는데, 이렇게 반환된 함수를 바인딩된 함수_bound function_라고 합니다.

객체의 메서드를 변수에 따로 할당해 호출할 때 함수의 this가 원본 객체를 가리킬 것이라고 착각해 실수하는 경우가 있습니다. 다음은 say 메서드를 따로 추출해 호출했지만 엄격 모드에서는 this가 undefined가 되어 에러가 발생하는 코드입니다.

```
"use strict";
const person = {
  name: "Ethan",
  say () {
    console.log(`My name is ${this.name}.`);
```

```
  },
};
const {say} = person;
say(); // 에러 발생!
```

이 문제는 bind 메서드를 사용해 this를 원본 객체에 바인딩하면 간단히 해결할 수 있습니다.

```
const say = person.say.bind(person);
say(); // "My name is Ethan."
```

또한 bind 메서드는 this뿐만 아니라 함수의 인자도 바인딩할 수 있습니다. 이를 활용하면 챕터 3 '스코프와 클로저'에서 설명한 부분 적용 함수도 쉽게 만들 수 있습니다. 참고로 엄격 모드가 아닌 경우 첫 번째 인자로 null이나 undefined를 전달하면 this는 전역 객체를 가리키게 됩니다.

```
function add (a, b) {
  return a + b;
}
const add1 = add.bind(null, 1);
const add7 = add.bind(null, 7);
console.log(add1(9)); // 10
console.log(add7(9)); // 16
```

마지막으로 bind 메서드 외에도 자주 사용되는 메서드로 apply와 call이 있습니다. 이 두 메서드는 인자를 배열 형태로 전달하느냐 개별 인자로 전달하느냐의 차이만 있을 뿐 this와 인자를 전달하여 함수를 호출하는 기능은 동일합니다.

```
const applyResult = add.apply(null, [2, 3]);
const callResult = add.call(null, 2, 3);
console.log(applyResult); // 5
console.log(callResult); // 5
```

Ask-AI 질문 플레이북

개념 이해에 그치지 말고 AI에게 질문하며 사고를 확장하고 실전 감각을 키워보세요. 무엇을 질문해야 할지 막막하다면 다음 질문들이 좋은 힌트가 되어줄 거예요.

자바스크립트에서 함수 선언문과 함수 표현식 중 어떤 것을 선택해야 할까요?

> **질문의도**
>
> 함수 선언문과 함수 표현식의 차이를 개념적으로 알고는 있지만 실무에서는 어떤 상황에서 어떤 방식을 사용하는 것이 더 적합한 걸까요? 이 질문을 통해 가독성, 디버깅 편의성, 선언 순서 등 실무 기준에서 함수 정의 방식을 선택하는 감각을 익힐 수 있습니다.

자바스크립트에서 arguments 객체는 왜 유사 배열인가요?

> **질문의도**
>
> arguments는 배열처럼 생겼지만 배열 메서드를 직접 사용할 수 없는 이유가 뭘까요? 이 질문은 자바스크립트의 설계 배경과 배열과 객체 간 메모리 구조의 차이, 성능 이슈를 함께 이해하는 데 도움이 됩니다.

자바스크립트에서 Function 생성자 함수로 함수를 만들면 구체적으로 어떤 보안이나 성능 문제가 있나요?

> **질문의도**
>
> 동적으로 컴파일이 일어나는 것이 구체적으로 어떤 문제를 발생시키는지 궁금할 수 있습니다. 이 질문을 통해 코드 인젝션code injection, 최적화 방해 등 실질적인 보안 및 성능 이슈를 이해하고 실무에서 신중하게 사용할 수 있는 판단력을 기를 수 있습니다.

자바스크립트는 왜 참조에 의한 전달을 지원하지 않나요?

> **질문의도**
>
> 자바스크립트가 모든 인자를 값에 의한 전달 방식으로 처리한다는 것은 알게 되었지만, 다른 언어에서는 참조에 의한 전달도 허용하는 경우가 있다는 점에서 의문이 생길 수 있습니다. 이 질문을 통해 자바스크립트가 언어 설계 단계에서 참조 전달을 배제한 이유와 함수 호출 방식에 있어 단순하고 예측 가능한 동작을 추구한 철학적 배경을 이해할 수 있습니다.

함수를 일급 객체로 다루는 것이 언어 설계 측면에서 어려운 이유가 있나요?

> **질문의도**
>
> 함수를 변수처럼 자유롭게 다루는 일급 함수라는 강력한 기능이 언어적으로는 구현하기 어려운 이유가 뭘까요? 이 질문을 통해 클로저, 실행 컨텍스트, 가비지 컬렉션 등 일급 함수 지원을 위한 언어 내부의 복잡한 구현 요소들을 이해하고 자바스크립트의 설계 철학에 대한 통찰을 얻을 수 있습니다.

SECTION 04 실전 레벨업 퀴즈 챌린지

자바스크립트의 함수는 일급 객체이자 스코프, 클로저, this 등 여러 핵심 개념의 중심축이 되는 요소입니다. 퀴즈를 통해 함수 선언문과 함수 표현식, 콜백과 클로저, 화살표 함수 등 다양한 형태의 함수를 깊이 이해하고 실제 코드에서의 활용 능력을 키워보세요. 함수의 작동 원리를 명확히 이해하면 복잡한 흐름도 더 쉽게 다룰 수 있습니다.

Level 1 ★

Q1 다음 빈칸에 들어갈 단어를 작성하세요.

외부 상태를 변경하지 않고 외부 상태에 의존하지 않는 함수를 [①]라고 하며, 함수 정의와 동시에 호출되는 함수를 [②]라고 합니다.

정답
① 순수 함수   ② 즉시 실행 함수(혹은 IIFE)

해설
순수 함수는 동일한 인수를 전달하면 항상 동일한 값을 반환합니다. 순수 함수는 외부 요소에 영향을 받지도 않고 미치지도 않습니다. 따라서 순수 함수는 테스트하기 용이하며 병렬 처리 및 유지/보수에 유리합니다.

즉시 실행 함수는 정의와 동시에 한 번 실행되는 함수입니다. 즉시 실행 함수 내부에 정의된 변수는 외부 스코프에 영향을 주지 않는 특성이 있습니다.

Q2 다음 빈칸에 들어갈 단어를 작성하세요.

일반 함수에서는 매개 변수를 직접 사용하는 방법 외에 [①]와 [②] 객체를 사용해 인수를 가져와 사용할 수 있습니다. 화살표 함수에서는 [①]의 경우 일반 함수에서처럼 사용 가능하지만 [②] 객체는 사용할 수 없습니다.

정답
① 나머지 매개 변수　② arguments

해설
자바스크립트에서 함수가 호출될 때 함수 내부에는 암묵적으로 arguments라는 내부 객체가 생성됩니다. arguments는 함수에 입력받은 인자를 저장한 유사 배열 객체입니다. 이 객체는 인덱스를 통해 내부 속성에 접근 가능하지만 배열이 아니기 때문에 배열에 사용 가능한 여러 내부 메서드를 사용할 수 없습니다. 나머지 매개 변수는 ECMAScript 2015에 도입된 문법으로 전달받은 함수를 배열로 받을 수 있으며, 이때 다음과 같이 표현됩니다.

```javascript
function showRestParameters(...args) {
    console.log(args);
}
```

여기서 args는 입력받은 인자를 순서대로 담은 배열입니다. args는 일반 배열이기 때문에 배열 메서드를 사용할 수 있습니다.

Q3 | 보기 |에서 다음 빈칸에 들어갈 단어를 작성하세요.

자바스크립트에서 함수는 다른 함수로 전달되거나 반환받을 수 있고, 변수에 할당하거나 속성 값이 될 수도 있기 때문에 [_] 함수에 해당합니다.

정답
일급

해설
함수를 다른 변수처럼 다룰 수 있을 때 일급 함수를 가진다고 표현합니다. 예를 들어 일급 함수는 변수에 할당할 수 있으며, 함수의 인자로 전달되거나 배열의 요소로 사용될 수 있습니다. 또한 함수 자체를 반환값으로 활용할 수도 있습니다. 이러한 일급 함수의 특징들은 고차 함수, 콜백 함수, 클로저, 커링, 함수 합성 등의 개념을 구현하는 데 활용됩니다.

Q4 다음 빈칸에 들어갈 단어를 작성하세요.

[_]는 다른 함수의 매개 변수로 전달되는 함수입니다. 호출 시점은 [_]를 전달받은 함수의 동작에 따라 달라지며, 특정 조건이 만족되었을 때 실행됩니다.

정답
콜백 함수

해설
비동기 프로그래밍을 위해 설계된 자바스크립트는 콜백 함수를 사용하여 비동기 작업이 완료될 때까지 기다리지 않고 다음 명령을 실행합니다. 콜백 함수는 이전 명령이 완료될 때까지 일반적으로 실행되지 않습니다.

Q5 | 보기 |에서 다음 빈칸에 알맞은 단어를 고르세요.

함수 선언으로 정의한 함수를 함수 선언 이전에 호출하면 [①].
const, let 함수 표현식으로 정의한 함수를 함수 선언 이전에 참조하면 [②].
var 함수 표현식으로 정의한 함수를 함수 선언 이전에 참조하면 [③].

| 보기 |
(a) 함수가 호출됩니다
(b) undefined가 참조됩니다
(c) ReferenceError가 발생합니다

정답
① (a) 함수가 호출됩니다
② (c) ReferenceError가 발생합니다
③ (b) undefined가 참조됩니다

해설

함수 선언으로 함수를 정의하면 함수 호이스팅이 발생하고, 함수 표현식으로 함수를 정의하면 변수 호이스팅이 발생합니다. 블록 스코프를 가지는 const, let의 경우 함수 선언 전에 접근하면 ReferenceError가 발생합니다. 함수 레벨 스코프를 가지는 var의 경우 함수 선언 전에 접근하면 undefined로 초기화되어 있으므로 호출하면 TypeError가 발생합니다.

변수 선언과 함수 선언은 모두 스코프의 상단으로 호이스팅된다는 공통점이 있지만, var로 선언된 변수는 할당 전에 접근하면 undefined로 초기화되고, let과 const로 선언된 변수는 일시적 사각지대에 놓여 초기화 전에 접근하면 ReferenceError가 발생합니다. 반면 함수 선언은 호이스팅 시 함수 객체로 초기화되므로 선언 이전에도 호출이 가능합니다.

Q6 | 보기 |에서 다음 빈칸에 알맞은 단어를 고르세요.

함수 호출 시 정의된 매개 변수보다 전달된 인수가 더 적은 경우 [①]하며, 반대로 정의된 매개 변수보다 전달된 인수가 더 많은 경우 [②]합니다.

| 보기 |
(a) 에러가 발생
(b) 초과된 인수를 무시
(c) undefined로 초기화

정답

① (c) undefined로 초기화
② (b) 초과된 인수를 무시

해설

자바스크립트에서 함수는 매개 변수의 개수와 인수가 일치하는지 확인하지 않습니다. 제시된 매개 변수보다 적은 인수를 받으면 나머지 매개 변수들은 undefined로 초기화되며, 제시된 매개 변수보다 많은 인수를 받으면 초과된 인수들은 무시됩니다.

Q7 다음 빈칸에 들어갈 단어를 작성하세요.

함수의 매개 변수에 값이 전달되지 않더라도 매개 변수에 [①]이 있다면 해당 값으로 초기화합니다. 함수의 매개 변수의 개수가 정확하지 않더라도 [②] 매개 변수를 통해 가변적으로 받을 수 있습니다.

정답
① 기본값   ② 나머지

해설
함수를 정의할 때 매개 변수에 기본값을 정의할 수 있습니다. 기본값이 정의된 경우 함수를 호출할 때 매개 변수에 값을 전달하지 않으면 그 매개 변수는 해당 기본값으로 초기화됩니다. 나머지 매개 변수는 rest 파라미터라고도 하며, 지정된 매개 변수 이외에 추가적으로 받은 인수를 나머지 매개 변수에 저장합니다.

Level 2 ★★

Q8 #함수 #고차 함수 #콜백 함수
다음 코드의 실행 결과를 예측하고 그 이유를 설명하세요.

```javascript
const runCallback = function (callback) {
  return callback();
};
const sum = ((a, b) => a + b)(2, 3);
const result = runCallback(() => sum);

console.log(result); // ❶
```

힌트 콜백 함수는 다른 함수의 인수로 전달되어 그 함수가 정한 시점에 호출되는 함수입니다.

정답
❶ 5

해설

runCallback은 넘겨받은 콜백 함수를 실행한 결과를 반환하는 함수입니다. sum에는 즉시 실행 함수의 실행 결과인 5가 할당됩니다. result에는 runCallback의 실행 결과, 즉 5가 할당됩니다.

📢 **AI는 통과 못 하는 기술 면접 예상 질문**

Q8-1 고차 함수와 콜백 함수의 차이점은 무엇인가요?

답변
- 고차 함수는 다른 함수를 인자로 받거나 반환하는 함수입니다.
- 콜백 함수는 고차 함수에 인자로 전달되어 호출되는 함수입니다.
- 고차 함수는 함수형 프로그래밍에 유용하며, 콜백 함수는 주로 비동기 작업에 사용됩니다.

Q9 #함수 #고차 함수 #부분 적용

다음 코드의 실행 결과를 예측하고 그 이유를 설명하세요.

```
function multiply (a, b) {
  return a * b;
}

const double = multiply.bind(null, 2);

console.log(double(1)); ❶
console.log(double(2)); ❷
console.log(double(3)); ❸
```

 힌트 bind 메서드는 새로운 함수를 생성하는 메서드입니다. bind 메서드의 첫 번째 인자는 대상 함수, 즉 multiply 함수의 this를 지정하기 위해 사용되고, 이어지는 인자들은 multiply 함수의 인자로 전달됩니다.

정답

❶ 2 ❷ 4 ❸ 6

해설

자바스크립트의 고차 함수에서는 함수의 인자를 미리 고정하여 새로운 함수를 만드는 부분 적용 기법을 활용할 수 있습니다.

bind 메서드의 실행 결과로 double에는 this를 null로 전달하고, 첫 번째 인수를 2로 전달하여 multiply 함수를 호출하는 함수가 할당됩니다. 이후 double에 전달되는 인수는 첫 번째 인수가 2인 multiply 함수의 두 번째 인수로 그대로 전달됩니다. 따라서 ❶, ❷, ❸에서 인수로 전달된 1, 2, 3은 앞서 전달된 2와 곱해져 각각 2, 4, 6이 출력됩니다.

 AI는 통과 못 하는 기술 면접 예상 질문

Q9-1 부분 적용을 활용하면 함수의 재사용성을 높이고 코드의 중복을 감소시킬 수 있습니다. 자바스크립트에서 부분 적용을 활용할 수 있는 예시로 어떤 것들이 있을까요?

답변

- 부분 적용은 함수의 일부 인수를 고정한 새로운 함수를 만들어 코드의 재사용성을 높여줍니다.
- 따라서 코드의 중복을 줄이고 특정 조건에 맞게 쉽게 커스터마이징할 수 있는 함수들을 생성할 수 있습니다.
- 로그 메시지에 특정 접두어를 고정하거나 API 호출에서 공통된 매개 변수를 미리 설정하는 데 활용할 수 있습니다.

Q10 #함수 #arguments #나머지 매개 변수

다음 코드의 실행 결과를 예측하고 그 이유를 설명하세요. 단, 에러가 발생해도 코드 실행이 중단되지 않는다고 가정합니다.

```javascript
function sumRest (first, ...rest) {
  return rest.reduce((acc, num) => acc + num, 0);
}
function sumArguments (first) {
```

```
    return arguments.reduce((acc, num) => acc + num, 0);
}

console.log(sumRest(1, 2, 3, 4, 5));      ❶
console.log(sumArguments(1, 2, 3, 4, 5)); ❷
```

> **힌트** 함수의 마지막 매개 변수 앞에 나머지 매개 변수 구문(...)을 사용하면 모든 후속 매개 변수를 배열로 받아오는 나머지 매개 변수로써 사용할 수 있습니다. 함수 내부에서 모든 매개 변수를 유사 배열로 가져오는 arguments 객체를 통해 매개 변수를 가져오는 방법도 있습니다.

정답

❶ 14

❷ TypeError: arguments.reduce is not a function

해설

sumRest 함수와 sumArguments 함수는 각각 자바스크립트의 나머지 매개 변수와 arguments 객체를 통해 함수의 매개 변수의 합을 계산하는 함수입니다.

sumRest에서 ...rest, 즉 나머지 매개 변수는 앞에서 명시적으로 선언한 매개 변수를 제외하고 ...로 선언한 이후의 매개 변수를 배열로 가집니다. 따라서 rest 변수는 ❶의 첫 번째 매개 변수 1을 제외한 인자들이 배열로 전달되며 reduce 연산에 의해 2+3+4+5의 연산 결과인 14가 출력됩니다.

이와 달리 sumArguments는 arguments 객체를 통해 매개 변수에 접근하고 있으며 arguments는 함수에서 명시적으로 선언한 매개 변수와는 관계없이 모든 인자 1, 2, 3, 4, 5를 [Arguments] {"0": 1, "1": 2, "2": 3, "3": 4, "4": 5}인 유사 배열 객체로 가지게 됩니다. arguments는 배열이 아닌 배열 형태의 객체이기 때문에 자바스크립트의 Array 내장 함수를 사용할 수 없습니다. 따라서 ❷에서는 arguments 객체에는 reduce 함수가 존재하지 않기 때문에 TypeError가 발생합니다.

AI는 통과 못 하는 기술 면접 예상 질문

Q10-1 나머지 매개 변수와 arguments 객체의 차이점은 무엇인가요?

 답변
- 나머지 매개 변수(...rest)는 배열 형태로 인자를 받기 때문에 배열 메서드를 직접 사용할 수 있지만 arguments 객체는 유사 배열 객체로 배열 메서드를 사용할 수 없습니다.
- 나머지 매개 변수는 함수의 매개 변수로 명시적으로 선언되는 반면 arguments 객체는 모든 인자를 포함하지만 함수 정의에서 드러나지 않습니다.

Q11 #함수 #비동기 함수 #실행 순서 #즉시 실행 함수 #지연 실행 #화살표 함수
다음 코드의 실행 결과를 예측하고 그 이유를 설명하세요.

```javascript
function a () {
  console.log("1");

  setTimeout(function () {
    console.log("2");
  }, 500);

  (function b () {
    console.log("3");
    setTimeout(() => console.log("4"), 0);
    console.log("5");
  })()

  setTimeout(function () {
    console.log("6");
  }, 0);
}

console.log("7");
a();
```

힌트 setTimeout은 비동기적으로 동작하는 함수로 설정된 시간이 지난 후에야 실행됩니다. 지연 시간이 0ms인 setTimeout도 모든 동기 작업이 완료된 후에 실행되며, 지연 시간이 동일할 경우 먼저 등록된 콜백 함수 순서대로 실행됩니다.

화살표 함수의 비동기 실행과 콜백 처리 방식은 일반 함수와 동일하며, setTimeout의 콜백으로 사용될 때도 마찬가지로 이벤트 루프에서 처리됩니다.

정답

"7"
"1"
"3"
"5"
"4" (0ms 비동기 실행, 먼저 등록된 콜백)
"6" (0ms 비동기 실행, 나중에 등록된 콜백)
"2" (500ms 비동기 실행)

해설

1행에서 a 함수는 선언만 되어 있으므로 가장 먼저 "7"을 출력합니다. 그다음으로 a 함수가 호출되면 그 안에서 console.log("1")이 동기적으로 실행되어 "1"을 출력합니다. "2"를 출력하는 함수는 500ms 후에 실행될 비동기 작업으로 설정되어 바로 실행되지 않고 동기 작업이 완료된 후에 실행됩니다.

b 함수는 즉시 실행 함수로 호출되면서 b 함수 안의 동기 코드가 바로 실행됩니다. console.log("3")이 동기적으로 실행되어 "3"이 출력되고, "4"를 출력하는 화살표 콜백 함수는 0ms 지연으로 설정되어 바로 실행되지 않고 비동기 작업으로 콜백 큐에 추가됩니다. 그다음 동기적으로 console.log("5")가 실행되어 "5"가 출력됩니다.

b 함수 실행이 끝난 후, console.log("6")을 포함한 콜백 함수도 0ms 지연으로 콜백 큐에 추가됩니다. 이벤트 루프가 동기 코드 실행을 완료한 후, 콜백 큐에 있는 지연 시간이 0ms인 작업들이 실행됩니다.

console.log("4")와 console.log("6")을 실행하는 두 콜백 함수는 지연 시간이 동일하지만, console.log("4")가 먼저 등록되었으므로 "4"가 출력되고 그다음에 "6"이 출력됩니다. 마지막으로 500ms 후에 console.log("2")가 실행되어 "2"가 출력됩니다.

```javascript
function a () {
  console.log("1"); // 2번

  setTimeout(function () {
    console.log("2"); // 7번 - 지연 실행 500ms 이후 실행
  }, 500);
```

```javascript
  (function b () {
    console.log("3"); // 3번
    setTimeout(() => console.log("4"), 0); // 5번 - 지연 실행 0ms 이후 실행 -
(등록 순서 2)
    console.log("5"); // 4번
  })()

  setTimeout(function () {
    console.log("6"); // 6번 - 지연 실행 0ms 이후 실행 - (등록 순서 3)
  }, 0);
}

console.log("7"); // 1번
a();
```

📢 AI는 통과 못 하는 기술 면접 예상 질문

Q11-1 자바스크립트의 이벤트 루프와 콜백 큐는 어떻게 상호작용하나요?

답변
- 이벤트 루프는 콜 스택이 비워질 때마다 콜백 큐에 대기 중인 콜백 함수를 가져와 실행합니다.
- 콜백 큐는 비동기 작업의 콜백 함수들이 대기하는 곳으로 setTimeout과 같은 함수가 실행된 후 콜백이 등록됩니다.
- 이벤트 루프는 콜 스택이 완전히 비어 있을 때만 콜백 큐에서 작업을 가져와 실행합니다.

Q11-2 setTimeout을 사용한 비동기 코드가 실행되는 순서는 어떻게 결정되나요?

답변
- setTimeout의 콜백 함수는 지정된 지연 시간이 지난 후 콜백 큐에 추가됩니다.

- 콜 스택이 비워지면 이벤트 루프가 콜백 큐에 등록된 콜백을 가져와 실행합니다.
- 지연 시간이 0ms인 경우에도 콜백은 동기 코드가 모두 실행된 후에야 실행됩니다.

 Q12 #함수 #arguments #나머지 매개 변수 #매개 변수 #전달 인자

다음 코드의 실행 결과를 예측하고 그 이유를 설명하세요. 단, 에러가 발생해도 코드 실행이 중단되지 않는다고 가정합니다.

```javascript
function compareArgumentsAndRest (firstNumber, ...rest) {
  console.log(firstNumber); ❶
  console.log(rest); ❷
  console.log(arguments); ❸
  rest.forEach(number => console.log(number * 2)); ❹
  arguments.forEach(number => console.log(number * 2)); ❺
}

compareArgumentsAndRest(1, 2, 3);
```

힌트 나머지 매개 변수는 함수의 나머지 인자를 배열 형태로 저장합니다. 즉, ...rest는 함수 호출 시 전달된 인자 중 명시적으로 정의된 매개 변수를 제외한 나머지 인자를 배열로 받습니다. 이는 함수의 잔여 인자를 동적으로 처리할 때 매우 유용합니다. arguments 객체는 함수로 전달된 모든 인자를 유사 배열 객체로 담아주지만 arguments 객체는 배열이 아니므로 forEach와 같은 배열 메서드를 직접 사용할 수 없습니다. 또한 화살표 함수에서는 arguments 객체를 사용할 수 없습니다.

정답

❶ 1
❷ [2, 3]
❸ [Arguments] {'0': 1, '1': 2, '2': 3}
❹ 4
  6
❺ TypeError: arguments.forEach is not a function

해설

❶에서 함수의 첫 번째 인자인 firstNumber는 1입니다. compareArgumentsAndRest(1, 2, 3) 호출에서 첫 번째 인자는 1이므로 1을 출력합니다.

❷에서 rest는 나머지 매개 변수로 첫 번째 인자인 1을 제외한 나머지 인자인 2와 3을 배열 [2, 3]으로 받습니다. 이때 rest는 배열이므로 배열 메서드를 사용할 수 있어 ❹에서는 forEach 메서드의 인자로 전달된 2를 곱하는 콜백 함수에 의해 4, 6이 차례로 출력됩니다.

arguments 객체는 함수에 전달된 모든 인자를 유사 배열 형태로 보유합니다. 따라서 ❸에서는 arguments인 {"0": 1, "1": 2, "2": 3}가 유사 배열 형태로 출력됩니다. 이는 함수의 모든 인자를 인덱스와 함께 보여주지만 배열 형태는 아니기 때문에 배열 메서드를 사용할 수 없어 ❺에서는 함수가 아니라는 타입 에러가 나타납니다.

 AI는 통과 못 하는 기술 면접 예상 질문

Q12-1 arguments를 배열로 변환하려면 어떻게 해야 할까요?

답변
- Array.from(arguments)나 [...arguments] 같은 전개 연산자를 사용할 수 있습니다.
- 이 방법들은 유사 배열 객체를 간단히 배열로 변환해 배열 메서드를 사용할 수 있게 만들어 줍니다.

Level 3 ★★★

 #함수 #생성자 함수 #클래스 #화살표 함수

Q13 다음 코드의 실행 결과를 예측하고 그 이유를 설명하세요. 단, 에러가 발생해도 코드 실행이 중단되지 않는다고 가정합니다.

```
function sum(a, b) {
  return a + b;
}
const firstSum = new sum();
console.log(firstSum); ❶
```

```js
function car (name, price) {
  return {
    name,
    price
  };
}
const myCar = new car();
console.log(myCar); ❷

const bag = (color, price) => ({
  color,
  price
});
const myBag = new bag();
console.log(myBag); ❸

class IdGenerator {
  constructor (keyword) {
    this.keyword = keyword;
  }

  // names 배열의 각 요소와 keyword를 병합해 글자 단위로 랜덤하게 아이디 생성하는 메서드
  getIdListWithNames (names) {
    return names.map(function (name) {

      return this.shuffleString(this.keyword + name);
    });
  }

  shuffleString (str) {
    return str
      .split("")
      .sort(() => Math.random() - 0.5)
      .join("");
  }
```

```
}
const generator = new IdGenerator("lovely");
const names = ["Alice", "Bob", "Charlie"];
const idList = generator.getIdListWithNames(names);
console.log(idList); ❹
```

> **힌트** 자바스크립트에서는 함수 정의 방식에 따라 함수를 생성자 함수로 호출할 수 있는 함수, 생성자 함수로 호출할 수 없는 함수로 구분할 수 있습니다. 생성자 함수로 사용할 의도 없이 정의된 일반 함수도 new 연산자와 함께 호출하면 에러 없이 생성자 함수로 동작합니다.

생성자 함수는 인스턴스를 생성하기 위한 함수입니다. 생성자 함수 내부에서는 크게 다음 3가지 과정을 통해 인스턴스를 생성하고 초기화합니다.

- 인스턴스 생성 및 this 바인딩
- 인스턴스 초기화
- 인스턴스 반환

이 중 3번 단계에서는 생성된 인스턴스가 바인딩된 this를 암묵적으로 반환하게 되지만, 만약 this가 아닌 다른 객체를 명시적으로 반환하면 this 대신 해당 객체를 반환합니다. 하지만 객체가 아닌 원시값을 명시적으로 반환하면 무시되고 암묵적으로 this가 반환됩니다.

정답

❶ sum { }
❷ {name: undefined, price: undefined}
❸ TypeError: bag is not a constructor
❹ TypeError: Cannot read properties of undefined (reading 'shuffleString')

해설

생성자 함수로 호출할 수 있는 함수는 함수 선언문, 함수 표현식, 클래스이며 생성자 함수로 호출할 수 없는 함수는 ECMAScript 2015에 도입된 메서드 축약 표현, 화살표 함수 등입니다. sum 함수는 매개 변수로 받은 두 수의 합을 반환하는 목적의 함수이지만, new 연산자와 함께 호출했으므로 생성자 함수로 동작합니다. 생성자 함수에서 명시적으로 객체를 반환하지 않아 기존 sum 함수의 return 문이 무시되므로 ❶은 생성된 객체가 반환됩니다. ❷는 객체 생성 시 매개 변수를 전달하지 않았기 때문에 속성의 값이 undefined인 객체가 반환됩니다.

자바스크립트의 화살표 함수는 일반 함수와 다른 점들이 있는데, 특히 생성자 함수로 사용할 수 없다는 것과 this 바인딩이 중요한 차이입니다. 화살표 함수를 new 연산자와 함께 호출하면 에러가 발생합니다. 화살표 함수는 인스턴스를 생성할 수 없기 때문에 prototype 속성이 없으며 프로토타입도 생성하지 않습니다.

IdGenerator 클래스의 getIdListWithNames 메서드는 정상적으로 동작하지 못하고 에러가 발생합니다. map 메서드는 콜백 함수를 일반 함수로서 호출하고 있는데, 일반 함수로 호출되는 함수 내부의 this는 전역 객체를 가리키고 strict mode에서는 undefined를 가리키기 때문입니다. 결국 콜백 함수의 this와 getIdListWithNames 내부의 this가 다르기 때문에 ❹에서 TypeError가 발생합니다. 이와 같은 콜백 함수 내부의 this로 인해 발생하는 문제점은 화살표 함수를 통해 해결할 수 있습니다. 화살표 함수는 함수 자체의 this 바인딩을 갖지 않고 상위 스코프의 this를 참조합니다. getIdListWithNames 메서드의 map 함수에 전달하는 콜백 함수를 화살표 함수로 변경하면 콜백 함수의 this는 getIdListWithNames의 this를 참조하게 되므로 간단히 문제를 해결할 수 있습니다.

 AI는 통과 못 하는 기술 면접 예상 질문

Q13-1 콜백 함수의 this와 콜백 함수를 호출하는 함수의 this가 불일치하는 문제를 해결할 수 있는 또 다른 방법은 어떤 것들이 있을까요?

답변
- 콜백 함수의 this와 호출하는 함수의 this가 불일치하는 문제는 bind 메서드를 사용하여 this를 명시적으로 고정하거나 화살표 함수를 사용해 상위 스코프의 this를 참조하도록 설정함으로써 해결할 수 있습니다.
- 외부 스코프의 this를 변수에 저장한 후 콜백 함수 내부에서 해당 변수를 참조하는 방법도 가능합니다.

Q14 #함수 #재귀 함수 #커링 #콜백
출력 결과를 보고 다음 빈칸에 들어갈 코드를 작성하세요.

```
function curry (fn) {
  return function curried (...args) {
    if (args.length >= fn.length) {
      return /* 빈칸 */ ; ❶
    }
    return /* 빈칸 */ ; ❷
  };
}
```

```
function sum (a, b, c) {
  return a + b + c;
}

console.log(curry(sum)(1)(2)(3)); // 6
console.log(curry(sum)(1, 2)(3)); // 6
console.log(curry(sum)(1)(2, 3)); // 6
console.log(curry(sum)(1, 2, 3)); // 6
```

힌트 자바스크립트의 함수는 함수를 반환할 수 있습니다. 이를 활용해 여러 인수가 필요한 함수에서 특정 인수가 중복되어 사용된다면 인수를 줄여 함수를 재활용할 수 있습니다. 이러한 함수를 커링 함수라고 합니다.

정답

```
function curry (fn) {
 return function curried (...args) {
   if (args.length >= fn.length) {
     return fn(...args); ❶
   }
   return (...nextArgs) => curried(...args, ...nextArgs); ❷
 };
}
```

해설

sum 함수에 더하고자 하는 값의 개수를 가변적으로 넘겨주는 커링 함수로 만들기 위해서는 재귀 함수가 필요합니다. 인수를 넘겨받을 때마다 인수의 개수를 체크해 커링할 함수의 매개 변수의 개수보다 많거나 같다면 해당 함수에 인수를 그대로 넘겨주며 호출한 값을 반환해줍니다. 만약 인수의 개수가 커링할 함수의 매개 변수의 개수보다 적다면 이전까지 넘겨받은 값과 추가로 새로운 매개 변수 nextArgs를 모두 받는 함수를 반환해줍니다.

AI는 통과 못 하는 기술 면접 예상 질문

Q14-1 커링 함수를 사용했을 때 얻을 수 있는 장점은 무엇인가요?

답변
- 커링 함수는 복잡한 함수 호출을 단순하게 만들어 코드의 재사용성을 높여줍니다.
- 특정 인수를 고정한 새로운 함수를 생성함으로써 코드가 더 읽기 쉬워지고 유지/보수하기 쉬워집니다.
- 함수를 부분적으로 적용하여 특정 로직을 단계별로 처리할 수 있게 도와줍니다.

Q14-2 커링을 사용하면 성능에 어떤 영향을 미칠 수 있나요?

답변
- 커링은 함수 호출을 여러 단계로 분할하기 때문에 함수 호출 오버헤드가 늘어날 수 있습니다.
- 또한 재귀적으로 동작하는 경우 메모리 사용량이 증가할 수 있습니다.

SECTION 05 리얼 현장 인터뷰

자바스크립트 함수는 단순한 기능 단위가 아니라 코드의 구조와 사고방식을 결정짓는 핵심 도구입니다. 현업 개발자들이 고차 함수, 함수 표현식, 기본 매개 변수, 함수형 프로그래밍을 실제로 어떻게 적용하고 있는지 생생한 경험을 통해 살펴봅시다. 실무의 흐름 속에서 자바스크립트 함수의 역할을 더 깊이 이해하고 예측 가능한 코드 설계 감각을 키워보세요.

 여러 가지 함수 정의 방법 중 주로 어떤 방법을 사용하나요? 그 이유가 있나요?

일반적으로는 function 키워드를 사용해서 정의하고, 간단한 한 줄짜리 return 문 함수이거나 인라인으로 사용하는 경우에는 화살표 함수를 사용해 더 짧고 간결하게 작성하는 편입니다.

프레임워크의 라이프사이클 훅에서 비동기 작업을 수행할 때 의도하지 않은 this 바인딩 이슈를 피할 수 있고, 간결한 코드 작성을 위해 화살표 함수를 주로 사용합니다.

함수 선언문은 호이스팅되기 때문에 코드 동작의 명확성과 예측 가능성을 위해 함수 표현식을 주로 사용합니다. const, let을 사용하여 재정의되지 않아야 할 함수를 구분할 수 있고, 화살표 함수를 사용해서 this 바인딩을 명확하게 지정할 수 있다는 장점도 있어요.

 실무에서 자바스크립트의 고차 함수를 어떻게 활용할 수 있나요?

저는 배열을 처리할 때 주로 사용합니다. 기존의 배열을 토대로 새로운 배열을 만들 때는 map과 reduce를 사용하면 기존 배열의 불변성을 지킬 수 있어 유용하죠. 인자로 넘긴 함수만 실행하고 새로운 배열이 필요하지 않은 경우에는 forEach를 사용하고 있어요. 이외에도 인자로 받은 함수들을 합성하여 하나의 함수처럼 사용하는 함수 합성 기법에도 활용할 수 있습니다.

실무에서 고차 함수를 정말 많이 사용하는데요, 특히 복잡한 로직을 가독성 있게 처리할 수 있다는 점이 가장 큰 장점입니다. 비즈니스 로직이 복잡해도 고차 함수를 잘 활용하면 다른 사람들이 해당 코드에서 함수의 의도를 쉽게 파악할 수 있기 때문입니다. 실제로 코드 리뷰에서 5번 정도 체이닝된 고차 함수를 3번 정도로 줄이는 방향을 제시한 적이 있는데, 코드 작업자분이 간략한 것도 좋지만 복잡한 로직이라 고차 함수로 의도를 좀 더 확실히 나타내는 것이 좋을 것 같다는 답변을 주셨어요. 그 답변을 듣고 보니 충분히 공감되는 코드였습니다.

 즉시 실행 함수(IIFE)를 사용했던 경험이 있나요? 언제 유용하다고 생각했나요?

네, 주로 일회성으로 호출될 코드를 작성할 때 사용했습니다. 즉시 실행 함수는 독립적인 스코프를 가지기 때문에 다른 컨텍스트에 영향을 미치지 않는다는 장점이 있고, 코드의 가독성을 올릴 수 있다는 점이 유용했어요.

트랜스파일러와 번들러를 사용하지 않고 구버전 브라우저 지원을 위해 let, const 대신 var를 사용해야 했던 프로젝트가 있었는데요, 스크립트 최상위 스코프를 즉시 실행 함수로 감싸 전역 오염을 방지하는 용도로 사용했습니다. 하지만 일반적으로 번들러를 사용하면 이런 일을 직접 할 필요가 없고, 그 외의 상황에서는 즉시 실행 함수를 사용하기보다는 일반 함수로 나누어 작성하는 것이 더 좋은 선택이라고 생각합니다.

ECMAScript 2015 이전에는 모듈 패턴을 구현하기 위해 주로 사용했습니다. 현재는 최신 자바스크립트에서 모듈 시스템과 블록 스코프를 제공하기 때문에 잘 사용하지 않아요. 불필요하게 IIFE를 사용하면 코드의 가독성과 관리 측면에서 불리하다고 생각해요.

 함수의 기본 매개 변수를 자주 사용하시나요? 그 이점은 무엇인가요?

자주 사용합니다. 기본값을 지정할 수 있기 때문에 값이 존재하지 않는 경우에 대한 처리가 필요 없고, 타입스크립트와 함께 사용하면 타입을 추론해준다는 장점도 있습니다. 반대로 다른 사람이 작성한 함수를 읽을 때도 기본 매개 변수가 있으면 힌트가 되어 해당 함수를 어떻게 사용할지가 쉽게 상상이 되곤 합니다.

기본 매개 변수를 자주 사용하는 편은 아니지만 더욱 안정적인 코드를 만들기 위해서는 기본 매개 변수를 지정하는 것이 큰 도움이 됩니다. 예를 들어 목록의 개수를 보여주는 문자열을 만드는 함수를 생각해봅시다. 대부분 '${count}개'의 형태로 템플릿 리터럴을 활용할 때가 있을 것입니다. 만약 count라는 값에 어떠한 이유로 undefined가 들어오게 된다면 어떻게 될까요? 그대로 또는 "undefined개"가 되어 사용자의 입장에서는 완성도와 신뢰도가 떨어져 보일 겁니다. 이렇게 사소한 것에 매개 변수를 잘 지정하는 습관이 있다면 더 완성도 높은 개발을 할 수 있습니다.

매개 변수가 optional 타입인 경우에는 기본 매개 변수를 많이 활용하는 편입니다. 타입스크립트를 사용할 경우 optional 타입일 때는 해당 값이 undefined 타입일 가능성이 열려 있게 되는데, 기본 매개 변수를 적용하면 의도하는 타입으로만 추론이 되기 때문에 편리한 점이 있는 것 같아요.

 자바스크립트에서 함수형 프로그래밍에 대해 어떻게 생각하시나요? 이를 실무에서 활용하는 방법에 대한 이야기도 좋습니다.

자바스크립트는 멀티 패러다임 언어로, 개발자가 선호하는 프로그래밍 패러다임에 따라 원하는 방식으로 코드를 구현할 수 있다는 점이 매력적입니다. 일부 개발자는 함수형 프로그래밍을 추구하며 pipe, Either와 같은 함수형 언어의 개념을 직접 구현하거나 관련 라이브러리를 사용하기도 합니다. 하지만 대다수의 개발자는 절차적 또는 객체지향적 사고에 더 익숙하며, 함수형 프로그래밍을 깊이 활용하려면 Functor, Monad 같은 고급 개념을 이해해야 하기 때문에 비교적 진입 장벽이 높다고 느낄 수 있습니다.

자바스크립트는 프로토타입 기반의 객체지향 프로그래밍과 클로저와 같은 함수형 프로그래밍 개념이 융합되어 있어 특정 패러다임에 치우치기보다 각 패러다임의 장단점을 조화롭게 활용하는 접근이 더 적합하다고 생각합니다.

함수형 프로그래밍은 유지/보수에서 이점을 챙겨갈 수 있는 방법입니다. 함수형 프로그래밍에서 이야기하는 '순수 함수'의 경우 테스트하기 매우 쉽고 사이드 이펙트가 없다는 것이 보장되기 때문에 해당 함수를 사용할 때 안심할 수 있습니다.

자바스크립트로 실무를 하게 된다면 자바스크립트는 함수형 프로그래밍을 가능하게 하는 요소인 일급 함수를 이미 보유하고 있기 때문에 함수형 프로그래밍 패러다임을 자연스럽게 접하게 될 것입니다. 예를 들면 자바스크립트에서 제공하는 배열 내장 함수인 filter, map 등이 이미 함수형으로 작성된 메서드입니다. 이외에도 자바스크립트에는 함수형 프로그래밍으로 볼 수 있는 내장 함수들이 여럿 있기 때문에 이런 내장 함수에 대해 제대로 이해하고 사용해도 함수형 프로그래밍을 활용하고 있는 것이죠.

 콜백 지옥에 대한 경험담을 들려주세요.

 JJ

Promise도 async/await도 사용하지 못했던 이벤트를 받아서 api를 콜하고 응답을 처리하던 시절이 아니고서는 콜백 지옥을 경험하기는 힘들다고 생각합니다. 사실 그런 상황이 있었을 뿐 그 당시가 지옥이었을 거라고 생각하지도 않아요. (저는 젊어서... 그런 경험이 잘 없지만 말입니다. 전설의 동물 기린 같은 이야기입니다.)

 Paul

콜백 지옥이라는 표현에 다소 조심스러운 부분이 있다고 생각해요. 콜백 함수 자체는 자바스크립트의 중요한 기능이고 단순하게 중첩 횟수가 몇 회 이상이면 콜백 지옥이라고 정의할 수도 없기 때문입니다. 중첩이 많더라도 명확히 구조화된 코드라면 문제가 되지 않기도 했고요. 실제로 콜백 지옥이라고 불리는 코드 중 일부는 적절히 설계되지 않은 비동기 로직이 원인이었던 경험도 있어요.

콜백 '지옥'을 방지하려면 단순히 중첩 횟수를 줄이는 것뿐 아니라 로직의 가독성과 유지 보수성을 고려한 코드 설계가 중요하다고 생각합니다.

 자바스크립트의 함수가 일급 객체로 취급되는 것의 장점은 무엇인가요? 실무에서 이를 활용한 경험이 있나요?

 JJ

다들 밥 먹듯이 쓰고 있을 겁니다. 바닐라 자바스크립트를 사용하여 애플리케이션을 만든다고 생각해보세요. 당장 아주 쉬운 이벤트 처리도 addEventListener를 사용해서 이벤트 핸들러를 등록하는 것만 생각해봐도 일급 객체로 취급되기 때문에 할 수 있는 것임을 알 수 있죠.

> 일급 객체로 인해 고차 함수 및 콜백 함수를 효율적으로 구현할 수 있다는 점이 장점이라고 생각합니다. 특히 map, filter 등 배열과 관련된 메서드를 조합하여 작성해야 할 때 로직을 분리하고 별도의 콜백 함수를 작성하면 가독성을 높일 수 있습니다. 또한 다양한 케이스에 대한 분기 처리가 필요할 때도 함수 내에 여러 조건문을 작성하기보다는 공통된 부분만 포함하고 그 외는 콜백 함수를 동적으로 받아 처리함으로써 함수가 비대해지는 것을 방지할 수 있습니다. — **Owen**

> 함수를 어디에서나 정의하고, 자유롭게 변수에 할당하거나 인자로 넘기고, 즉석에서 인라인으로 정의해서 사용할 수도 있어 코드를 간결하고 유연하게 작성할 수 있는 점이 장점이라고 생각합니다. 함수가 일급 객체가 아니라면 함수를 정의하거나 전달하기 위해 일부 객체지향 언어들처럼 매번 함수를 감싸는 객체나 클래스를 만들어야 해서 코드가 훨씬 장황해지고 번거로웠을 것 같아요. — **Terry**

 순수 함수에 대해 어떻게 생각하시나요?

> 가끔 어떤 함수들은 너무 많은 책임을 한꺼번에 처리하며 내부에 다양한 로직이 얽혀 있어 디버깅이 어려워지곤 하는데요, 순수 함수는 부수 효과가 없고 같은 입력에 대해 항상 동일한 출력을 보장하기 때문에 디버깅과 테스트가 쉽다는 점이 큰 장점이라고 생각합니다. 경험상 순수 함수로 구현하는 것을 권장하는 컨벤션이나 코드 리뷰가 있을 때 함수의 핵심 기능 외 다른 작용을 하지는 않는지 등을 한 번 더 생각해보게 되어 예기치 않은 버그를 방지하는 데 도움이 되었던 것 같아요. 함수에 대한 유닛 테스트 등을 할 때도 순수 함수에 대한 테스트는 비교적 입력값과 기대값을 적는 것이 쉬워서 여러모로 장점이 많다고 생각합니다. — **Sally**

> 순수 함수 열렬히 사랑해요. 트리 구조의 체크박스 로직이나 복잡한 데이터의 포맷을 변환하는 로직 등 복잡한 알고리즘을 짤 일이 있으면 지체 없이 유틸 함수를 순수 함수로 분리합니다. 프런트엔드에서는 렌더링 사이클이나 이벤트 핸들링, 비동기 처리와 같은 부수 효과 때문에 시스템이 잘 갖추어지지 않으면 테스트 작성과 유지/보수에 비용이 많이 들어갑니다. 이로 인해 들인 비용 대비 얻을 수 있는 효과가 줄어들고요. 하지만 순수 함수만큼은 다릅니다. 유닛 테스트 작성과 TDD를 제대로 해볼 기회라고 생각하며 호시탐탐 노리고 있습니다. 동료들과 정해진 컨벤션 내에서 잘 활용한다면 순수 함수는 언제나 옳은 선택이 아닐까요? — **Nina**

순수 함수로 작성하는 것은 좋다고 생각하고 저도 자주 활용하고 있어요. 간단한 로직이든 복잡한 로직이든 결과를 예상할 수 있는 함수는 테스트 작성이 용이해 프로젝트의 안정성을 한 단계 더 높일 수 있고, 외부에 의존하지 않기 때문에 모듈화가 잘 이루어져 재사용도 가능합니다. 저는 특정 컴포넌트에 의존할 필요가 없는 로직들을 유틸 함수로 분리하고, 분리한 함수를 순수 함수로 작성해서 재사용할 수 있도록 자주 활용하고 있어요.

리액트 공식 문서에 컴포넌트를 순수하게 유지하는 것의 중요성을 다루는 내용이 있는데요, 순수 함수의 장점을 이해한다면 컴포넌트도 순수하게 만들어 장점들을 활용할 수 있는 것 같습니다. 저도 최근 프로젝트 멤버들과 구조를 설계하면서 순수 함수와 순수 컴포넌트에 대해 논의하고 이를 적용했고 좋은 구조로 나아가는 데 도움이 되었어요.

순수 함수가 가지는 여러 장점이 있는데, 그중 읽기 쉬운 코드를 구성하는 데 매우 큰 역할을 합니다. 인풋에 따른 아웃풋이 명확하기 때문에 내부 로직이 예측되도록 이름을 짓기 쉬운 형태라고 생각해요. 이를 통해 코드의 해당 로직을 적절히 축약하면서도 읽기 쉬운 코드를 만드는 데 도움을 줍니다.

순수 함수에 대한 선호를 묻는 거라면 구현하고자 하는 아키텍처에 따라 다르다고 생각해요. 대체로 순수 함수는 사이드 이펙트를 피하고 예측 가능한 코드를 작성하는 데 유용한 도구임은 분명합니다. 하지만 모든 문제를 순수 함수로 해결하는 것이 최선은 아니라고 생각해요. 예를 들어 객체지향적인 접근법에서 객체를 전달(상속, 합성 등)하거나 상태를 명확히 관리하는 방식이 더 적합한 경우도 있습니다.

 제너레이터 함수는 어떻게 활용되는지 궁금해요.

함수형을 제대로 활용하려면 제너레이터를 활용할 수 있어야 하는 것 같아요. 아무리 함수가 일급 객체라도 파라미터로 함수를 넘겨 호출하는 방식으로는 사용하는 depth가 깊어지면 콜백 지옥이 되기는 마찬가지이거든요. 순수 함수를 잘 만들고 함수형을 지향해도 제너레이터를 활용하지 않으면 제대로 된 선언적 프로그래밍을 하기 어렵습니다. 다만, 제너레이터를 활용하면 코드 복잡도가 올라가기 때문에 아무 데나 활용해서는 안 되는 양날의 검이라고 생각해요. 핵심 파이프라인에 제너레이터가 적절히 활용될 때 코드 퀄리티를 확 좋게 만들 수 있다고 생각합니다. 아, 리팩터링하러 가야겠네요.

제네레이터 함수는 Lazy Evaluation을 구현하는 데 활용할 수 있습니다. map과 같은 배열의
함수형 메서드는 한 번에 모든 데이터를 생성하지만, 제네레이터 함수를 이용하면 값이 필요할
때 하나씩 생성되도록 할 수 있어 불필요한 연산을 줄이거나 메모리를 절약할 수 있습니다. 실제
로 문자열 파싱 로직을 구현할 때 한 번 활용해본 경험이 있는데요, 문자열을 토큰으로 변환하고
추상 구문 트리Abstract Syntax Tree(AST)를 생성하는 로직에서 한 번에 하나의 토큰을 생성하는 것
을 제네레이터 함수로 구현했습니다. 문자열 중간에 문법 오류가 있어 AST 생성을 중단해야 하
는 경우 그 뒤쪽의 불필요한 토큰은 생성되지 않도록 설계했습니다.

 자주 사용하는 배열 메서드는 무엇인가요? 이러한 메서드 사용 시 주의할 점이 있을까요?

배열에 있는 아이템들이 모두 혹은 일부가 조건을 만족하는지 확인하기 위해 종종 filter나 find   Stella
메서드를 사용한 뒤 아이템이 존재하는지를 체크하는데요, Array.every 혹은 Array.some 메서
드를 이용해 배열 내 특정 조건을 만족하는 아이템이 존재하는지 확인할 수 있어요.

```
const arr = [1, 2, 3];
const hasOne = arr.filter(v => v === 1).length > 0; // 이걸
const hasOne = arr.some(v => v === 1); // 이렇게 줄일 수 있습니다
```

단, 빈 배열에 해당 메서드를 사용할 때는 주의해야 해요. some을 사용할 때는 배열 안에 조건을
만족하는 아이템이 하나라도 존재하는지, every를 사용할 때는 배열 안에 조건을 만족하지 않는
아이템이 하나도 없는지를 생각하면 실수를 줄일 수 있습니다.

```
[].some(() => true); // false
[].every(() => false); // true
```

배열의 특정 조건을 만족하는 요소들만 골라서 map을 적용하고 싶은 경우 filter와 map을 사용   Dino
해야 하는데요, flatMap 메서드를 활용하면 한 번에 할 수 있어 종종 활용합니다.

```
arr.filter(value => condition).map(value => newValue);
arr.flatMap(value => condition ? [newValue] : []);
```

> 배열에 특정 값이 포함되어 있는지 확인하는 경우 Array.prototype.includes 메서드를 사용하곤 합니다. 값이 포함되어 있는지 확인하는 데에는 많은 방법이 있지만 includes를 사용하는 게 직관적이고 깔끔합니다. 그런데 includes 메서드는 선형 탐색으로 값을 찾기 때문에 배열의 크기가 크거나 자주 계산되는 로직에 포함된다면 성능 문제를 일으킬 수 있어 상황에 맞게 사용해야 합니다. 성능 문제가 나타나는 경우에는 Set 자료구조 등을 이용해서 성능 문제를 해소해볼 수 있습니다.
> — Edan

 함수 리팩터링과 관련하여 AI를 활용했던 경험을 들려주세요.

> 복잡한 로직을 함수 단위로 정리할 때, 더 적절한 함수명이나 분기 구조를 제안받을 때, 놓쳤던 예외 처리를 제안받을 때 AI는 유용했습니다. 특히 기존 코드에서 애매했던 부분을 다른 방식으로 풀어주는 걸 보고 '이렇게 접근할 수도 있구나' 하고 관점을 넓힐 수 있었습니다.
>
> 반면 리액트 컴포넌트를 리팩터링해달라고 하면 불필요한 최적화를 제안하는 경우도 많다고 느꼈어요. 예를 들어 단순한 클릭 핸들러나 계산 함수에도 무조건 useCallback이나 useMemo를 붙이곤 하는데, 이런 최적화는 실제로 렌더링 성능에 영향을 줄 만한 상황이 아니라면 의미가 없습니다. 오히려 잘못 쓰면 메모이제이션 비용만 늘고 성능이 더 나빠질 수도 있고요.
>
> 그래서 AI가 제안한 코드라고 해도 무조건 수용하지는 않습니다. '실제로 최적화가 필요한지', '기존 코드와 변경된 코드에는 정확히 어떤 차이가 있는지'와 같은 기준으로 다시 판단하곤 합니다.
> — Joy

> 하나의 함수가 너무 길거나 복잡할 때 함수를 역할별로 분리하는 리팩터링 과정에서 AI를 사용한 경험이 있습니다. 이때 함수나 변수의 네이밍에 대한 고민을 덜 수 있어서 편리했습니다. 하지만 가끔 AI가 제안한 함수가 기존 함수의 예외 처리 구문을 제거한다거나 실제 코드의 요구 사항과 완벽하게 일치하지 않는 경우도 있었습니다. 혹은 AI가 간결하지만 기존 함수보다 이해하기 어려운 코드를 제안해주어 추천해준 코드를 사용하지 않은 적도 많습니다. AI가 제안하는 코드는 참고하되, 기존의 코드 동작과 달라지는 부분은 없는지 생각하고, 가독성과 유지 보수성을 고려한 최종 결정이 필요하다고 생각합니다.
> — Lucy

CHAPTER 05

this

자바스크립트의 this는 단순히 외워서 익힐 수 있는 개념이 아닙니다. this는 코드가 실행되는 방식과 위치에 따라 그 값이 달라지기 때문에 동작 원리 자체를 정확히 이해해야만 상황에 맞게 활용할 수 있습니다.

이번 챕터에서는 전역 컨텍스트, 함수 호출, 메서드 호출, 화살표 함수 등 다양한 상황별로 this가 어떻게 달라지는지 살펴보고 bind나 화살표 함수 등을 활용한 this 제어 방법까지 다룹니다. this를 올바르게 이해하면 코드의 흐름을 더 명확하게 예측할 수 있고 원하는 방식으로 정확하게 동작을 제어할 수 있습니다.

SECTION 01 셀프 실력 점검

자바스크립트의 this에 대한 이해도를 점검해볼 수 있는 퀴즈입니다. 다음 항목들을 체크해봄으로써 자바스크립트의 this를 얼마나 잘 알고 있는지 확인해보세요.

01 this의 정의와 특징을 설명할 수 있다. [ ]

02 함수 호출 방식에 따른 this 바인딩에 대해 설명할 수 있다. [ ]

03 실행 환경에 따라 전역 컨텍스트의 this가 가리키는 값이 어떻게 달라지는지 설명할 수 있다. [ ]

04 화살표 함수에서의 this 바인딩을 설명할 수 있다. [ ]

05 생성자 함수에서의 this 바인딩을 설명할 수 있다. [ ]

06 메서드가 아닌 함수를 호출할 때 this가 무엇을 참조하는지 설명할 수 있다. [ ]

07 명시적 바인딩과 암시적 바인딩에 대해 설명할 수 있다. [ ]

08 call, apply, bind의 역할과 차이점을 설명할 수 있다. [ ]

09 이벤트 핸들러나 콜백 함수의 함수 정의 방식에 따라 달라지는 this 바인딩을 설명할 수 있다. [ ]

나의 실력은?

0-2개	출발 금지! 준비 운동이 필요해요. 이론부터 차근차근 학습하며 탄탄한 기본기를 쌓아보세요.
3-4개	준비 완료! 이제 기본 개념을 활용해 Level 1 퀴즈를 풀며 자신감을 키워보세요.
5-7개	잘하고 있어요! Level 2 퀴즈를 통해 학습한 개념을 코드에 적용하면서 더욱 깊이 있는 이해를 쌓아보세요.
8개 이상	Level 3 퀴즈에서 다양한 개념을 연관 지어 학습해보세요. 실무에서 어떤 문제를 만나도 충분히 해결할 수 있을 거예요.

SECTION 02 뇌를 깨우는 워밍업 퀴즈

본격적으로 핵심 개념을 익히기 전에 가벼운 퀴즈를 풀어보며 자바스크립트 this의 특성과 동작 방식을 점검해보세요.

01 다음 코드에서 runner.start 메서드 내부의 this는 무엇을 참조할까요? 다음 코드의 실행 결과를 예측해보세요.

```javascript
const runner = {
  nickname: "Paul",
  start: function() {
    console.log(this.nickname);
  }
};
runner.start();
```

힌트 객체의 메서드를 호출할 때 this는 어떤 대상을 참조하는지 생각해보세요.

02 다음 코드의 실행 결과는 무엇일까요?

```javascript
const runner = {
  nickname: "Paul",
  start: () => {
    console.log(this.nickname);
  }
};
runner.start();
```

힌트 화살표 함수에서 this는 어떻게 결정되는지 생각해보세요.

03 다음 코드에서 setTimeout 안의 this는 무엇을 참조할까요? 다음 코드의 실행 결과를 예측해보세요.

힌트 setTimeout에 전달된 일반 함수의 this는 어떻게 결정되는지 생각해보세요.

```javascript
const timer = {
  seconds: 0,
  start: function () {
    setTimeout(function () {
      console.log(this.seconds);
    }, 1000);
  }
};
timer.start();
```

04 다음 코드의 실행 결과는 무엇일까요?

힌트 화살표 함수는 this를 어떤 방식으로 참조하는지 생각해보세요.

```javascript
function Counter () {
  this.count = 0;
  setInterval(() => {
    this.count++;
    console.log(this.count);
  }, 1000);
}
const counter = new Counter();
```

05 비엄격 모드에서 다음 코드로 출력되는 this는 각각 무엇을 가리킬까요?

힌트 함수를 호출하는 방식에 따라 this가 어떻게 달라지는지 확인해보세요.

```javascript
function showThis () {
  console.log(this);
}
const obj = {
  show: showThis
};
showThis();
obj.show();
```

정답 및 해설

01	• "Paul" start는 객체의 메서드로 호출되므로 this는 runner 객체를 참조합니다.
02	• undefined 화살표 함수는 자신의 this를 가지지 않고 상위 스코프의 this를 사용합니다. start 메서드의 상위 스코프는 window(브라우저 기준)이며 window에 nickname 속성이 없기 때문에 undefined가 출력됩니다.
03	• undefined 일반 함수로서 setTimeout에 전달된 함수의 this는 전역 객체를 참조합니다.
04	• 1초마다 1씩 증가된 숫자 출력 화살표 함수의 this는 상위 스코프의 this로 바인딩되므로 this.count는 인스턴스의 count를 참조하여 1초마다 증가합니다.
05	• 전역 객체, obj showThis는 전역에서 호출되어 this는 전역 객체, obj.show는 객체 메서드로 호출되어 this는 obj를 참조합니다.

SECTION 03 핵심 개념 파헤치기

자바스크립트에서 this는 함수가 호출되는 방식에 따라 가리키는 값이 달라지며 코드의 유연성과 재사용성을 높이는 데 중요한 역할을 합니다. 이를 통해 동일한 함수를 다양한 컨텍스트에서 활용할 수 있어 객체지향 프로그래밍과 동적 바인딩이 필요한 상황에서 특히 유용합니다. 지금부터 this가 여러 상황에서 어떻게 동작하는지 파악하고 this를 효과적으로 다루는 방법을 살펴보겠습니다.

01 전역 컨텍스트에서의 this

전역 컨텍스트global context란 함수나 클래스 내부가 아닌 최상위 스코프에서 실행되는 환경을 의미합니다. 전역 컨텍스트에서 this는 엄격 모드나 비엄격 모드와 상관없이 globalThis, 즉 전역 객체를 가리킵니다.

```
console.log(this === globalThis); // true
```

챕터 3 '스코프와 클로저'에서 설명했듯이 globalThis는 자바스크립트가 실행되는 환경에 따라 값이 달라집니다. 브라우저 환경에서는 window를, Node.js 환경에서는 global 객체를 가리킵니다.

```
console.log(globalThis === window); // (브라우저 환경에서) true
console.log(globalThis === global); // (Node.js 환경에서) true
```

주의할 점은 Node.js가 사용하는 모듈 시스템인 CommonJS 모듈 내부에서 this는 전역 객체를 가리키지 않는다는 것입니다. CommonJS 모듈은 this가 module.exports라는 특수한 객체로 바인딩된 함수에서 실행되기 때문입니다.

다음 코드를 Node.js 환경에서 실행해봅시다.

```
console.log(this === globalThis);
console.log(this === module.exports);
```

CommonJS는 다음과 같이 모듈 래퍼(module wrapper)라는 특수한 형태의 함수로 코드를 감쌉니다. 그렇기 때문에 Node.js의 모듈은 실제로는 전역 컨텍스트가 아닌 함수 컨텍스트에서 실행되고 있다고 간주해야 합니다.

```
(function(exports, require, module, __filename, __dirname) {
  console.log(this === globalThis); // false
  console.log(this === module.exports); // true
});
```

한편, 챕터 9 '모듈'에서 소개할 자바스크립트의 표준 모듈 시스템인 ESM에서 최상위 스코프의 this는 undefined를 가리킵니다. 이는 브라우저나 Node.js에서 실행시키는 것과 상관없이 동일한 결과입니다.

```
console.log(this === undefined); // (ESM에서) true
```

02 함수에서의 this

메서드나 화살표 함수가 아닌 일반 함수에서 this의 값은 비엄격 모드에서는 전역 객체를, 엄격 모드에서는 undefined를 가리킵니다. 다음은 비엄격 모드에서 실행되는 코드입니다.

```
function printThis () {
  console.log(this);
}
printThis(); // (브라우저 환경에서) Window {...}
```

중첩 함수에서도 이 동작은 동일하며 최상위 스코프가 아닌 곳에서도 함수 내부의 this는 전역 객체를 가리킵니다.

다음은 비엄격 모드에서 Node.js로 실행되는 코드의 예시입니다. 함수 외부에서 this는 module. exports를 가리키지만, 함수 내부에서는 전역 객체인 global을 가리키고 있습니다.

```js
function getGlobal () {
  return this;
}
console.log(this === global); // false
console.log(getGlobal() === global); // true
```

이처럼 this는 상위 스코프와 하위 스코프가 연결된 렉시컬 스코프와 다르게 동작하여 주의가 필요합니다.

| 메서드와 this |

메서드에서는 this가 해당 메서드를 호출한 객체를 가리킵니다. 예를 들어 다음 코드에서 hello 메서드 내부의 this는 person 객체를 참조합니다.

```js
const person = {
  name: "Jake",
  hello () {
    return `Hi, my name is ${this.name}!`;
  },
};
console.log(person.hello()); // "Hi, my name is Jake!"
```

중요한 점은 this의 값은 메서드가 정의된 객체가 아니라 메서드를 호출한 객체에 따라 결정된다는 것입니다.

```js
const otherPerson = {
  name: "Sally",
  hello: person.hello,
};
console.log(otherPerson.hello()); // "Hi, my name is Sally!"
```

또한 객체 리터럴에서 this를 사용해 속성을 초기화하려고 하면 객체가 아닌 외부 컨텍스트의 this를 가리키게 되므로 의도치 않은 일이 발생할 수 있습니다.

```
const person = {
  name: "Lucy",
  greeting: `Hello, my name is ${this.name}!` // this가 undefined인 경우 에러 발생
};
```

화살표 함수와 this

일반적인 함수와 다르게 화살표 함수의 this는 렉시컬 스코프에 의해 결정됩니다. 즉, 화살표 함수의 this는 상위 스코프의 this로 바인딩됩니다.

Node.js의 비엄격 모드에서 다음 코드를 실행시키면 일반 함수에서 반환된 this는 전역 객체인 global을 가리키는 반면, 화살표 함수에서 반환된 this는 모듈 내부의 this와 동일한 module.exports를 가리키는 것을 알 수 있습니다.

```
function getThis () {
  return this;
}
const getThisArrow = () => this;
console.log(getThis() === global); // true
console.log(getThisArrow() === module.exports); // true
```

이러한 특징은 중첩 함수나 콜백 함수를 정의할 때 동일한 컨텍스트의 this를 유지할 수 있어 유용합니다. 화살표 함수는 바로 위 스코프인 say 함수의 this를 그대로 사용합니다. 즉, say 메서드의 컨텍스트가 그대로 setTimeout 내부에 전달된 것입니다.

```
const person = {
  name: "Jake",
  say () {
    setTimeout(() => {
      console.log(`I'm ${this.name}!`);
```

```
    }, 1000);
  },
};
person.say(); // (1초 뒤) "I'm Jake!"
```

| 생성자 함수와 this |

챕터 4 '함수'에서 언급했듯이 new 키워드로 호출되는 생성자 함수의 this는 새로 생성되는 객체를 참조합니다. 단, 생성자 함수가 다른 객체를 반환할 경우 this가 참조했던 객체는 버려집니다.

```
function Person () {
  this.name = "Joy";
}
function OtherPerson () {
  this.name = "Gling";
  return {name: "Ethan"};
}
const joy = new Person();
const gling = new OtherPerson();
console.log(joy.name); // "Joy"
console.log(gling.name); // "Ethan"
```

03 클래스에서의 this

자바스크립트의 클래스는 기존의 프로토타입 기반 상속을 직관적이고 명확하게 사용할 수 있도록 ECMAScript 2015에 도입된 문법입니다. 클래스의 핵심 개념은 챕터 7 '클래스와 프로토타입'에서 자세히 다루므로 여기서는 클래스 컨텍스트에 따라 this가 어떻게 달라지는지에 대해 초점을 맞춰 설명하겠습니다.

클래스 컨텍스트는 크게 static 키워드로 정의되는 정적 컨텍스트_static context_ 그리고 생성자, 메서드, 필드와 같은 인스턴스 컨텍스트_instance context_로 나눌 수 있습니다.

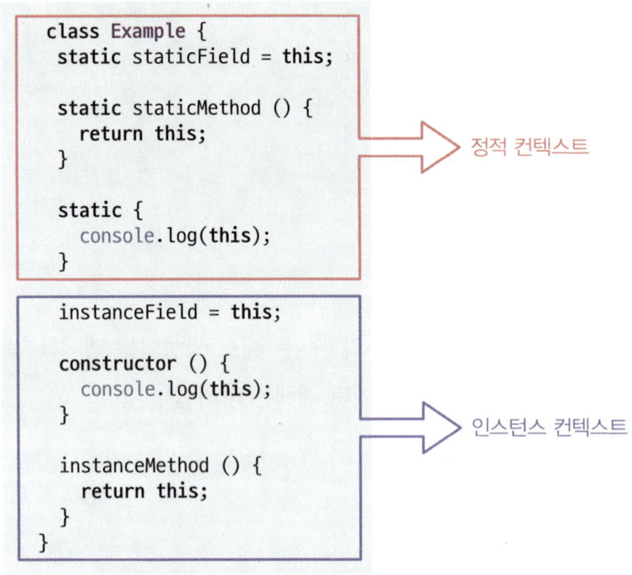

```
class Example {
  static staticField = this;

  static staticMethod () {
    return this;
  }

  static {
    console.log(this);
  }
```
→ 정적 컨텍스트

```
  instanceField = this;

  constructor () {
    console.log(this);
  }

  instanceMethod () {
    return this;
  }
}
```
→ 인스턴스 컨텍스트

그림 5-1 클래스 컨텍스트

| 인스턴스 컨텍스트에서의 this |

인스턴스 컨텍스트에서의 this는 다음처럼 클래스로 생성된 인스턴스 객체를 가리킵니다.

```
class User {
  self = this;
  getSelf () {
    return this;
  }
}
const user = new User();
console.log(user === user.self); // true
console.log(user === user.getSelf()); // true
```

클래스 필드와 객체 리터럴은 정의하는 방식이 유사하기 때문에 헷갈릴 수 있지만 this 동작이 다릅니다. 클래스 필드에서의 this는 해당 클래스의 인스턴스를 가리키는 반면 객체 리터럴에서는 this가 외부 컨텍스트를 참조하기 때문에 사용 시 주의가 필요합니다.

```
const User = {
  self: this, // 여기서의 this는 외부 컨텍스트를 참조
};
console.log(User === User.self); // false
```

클래스 생성자에서도 this는 새로 생성된 인스턴스를 참조합니다. 하지만 자식 클래스의 생성자에서는 super를 호출하기 전까지 this에 접근할 수 없습니다. super를 호출한 후에야 this는 부모 클래스로부터 만들어진 객체를 참조하기 때문입니다.

```
class Parent {}
class Child extends Parent {
  value = 3;
  constructor () {
    console.log(this.value); // 에러 발생!
    super();
  }
}
const child = new Child();
```

| 정적 컨텍스트에서의 this |

반면 정적 컨텍스트에서 this는 클래스 자체를 참조합니다. 자바스크립트에서는 클래스도 일급 객체이기에 가능한 일입니다.

```
class StaticClass {
  static myClass = this;
  static getThis () {
    return this;
  }
}
console.log(StaticClass.myClass === StaticClass); // true
console.log(StaticClass.getThis() === StaticClass); // true
```

클래스 내에서는 항상 엄격 모드가 적용되므로 this가 전역 객체일지 undefined일지 고민할 필요가 없습니다.

```javascript
class MyClass {
  static {
    function getThis () {
      console.log(this); // (항상) undefined
    }
    getThis();
  }
}
```

04 실무에서의 this

this는 함수의 호출 방식에 따라 값이 달라지는 특징이 있어 코드의 유연성과 재사용성을 높이는 데 유용합니다. 그러나 이런 동적으로 값이 달라지는 특성이 코드의 이해와 디버깅을 어렵게 만드는 요인으로 작용하기도 합니다. 특히 메서드를 다른 변수에 할당하거나 엄격 모드와 비엄격 모드의 차이를 간과할 경우 의도치 않은 동작이 발생할 수 있습니다.

이러한 문제를 해결하기 위해 bind, call, apply를 사용하거나 화살표 함수로 this를 고정할 수 있습니다. 하지만 자바스크립트나 DOM API는 this의 동적인 특성을 활용하는 경우가 많기 때문에 무조건 this를 고정하기보다는 상황에 맞게 대처해야 합니다.

이제 실무에서 자주 겪을 수 있는 this와 관련된 문제와 그 해결 방법을 알아보겠습니다.

| 메서드의 this 바인딩 |

객체의 메서드를 콜백으로 전달하면 this가 원래 객체를 참조하지 않아 예상치 못한 동작이 발생할 수 있습니다. 다음 코드에서 setTimeout에 전달된 person.hi 메서드는 person 객체와의 연결을 잃고 전역 컨텍스트에서 실행됩니다.

```js
const person = {
  nickname: "Paul",
  hi () {
    console.log(`Hello, I'm ${this.nickname}!`);
  },
};
setTimeout(person.hi, 1000); // (1초 뒤) "Hello, I'm undefined!"
```

이 문제는 bind를 사용해 this를 고정하거나 화살표 함수로 감싸는 방식으로 해결할 수 있습니다.

```js
setTimeout(person.hi.bind(person), 1000); // (1초 뒤) "Hello, I'm Paul!"
setTimeout(() => person.hi(), 1000); // (1초 뒤) "Hello, I'm Paul!"
```

하지만 bind 함수는 호출될 때마다 새로운 함수 객체를 생성하기 때문에 bind를 통해 함수 객체를 반복적으로 생성하는 경우 메모리 사용량이 증가할 수 있으므로 주의가 필요합니다.

| DOM 이벤트 핸들러 |

DOM 요소의 이벤트 핸들러 내부에서 this는 이벤트가 발생한 요소를 가리킵니다. 다음 코드에서 버튼 클릭 시 this는 버튼 요소를 참조합니다.

```js
const button = document.querySelector("button");
button.addEventListener("click", function () {
  console.log(this === button); // true
});
```

그러나 이벤트 핸들러를 화살표 함수로 작성하면 this는 버튼 요소가 아닌 상위 스코프의 this를 참조하게 됩니다.

```js
button.addEventListener("click", () => {
  console.log(this === button); // false
});
```

이처럼 함수 정의 방식에 따라 this가 달라지기 때문에 이벤트가 발생한 요소를 참조하고 싶다면 이벤트 객체의 currentTarget 속성을 사용하는 것이 더 안전합니다.

```javascript
button.addEventListener("click", event => {
  console.log(event.currentTarget === button); // true
});
```

또한 DOM 이벤트 핸들러에는 콜백 함수 외에 handleEvent 메서드를 가진 객체를 전달하는 것도 가능합니다. 이 경우 this는 DOM 요소가 아니라 객체 자신을 가리킵니다.

```javascript
class Clicker {
  constructor (button) {
    button.addEventListener("click", this);
  }
  handleEvent (event) {
    if (event.type === "click") {
      console.log(this); // Clicker {}
    }
  }
}
new Clicker(document.querySelector("button"));
```

| 배열 메서드와 콜백 함수 |

map, filter, forEach와 같은 배열 메서드는 콜백 함수를 인자로 받으며, 이 콜백 함수에 사용할 this의 값을 명시적으로 전달할 수 있습니다.

```javascript
const numbers = {
  multiplier: 3,
  values: [1, 2, 3],
  multiply () {
    return this.values.map(function (n) {
      return n * this.multiplier;
    }, this);
  }
};
```

```
  },
};
console.log(numbers.multiply()); // [3, 6, 9]
```

물론 화살표 함수를 사용하면 상위 스코프의 this를 참조하므로 더 간결하게 작성할 수 있습니다.

```
const numbers = {
  multiplier: 3,
  values: [1, 2, 3],
  multiply () {
    return this.values.map(n => {
      return n * this.multiplier;
    });
  },
};
console.log(numbers.multiply()); // [3, 6, 9]
```

| setTimeout |

setTimeout은 정해진 시간 뒤에 콜백 함수를 호출할 수 있도록 타이머를 설정하는 함수입니다. 하지만 setTimeout은 배열 메서드와 달리 this를 명시적으로 전달할 방법을 제공하지 않습니다. 콜백 함수의 this는 엄격 모드에서도 전역 객체를 가리킵니다. 또한 Node.js 환경에서는 Timeout 객체를 가리킵니다. 따라서 bind를 사용해 this를 바인딩하거나 화살표 함수를 사용해야 합니다.

```
const dog = {
  bark: "Wang!",
  wait () {
    setTimeout(() => {
      console.log(this.bark);
    }, 1000);
  },
};
dog.wait(); // (1초 뒤) "Wang!"
```

Ask-AI 질문 플레이북

개념 이해에 그치지 말고 AI에게 질문하며 사고를 확장하고 실전 감각을 키워보세요. 무엇을 질문해야 할지 막막하다면 다음 질문들이 좋은 힌트가 되어줄 거예요.

브라우저와 Node.js 같은 환경에서 자바스크립트의 전역 객체가 서로 다른 이유는 뭔가요?

― 질문의도 ―

동일한 자바스크립트 언어인데도 환경에 따라 전역 객체가 window, global, globalThis처럼 달라지는 이유가 있을까요? 이 질문을 통해 환경별로 달라지는 설계의 배경을 이해하고 크로스 플랫폼 개발에서의 주의점이나 문제를 파악할 수 있습니다.

자바스크립트에서 this가 컨텍스트마다 달라지도록 설계한 특별한 이유가 있을까요?

― 질문의도 ―

같은 this인데도 함수나 객체, 클래스, 이벤트 핸들러 등에서 다르게 동작하는 게 혼란스럽게 느껴질 수 있습니다. 이 질문을 통해 자바스크립트의 설계 철학, 특히 동적 바인딩과 느슨한 객체 모델이 가진 유연성의 의도를 잘 이해할 수 있습니다.

자바스크립트에서 this가 컨텍스트마다 달라지는 거라면 화살표 함수의 this는 왜 렉시컬 스코프로 고정한 건가요?

― 질문의도 ―

보통 함수의 this는 호출 방식에 따라 바뀌는데, 화살표 함수는 왜 예외적으로 자신을 감싼 스코프의 this를 따르도록 설계했을까요? 이 질문을 통해 화살표 함수의 도입 배경, 특히 콜백이나 비동기 처리에서의 혼란을 줄이기 위한 설계 의도를 이해하고, 적절한 사용 시점을 판단할 수 있습니다.

SECTION 04 실전 레벨업 퀴즈 챌린지

자바스크립트의 this는 다양한 실행 컨텍스트에 따라 동작 방식이 달라집니다. 이를 정확히 이해하면 자바스크립트 코드를 작성하고 디버깅하는 데 도움이 됩니다. 단계별 퀴즈를 통해 this 바인딩 규칙과 실제 동작 원리를 살펴보며 실무에서 마주할 수 있는 다양한 상황에 대비해봅시다.

Level 1 ★

Q1 |보기|에서 다음 빈칸에 알맞은 단어를 고르세요.

엄격 모드에서 일반 함수 호출 시에 함수 내부의 this에는 [①]가 할당됩니다. 메서드 호출 시에 함수 내부의 this에는 [②]가 할당됩니다. 생성자 함수에서 함수 내부의 this에는 [③]가 할당됩니다.

|보기|

(a) new를 통해 생성된 객체
(b) undefined
(c) 메서드를 호출한 객체

정답

① (b) undefined
② (c) 메서드를 호출한 객체
③ (a) new를 통해 생성된 객체

Q2 다음 빈칸에 들어갈 단어를 작성하세요.

[①]는 호출 방식에 따라 this가 달라지지 않습니다. 대신 정의된 위치의 [②]에 따라 this가 결정되므로 상위 스코프의 this로 바인딩됩니다.

정답
① 화살표 함수 ② 렉시컬 스코프

Q3 다음 빈칸에 들어갈 단어를 작성하세요.

브라우저 환경에서 모듈 최상단에 위치한 this가 가리키는 대상은 [①]입니다. Node.js의 CommonJS 모듈에서 모듈 최상단에 위치한 this가 가리키는 대상은 [②]입니다.

정답
① undefined ② module.exports

Q4 다음 빈칸에 들어갈 단어를 작성하세요.

[①] 메서드를 사용하면 this를 고정할 수 있습니다. 하지만 [②]의 this는 bind를 사용해 고정할 수 없습니다.

정답
① bind ② 화살표 함수

Q5 다음 빈칸에 들어갈 단어를 작성하세요.

bind, apply, call 등의 함수로 this를 결정하는 것을 [①]이라고 합니다. 그렇지 않고 호출 위치에 따라 this를 결정하는 것을 [②]이라고 합니다.

정답
① 명시적 바인딩　② 암시적 바인딩

Q6 | 보기 |에서 다음 빈칸에 알맞은 단어를 고르세요.

function someFunction ( ) {...} 함수가 있을 때 someFunction.bind(thisArg)는 [　①　]를 반환합니다. 또 someFunction.apply(thisArg)는 [　②　]를 반환하고, someFunction.call (thisArg)는 [　③　]를 반환합니다.

| 보기 |
(a) someFunction을 감싼 새 함수
(b) someFunction의 실행 결과
(c) thisArg

정답
① (a) someFunction를 감싼 새 함수
② (b) someFunction의 실행 결과
③ (b) someFunction의 실행 결과

Level 2 ★★

Q7 #this #apply #bind #call #new 바인딩 #명시적 바인딩 #암시적 바인딩
다음 코드의 실행 결과를 예측하고 그 이유를 설명하세요.

```
function getName () {
  console.log(this.name);
}
```

```
const person = {
  name: "jay",
  getName,
};

person.getName(); ❶
person.getName.call({name: "jake"}); ❷

const boundGetName = person.getName.bind({name: "john"});
boundGetName.call({name: "jake"}); ❸
```

정답

❶ "jay"   ❷ "jake"   ❸ "john"

해설

person.getName에는 암시적 바인딩이 적용되므로 this에는 person 객체가 바인딩됩니다. 따라서 ❶은 "jay"를 출력합니다. 이후 person.getName.call을 통해 명시적으로 {name: "jake"} 객체를 바인딩합니다. 따라서 ❷는 "jake"를 출력합니다.

❸은 bind와 call의 우선순위를 비교합니다. bind 메서드는 새로운 함수를 생성하면서 this를 고정합니다. 따라서 문제에서 boundGetName은 {name: "john"} 객체를 this로 고정한 새로운 함수입니다. call 메서드는 함수를 호출하면서 this를 명시적으로 설정할 수 있지만 bind로 고정된 this는 변하지 않습니다. 따라서 ❸의 call은 전달된 this를 무시하고 boundGetName 내부에 고정된 this를 그대로 사용하므로 "john"을 출력합니다.

Q8 #this #일반 함수 #화살표 함수 #콜백

비엄격 모드에서 다음 코드의 실행 결과를 예측하고 그 이유를 설명하세요.

```
const numbers = [1, 2, 3];

numbers.forEach(value => {
  console.log(this.value); ❶
});
```

```
numbers.forEach(function (value) {
  console.log(this.value); ❷
});

const mapNumbers = numbers.map(value => value + this.value);
mapNumbers.forEach(value => {
  console.log(this.value); ❸
});
```

정답

❶ undefined
undefined
undefined

❷ undefined
undefined
undefined

❸ undefined
undefined
undefined

해설

Array 인스턴스 forEach 메서드의 콜백 함수 내에서 this가 사용되었습니다. 프로토타입 메서드 내부와 콜백 함수 내부에서의 this 할당 방식 역시 자바스크립트의 일반적인 this 할당 방식과 다르지 않습니다.

❶에서 forEach 함수의 콜백 함수로 화살표 함수를 전달합니다. 화살표 함수에서의 this는 자신을 둘러싼 스코프인 전역 객체의 this를 가리키므로 this.value는 undefined입니다.

❷에서는 forEach 함수의 콜백 함수로 일반 함수를 전달합니다. 따라서 이 경우에도 this는 전역 객체의 this를 가리키고 this.value는 undefined입니다.

❸에서 map 함수의 콜백 함수로 화살표 함수를 전달합니다. 이때도 ❶, ❷에서와 마찬가지로 this.value는 undefined입니다. 또한 value에는 array의 각 요소가 차례대로 전달되는데, 챕터 1 '타입'에서 설명한 것처럼 자바스크립트에서 number와 undefined를 연산하는 경우 결괏값은 NaN이므로 array2는 [NaN, NaN, NaN]입니다. 이후 ❸에서는 ❶에서와 마찬가지로 this가 전역 객체의 this를 가리키므로 this.value는 undefined입니다.

Q9 #this #객체 #일반 함수 #클래스 #화살표 함수
다음 코드의 실행 결과를 예측하고 그 이유를 설명하세요.

```javascript
function getUserName() {
 console.log(this.userName);
}

const user = {userName: "testAccount1", getUserName};
const user2 = {userName: "testAccount2", getUserName: user.getUserName};

user.getUserName(); ❶
user2.getUserName(); ❷

class Account {
 constructor (userName) {
   this.userName = userName;
 }
 getUserName = function () {
   console.log(this.userName);
 };
 getUserInfo = () => {
   console.log(this.userName);
 };
}

const user3 = new Account("testAccount3");
const user4 = {
 userName: "testAccount4",
 getUserInfo: user3.getUserInfo,
};

user3.getUserName(); ❸
user3.getUserInfo(); ❹
user4.getUserInfo(); ❺
```

힌트 자바스크립트에서 this에 바인딩되는 값은 함수의 호출 방식에 따라 동적으로 결정됩니다.

정답

❶ "testAccount1"

❷ "testAccount2"

❸ "testAccount3"

❹ "testAccount3"

❺ "testAccount3"

해설

일반 함수로 호출되었을 때의 this는 전역 객체에, 메서드로서 호출될 때의 this는 메서드를 호출한 객체에 바인딩됩니다. getUserName 메서드는 일반 함수로 정의되어 있지만 user 객체의 메서드로서 호출되고 있습니다. 따라서 ❶에서 getUserName 메서드 내의 this는 해당 메서드를 호출한 user 객체에 바인딩되고 "testAccount1"을 출력합니다. ❷에서 user2의 getUserName은 user의 getUserName의 참조를 공유하고 있지만, getUserName을 호출한 객체는 user2이므로 getUserName 내의 this는 user2에 바인딩되고 "testAccount2"를 출력합니다.

Account 클래스에서는 메서드를 두 가지 방식으로 정의합니다. getUserName은 일반 익명 함수로 정의되었으므로 user, user2와 동일하게 해당 메서드를 호출한 객체가 this에 바인딩되어 ❸에서는 "testAccount3"를 출력합니다. 반면 getUserInfo는 화살표 함수로 정의되어 getUserInfo 내부의 this는 상위 스코프의 this로 고정됩니다. 따라서 어떤 컨텍스트에서 호출되더라도 this는 Account 클래스의 인스턴스인 user3에 고정되어 ❹에서는 "testAccount3"을 출력합니다. user4는 Account 클래스의 인스턴스가 아닌 일반 객체이므로 user4의 getUserInfo는 user3의 메서드를 참조합니다. getUserInfo 내에서의 this는 user3에 고정된 상태이기 때문에 user4.getUserInfo 역시 user3.userName을 참조하여 ❺에서도 "testAccount3"을 출력합니다.

이처럼 클래스 내에서 화살표 함수를 사용하면 this가 고정되므로 의도하지 않은 동작을 유발할 수 있습니다. 클래스에서 메서드를 정의할 때는 일반 함수 표현식을 사용하는 것이 일반적이며, 화살표 함수는 이벤트 핸들러와 같은 예외 상황에만 사용하는 것이 좋습니다.

 AI는 통과 못 하는 기술 면접 예상 질문

Q9-1 클래스와 객체에서 this의 차이점은 무엇일까요?

답변
- 클래스 내부에서 정의된 메서드의 this는 해당 클래스의 인스턴스를 참조합니다.
- 객체의 메서드에서 this는 메서드를 호출한 객체를 가리킵니다.
- 화살표 함수로 정의된 경우 this는 상위 스코프의 this를 고정하여 참조합니다.

Q9-2 특정 클래스에 다른 클래스의 메서드가 사용될 때 this는 어떻게 바인딩될까요?

답변
- 클래스의 메서드를 다른 클래스나 객체에 복사하거나 할당한 경우 일반 함수로 정의한 메서드는 호출한 객체의 this가 바인딩됩니다.
- 화살표 함수로 정의한 메서드는 상위 스코프의 this가 유지되므로 메서드를 처음 정의한 클래스의 인스턴스를 참조합니다.

#this #apply #bind #call #화살표 함수
다음 코드의 실행 결과를 예측하고 그 이유를 설명하세요.

```javascript
function sayHelloTo () {
  return `Hello! ${this.nickname}`;
}

const sayByeTo = () => `Bye! ${this.nickname}`;

const boundSayHelloToA = sayHelloTo.bind({nickname: "A"});
const sayHelloToB1 = boundSayHelloToA.call({nickname: "B"});

const boundSayHelloToB = boundSayHelloToA.bind({nickname: "B"});
const sayHelloToB2 = boundSayHelloToB.apply({nickname: "B"});

console.log(boundSayHelloToA()); ❶
console.log(sayHelloToB1); ❷

console.log(boundSayHelloToB()); ❸
console.log(sayHelloToB2); ❹

const boundSayByeToA = sayByeTo.bind({nickname: "A"});
const sayByeToB1 = boundSayByeToA.call({nickname: "B"});

const boundSayByeToB = boundSayByeToA.bind({nickname: "B"});
```

```
const sayByeToB2 = boundSayByeToB.apply({nickname: "B"});

console.log(boundSayByeToA()); ❺
console.log(sayByeToB1); ❻

console.log(boundSayByeToB()); ❼
console.log(sayByeToB2); ❽
```

힌트 bind, apply, call은 자바스크립트에서 this 값을 명시적으로 지정할 때 사용되는 메서드입니다. bind는 함수의 this 값을 바인딩한 새로운 함수를 반환합니다. call, apply 메서드는 함수를 실행하면서 this 값을 설정하며 인자를 전달하는 방식에서 차이가 있습니다. call은 인자를 쉼표로 구분하여 전달하며 apply는 배열 형태로 전달합니다.

화살표 함수는 함수가 선언된 위치의 상위 스코프에 의해 this가 결정되며 bind, apply, call과 같은 메서드로 this를 변경할 수 없습니다.

정답

❶ "Hello! A"

❷ "Hello! A"

❸ "Hello! A"

❹ "Hello! A"

❺ "Bye! undefined"

❻ "Bye! undefined"

❼ "Bye! undefined"

❽ "Bye! undefined"

해설

일반 함수인 sayHelloTo는 bind로 this를 바인딩할 수 있습니다. boundSayHelloToA에는 bind로 this를 바인딩한 함수가 할당되고, 이후 call이나 apply를 다시 사용해도 this를 변경할 수 없습니다. 마찬가지로 boundSayHelloToB에서와 같이 bind로 바인딩된 함수에 다시 bind를 사용해도 이미 this가 바인딩되어 있기 때문에 변경할 수 없습니다. 따라서 이미 바인딩된 boundSayHelloToA 함수에 다시 bind나 call, apply를 사용해 this를 {nickname: "B"}로 변경하려 해도 this는 {nickname: "A"}로 바인딩되어 ❶부터 ❹까지는 모두 "Hello! A"를 출력합니다.

반면 sayByeTo는 화살표 함수이므로 this가 선언 시점에 고정되기 때문에 bind, call, apply로 다른 객체를 전달해도 화살표 함수 내부의 this는 변경되지 않습니다. 화살표 함수에 bind를 적용해 새로운 함수를 생성하더라도 이 함수는 여전히 상위 스코프의 this를 참조하므로 ❺부터 ❽까지는 모두 "Bye! undefined"를 출력합니다.

AI는 통과 못 하는 기술 면접 예상 질문

Q10-1 bind를 사용하지 않고 함수의 this를 고정하는 방법은 무엇인가요?

답변
- this를 고정하려면 화살표 함수를 사용할 수 있습니다.
- 화살표 함수는 this가 상위 스코프에 의해 결정되므로 함수가 선언된 위치의 this를 고정합니다.
- 따라서 호출 시점과 관계없이 일관된 this 값을 유지합니다.

Q10-2 bind로 this를 바인딩한 이후 call이나 apply로 this를 변경할 수 없는 이유는 무엇인가요?

답변
- bind는 함수에 this를 고정하여 새로운 함수를 반환합니다.
- 따라서 이후 call이나 apply로 this를 변경하려 해도 적용되지 않습니다.
- bind가 적용된 함수는 고정된 this 값을 유지하며 호출됩니다.

 #this #setTimeout #명시적 바인딩 #암시적 바인딩 #콜백 #화살표 함수
비엄격 모드의 브라우저 환경에서 다음 코드의 실행 결과를 예측하고 그 이유를 설명하세요.

```
const joy = {
  age: 10,
  getAge () {
    setTimeout(function () {
      console.log(`The age is ${this.age}`); ❶
    }, 100);
  },
};
joy.getAge();

const sally = {
```

```
  age: 10,
  getAge () {
    setTimeout(() => {
      console.log(`The age is ${this.age}`); ❷
    }, 100);
  },
};
sally.getAge();

const eve = {
  age: 10,
  getAge (callback) {
    setTimeout(callback.bind(this), 100);
  },
};
eve.getAge(function () {
  console.log(`The age is ${this.age}`); ❸
});
```

정답

❶ "The age is undefined"

❷ "The age is 10"

❸ "The age is 10"

해설

setTimeout의 콜백 함수에서 호출되는 this 역시 자바스크립트에서의 일반적인 this 할당 방식과 다르지 않습니다. 기본적으로 setTimeout의 콜백 함수에서 this에는 전역 객체가 할당됩니다.

❶에서 호출된 this는 일반 함수에서 호출되므로 전역 객체를 가리킵니다. 따라서 브라우저 환경인 경우 this.age는 window.age와 같고 undefined의 값을 갖습니다.

❷에서 호출된 this는 화살표 함수에서 호출되므로 함수 선언 시 화살표 함수의 상위 스코프의 this를 가리킵니다. 따라서 this.age는 sally.age와 같으므로 10의 값을 갖습니다.

bind 메서드는 첫 번째 인자로 전달한 객체를 호출한 함수의 this에 바인딩합니다. 따라서 this가 eve로 바인딩되고, 결과적으로 ❸에서 this.age는 eve.age와 같으므로 10의 값을 갖습니다.

Q12 #this #함수 #화살표 함수

비엄격 모드의 브라우저 환경에서 다음 코드의 실행 결과를 예측하고 그 이유를 설명하세요.

```javascript
var message = "global message";
var messageObject = {
  message: "object message",
  getThisMessage: function () {
    const innerFunc = function () {
      return this.message;
    };
    const arrowFunc = () => this.message;
    console.log(this.message);      // ❶
    console.log(innerFunc());       // ❷
    console.log(arrowFunc());       // ❸
  },
};
messageObject.getThisMessage();
```

```javascript
var message = "global message";
var messageObject = {
  message: "object message",
  getThisMessage: function () {
    return this.message;
  },
  printMessage: function () {
    const messageFunc = this.getThisMessage;
    const message = this.getThisMessage();

    console.log(messageFunc());    // ❹
    console.log(message);           // ❺
  },
};
messageObject.printMessage();
```

힌트 this는 함수를 호출한 컨텍스트에 따라 동적으로 결정됩니다. 이것을 실행 컨텍스트라고 하며 this는 함수를 호출하는 방식에 따라 가리키는 대상이 달라집니다.

화살표 함수는 일반 함수의 this와 다르게 함수를 선언할 때 this에 바인딩될 객체가 정적으로 결정됩니다. 즉, 화살표 함수에서 this는 항상 상위 스코프의 this를 가리킵니다.

정답

❶ "object message"

❷ "global message"

❸ "object message"

❹ "global message"

❺ "object message"

해설

❶에서 this는 현재 메서드가 호출된 객체를 가리키므로 messageObject를 참조합니다. 따라서 this.message는 객체 messageObject의 속성인 "object message"를 참조하기 때문에 "object message"를 출력합니다.

❷에서 innerFunc 함수는 일반 함수로, 함수 내부에서 this를 사용하면 해당 함수가 호출된 컨텍스트에 따라 동작합니다. 여기서는 innerFunc 함수가 messageObject의 메서드가 아닌 일반적인 함수로 실행되었으므로 this는 전역 객체를 가리킵니다. 따라서 전역 객체의 message를 참조해 "global message"를 출력합니다.

❸에서 arrowFunc 함수는 화살표 함수로 정의되었습니다. 화살표 함수는 자신을 둘러싼 렉시컬 스코프의 this를 유지하므로 messageObject.getThisMessage에서 호출한 컨텍스트인 객체 messageObject의 속성을 가리킵니다. 따라서 "object message"를 출력합니다.

❹에서 messageFunc은 this.getThisMessage 함수를 가리키는 변수로, 이 변수를 호출하면 getThisMessage가 실행됩니다. 이때 함수 내부에서의 this는 함수를 호출한 컨텍스트가 아닌 전역 객체를 가리킵니다. 앞선 코드의 innerFunc와 마찬가지로 messageFunc를 호출하면 전역 객체의 message를 참조하게 되고 "global message"를 출력합니다.

❺에서 message는 객체 messageObject 내부에서 선언된 message 속성을 참조합니다. 객체 내부에서의 this는 해당 객체 자체를 참조해 this.message는 messagetObject 객체 내부의 message를 의미합니다. this.getThisMessage를 호출하여 message 값을 가져오므로 "object message"를 출력합니다.

AI는 통과 못 하는 기술 면접 예상 질문

Q12-1 콜백 함수 내에서 this는 어떻게 동작할까요?

답변
- 콜백 함수 내에서 this는 함수를 정의한 방식에 따라 달라집니다.
- 일반 함수로 정의한 콜백 함수는 호출 방식에 따라 this가 결정되며 기본적으로 전역 객체를 가리키지만 엄격 모드에서는 undefined를 가리킵니다.
- 화살표 함수로 정의한 콜백 함수는 함수가 정의된 렉시컬 스코프의 this를 유지합니다.

Level 3 ★★★

 #this #call #일반 함수 #화살표 함수
Q13 다음 코드의 실행 결과를 예측하고 그 이유를 설명하세요.

```javascript
function getCar () {
  return {
    brand: "MyCar",
    model: "model3",
    color: "red",
    getInformation () {
      const getBrand = function () {
        return this.brand;
      };
      const getModel = () => this.model;

      return {
        getBrand,
        getModel,
        getColor () {
          return this.color;
        },
      };
    },
  },
```

```
    };
  }

const myCar = getCar().getInformation();
console.log(myCar.getBrand());   ❶
console.log(myCar.getModel());   ❷
console.log(myCar.getColor());   ❸

const yourCar = getCar
  .call({brand: "YourCar", model: "911", color: "blue"})
  .getInformation();
console.log(yourCar.getBrand());  ❹
console.log(yourCar.getModel());  ❺
console.log(yourCar.getColor());  ❻
```

힌트 this는 함수를 호출하는 방법에 따라 동적으로 결정되며 화살표 함수의 this는 일반 함수와 달리 자신을 둘러싼 스코프에 의해 결정됩니다.

정답

❶ undefined

❷ "model3"

❸ undefined

❹ undefined

❺ "model3"

❻ undefined

해설

myCar 변수에는 getCar 내부의 getInformation 함수 호출의 결과값, 즉 getBrand, getModel 그리고 getColor 메서드를 가진 객체가 바인딩됩니다.

❶에서 내부 함수 getBrand를 일반 함수로서 호출하기 때문에 this에 getInformation이 return한 객체가 바인딩됩니다. getInformation이 return한 객체에는 brand 변수가 없으므로 undefined를 출력합니다.

❷에서는 getModel이 화살표 함수로 호출됩니다. 따라서 자신을 둘러싼 스코프인 getCar의 내에 존재하는 model 속성을 참조할 수 있습니다.

❸에서는 ❶과 마찬가지로 일반 함수로 호출했기 때문에 this에 getInformation이 return한 객체가 바인딩되고 undefined를 출력합니다.

❹, ❺, ❻에서는 getCar 함수를 호출할 때 call 메서드를 통해 {brand, model, color} 객체를 this로 바인딩하지만, getCar 함수는 this를 사용하지 않고 내부에서 새로운 객체를 직접 생성해 반환합니다. 따라서 call을 통해 바인딩한 객체는 실제 반환값이나 이후 getInformation 메서드 호출에는 아무런 영향을 미치지 않습니다. 따라서 ❹, ❺, ❻의 호출 결과는 각각 ❶, ❷, ❸과 동일한 값을 갖습니다.

#this #Node.js #lexical this #모듈 스코프 #브라우저 #화살표 함수

다음 코드의 실행 결과를 예측하고 그 이유를 설명하세요.

브라우저 환경 – 비엄격 모드

```javascript
function normalFunction () {
  return this;
}
const arrowFunction = () => this;
const normalFunctionReturn = normalFunction();
const arrowFunctionReturn = arrowFunction();

console.log(this === globalThis); ❶
console.log(normalFunctionReturn === globalThis); ❷
console.log(arrowFunctionReturn === globalThis); ❸
console.log(arrowFunctionReturn === normalFunctionReturn); ❹
```

Node.js 환경 – CommonJS

```javascript
function normalFunction () {
  return this;
}
const arrowFunction = () => this;
const normalFunctionReturn = normalFunction();
const arrowFunctionReturn = arrowFunction();

console.log(this === globalThis); ❺
console.log(normalFunctionReturn === globalThis); ❻
console.log(arrowFunctionReturn === globalThis); ❼
console.log(arrowFunctionReturn === normalFunctionReturn); ❽
```

힌트 Node.js는 브라우저가 아닌 환경에서도 자바스크립트를 실행하기 위한 런타임 환경이며 브라우저의 전역 객체인 window가 없는 등의 차이가 있습니다.

Node.js, 브라우저 모두 전역 객체를 globalThis라는 변수를 통해 참조할 수 있습니다. Node.js의 CommonJS 모듈 내부에서 실행되는 파일은 하나의 모듈로 묶여 전체 스크립트가 하나의 함수로 들어가게 됩니다. 이 모듈은 module.exports로 접근 가능하며 바인딩되지 않은 함수 내부의 this는 이 module.exports를 가리킵니다. 이때 module.exports의 기본값은 빈 객체이기 때문에 globalThis가 가리키는 객체와는 다른 값이 됩니다. 이는 마치 다음 코드와 같은 형태의 코드를 실행시키는 것과 같다고 볼 수 있습니다.

```js
const moduleA = function () {
  function normalFunction () {
    return this;
  }
  const arrowFunction = () => this;
  const normalFunctionReturn = normalFunction();
  const arrowFunctionReturn = arrowFunction();

  console.log(this === globalThis);
  console.log(normalFunctionReturn === globalThis);
  console.log(arrowFunctionReturn === globalThis);
  console.log(arrowFunctionReturn === normalFunctionReturn);
};
globalThis.module = {
  exports: {},
};
moduleA.call(globalThis.module.exports);
```

정답

❶ true ❷ true ❸ true ❹ true
❺ false ❻ true ❼ false ❽ false

해설

브라우저 환경의 전역 객체는 window 객체이며 globalThis 또한 전역 객체로 window 객체를 가리킵니다. 따라서 정답은 ❶의 경우 true입니다.

일반 함수의 this는 함수가 어떻게 호출되었는지에 따라 결정됩니다. 화살표 함수의 this는 호출 방식에 따라 달라지지 않고 함수가 정의되는 시점의 this로 유지됩니다. 따라서 Node.js 환경의 파일 최상위 스코프에서 화살표 함수 내부의 this는 module.exports 객체를 참조합니다.

브라우저 환경에서는 파일 최상위 스코프에서 this가 window 전역 객체를 가리키기 때문에 일반 함수의 this와 화살표 함수의 this가 동일한 window 객체를 참조합니다.

따라서 정답은 ❷, ❸, ❹의 경우 normalFunctionReturn, arrowFunctionReturn, globalThis 모두 window를 가리키기 때문에 true입니다.

반면 CommonJS에서는 모듈 최상단에 위치한 this가 전역 객체가 아닌 module.exports를 가리키기 때문에 ❺는 false입니다. ❻의 경우 일반 함수에서 호출되는 normalFunctionReturn은 전역 객체를 가리키기 때문에 true이고 ❼, ❽의 경우 arrowFunctionReturn이 module.exports를 가리키기 때문에 false입니다.

Q15 #this #이벤트 #일반 함수 #화살표 함수 #콜백

다음 스크립트를 실행시킨 후 숫자 2를 클릭한 뒤 #countButton 요소를 클릭했습니다. 실행 결과를 예측하고 그 이유와 각 this가 무엇을 나타내는지 함께 설명하세요.

```html
<ul id="numberList">
  <li>1</li>
  <li>2</li>
  <li>3</li>
  <li>4</li>
</ul>

<button id="countButton" onClick=logCount()>count 출력</button>
```

```html
<script type="text/javascript">
function Counter () {
  this.count = 0;

  console.log(this.count); ❶

  numberList.addEventListener("click", function () {
    this.count += 1;
    console.log(this.count); ❷
  });

  numberList.addEventListener("click", () => {
```

CHAPTER 05 this

```
    this.count += 2;
    console.log(this.count); ❸
  });

  numberList.addEventListener("click", addCount);

  function addCount (event) {
    console.log(this === event.target); ❹

    this.count += event.target.innerText;
    console.log(this.count); ❺
  }
}

const counter = new Counter();
function logCount () {
  console.log(counter.count); ❻
}
</script>
```

> **힌트** bind 등의 메서드로 this를 따로 지정하지 않았을 때 이벤트 핸들러를 일반 함수로 정의하여 콜백 함수로 사용한다면, this는 이벤트가 발생한 DOM 요소인 event.currentTarget을 가리킵니다.

참고로 이벤트 핸들러는 이벤트 리스너라고도 불리지만 두 용어에는 미묘한 차이가 있습니다. 리스너는 발생하는 이벤트를 감지하는 역할을 하고, 핸들러는 발생한 이벤트에 응답하여 실행되는 코드를 의미합니다.

정답

❶ 0

// <li>2</li> 클릭

❷ NaN

❸ 2

❹ false

❺ "NaN2"

// count 출력 버튼 클릭

❻ 2

해설

Counter 생성자 함수가 호출될 때 this.count는 0으로 초기화됩니다. ❶에서는 this가 Counter 인스턴스를 가리키며 초기값 0을 출력합니다.

다음으로 〈ul id="numberList"〉 요소에 addEventListener를 통해 세 가지 클릭 이벤트 핸들러가 추가됩니다. 첫 번째 클릭 이벤트 핸들러는 일반 함수로 정의되어 있기 때문에 this는 이벤트를 바인딩한 요소인 numberList 요소를 가리킵니다. 이로 인해 ❷에서 this.count += 1 연산이 실행될 때 numberList 요소에는 count 속성이 없어 undefined에 1이 더해지기 때문에 NaN을 출력합니다.

두 번째 클릭 이벤트 핸들러는 화살표 함수로 정의되어 있어 상위 스코프인 Counter 생성자 함수의 this를 그대로 사용하기 때문에 this는 Counter 인스턴스를 가리킵니다. 따라서 ❸에서는 this.count인 0에 2가 올바르게 더해져 2를 출력합니다.

세 번째 클릭 이벤트 핸들러로 전달된 addCount 함수는 일반 함수로 호출되기 때문에 ❷와 마찬가지로 this는 Counter 인스턴스가 아닌 〈ul id="numberList"〉 요소를 가리킵니다. ❹에서 event.target은 클릭된 〈li〉2〈/li〉 요소를 가리키므로 this가 가리키는 event.currentTarget과 일치하지 않아 false를 출력합니다. 이어서 ❺에서는 첫 번째 이벤트 핸들러의 실행으로 인해 this.count에 NaN이 할당되어 있고, event.target.innerText는 문자열 "2"이기 때문에 NaN + "2"가 되어 "NaN2"를 출력합니다.

마지막으로 count 출력 버튼을 클릭하면 logCount 함수가 실행됩니다. 이전에 올바르게 더해진 값은 두 번째 클릭 이벤트 핸들러에서 2를 더한 경우뿐이므로 ❻에서 counter.count로 2를 출력합니다.

한 걸음 더

다음 코드는 각 단계별 동작과 결과값을 주석으로 한눈에 파악할 수 있도록 정리한 것입니다.

```javascript
const numberList = document.getElementById("numberList");

function Counter () {
  this.count = 0;

  console.log(this.count); // 0

  numberList.addEventListener("click", function () {
    console.log(this); // currentTarget, <ul> 요소
    this.count += 1; // 더해지지 않음, this.count: undefined
    console.log(this.count); // undefined + 1 = NaN
  });
```

```
  numberList.addEventListener("click", () => {
    this.count += 2; // 더해짐, this.count: 0
    console.log(this.count); // 0 + 2 = 2
  });

  numberList.addEventListener("click", addCount);

  function addCount (event) {
    console.log(this); // currentTarget, <ul> 요소
    console.log(event.target); // target, <li>2</li> 요소

    this.count += event.target.innerText; // this.count: NaN
    console.log(this.count); // NaN + "2" = "NaN2"
  }
}

const counter = new Counter();
function logCount () {
  console.log(counter.count); // 2
}
```

> 📢 **AI는 통과 못 하는 기술 면접 예상 질문**

Q15-1 이벤트 핸들러에 넘기는 콜백 함수에서 this를 사용할 때 주의할 점은 무엇일까요?

답변
- 이벤트 핸들러의 this는 핸들러를 바인딩한 방식에 따라 달라지므로 이벤트 핸들러로 전달한 함수에서 this가 예상하지 못한 값을 참조하는 상황을 방지하려면 명시적으로 바인딩하거나 화살표 함수를 사용하는 것이 좋습니다.

Q16 #this #bind #화살표 함수

출력 결과와 같이 출력되도록 TODO를 3가지 방식으로 구현하세요.

```js
const robot = {
  name: "C-3PO",
  introduce () {
    console.log(`Hi, I'm ${this.name}`);
  },
  createLogger () {
    // TODO
  },
};

const logger = robot.createLogger();
robot.name = "R2-D2";
logger();
```

```js
// 출력 결과
"Hi, I'm R2-D2"
```

정답

1) 변수에 this를 할당하는 방법

```js
const robot = {
  name: "C-3PO",
  introduce () {
    console.log(`Hi, I'm ${this.name}`);
  },
  createLogger () {
    const self = this;
    const logger = function () {
      self.introduce();
    };
```

```javascript
    return logger;
  },
};

const logger = robot.createLogger();
robot.name = "R2-D2";
logger();
```

2) bind 메서드를 이용하는 방법

```javascript
const robot = {
  name: "C-3PO",
  introduce () {
    console.log(`Hi, I'm ${this.name}`);
  },
  createLogger () {
    const logger = function () {
      this.introduce();
    }.bind(this);
    return logger;
  },
};

const logger = robot.createLogger();
robot.name = "R2-D2";
logger();
```

3) 화살표 함수를 이용하는 방법

```javascript
const robot = {
  name: "C-3PO",
  introduce () {
    console.log(`Hi, I'm ${this.name}`);
  },
```

```
    createLogger () {
      const logger = () => {
        this.introduce();
      };
      return logger;
    },
  };

  const logger = robot.createLogger();
  robot.name = "R2-D2";
  logger();
```

해설

자바스크립트에서 this가 가리키는 값은 호출되는 컨텍스트에 따라 달라집니다. 함수를 객체의 메서드가 아닌 일반 함수로 호출하면 함수 내의 this는 객체가 아닌 전역 객체를 참조합니다.

일반 함수 내에서 this로 객체를 참조하기 위한 다양한 방법이 있는데, 첫 번째는 변수에 this를 할당하는 방법입니다. 클로저 패턴을 이용해 변수에 this를 할당한 후 logger 함수에서 해당 변수를 참조하면 this는 객체를 참조합니다. 다음으로 bind 메서드를 통해 this를 특정 객체에 바인딩할 수도 있으며, 마지막으로 화살표 함수는 상위 스코프의 this를 참조하므로 함수를 화살표 함수로 정의해 this가 객체를 참조하도록 유지할 수도 있습니다.

SECTION 05 리얼 현장 인터뷰

현업 개발자들의 경험담을 통해 this 바인딩, 화살표 함수의 컨텍스트 처리, bind/call/apply의 활용법 등을 살펴보며 실무에서 this로 인해 발생할 수 있는 문제를 어떻게 예방하고 해결할 수 있을지 감각을 키워봅시다.

 자바스크립트에서 this의 의미를 정확히 이해하는 것이 실무에 어떤 도움을 줄 수 있을까요?

Jake 자바스크립트의 this는 상황에 따라 참조 대상이 달라지기 때문에 this를 정확히 이해하는 것이 매우 중요합니다. 하지만 동시에 this의 사용을 최소화하거나 대체 방법을 활용하는 것이 유지보수성을 높이는 데 기여할 수 있다는 점에서 아이러니한 개념이라고도 볼 수 있습니다. 최근에는 화살표 함수와 클래스가 도입되면서 this 사용이 이전만큼 혼란스럽지 않게 되었지만, 여전히 this를 정확히 이해하지 못하면 코드에서 this가 무엇을 가리키는지 명확하게 작성하거나 디버깅하기가 어렵습니다.

Paul 요즘 대부분의 프레임워크, 특히 리액트의 훅은 this를 사용하지 않아도 되도록 설계되어 있어서 개발자가 this에 대해 깊이 고민하지 않아도 되는 경우가 많습니다. 그러나 프런트엔드 개발자라면 this와 관련된 문제를 완전히 피할 수는 없을 거예요. 예를 들어 이벤트 핸들러에서의 this 바인딩 문제나 콜백 함수의 컨텍스트 관리 등은 여전히 실무에서 자주 마주치는 문제입니다. this를 정확히 이해하면 이런 문제를 빠르게 파악하고 해결할 수 있어서 안정적인 밥벌이에 큰 도움이 됩니다. 특히 채용 인터뷰나 실무 과제에서도 this와 관련된 이해도를 검증하는 경우가 많지 않을까요?

화살표 함수의 this 처리 방식을 활용했던 경험이나 떠오르는 장단점이 있나요?

 Terry

클래스 메서드를 다른 곳에 콜백이나 이벤트 리스너로 넘겨야 하는 경우 화살표 함수로 정의하면 bind할 필요가 없어 간편합니다. 클래스 메서드 내에서 인라인 함수를 정의해서 콜백이나 이벤트 리스너로 넘기는 경우에도 화살표 함수를 사용하면 this에 대해 신경 쓸 필요가 없어서 좋습니다.

 bind, call, apply 메서드를 사용해 this를 조작했던 경험이 있나요?

 Paul

자바스크립트에 extends 키워드가 도입되기 전에는 클래스(생성자 함수) 상속을 구현하거나 특정 객체의 메서드를 다른 컨텍스트에서 실행하기 위해 bind, call, apply를 자주 사용했습니다. 하지만 요즘은 class 구문과 화살표 함수 등 덕분에 bind, call, apply를 직접 사용할 일이 거의 없어요.

 this를 우회해서 사용했던 경험이 있다면 들려주세요.

 Sally

자바스크립트를 잘 몰랐던 신입 시절, 화살표 함수를 사용할 수 없었던 레거시 코드에서 var self = this;와 같은 방식으로 this를 우회하는 코드를 본 적이 있습니다. 당시에는 bind나 apply와 같은 메서드의 동작 원리를 깊이 이해하지 못했기 때문에 이런 방식이 더 직관적으로 느껴졌고 따라 하기도 쉬웠습니다. 하지만 지금 생각해보니 불필요하게 새로운 변수를 선언해야 하고, this 바인딩을 간접적으로 처리하게 되어 코드가 복잡해질수록 문맥을 파악하기 어렵다는 단점이 있는 것 같습니다. 그래서 현재는 이런 방식을 권장하지 않을 것 같네요!

this 바인딩 특성 때문에 문제가 발생했던 경험이 있나요?

간혹 전역 스코프에 정의된 브라우저 API나 서드파티 라이브러리 함수를 변수에 할당해서 사용할 때 문제가 발생했던 경우가 있어 주의하면 좋을 것 같습니다. 예를 들어 const reload = location.reload;와 같이 할당하여 호출하는 경우 location이 일반 객체가 아니라서 클래스 인스턴스로 에러가 발생합니다. — Terry

bind를 이벤트 리스너 함수에 사용할 때 주의할 점이 있었는데요, bind는 this가 바인딩된 새로운 함수를 반환하기 때문에 removeEventListener를 사용할 때 동일한 bind된 함수를 전달해야 했습니다. 원본 함수를 removeEventListener에 전달하면 이벤트 리스너가 제대로 제거되지 않아 이슈가 발생했던 사례가 종종 있었어요. — Paul

CHAPTER 06

비동기

SECTION 01 셀프 실력 점검

자바스크립트의 비동기에 대한 이해도를 점검해볼 수 있는 퀴즈입니다. 다음 항목들을 체크해봄으로써 자바스크립트의 비동기를 얼마나 잘 알고 있는지 확인해보세요.

01 자바스크립트의 다양한 비동기 처리 패턴(콜백, 프로미스, async/await 등)과 각 패턴의 장단점을 설명할 수 있다. [ ]
02 프로미스의 개념과 프로미스의 상태 변화 과정을 설명할 수 있다. [ ]
03 자바스크립트에서 비동기 작업이 처리되는 실행 순서를 설명할 수 있다. [ ]
04 비동기 작업과 관련된 예외 처리 방법, 중간에 취소하거나 정리하는 방법에 대해 설명할 수 있다. [ ]
05 async, await의 목적, 프로미스 체인과의 차이점을 설명할 수 있다. [ ]
06 동기와 비동기의 차이점을 설명할 수 있다. [ ]
07 프로미스의 정적 메서드(all, any, race 등)의 차이점을 알고 적절히 활용할 수 있다. [ ]
08 then, catch, finally 메서드의 동작 방식을 이해하고, 각 메서드가 사용된 코드의 실행 결과를 설명할 수 있다. [ ]
09 비동기 함수에서 발생한 에러를 상위 스코프로 전파하는 방법을 설명할 수 있다. [ ]
10 태스크 큐와 마이크로태스크 큐의 차이를 설명할 수 있다. [ ]
11 이벤트 루프의 개념과 작동 방식을 설명할 수 있다. [ ]

나의 실력은?

0-2개	출발 금지! 준비 운동이 필요해요. 이론부터 차근차근 학습하며 탄탄한 기본기를 쌓아보세요.
3-5개	준비 완료! 이제 기본 개념을 활용해 Level 1 퀴즈를 풀며 자신감을 키워보세요.
6-8개	잘하고 있어요! Level 2 퀴즈를 통해 학습한 개념을 코드에 적용하면서 더욱 깊이 있는 이해를 쌓아보세요.
9개 이상	Level 3 퀴즈에서 다양한 개념을 연관 지어 학습해보세요. 실무에서 어떤 문제를 만나도 충분히 해결할 수 있을 거예요.

SECTION 02 뇌를 깨우는 워밍업 퀴즈

본격적으로 핵심 개념을 익히기 전에 가벼운 퀴즈를 풀어보며 자바스크립트 비동기의 특성과 동작 방식을 점검해보세요.

01 다음 코드의 실행 결과는 무엇일까요?

```javascript
function doSomething (callback) {
  console.log("Doing something...");
  setTimeout(() => {
    callback();
  }, 1000);
}

function sayHello () {
  console.log("Hello!");
}

doSomething(sayHello);
```

힌트 콜백 함수는 다른 함수의 인자로 전달되어 특정 작업이 완료된 후 호출되는 함수입니다. 비동기 작업(setTimeout)을 포함할 경우 콜백 함수는 태스크 큐로 전달되며 이벤트 루프에 의해 호출됩니다.

02 다음 코드의 실행 결과는 무엇일까요?

```javascript
function logNumbers () {
  console.log("A");
  setTimeout(() => console.log("B"), 0);
  Promise.resolve().then(() => console.log("C"));
  console.log("D");
}

logNumbers();
```

힌트 자바스크립트는 이벤트 루프와 태스크 큐를 활용해 동기 및 비동기 코드가 올바른 순서로 실행되도록 처리합니다. 동기 작업, 마이크로태스크(Promise), 태스크 큐(setTimeout)의 실행 우선순위를 생각해 보세요.

03 다음 코드의 실행 결과는 무엇일까요?

```javascript
async function asyncFunction () {
  console.log("1");
  await Promise.resolve();
  console.log("2");
}
console.log("3");
asyncFunction();
console.log("4");
```

힌트 async/await은 내부적으로 프로미스를 반환하며 비동기 코드로 처리됩니다. 동기 코드와 비동기 코드가 섞인 상황에서 실행 순서를 파악하세요.

04 다음 코드의 실행 결과는 무엇일까요?

```javascript
function fetchData () {
  return new Promise((resolve) => {
    console.log("Fetching data...");
    setTimeout(() => resolve("Data received"), 2000);
  });
}
fetchData().then((data) => console.log(data));
console.log("Processing...");
```

힌트 프로미스는 비동기 작업을 처리하는 데 사용됩니다. setTimeout과 프로미스 체인의 실행 순서를 고려해보세요.

05 다음 코드의 실행 결과는 무엇일까요?

힌트 setInterval과 clearInterval의 동작 방식을 이해하고 출력 순서를 예측해보세요.

```javascript
const intervalId = setInterval(() => {
  console.log("Running...");
}, 1000);

setTimeout(() => {
  clearInterval(intervalId);
  console.log("Stopped.");
}, 3100);
```

정답 및 해설

01	• "Doing something..."(1초 후), "Hello!" setTimeout은 비동기 작업으로 콜백 함수는 이벤트 루프에 의해 1초 후 실행됩니다.
02	• "A", "D", "C", "B" 동기 코드 → 마이크로태스크(Promise) → 태스크 큐(setTimeout) 순서로 실행됩니다.
03	• "3", "1", "4", "2" await 이후 코드는 마이크로태스크로 대기열에 등록됩니다.
04	• "Fetching data...", "Processing..."(2초 후), "Data received" fetchData는 프로미스를 반환하고 프로미스 내의 setTimeout은 2초 뒤에 resolve를 호출하여 비동기 작업을 완료합니다. 따라서 즉시 실행되는 console.log("Processing...") 이후 2초 뒤에 then 콜백이 실행되어 "Data received"가 출력됩니다.
05	• "Running..."(3회), "Stopped." setInterval은 반복 실행되고, setTimeout이 3.1초 후에 반복을 중지합니다.

SECTION 03 핵심 개념 파헤치기

자바스크립트는 싱글 스레드 기반 언어임에도 불구하고 효율적으로 비동기 작업을 처리합니다. 이벤트 루프, 마이크로태스크와 같은 개념은 비동기 작업이 브라우저와 Node.js 환경에서 어떻게 논블로킹으로 실행되는지를 이해하기 위해 반드시 알아야 합니다. 지금부터 자바스크립트 비동기 메커니즘의 원리와 프로미스, async/await, setTimeout과 같은 기능을 살펴보겠습니다.

01 이벤트 루프

마우스 클릭이나 키보드 입력 같은 사용자 이벤트 또는 네트워크 요청 같은 작업은 즉시 처리되지 않고 대기 시간이 필요합니다. 상황에 따라 작업이 영원히 처리되지 않을 수도 있습니다.

자바스크립트는 싱글 스레드single threaded 환경에서 이런 문제를 효율적으로 해결하기 위해 이벤트 루프라는 메커니즘을 도입했습니다. 이벤트 루프event loop는 처리할 작업을 태스크 큐task queue라는 대기열에 쌓아놓고 하나씩 꺼내 실행하는 방식으로 동작합니다.*

태스크 큐는 FIFOFirst In, First Out 방식으로 먼저 들어온 작업을 우선적으로 처리합니다. 이벤트 루프는 콜 스택이 비어 있을 때 태스크 큐에서 작업을 하나씩 가져와 실행하며, 이로 인해 작업 순서가 명확하게 유지됩니다. 하지만 콜 스택에서 무한 루프와 같은 블로킹 작업이 실행 중이라면 태스크 큐의 작업이 지연될 수 있습니다. 이 때문에 브라우저는 사용자의 입력 이벤트를 직접 기다리지 않고, 클릭 이벤트가 발생하면 해당 콜백 함수를 태스크 큐에 등록한 뒤 곧바로 다음 작업으로 넘어가 효율적으로 동작할 수 있습니다.

다음은 addEventListener를 사용해 버튼 요소의 클릭 이벤트에 콜백 함수를 등록하는 코드입니다. 등록된 콜백 함수는 클릭 이벤트가 발생하면 태스크 큐에 추가되고, 이벤트 루프에 의해 실행됩니다.

```
function handleClick () {
  console.log("clicked!");
```

---

* 태스크 대신에 잡(job)이라는 용어를 사용하기도 합니다. 태스크는 WHATWG HTML 명세에 정의된 개념이고 잡은 ECMAScript 명세에 정의된 개념입니다. 두 용어는 같은 역할을 수행하지만, 태스크가 더 일반적으로 사용되므로 이 책에서는 '태스크'로 통일했습니다.

```
}
const button = document.querySelector("button");
button.addEventListener("click", handleClick);
console.log("클릭 이벤트 등록 완료");
```

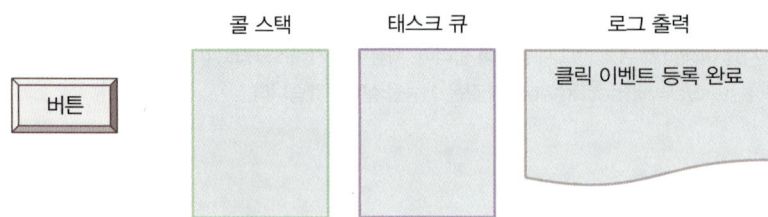

그림 6-1 이벤트 루프 – 스크립트 실행 및 로그 출력

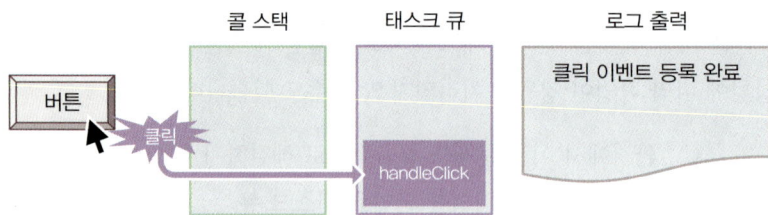

그림 6-2 이벤트 루프 – 버튼 클릭

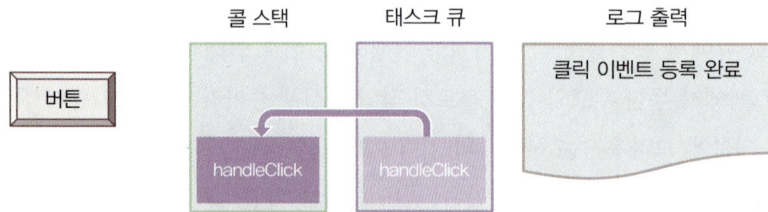

그림 6-3 이벤트 루프 – 태스크를 콜 스택으로 이동

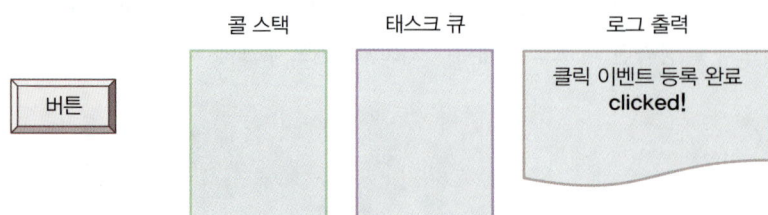

그림 6-4 이벤트 루프 – handleClick 실행 및 로그 출력

블로킹과 논블로킹

자바스크립트의 실행 흐름은 이벤트 루프에 의해 제어됩니다. 일반적으로 Web API*를 포함한 대부분의 비동기 작업은 논블로킹non-blocking 방식으로 작동하여 이벤트 루프가 다른 작업을 계속 처리할 수 있도록 합니다.

반면 작업이 완료될 때까지 호출 스레드를 점유하는 방식은 블로킹blocking이라고 하며, 이 경우 이벤트 루프가 다른 작업을 처리하지 못합니다. 이러한 예로는 alert, confirm, prompt와 동기적 XMLHttpRequest 등이 있으며 사용자 경험에 부정적인 영향을 미치므로 가급적 사용하지 않는 것이 좋습니다.

브라우저 중심의 Web API와 달리 서버 환경을 고려해 설계된 Node.js는 논블로킹 API와 블로킹 API를 모두 제공합니다. Node.js는 웹 서버뿐만 아니라 CLI 프로그램, 스크립트 도구 등 사용자 인터페이스와 분리된 다양한 환경에서 사용됩니다. 이러한 환경에서는 비동기 작업이 반드시 필요한 것은 아닙니다.

예를 들어 Node.js에서 제공하는 파일 읽기 함수인 fs.readFileSync는 블로킹 방식으로 동작합니다. 이 함수는 파일을 모두 읽은 뒤에야 이벤트 루프가 재개되며 이후에 로그를 출력합니다.

```js
const fs = require("fs");
const data = fs.readFileSync("./file.txt", "utf8");
console.log("파일 읽기 완료!", data);
```

블로킹 API는 코드가 간단하고 직관적이라는 장점이 있습니다. 하지만 자바스크립트는 기본적으로 싱글 스레드로 동작하기 때문에 수많은 요청을 병렬로 처리해야 하는 서버 환경 등에서는 신중하게 사용해야 합니다.

setTimeout

태스크 큐에서 실행되는 비동기 작업은 종류가 매우 다양해 모두 다루기는 어렵습니다. 이 책에서는 자바스크립트에서 대표적으로 사용되는 비동기 함수인 setTimeout을 예로 살펴보겠습니다.

---

* https://developer.mozilla.org/ko/docs/Web/API

setTimeout은 지정된 시간이 지난 뒤 콜백 함수를 실행하도록 예약하는 함수입니다. 첫 번째 인자는 실행할 콜백 함수, 두 번째 인자는 밀리초 단위의 대기 시간을 지정합니다.

```
setTimeout(() => {
  console.log("1초가 지났습니다.");
}, 1000);
// (1초 뒤) "1초가 지났습니다."
```

두 번째 인자를 0으로 설정해도 콜백 함수가 즉시 실행되지는 않습니다. setTimeout의 콜백 함수는 태스크 큐에 등록되고, 현재 콜 스택이 모두 비워진 후 이벤트 루프에 의해 실행됩니다.

```
setTimeout(() => {
  console.log("콜백 함수 실행");
}, 0);
console.log("setTimeout 실행");
```

따라서 이 코드를 실행하면 setTimeout을 먼저 호출하더라도 다음 줄의 로그가 먼저 출력되는 것을 확인할 수 있습니다.

```
"setTimeout 실행"
"콜백 함수 실행"
```

setTimeout은 이벤트 루프에서 동작하는 비동기 작업의 특성상, 지정된 시간이 정확히 보장되지 않습니다. 그 이유는 다음과 같습니다.

- **긴 동기 작업의 실행**: 이벤트 루프는 현재 실행 중인 작업이 완료되어야 다음 작업이 실행됩니다. 따라서 시간이 오래 걸리는 계산이나 긴 동기 작업 등이 실행 중이라면 setTimeout의 실행이 지연될 수 있습니다.
- **최소 지연 시간 제한**: HTML 명세에 따르면 동일한 setTimeout 호출이 5회 이상 중첩되면 최소 지연 시간이 4ms로 설정됩니다. 이는 과도한 중첩 호출로 인한 브라우저 성능 저하를 방지하기 위한 제한입니다.*

---

* https://html.spec.whatwg.org/multipage/timers-and-user-prompts.html#timers

```javascript
let count = 0;
let oldTime = new Date().getMilliseconds();
function log10Times () {
  if (count < 10) {
    const currentTime = new Date().getMilliseconds();
    const elapsedTime = currentTime - oldTime;
    oldTime = currentTime;
    count++;
    console.log(`log10Times 실행 ${count}, ${elapsedTime}ms`);
    setTimeout(log10Times, 0);
  }
}
setTimeout(log10Times, 0);
// "log10Times 실행 1, 1ms"
// "log10Times 실행 2, 0ms"
// "log10Times 실행 3, 0ms"
// "log10Times 실행 4, 0ms"
// "log10Times 실행 5, 4ms"
// "log10Times 실행 6, 5ms"
// "log10Times 실행 7, 4ms"
// ...
```

- **브라우저 탭 비활성화**: 대부분의 브라우저는 전력 소비를 줄이고 성능을 최적화하기 위해 비활성화된 탭에서 setTimeout의 콜백 함수 실행을 지연시키거나 최소 1초 이상의 딜레이를 적용합니다.

setTimeout은 정확한 시간을 보장하지 않고 최소한의 지연 시간을 보장하는 방식으로 동작합니다. 따라서 정확한 시간 계산이 필요한 경우에는 performance.now나 requestAnimationFrame과 같은 API를 사용해 보정하는 것이 좋습니다.

| 마이크로태스크 |

태스크 큐만으로도 비동기 작업이 충분히 처리될 수 있지만, 모든 작업이 순차적으로 실행되기 때문에 중요하거나 우선순위가 높은 작업이 지연될 수 있습니다. 이를 해결하기 위해 마이크로태스크 큐microtask queue가 도입되었습니다.

우선순위가 높은 작업이란, 예를 들어 프로미스처럼 언어에 내장된 짧은 비동기 작업이나 빠른 반응성을 요구하는 UI 업데이트 등이 있습니다.

마이크로태스크 큐는 태스크 큐와 유사하게 작업이 FIFO 구조로 등록되지만, 실행 순서와 방식이 다릅니다. 마이크로태스크는 현재 태스크가 끝난 직후 다음 태스크 실행 직전에 처리됩니다.

또한 태스크 큐와 달리 마이크로태스크 큐에 등록된 작업은 한 번의 이벤트 루프에서 하나씩 실행되지 않고, 큐에 남아 있는 모든 작업이 처리될 때까지 실행됩니다.

	태스크 큐	마이크로태스크 큐
실행 방식	• 한 주기의 이벤트 루프에서 한 개의 태스크 실행	• 한 주기의 이벤트 루프에서 여러 번 실행 • 큐가 비워질 때까지 모든 마이크로태스크 실행
우선순위	• 마이크로태스크보다 낮음	• 태스크보다 높음
주요 용도	• 일반적인 비동기 작업	• 프로미스 처리와 같은 우선순위가 높은 비동기 작업
대표 API	• setTimeout • setInterval • addEventListener • XMLHttpRequest	• queueMicrotask • Promise.prototype.then • MutationObserver • fetch

다음은 setTimeout으로 태스크 큐를, queueMicrotask로 마이크로태스크 큐를 등록하여 실행 순서가 어떻게 다른지 확인할 수 있는 예제입니다.

```
console.log("코드 시작");
setTimeout(() => console.log("태스크 실행"));
queueMicrotask(() => console.log("마이크로태스크 실행"));
console.log("코드 종료");
```

이 코드를 실행하면 다음과 같이 로그가 출력됩니다. "코드 시작"과 "코드 종료"는 현재 실행 중인 태스크에서 즉시 출력됩니다. 이후 현재 태스크가 종료되면 다음 태스크를 실행하기 전에 마이크로태스크 큐의 작업을 먼저 처리하므로 "마이크로태스크 실행" 로그를 "태스크 실행" 로그보다 먼저 출력합니다.

```
"코드 시작"
"코드 종료"
"마이크로태스크 실행"
"태스크 실행"
```

참고로 queueMicrotask는 인자로 주어진 콜백 함수를 마이크로태스크 큐에 추가합니다. WHATWG에서 정의한 Web API 표준이지만 Node.js 등에서도 사용이 가능합니다.

우선적으로 처리해야 할 작업이 있는 경우나 성능 최적화를 위해 queueMicrotask를 활용할 수 있습니다. 하지만 이를 과도하게 중첩해서 사용하면 마이크로태스크 큐가 비워지지 않아 브라우저가 멈추거나 무거운 작업으로 인해 렌더링이 지연되는 문제가 발생할 수 있으므로 신중히 사용해야 합니다.

02 프로미스

프로미스는 ECMAScript 2015에서 도입된 이후 비동기 작업을 체계적으로 관리하고 가독성을 높이는 강력한 도구로 자리 잡았습니다. 프로미스는 비동기 작업의 상태와 결과를 관리하는 표준화된 객체이며, 세 가지 상태를 가질 수 있습니다.

- **pending**: 작업이 아직 완료되지 않았으며 성공 또는 실패 상태로 전환되기 전의 중간 상태입니다.
- **fulfilled**: 작업이 성공적으로 완료된 상태로, then 메서드의 콜백 함수로 결과값이 전달됩니다. 작업이 '이행'되었다고도 합니다.
- **rejected**: 작업이 실패한 상태로, catch 메서드의 콜백 함수로 실패 사유가 전달됩니다. 작업이 '거부'되었다고도 합니다.

fulfilled와 rejected 상태를 합쳐서 settled 상태라고 표현합니다.

| fetch |

fetch는 네트워크 요청을 전송한 후 응답을 기다리지 않고 즉시 프로미스 객체를 반환하는 함수입니다. 반환된 프로미스 객체를 사용해 응답이 성공하거나 실패했을 때 호출할 콜백 함수를 then과 catch 메서드로 등록할 수 있습니다.

```
fetch("https://api.example.com/data")
  .then(response => console.log("요청 성공", response.status))
  .catch(error => console.log("에러 발생", error))
  .finally(() => console.log("작업 완료"));
```

이 예제에서 사용된 URL은 가상의 요청입니다. 요청에 성공하면 다음 로그가 출력됩니다.

```
"요청 성공 200"
"작업 완료"
```

반면 요청에 실패하면 다음과 같이 출력됩니다.

```
"에러 발생 Type Error: Failed to fetch"
"작업 완료"
```

finally 메서드는 요청 성공 여부와 관계없이 항상 호출됩니다. 따라서 두 경우 모두 "작업 완료" 로그가 출력됩니다.

| 프로미스와 마이크로태스크 |

프로미스 객체가 이행되거나 거부되면 then 또는 catch에 전달된 콜백 함수가 마이크로태스크 큐에 등록되어 비동기적으로 실행됩니다. 다음은 Promise.resolve를 사용해 이행된 프로미스 객체가 비동기적으로 처리되는 코드입니다.

```javascript
const promise = Promise.resolve("something");
promise.then(value => console.log(value));
console.log("코드 종료");
```

이 코드의 출력 결과는 다음과 같습니다.

```
"코드 종료"
"something"
```

이 결과는 then으로 전달된 콜백 함수는 현재 실행 중인 코드가 완료된 후에 실행된다는 것을 보여줍니다.

| 프로미스 체이닝 |

then, catch, finally 메서드는 모두 새로운 프로미스 객체를 반환하므로 연속 호출이 가능합니다. 이를 프로미스 체이닝promise chaining이라 합니다. 프로미스 체이닝은 연속적인 비동기 작업을 간단하게 표현할 수 있는 방식입니다.

```
fetch("https://api.example.com/data")
  .then(response => response.text())
  .then(textData => console.log(textData));
```

첫 번째 then 메서드는 fetch 함수가 반환한 Response 객체를 받아 텍스트 데이터로 변환한 새로운 프로미스 객체를 반환합니다. 두 번째 then 메서드는 이 프로미스의 결과값을 처리합니다.

전통적인 콜백 방식으로 표현하면 다음과 같습니다.

```
fetchWithCallback("https://api.example.com/data", response => {
  response.text(textData => {
    console.log(textData);
  });
});
```

콜백 방식은 들여쓰기가 깊어지며 작업이 많아질수록 코드가 복잡해지고 가독성이 떨어집니다. 이러한 현상을 콜백 지옥callback hell이라고 부르며, 프로미스 체이닝과 async/await 문법으로 해결할 수 있습니다.

| async/await |

다음과 같이 함수 앞에 async 키워드를 사용하여 async 함수를 정의할 수 있습니다. async 함수는 항상 프로미스 객체를 반환합니다.

```
async function myAsyncFunction () {
  return "something";
}
myAsyncFunction().then(result => console.log(result)); // "something"
```

async 함수는 화살표 함수로도 정의할 수 있습니다.

```
const myAsyncFunction = async () => "something";
```

async 함수 내부에서는 await 연산자를 사용해 프로미스 객체가 이행될 때까지 기다릴 수 있습니다. 이전의 프로미스 체이닝 예제를 async/await으로 변환하면 다음과 같습니다.

```
async function fetchExampleData () {
  const response = await fetch("https://api.example.com/data");
  const textData = await response.text();
  console.log(textData);
}
fetchExampleData();
```

이는 비동기 코드를 동기 코드처럼 작성할 수 있어 코드의 가독성을 크게 향상시켜줍니다. 하지만 비록 동기 코드처럼 보이더라도 async 함수는 여전히 비동기 함수입니다. 이를 이해하기 위해 다음 코드를 살펴보겠습니다.

```
async function waitSomething () {
  console.log("waitSomething 실행");
  console.log(await "something");
  console.log("waitSomething 종료");
}
console.log("코드 실행");
waitSomething();
console.log("코드 종료");
```

await 연산자는 주어진 값이 프로미스 객체가 아니더라도 프로미스 객체로 변환된 것처럼 처리합니다. 따라서 이 코드는 프로미스를 사용한 다음 코드와 동일하게 동작합니다.

```
function waitSomethingWithPromise () {
  console.log("waitSomethingWithPromise 실행");
  return Promise.resolve("something").then(value => {
    console.log(value);
```

```
      console.log("waitSomethingWithPromise 종료");
    });
  }
  console.log("코드 실행");
  waitSomethingWithPromise();
  console.log("코드 종료");
```

이 코드를 실행하면 다음과 같은 결과가 출력됩니다.

```
"코드 실행"
"waitSomethingWithPromise 실행"
"코드 종료"
"something"
"waitSomethingWithPromise 종료"
```

"something"과 "waitSomethingWithPromise 종료"가 "코드 종료"보다 나중에 출력되는 것은 waitSomethingWithPromise 함수 내부에서 "waitSomethingWithPromise 실행"이 출력된 후 나머지 실행이 프로미스를 통해 마이크로태스크 큐에 등록되었기 때문입니다. 이렇듯 async/await을 사용한 코드는 동기 코드처럼 보이지만 내부적으로는 프로미스와 동일한 비동기 작업 처리 방식을 따른다는 점을 기억하세요.

또한 await 연산자를 사용할 때는 프로미스 객체가 거부되는 상황도 고려해야 합니다. 만약 await 연산자를 사용한 프로미스 객체가 거부된다면 다음처럼 try...catch 구문으로 예외를 처리할 수 있습니다.

```
async function fetchExampleData () {
  try {
    const response = await fetch("https://api.example.com/data");
    const textData = await response.text();
    console.log(textData);
  } catch (error) {
    console.log("에러 발생", error);
  } finally {
    console.log("작업 완료");
  }
```

```
    }
}
fetchExampleData();
```

| 프로미스 생성하기 |

Promise 생성자를 사용해 직접 프로미스 객체를 생성할 수도 있습니다.

```
const promise = new Promise((resolve, reject) => {
  resolve("something");
});
promise.then(result => console.log(result)); // "something"
```

Promise 생성자는 프로미스 객체를 생성하자마자 실행할 함수를 인자로 받습니다. 이 함수는 두 개의 함수를 매개 변수로 받아 프로미스 객체의 상태를 제어합니다.

첫 번째 매개 변수인 resolve는 비동기 작업이 성공하면 결과값을 전달하는 함수입니다. 두 번째 매개 변수인 reject는 비동기 작업이 실패하면 실패 사유를 전달합니다. 이 두 함수는 한 번 실행되면 상태를 되돌릴 수 없습니다. 즉, 한 번 resolve를 호출한 후에는 다시 resolve나 reject를 호출해도 상태가 변경되지 않습니다.

예를 들어 다음 코드에서 resolve를 호출한 후 즉시 reject를 호출하더라도 프로미스는 처음 호출된 resolve의 값 "something"으로 이행된 상태를 유지합니다. 따라서 catch는 실행되지 않고 then만 호출됩니다.

```
const promise = new Promise((resolve, reject) => {
  resolve("something");
  reject(new Error("에러 발생!"));
});
promise
  .then(result => console.log(result))
  .catch(error => console.log(error));
```

이 코드의 출력 결과는 다음과 같습니다.

```
"something"
```

또한 Promise 생성자 내부에서 에러가 발생하면 이는 reject가 호출된 것과 동일하게 처리됩니다. 이 에러는 catch 메서드로 감지할 수 있습니다.

```javascript
const promise = new Promise((resolve, reject) => {
  throw new Error("에러 발생!");
});
promise.catch(error => console.log(error.message)); // 에러 발생!
```

그러나 이처럼 단순히 어떤 결과값이나 실패 사유를 즉시 반환하려는 경우에는 Promise.resolve 또는 Promise.reject와 같은 정적 메서드를 사용하는 것이 더 간결합니다.

```javascript
const promise = Promise.resolve("something");
promise.then(result => console.log(result)); // "something"
```

| 기존 코드에 프로미스 적용하기 |

Promise 생성자를 사용하면 콜백 지옥을 초래하던 기존 코드를 프로미스 기반 방식으로 변환해 가독성을 크게 개선할 수 있습니다. 예를 들어 setTimeout을 사용해 일정 시간 대기 후 로그를 출력하는 다음 코드를 살펴보겠습니다.

```javascript
setTimeout(() => {
  console.log("1초가 지났습니다!");
}, 1000); // (1초 후) 1초가 지났습니다!
```

이 코드는 주어진 시간만큼 대기하는 기능을 포함하고 있기에, 이 기능을 프로미스 기반 함수인 delay로 변환해보겠습니다.

```js
function delay (delayTime) {
  return new Promise(resolve => {
    setTimeout(resolve, delayTime);
  });
}
```

delay 함수를 사용하면 await 연산자를 활용해 기존 코드를 동기 코드처럼 작성할 수 있고, 가독성도 크게 향상시킬 수 있습니다.

```js
await delay(1000); // (1초 대기)
console.log("1초가 지났습니다!"); // "1초가 지났습니다!"
```

ECMAScript 2024부터는 Promise.withResolvers*라는 새로운 정적 메서드를 사용할 수 있습니다. 이 메서드를 활용하면 프로미스를 생성하는 동시에 resolve와 reject 함수를 얻을 수 있어 코드 가독성이 한층 더 개선됩니다.

```js
function delay (delayTime) {
  const {promise, resolve} = Promise.withResolvers();
  setTimeout(resolve, delayTime);
  return promise;
}
```

프로미스 동시성 다루기

여러 개의 비동기 작업을 한 번에 실행하고 그 결과를 처리해야 하는 경우가 종종 있습니다. 이때 Promise.all, Promise.allSettled, Promise.any, Promise.race와 같은 정적 메서드를 사용하면 프로미스의 동시성concurrency을 쉽게 다룰 수 있습니다.

동시성이란 하나의 스레드에서 여러 작업을 번갈아 실행하면서 마치 동시에 실행되는 것처럼 보이는 것을 말합니다. 반면 여러 개의 스레드 또는 프로세서가 실제로 동시에 작업을 실행하는 것은 병렬성parallelism 또는 병렬로 실행한다고 말합니다.

---

* https://developer.mozilla.org/en-US/docs/Web/JavaScript/Reference/Global_Objects/Promise/withResolvers

자바스크립트에서 병렬 실행을 할 수 있는 대표적인 방법으로는 웹 워커Web Workers*가 있습니다. 여기서 자세히 다루지는 않지만 웹 워커는 백그라운드 스레드에서 작업을 실행할 수 있게 하여 병렬 처리를 가능하게 합니다.

Promise.all

Promise.all은 여러 개의 프로미스 객체를 배열로 받아 모든 작업이 이행되면 그 결과를 배열로 반환합니다.

```
Promise
  .all([
    Promise.resolve(1),
    Promise.resolve(2),
  ])
  .then(result => {
    console.log(result); // [1, 2]
  });
```

하지만 작업 중 하나라도 거부되면 나머지 작업을 기다리지 않고 즉시 거부 상태의 프로미스 객체를 반환합니다. 따라서 각 작업의 완료 상태를 확인하기는 어렵습니다. 다음 코드에서는 첫 번째 작업에서 에러가 발생해 나머지 작업이 무시됩니다.

```
Promise
  .all([
    Promise.reject(new Error("Rejected!")),
    somePromiseJob1,
    somePromiseJob2,
    ...
  ])
  .catch(error => {
    console.log(error.message); // "Rejected!"
  });
```

---

* https://developer.mozilla.org/ko/docs/Web/API/Web_Workers_API

만약 Promise.all에 빈 배열을 전달하면 빈 배열을 결과값으로 가지는 즉시 이행된 프로미스 객체를 반환합니다.

```javascript
Promise.all([]).then(result => {
  console.log(result); // []
});
```

Promise.allSettled

Promise.allSettled는 Promise.all과 달리 각 프로미스의 성공 여부와 관계없이 모든 작업이 끝날 때까지 기다린 후 각각의 상태와 결과 또는 에러 정보를 담은 배열을 반환합니다.

```javascript
Promise
  .allSettled([
    Promise.reject(new Error("Rejected!")),
    Promise.resolve(1),
    Promise.resolve(2),
  ])
  .then(result => {
    console.log(result);
  });
```

출력 결과는 다음과 같습니다.

```
[
  {status: "rejected", reason: Error: Rejected!)},
  {status: "fulfilled", value: 1},
  {status: "fulfilled", value: 2},
]
```

Promise.any

Promise.any는 여러 비동기 작업 중 가장 먼저 이행된 작업의 결과값을 갖는 프로미스 객체를 반환합니다.

```javascript
Promise
  .any([
    Promise.reject(new Error("Rejected!")),
    Promise.resolve(1),
    Promise.resolve(2),
  ])
  .then(result => {
    console.log(result); // 1
  });
```

모든 작업이 거부되었다면 AggregateError라는 에러 객체로 거부된 프로미스 객체를 반환합니다. AggregateError 객체는 모든 거부 사유를 담고 있는 errors라는 속성을 가지고 있습니다.

```javascript
Promise
  .any([
    Promise.reject(new Error("Rejected!")),
    Promise.reject(new Error("Also rejected!")),
  ])
  .catch(error => {
    console.log(error.errors); // [Error: Rejected!, Error: Also rejected!]
  });
```

Promise.any는 Promise.all이나 Promise.allSettled와 달리 빈 배열을 받으면 거부된 프로미스 객체를 반환합니다.

Promise.race

Promise.race는 주어진 여러 비동기 작업 중 가장 먼저 이행되거나 거부된 작업의 결과를 받는 프로미스 객체를 반환합니다.

```javascript
Promise
  .race([
    Promise.resolve(1),
    Promise.resolve(2),
```

```
  ])
  .then(result => {
    console.log(result); // 1
  });
```

만약 Promise.race에 빈 배열을 전달하면 영원히 대기 상태인 프로미스 객체가 반환하므로 then이나 catch 메서드로 전달된 콜백 함수는 실행되지 않습니다.

| 처리되지 않은 예외 처리하기 |

프로미스가 거부되었지만 이를 처리할 함수를 등록하지 않은 경우 전역 에러 이벤트가 발생합니다. 그러나 실행 환경에 따라 이 에러를 처리하는 방식은 다릅니다.

웹 브라우저 환경

웹 브라우저에서는 unhandledrejection 이벤트가 전역 객체, 즉 window에 전달됩니다.

```
window.addEventListener("unhandledrejection", e => {
  console.log(e.reason); // Error: 처리되지 않은 에러 발생!
});
Promise.reject(new Error("처리되지 않은 에러 발생!"));
```

만약 이미 거부된 프로미스 객체에 뒤늦게 에러 처리 함수를 등록하면 rejectionhandled 이벤트가 발생합니다. 이 이벤트의 처리 방식은 unhandledrejection 이벤트와 동일합니다.

Node.js 환경

Node.js에서는 unhandledRejection 이벤트가 process 객체에 전달됩니다. 이벤트 이름의 대소문자가 브라우저와 다르다는 점을 유의하세요.

```
const process = require("node:process");
process.on("unhandledRejection", reason => {
  console.log(reason); // Error: 처리되지 않은 에러 발생!
```

```
});
Promise.reject(new Error("처리되지 않은 에러 발생!"));
```

Node.js에서도 이미 거부된 프로미스 객체에 대해 뒤늦게 에러 처리 함수를 등록하면 rejectionHandled 이벤트가 발생합니다. 이 동작은 브라우저의 rejectionhandled 이벤트와 유사합니다.

프로미스 취소하기

안타깝게도 프로미스의 작업을 취소할 수 있는 표준적인 방법은 제공되지 않습니다. 따라서 중간에 취소해야 하는 작업이 있다면 별도의 취소 기능을 구현해야 합니다. 예를 들어 Web API인 fetch는 AbortController 객체를 사용해 네트워크 요청을 취소할 수 있습니다.

다음은 AbortController를 사용한 예제입니다.

```
const controller = new AbortController();
const signal = controller.signal;
fetch("https://api.example.com/data", {signal})
  .catch(error => console.log(error)); // AbortError
controller.abort();
```

이 코드에서 controller.abort를 호출하면 네트워크 요청이 취소되고 반환된 프로미스 객체는 거부 상태가 됩니다.

다만, AbortController를 통한 요청 취소는 클라이언트에서만 이루어지므로 서버에 요청이 이미 도달했다면 처리가 진행될 수 있습니다. 즉, 서버 처리 여부와 상관없이 클라이언트는 응답을 받지 않겠다는 의미로 이해해야 합니다.

Ask-AI 질문 플레이북

개념 이해에 그치지 말고 AI에게 질문하며 사고를 확장하고 실전 감각을 키워보세요. 무엇을 질문해야 할지 막막하다면 다음 질문들이 좋은 힌트가 되어줄 거예요.

자바스크립트는 왜 멀티 스레드나 멀티 프로세스 대신 싱글 스레드 기반을 선택했을까요?

질문의도

비동기를 싱글 스레드로 구현하기 위해 이벤트 루프라는 복잡한 구조를 채택한 이유가 뭘까요? 이 질문을 통해 싱글 스레드 구조를 선택함으로써 얻는 장점과 그로 인한 제약을 파악해보고 이벤트 루프 및 비동기 메커니즘의 필요성을 더 명확히 인식할 수 있습니다.

브라우저와 Node.js에서 unhandledrejection처럼 자바스크립트의 동작 방식이나 API가 조금씩 다른 이유는 무엇일까요?

질문의도

같은 자바스크립트인데 실행 환경에 따라 작동 방식이나 API 이름이 다른 이유가 궁금할 수 있습니다. 이 질문을 통해 자바스크립트가 다양한 실행 환경에서 사용될 수 있는 언어임을 인식하고, 각 환경이 자체적으로 제공하는 기능이 어떻게 다르고 왜 그렇게 설계되었는지를 이해하는 데 도움이 됩니다.

자바스크립트에서 setTimeout의 최소 지연 시간은 왜 4ms로 설정했을까요?

질문의도

setTimeout에 지연 시간이 있다는 것은 알지만 4ms로 설정된 기준이 있을까요? 이 질문을 통해 브라우저가 과도한 타이머 사용을 어떻게 제어하며 어떤 기준으로 이벤트 처리 성능을 최적화하려는지를 이해할 수 있습니다.

자바스크립트에서 Promise.any와 Promise.race를 활용하는 구체적인 사례가 궁금해요.

질문의도

언뜻 비슷해 보이는 두 기능이 실무에서는 어떻게 활용되는 걸까요? 이 질문을 통해 여러 비동기 작업 중 첫 성공 또는 첫 응답을 다루는 실제 사례를 살펴보고 비동기 전략을 상황에 맞게 설계하는 능력을 키울 수 있습니다.

자바스크립트에서 Promise를 생성할 때 throw로 예외를 던지는 것과 reject를 호출하는 것 사이에 실질적인 차이가 없다면 어떤 기준으로 선택해야 할까요?

질문의도

비동기 코드에서 예외 처리를 일관되게 작성하고 싶지만 어떤 기준이 있는 것인지 궁금할 수 있습니다. 이 질문을 통해 throw와 reject의 실행 타이밍, 호출 위치, 디버깅 편의성 등을 비교하면서 더 일관성 있고 유지/보수하기 쉬운 코드를 작성하는 기준을 배울 수 있습니다.

자바스크립트는 왜 프로미스를 취소할 수 있는 표준적인 방법을 제공하지 않을까요?

질문의도

비동기 작업을 중단하고 싶을 때 프로미스 자체를 취소할 수 없는 이유가 뭘까요? 이 질문을 통해 프로미스의 불변성과 단방향성 철학 그리고 대안으로 사용되는 AbortController를 이해하고 비동기 흐름 제어 방식을 더 깊이 있게 익힐 수 있습니다.

SECTION 04 실전 레벨업 퀴즈 챌린지

자바스크립트의 비동기 처리 메커니즘은 프런트엔드 개발의 핵심입니다. 단계별 퀴즈를 통해 이벤트 루프, 프로미스, async/await 등 비동기 처리의 동작 원리와 응용 방식을 확인할 수 있습니다. 비동기에 대한 명확한 이해는 효율적인 코드 작성뿐만 아니라 성능 최적화에도 큰 도움이 될 것입니다.

Level 1 ★

Q1 다음 빈칸에 들어갈 단어를 작성하세요.

프로미스는 비동기 작업의 [①]와 [②]를 나타내는 [③]입니다. 비동기 처리를 위한 콜백 패턴의 단점을 극복하고, 비동기 작업의 실행 시점을 명확하게 지정할 수 있다는 장점이 있습니다.

정답
① 상태 ② 결과 ③ 객체

Q2 다음 빈칸에 들어갈 단어를 작성하세요.

프로미스의 처리 상태는 크게 [①]과 [②]로 구분할 수 있습니다. 프로미스가 생성된 직후의 상태를 [①]이라고 하며, 이후 비동기 처리 결과에 따라 [②]를 다시 [③]와 [④]로 구분할 수 있습니다. 비동기 처리에 성공하면 프로미스의 상태를 [③]로 변경하고, 실패하면 프로미스의 상태를 [④]로 변경합니다. 또한 비동기 처리 성공 시 처리 결과를 값으로 갖고 실패 시에는 실패 사유를 값으로 갖습니다.

정답
① pending ② settled ③ fulfilled ④ rejected

해설
프로미스가 생성 직후 상태인 pending에서 벗어나 fulfilled 혹은 rejected 되면, 프로미스가 처리된 settled 상태로 변경됩니다.

Q3 | 보기 |에서 다음 빈칸에 알맞은 단어를 고르세요.

프로미스 체이닝에서 [①]은 이전 프로미스의 결과값을 다음 체인으로 전달하며 [②]는 체인 중간에 발생한 에러를 처리합니다. [③]는 프로미스 체인의 성공/실패 여부와 관계없이 항상 실행됩니다.

| 보기 |

(a) resolve   (b) finally   (c) catch
(d) then   (e) reject

정답
① (d) then   ② (c) catch   ③ (b) finally

해설
프로미스는 비동기 처리 결과의 후속 처리 메서드를 제공합니다. then은 프로미스를 성공적으로 이행했을 때 실행되고, 이전 프로미스의 결과값을 인자로 받아 다음 프로미스로 전달할 수 있습니다. catch는 프로미스 체인에서 발생한 에러를 처리할 수 있으며, 에러가 발생한 then 이후부터 에러를 잡은 catch 이전까지의 모든 then은 실행되지 않습니다. 마지막으로 finally 메서드는 프로미스의 성공/실패 여부와 관계없이 반드시 실행되는 메서드로, 주로 성공/실패에 대한 공통 처리를 위해 사용합니다.

Q4 다음 빈칸에 들어갈 단어를 작성하세요.

async/await은 [①]를 기반으로 동작하지만 [①]를 더 간단하고 가독성 좋게 사용할 수 있습니다. function 앞에 async 키워드를 붙이면 해당 함수는 항상 [①]를 반환합니다. await 연산자는 [①]가 [②]되거나 [③]될 때까지 async 함수의 실행을 일시 정지하고 [①]가 [②]되면 async 함수를 일시 정지한 부분부터 실행합니다. 이때 await 연산자의 반환값은 [①]에서 [②]된 값이 됩니다. 만약 [①]가 [③]되면 await 연산자는 [③]된 값을 throw합니다. await 연산자 다음에 나오는 표현식의 값이 [①]가 아니면 해당 값을 [④]로 변환시킵니다.

정답
① 프로미스 ② fulfilled ③ rejected ④ fulfilled된 프로미스

해설
async/await은 프로미스를 기반으로 동작하며 후속처리 메서드에 콜백 함수를 전달할 필요 없이 동기적인 코드처럼 프로미스를 사용할 수 있습니다. async 함수는 언제나 프로미스를 반환하고 await 연산자는 async 함수 내에서만 사용할 수 있었는데, ECMAScript 2022부터 모듈의 최상위 레벨에서도 await를 사용할 수 있게 되었습니다.

Q5 다음 빈칸에 들어갈 단어를 작성하세요.

프로미스를 사용한 비동기 작업 시 [①] 메서드를 이용해 에러를 처리할 수 있습니다.
async/await을 이용한 비동기 작업 시에는 [②]를 이용해 에러를 처리할 수 있습니다.

정답
① catch ② try...catch

해설
catch 메서드 사용 시 catch 이전의 프로미스 체인 내에서 발생한 에러를 처리할 수 있습니다. async 함수에서는 내부에서 await 호출 시 해당 호출을 try...catch로 감싸 발생한 에러를 처리할 수 있습니다.

Q6 다음 빈칸에 들어갈 단어를 작성하세요.

[①]는 자바스크립트의 비동기 작업을 관리하고 실행하는 메커니즘 중 하나입니다.

[①]는 다음과 같은 개념들을 통해 자바스크립트의 비동기 작업을 관리 및 실행합니다.
- [②]: 현재 실행 중인 함수의 호출 정보를 저장하는 자료구조
- [③]: 비동기 작업이 완료될 때 해당 작업에 대한 콜백 함수가 [③]에 추가되는 자료구조

정답

① 이벤트 루프 ② 콜 스택 ③ 태스크 큐

해설

일반적으로 이벤트 루프는 콜 스택과 태스크 큐를 지속적으로 관찰하면서, 콜 스택이 비어 있을 때 태스크 큐에서 다음 작업을 가져와 콜 스택에 추가하며 순차적으로 처리합니다.

Q7 | 보기 |에서 다음 빈칸에 알맞은 단어를 고르세요.

- Promise.all([Promise1, Promise2, ...]) 메서드를 실행하면 배열 내 프로미스가 [①] 이행된 프로미스를 반환하며 [②] 거부된 새로운 프로미스 객체를 반환합니다.
- Promise.any([Promise1, Promise2, ...]) 메서드를 실행하면 배열 내 프로미스가 [③] 이행된 프로미스를 반환하며 [④] 거부된 새로운 프로미스 객체를 반환합니다.
- Promise.race([Promise1, Promise2, ...]) 메서드를 실행하면 배열 내 프로미스가 [⑤] 이행된 프로미스를 반환하며 [⑥] 거부된 새로운 프로미스 객체를 반환합니다.

| 보기 |

(a) 처음 완료된 프로미스가 성공할 시
(b) 하나라도 성공할 시
(c) 모두 성공할 시
(d) 하나라도 실패할 시
(e) 처음 완료된 프로미스가 실패할 시

(f) 모두 실패할 시

(g) 모두 실패할 시

정답
① (c) 모두 성공할 시
② (d) 하나라도 실패할 시
③ (b) 하나라도 성공할 시
④ (f) 모두 실패할 시
⑤ (a) 처음 완료된 프로미스가 성공할 시
⑥ (e) 처음 완료된 프로미스가 실패할 시

해설
프로미스는 프로미스 객체 배열을 처리하는 all, any, race, allSettled라는 내장 메서드를 제공합니다. 각 메서드는 배열 내 프로미스들의 이행 결과를 기반으로 고유한 방식으로 결과를 반환합니다.

Promise.all은 모든 프로미스가 fulfilled 상태가 되면 각 프로미스의 결과를 담은 배열을 반환합니다. 하지만 하나라도 rejected 상태가 되면 가장 먼저 실패한 프로미스의 reject된 이유를 가진 프로미스를 반환합니다.

Promise.any는 가장 먼저 fulfilled 상태가 된 프로미스의 결과를 반환합니다. 하지만 모든 프로미스가 실패하면 실패한 모든 프로미스의 이유를 포함한 AggregateError를 반환합니다.

Promise.race는 가장 먼저 settled 상태가 된 프로미스의 결과에 따라 이행되거나 거부된 프로미스를 반환합니다.

추가로 Promise.allSettled는 프로미스가 모두 settled 상태가 되면 처리 결과를 배열로 반환합니다.

Level 2 ★★

 Q8 #비동기 #setTimeout #이벤트 루프 #콜 스택 #태스크 큐
다음 코드의 실행 결과를 예측하고 그 이유를 설명하세요.

```javascript
function getName () {
  console.log("Joy");
}

function getAge () {
  console.log(25);
```

```
}

setTimeout(getName, 0);
getAge();
```

힌트 자바스크립트 엔진은 일반적으로 함수가 호출되면 함수 실행 컨텍스트를 콜 스택에 순차적으로 추가한 뒤 처리합니다. setTimeout과 같은 비동기 작업은 브라우저 환경에서 제공하는 Web API를 통해 실행됩니다. 작업이 완료되면 해당 콜백 함수는 태스크 큐에 추가됩니다. 태스크 큐는 비동기 함수의 콜백 함수 또는 이벤트 핸들러가 실행되기 전에 대기하는 영역입니다. 자바스크립트의 이벤트 루프는 콜 스택이 비어 있는지, 태스크 큐에 대기 중인 함수가 있는지를 확인하며 태스크 큐에서 대기 중인 함수를 콜 스택으로 이동시키는 역할을 합니다.

정답

25

"Joy"

해설

전역 코드가 평가되면 자바스크립트 엔진은 전역 실행 컨텍스트를 생성해 콜 스택에 추가합니다. 이후 setTimeout 함수를 호출하면 브라우저는 콜백 함수인 getName을 일정 시간 후 실행하기 위해 태스크 큐에 등록합니다.

이어서 getAge 함수를 호출하면 해당 함수의 실행 컨텍스트가 생성되어 콜 스택에 추가되고, 함수 내부 코드를 실행됩니다. 실행이 끝나면 getAge의 실행 컨텍스트가 콜 스택에서 제거되므로 콜 스택은 빈 상태가 됩니다.

이 시점에서 이벤트 루프는 태스크 큐를 확인해 대기 중이던 getName을 콜 스택에 넣어 실행합니다. 따라서 getAge가 먼저 실행된 후 getName이 실행되는 것입니다.

📢 AI는 통과 못 하는 기술 면접 예상 질문

Q8-1 setTimeout의 콜백 함수 처리와 프로미스의 후속 처리 과정에는 어떤 차이점이 있나요?

답변

- setTimeout의 콜백 함수는 태스크 큐에 추가됩니다.
- 이벤트 루프는 콜 스택이 비었을 때 태스크 큐에서 콜백을 실행합니다.
- 프로미스의 후속 처리 메서드인 then이나 catch는 마이크로태스크 큐에 추가됩니다.
- 마이크로태스크 큐는 태스크 큐보다 우선순위를 가지며 콜 스택이 비면 먼저 처리됩니다.
- 따라서 동일한 시점에 추가된 setTimeout과 프로미스 처리 중 프로미스가 먼저 실행됩니다.

Q8-2 태스크 큐와 마이크로태스크 큐의 차이점은 무엇인가요?

답변
- 태스크 큐는 setTimeout, setInterval, setImmediate와 같은 작업의 콜백을 저장합니다.
- 마이크로태스크 큐는 프로미스 후속 처리 메서드(then, catch)나 MutationObserver와 같은 작업을 저장합니다.
- 이벤트 루프는 콜 스택이 비었을 때 마이크로태스크 큐를 먼저 확인하여 처리하고 비어 있을 경우 태스크 큐에서 작업을 처리합니다.
- 우선순위 차이로 인해 동일한 시점에 추가되었다면 마이크로태스크 큐에 등록된 작업이 태스크 큐보다 먼저 실행됩니다.

Q9 #비동기 #마이크로태스크 큐 #콜백 큐 #태스크 큐 #이벤트 루프
브라우저 환경에서 다음 코드의 실행 결과를 예측하고 그 이유를 설명하세요.

```javascript
console.log("A");

setTimeout(() => {
  console.log("B");
}, 0);

Promise.resolve().then(() => {
  console.log("C");
});

console.log("D");
```

 브라우저 환경에서 자바스크립트의 비동기 함수는 내부적으로 브라우저의 Web API로 전달됩니다. Web API는 백그라운드에서 동작하며, 비동기 작업을 처리하는 동안 콜 스택이 비워져 있으면 다른 작업을 처리할 수 있습니다. 비동기 작업이 완료되면 Web API는 해당 콜백을 이벤트 루프를 통해 태스크 큐 또는 마이크로태스크 큐에 전달합니다.

이벤트 루프는 태스크 큐와 마이크로태스크 큐를 관리합니다. 태스크 큐는 이벤트 루프에서 렌더링 작업과 마이크로태스크 큐의 작업이 모두 완료된 후 실행됩니다. 예를 들어 setTimeout과 같은 비동기 함수의 콜백은 태스크 큐에 추가됩니다. 마이크로태스크 큐는 프로미스의 후속 처리 메서드와 같은 마이크로태스크가 대기하는 큐로, 이벤트 루프에서 동기 코드 실행이 끝난 후 태스크 큐보다 우선적으로 실행됩니다. 프로미스의 then, catch, finally와 같은 메서드에서 생성된 작업은 마이크로태스크 큐에 추가됩니다.

현재 콜 스택이 비어 있다면 이벤트 루프가 큐에서 콜백 함수를 꺼내 콜 스택으로 이동시킵니다.

정답

"A"

"D"

"C"

"B"

해설

"A"와 "D"를 출력하는 console.log는 동기 코드입니다. 동기 코드는 콜 스택에서 바로 실행되기 때문에 순서대로 "A"와 "D"를 출력합니다. 프로미스는 마이크로태스크 큐로 전달되어 동기 코드 실행이 끝나고 콜 스택이 비워진 후에 처리되어 다음 순서로는 "C"를 출력합니다. setTimeout의 콜백은 태스크 큐로 전달되며 태스크 큐는 마이크로태스크 큐가 비워진 후 처리되기 때문에 가장 마지막으로 "B"를 출력합니다.

Q10 #비동기 #async/await #setTimeout #프로미스
다음 코드의 실행 결과를 예측하고 그 이유를 설명하세요.

```
async function getMenu () {
  const appetizer = await new Promise(resolve => setTimeout(() => resolve("salad"), 2000));
  const main = new Promise(resolve => setTimeout(() => resolve("steak"), 0));
  const dessert = await new Promise(resolve => setTimeout(() => resolve("cake"), 1000));

  console.log([appetizer, main, dessert]); ❶
}

getMenu();
```

정답
❶ ["salad", Promise, "cake"]

해설
await 연산자를 사용하면 자바스크립트 엔진은 프로미스가 settled 상태가 될 때까지 기다린 뒤 다음 코드를 실행합니다. 따라서 약 2초간 대기 후 appetizer 변수에 "salad"를 할당합니다. main 변수에서는 await 연산자가 사용되지 않았기 때문에 바로 프로미스 객체를 할당합니다. 마지막으로 dessert 변수에서는 "cake"가 할당될 때까지 약 1초간 코드 실행이 지연됩니다.

AI는 통과 못 하는 기술 면접 예상 질문

Q10-1 여러 개의 비동기 작업이 실행될 때 코드 실행 시간을 줄이려면 어떤 방법이 있을까요?

답변
- 비동기 작업을 동시에 실행하면 코드 실행 시간을 줄일 수 있습니다.
- 예를 들어 Promise.all을 사용해 appetizer, main, dessert를 동시에 요청한 후 결과를 기다리는 방식으로 변경하면 실행 시간을 최소화할 수 있습니다.

#비동기 #프로미스 #프로미스 체인

Q11 다음 코드의 실행 결과를 예측하고 그 이유를 설명하세요.

```
Promise.resolve(0)
  .then(value => value + 5)
  .finally(value => {
    console.log(value); ❶
  })
  .then(value => {
    console.log(value); ❷
    throw new Error("error1");
  })
  .then(value => {
    console.log(value); ❸
  })
  .catch(value => {
    console.log(value); ❹
  });
```

> **힌트** then 메서드는 항상 프로미스 객체를 반환하며 연결된 순서대로 호출됩니다.

catch 메서드는 rejected 상태인 프로미스 객체를 처리할 때 사용됩니다. 프로미스 체인에서 rejected 상태가 되면 에러를 처리할 수 있는 핸들러(then의 두 번째 인자 또는 catch)를 만날 때까지 첫 번째 인자만 있는 then 메서드를 건너뜁니다.

finally 메서드는 프로미스가 성공하든 실패하든 상관없이 항상 특정 작업을 수행하고 싶을 때 사용합니다. 이 메서드는 콜백 함수를 인자로 받지 않으며, 내부에서 오류가 발생하지 않는 이상 이전 프로미스의 결과를 그대로 다음으로 넘깁니다. 때문에 주로 마지막으로 실행할 작업이 있을 때 사용됩니다.

정답

❶ undefined

❷ 5

❸ 아무것도 출력되지 않는다.

❹ Error: error1

해설

첫 번째 then 메서드에서 resolved된 값 0에 5를 더한 결과값을 데이터로 하는 프로미스 객체를 반환하게 되고, finally 메서드는 콜백 함수는 인자로 데이터를 받지 않기 때문에 ❶에서는 undefined를 출력합니다.

finally 메서드는 에러가 발생하지 않으면 이전 프로미스를 그대로 반환하기 때문에 ❷에서는 5를 출력합니다.

두 번째 then 메서드 안에서 에러가 발생했지만, 세 번째 then 메서드는 reject를 처리하는 두 번째 인자가 없기 때문에 resolve 상태를 처리하는 첫 번째 인자만 있는 then 메서드는 건너뜁니다. 따라서 ❸은 실행하지 않고, 이후 catch 메서드로 넘어가 ❹에서 rejected 상태의 값인 "error1"이 전달되고 에러를 출력합니다.

 AI는 통과 못 하는 기술 면접 예상 질문

Q11-1 catch 메서드를 사용하지 않고 에러 처리하는 방법에는 무엇이 있을까요?

답변

- catch 메서드 외에도 then 메서드의 두 번째 인자를 사용하여 에러를 처리할 수 있습니다.
- 프로미스 체인의 가독성과 유지 보수성을 높이기 위해 catch 메서드를 사용하는 것이 권장됩니다.
- async/await 문법을 사용할 경우 try...catch 블록을 활용하여 에러를 처리할 수도 있습니다.

Q11-2 finally 콜백 함수 안에서 에러를 throw하면 어떻게 될까요?

답변
- finally 블록 안에서 에러를 throw하면 프로미스 체인은 reject 상태로 바뀌고 해당 에러는 이후의 catch 메서드로 전달됩니다.
- finally 블록은 프로미스의 상태와 관계없이 실행되지만 해당 블록 내에서 발생한 에러는 체인에 영향을 미치기 때문입니다.
- 따라서 finally 블록에서 에러를 처리하지 않으면 의도하지 않은 동작이 발생할 수 있습니다.

Level 3 ★★★

Q12 #비동기 #async/await #에러 처리 #프로미스
다음 코드의 실행 결과를 예측하고 그 이유를 설명하세요.

```javascript
async function myFunction1 () {
  throw new Error("Error in myFunction1");
}

async function myFunction2 () {
  return Promise.reject(new Error("Error in myFunction2"));
}

async function myFunction3 () {
  return "Success";
}

async function executeMyFunctions() {
  try {
    const results = await Promise.all([
      myFunction1().catch(err => ({error: err.message})),
      myFunction2().catch(err => ({error: err.message})),
      myFunction3().catch(err => ({error: err.message}))
    ]);
    console.log("Results:", results); ❶
```

```
    } catch (error) {
        console.log("Caught in executeMyFunctions:", error.message); ❷
    } finally {
        console.log("Cleanup complete"); ❸
    }
}

executeMyFunctions().catch(err => {
    console.log("Caught at root:", err.message); ❹
});
```

정답

❶ Results: [
    {error: "Error in myFunction1"},
    {error: "Error in myFunction2"},
    "Success"
    ]

❷ 아무것도 출력되지 않는다.

❸ "Cleanup complete"

❹ 아무것도 출력되지 않는다.

해설

myFunction1에서는 직접 에러를 throw하고 있습니다. myFunction2에서는 Promise.reject를 이용해 에러를 발생시키고 있으며 myFunction3에서는 에러 없이 정상적으로 값을 반환합니다. myFunction1과 myFunction2는 다른 방식으로 에러를 발생시키고 있지만 async 함수에서 throw된 에러는 자동으로 rejected된 Promise로 변환되기 때문에 동일한 결과입니다.

executeMyFunctions의 try 문에서는 각 함수 호출에 catch 메서드를 사용해 에러를 처리하고 있습니다. catch 메서드를 사용하면 에러 발생 시 에러 메시지를 포함한 객체를 생성하며, 이런 방식으로 에러를 처리할 경우 개별 함수에서 에러가 발생해도 전체 Promise.all의 결과는 실패가 되지 않습니다. 따라서 ❶의 results는 각 함수들의 작업 결과가 담긴 배열로 myFunction1, myFunction2는 catch 메서드의 실행 결과를, myFunction3은 "Success"를 반환하여 위와 같은 결과가 나타납니다.

Promise.all 내의 개별 에러를 모두 처리했기 때문에 결과적으로 Promise.all이 성공적으로 처리되어 ❷와 ❹의 catch 블록은 실행하지 않습니다. ❸의 finally 문은 비동기 처리의 성공/실패 여부와 관계없이 항상 실행되기 때문에 ❸에서는 "Cleanup complete"를 출력합니다.

#비동기 #async/await #프로미스

Q13 다음 코드의 실행 결과를 예측하고 그 이유를 설명하세요.

```javascript
const getDelayMessage = (value, delay) => new Promise((resolve, reject) => {
  setTimeout(() => {
    if (value < 0) {
      reject(value);
    } else {
      resolve(value);
    }
  }, delay);
});

const run = async () => {
  const messagePromises1 = [
    getDelayMessage(-1, 100),
    getDelayMessage(5, 500),
  ];
  const [resultRace1, resultAny1] = await Promise.allSettled([
    Promise.race(messagePromises1),
    Promise.any(messagePromises1),
  ]);
  console.log(resultRace1.value ?? resultRace1.reason); ❶
  console.log(resultAny1.value ?? resultAny1.reason); ❷

  const messagePromises2 = [
    getDelayMessage(1, 100),
    getDelayMessage(-5, 500),
  ];
  const [resultRace2, resultAny2] = await Promise.allSettled([
    Promise.race(messagePromises2),
    Promise.any(messagePromises2),
  ]);
  console.log(resultRace2.value ?? resultRace2.reason); ❸
  console.log(resultAny2.value ?? resultAny2.reason); ❹
};

run();
```

힌트 Promise.allSettled는 전달받은 모든 프로미스가 완료되면 성공 여부와 관계없이 각 프로미스의 결과를 배열로 반환합니다. 반환하는 결과값은 fulfilled된 경우에는 {status: "fulfilled", value}, rejected된 경우에는 {status: "rejected", reason}을 가집니다.

Promise.race는 넘겨받은 프로미스들의 성공/실패 여부와 상관없이 가장 먼저 완료된 프로미스의 결과값을 반환하고, Promise.any는 넘겨받은 프로미스 중 가장 먼저 fulfilled된 프로미스의 결과값을 반환합니다.

정답
❶ -1   ❷ 5   ❸ 1   ❹ 1

해설
첫 번째 프로미스 배열인 messagePromises1은 getDelayMessage(-1, 100)과 getDelayMessage(5, 500)함수 호출의 반환값으로 구성된 Promise 배열입니다. Promise.race는 가장 먼저 완료된 프로미스를 반환하는데, getDelayMessage(-1, 100)이 100ms 후에 reject(-1)로 가장 빨리 완료되므로 resultRace1은 {status: "rejected", reason: -1}입니다. 따라서 ❶에서는 -1이 출력됩니다. 반면 Promise.any는 가장 먼저 fulfilled된 프로미스를 반환하므로 rejected된 getDelayMessage(-1, 100)은 무시되고, 500ms 후에 fulfilled된 getDelayMessage(5, 500)이 결과로 반환됩니다. 따라서 resultAny1은 {status: "fulfilled", value: 5}이고, ❷에서는 5를 출력합니다.

두 번째 프로미스 배열인 messagePromises2는 getDelayMessage(1, 100)과 getDelayMessage(-5, 500)에서 반환된 프로미스들로 구성되는데, getDelayMessage(1, 100)이 100ms 후에 resolve(1)로 가장 빨리 fulfilled 상태로 완료됩니다. 따라서 resultRace2와 resultAny2 모두 {status: "fulfilled", value: 1}이 되어 ❸, ❹에서는 1을 출력합니다.

한 걸음 더
다음 코드는 각 실행 결과를 주석으로 한눈에 파악할 수 있도록 정리한 것입니다.

```js
const run = async () => {
  const messagePromises1 = [
    getDelayMessage(-1, 100), // reject(-1) 100ms
    getDelayMessage(5, 500),  // resolve(5) 500ms
  ];
  const [resultRace1, resultAny1] = await Promise.allSettled([
    Promise.race(messagePromises1),
    Promise.any(messagePromises1),
  ]);
  console.log(resultRace1); // {status: "rejected", reason: -1}
  console.log(resultAny1);  // {status: "fulfilled", value: 5}
```

```
  const messagePromises2 = [
    getDelayMessage(1, 100), // resolve(1) 100ms
    getDelayMessage(-5, 500), // reject(-5) 500ms
  ];
  const [resultRace2, resultAny2] = await Promise.allSettled([
    Promise.race(messagePromises2),
    Promise.any(messagePromises2),
  ]);
  console.log(resultRace2); // {status: "fulfilled", value: 1}
  console.log(resultAny2); // {status: "fulfilled", value: 1}
};
```

 AI는 통과 못 하는 기술 면접 예상 질문

Q13-1 Promise.all, Promise.any, Promise.race에 빈 배열을 넣으면 어떻게 될까요?

답변
- Promise.all에 빈 배열을 전달하면 즉시 resolve됩니다. 모든 프로미스를 이미 완료된 것으로 간주하기 때문에 resolve된 값은 빈 배열입니다.
- Promise.any에 빈 배열을 전달하면 즉시 rejected됩니다. 빈 배열에는 resolved 상태의 Promise가 없으므로 AggregateError가 발생하며 "All Promises were rejected" 메시지가 포함됩니다.
- Promise.race에 빈 배열을 전달하면 영원히 pending 상태인 프로미스 객체를 반환합니다.

 #비동기 #async/await #setTimeout #프로미스

Q14 다음 코드의 실행 시간은 약 2초입니다. 약 1초가 소요되도록 fetchData 메서드를 변경해보세요. 단, 데이터값은 한 번에 출력되어야 합니다.

```
const createPromise = data => {
  return new Promise(resolve => {
    setTimeout(() => resolve(data), 1000);
```

```javascript
  });
};

async function fetchData () {
  const data1 = await createPromise(1);
  const data2 = await createPromise(2);
  console.log(data1, data2); // 1 2
}

fetchData();
```

정답

1) Promise.all 사용

```javascript
async function fetchData () {
  const [data1, data2] = await Promise.all([
    createPromise(1),
    createPromise(2),
  ]);
  console.log(data1, data2); // 1 2
}
```

02) 프로미스 객체 먼저 생성

```javascript
async function fetchData () {
  const promise1 = createPromise(1);
  const promise2 = createPromise(2);
  const data1 = await promise1;
  const data2 = await promise2;

  console.log(data1, data2); // 1 2
}
```

3) async/await를 사용하지 않고 then 메서드 사용

```javascript
function fetchData () {
  const PROMISE_VALUES = [1, 2];

  const results = [];
  let completed = 0;

  const checkCompletion = () => {
    if (completed === PROMISE_VALUES.length) {
      console.log(...results); // 1 2
    }
  };

  PROMISE_VALUES.forEach(value => {
    createPromise(value).then((data) => {
      results.push(data);
      completed += 1;
      checkCompletion();
    });
  });
}
```

해설

1) Promise.all은 전달받은 모든 프로미스가 완료되었을 때 결과를 배열로 반환합니다. 이 방법은 여러 비동기 작업을 동시에 처리할 때 전체 작업 시간을 가장 오래 걸리는 작업 시간으로 단축할 수 있으며, 코드가 비교적 간결하고 이해하기 쉽습니다.

2) 다음은 프로미스 객체를 먼저 생성한 후 각각에 대해 await를 호출해 결과를 기다리는 방식입니다. 이 방식은 Promise.all을 사용하지 않고 동시에 실행되는 효과를 얻을 수 있습니다.

3) 마지막으로 async/await를 사용하지 않고 각 프로미스의 then 메서드를 연결해 처리할 수도 있습니다. 이 방식은 각 작업의 완료 여부를 직접 관리해야 하므로 구현이 복잡하고 코드가 장황해질 수 있습니다.

#비동기 #웹 워커

다음은 웹 워커를 사용하는 자바스크립트 코드입니다. main.js를 실행했을 때 결과를 예측하고 그 이유를 설명하세요.

main.js

```javascript
const worker = new Worker("worker.js");

worker.onmessage = function(event) {
  console.log(event.data);
};

try {
  worker.postMessage("test");
  worker.postMessage("error");
} catch (error) {
  console.log("에러 발생");
};
```

worker.js

```javascript
onmessage = function(event) {
  if(event.data === "error") {
    throw new Error();
  } else {
    postMessage(event.data);
  }
};
```

힌트 웹 워커는 스크립트 연산을 백그라운드 스레드에서 실행할 수 있는 기능입니다. 웹 애플리케이션의 주 실행 스레드와 분리된 환경에서 실행되기 때문에 무거운 작업을 처리할 때 웹 워커를 사용하면 주 스레드가 멈추거나 느려지지 않고 동작할 수 있습니다.

워커는 메인 스레드와 데이터를 주고받기 위해 메시지 기반의 통신 시스템(postMessage/onMessage)을 사용합니다.

정답

"test"

Uncaught Error at onmessage

해설

1) Worker 생성: main.js에서 new Worker("worker.js")를 통해 별도의 워커 스레드를 생성합니다.

2) 메인 스레드 → 워커로 첫 번째 메시지 전송: 이후 try 문에서 워커로 "test"라는 문자열을 보냅니다. 워커의 onmessage 이벤트 핸들러에서는 "test"라는 문자열을 전달받고, postMessage를 통해 다시 메인 스레드로 "test"를 전달합니다. main.js에 정의된 worker.onmessage는 워커에서 메인 스레드로 메시지가 전달될 때 호출되므로 "test"가 출력됩니다.

3) 메인 스레드 → 워커로 두 번째 메시지 전송: 다시 메인스레드에서 워커로 "error"라는 문자열을 보냅니다. 워커는 "error"라는 값을 받아 조건에 맞게 워커 내부에서 에러를 발생시킵니다.

4) 메인 스레드에서 에러 처리 여부: main.js에서 try...catch를 이용해 에러를 처리하고 있지만, 3에서 발생한 에러는 워커 내부에서 발생한 것이므로 메인 스레드의 try...catch에서 포착할 수 없습니다. 때문에 catch 블록이 실행되지 않아 "에러 발생"은 출력되지 않습니다.

 AI는 통과 못 하는 기술 면접 예상 질문

Q15-1 워커 내부에서 발생한 에러는 어떻게 처리할 수 있을까요?

답변
- 워커 내부에서 발생한 에러는 worker.addEventListener("error", handler) 또는 worker.onerror = handler를 사용해 처리할 수 있습니다.
- 이때 에러는 메인 스레드의 ErrorEvent 객체로 전달되며 메시지, 파일 이름, 발생 위치 등의 정보를 포함합니다.
- 워커는 기본적으로 에러가 발생해도 자동으로 종료되지 않기 때문에 필요에 따라 worker.terminate를 호출해 워커를 종료하거나 에러 상황에 맞는 상태를 복구하는 로직을 추가해야 합니다.

SECTION 05 리얼 현장 인터뷰

자바스크립트의 비동기 처리는 성능 최적화, UX 개선, 에러 핸들링, 상태 관리 등 실무의 거의 모든 영역에 직결됩니다. API 호출, 이벤트 루프, 레이스 컨디션, AbortController, 디바운싱 등 현업에서 마주한 실제 문제 상황과 해결 과정을 살펴봅시다. 단순히 문법을 넘어서 실전에서 비동기 흐름을 어떻게 읽고 설계할지 감각을 키워보세요.

실무에서 비동기 처리를 사용하는 대표적인 사례에는 어떤 것들이 있을까요?

주로 서버와의 통신에서 사용합니다. 또 고도화된 UI 라이브러리를 사용할 때 퍼포먼스 향상을 목적으로 UI 컴포넌트를 필요한 시점에 비동기적으로 받아오는 사례도 존재합니다. 스켈레톤 UI의 최소 렌더링 시간을 보장할 때라든지 토스트 UI를 일정 시간 노출되게 하려고 비동기 처리를 사용하기도 합니다.

자바스크립트는 기본적으로 비동기 처리가 중심에 있는 언어라고 생각합니다. 실무에서 대표적으로는 API 호출, 파일 읽기/쓰기, 타이머 설정, 사용자 입력 처리, 애니메이션 실행 등을 들 수 있습니다.

Promise, async/await, 콜백 패턴 중 실무에서 선호하거나 자주 사용하는 방식은 무엇인가요?

async/await 패턴을 선호합니다. 실무에서도 가능하면 try...catch 문을 활용하여 에러 케이스를 처리하고 가독성을 높이는 방향으로 동료들과 컨벤션을 정의했습니다. 비동기 작업이 여러 개일 때 순차적으로 처리하거나 Promise.all을 사용해 병렬 처리하는 경우에도 동료들이 쉽게 읽고 이해할 수 있도록 async/await을 적극 활용하고 있습니다.

이벤트 루프와 태스크 큐의 동작 방식을 이해하는 것이 실무에 어떻게 도움이 되었나요?

 성능 테스트를 하다가 겪은 문제를 말씀드릴게요. 메시지가 빠르게 들어오면서 화면에 말풍선으로 렌더링되는 동안 유저가 버튼을 누르거나 메시지를 입력하면 반응 속도가 눈에 띄게 느려졌습니다. 인터랙션 속도가 체감 성능에 큰 영향을 미치다 보니 어떻게 해결할지가 큰 과제였어요. 그래서 동기로 동작하던 말풍선 렌더링 함수를 비동기 큐로 스케줄링되도록 변경했습니다. 말풍선 렌더링 함수가 반복 호출되어 콜 스택을 계속 점유하는 상태를 방지한 것이죠. 이를 위해 이벤트 루프와 비동기 큐가 어떻게 돌아가는지 충분히 이해해야 했습니다. 특히 콜 스택이 바쁜 동안에는 이벤트 루프가 큐의 작업들을 콜 스택으로 옮기지 못하여 이벤트 핸들러 등의 작업들이 대기 상태로 밀리고 반응이 느려지는 걸 파악하는 게 핵심이었습니다.

 비동기 처리에서 setTimeout이나 setInterval을 사용해 문제를 해결했던 사례가 있었나요?

 requestAnimationFrame을 사용할 때 실행의 중단과 재개에 대한 통지가 없어서 웹 게임 제작 시 제어가 어려웠던 경험이 있습니다. 특히 브라우저 탭이 비활성화되었을 때의 처리가 어려웠는데 setTimeout을 활용해 더 안정적으로 게임을 제어할 수 있었습니다.

 비동기 처리 방식으로 인해 코드가 예상과 다르게 동작했던 경험이 있나요?

 상품 리스트 페이지에서 상품 상세 페이지로 이동했다가 다시 상품 리스트 페이지로 돌아왔을 때, 이전에 보던 상품으로 스크롤을 유지시켜주는 것은 사용자 편의를 위한 보편적인 기능입니다. 상품 리스트 페이지에서 state를 활용해 비동기적으로 리렌더링을 유발하는 로직이 있다면 그리고 리렌더링이 화면의 높이 변화를 유발한다면 기대하는 스크롤 위치로 이동하지 않는 이슈가 생길 수 있습니다. 따라서 리액트 개발을 할 때는 setState, useEffect, useLayoutEffect, useRef 등이 언제 어떤 순서로 일어나는지를 정확히 이해하고 상황에 맞는 기능을 활용해야 합니다.

리액트를 처음 사용하던 시절, useEffect 안에서 setState를 호출한 직후 state 값을 바로 사용하려 했을 때 이전 상태값이 참조되어 혼란스러웠던 기억이 있습니다. 당시에는 setState가 렌더링 스케줄링과 성능 최적화를 위해 비동기로 처리된다는 점을 몰랐기 때문에 동기적으로 실행된다고 생각했던 것 같습니다. — Sally

```
function Counter () { // 간단 예시
  const [count, setCount] = useState(0);

  useEffect(() => {
    console.log("Before setState:", count); // Before setState: 0
    setCount(count + 1); // 비동기로 상태 업데이트
    console.log("After setState:", count); // After setState: 0
  }, []);
  ...
}
```

 비동기 작업을 취소하거나 중단해야 했던 경험이 있나요? 이를 구현하기 위해 어떤 시도를 해봤는지, 그 과정에서 느낀 점은 무엇인지 공유해주세요.

채팅방 페이지에서 채팅방 전환 시 API를 요청하는 사례가 있었습니다. 이때 키보드를 사용해 빠르게 채팅방을 전환하는 경우, 이전 API 응답이 오기 전에 새로운 채팅방에 대한 API 요청이 발생하면서 화면 업데이트에 성능 저하가 발생했습니다. 이미 새로운 채팅방으로 전환된 상황에서는 기존 API 응답에 대한 처리가 불필요했기 때문에 AbortController를 도입했습니다. AbortController를 활용하면 기존 요청을 취소할 수 있지만 이 과정에서 catch 문으로 넘어가게 되는데, 각 함수에 이를 처리하는 코드를 반복적으로 작성하는 것은 비효율적이었습니다. 이를 해결하기 위해 API 요청 로직을 콜백으로 받는 AbortController 관련 공통 함수를 만들었고, API 요청 부분은 이 함수의 인자로 넘기기만 하면 적용되도록 설계했습니다. 이를 통해 기존 API 응답에 대한 여러 불필요한 작업을 방지하면서 서비스의 사용성이 개선되었습니다. — Owen

사용자 프로필 이미지 업로드 컴포넌트 개발 경험을 소개하고 싶네요. 사용자가 자신의 파일 시스템에 존재하는 특정 이미지를 선택하면 해당 이미지를 서버로 전송하고, 서버에 저장된 이미지 — Gray

를 미리보기 영역에 노출하는 일련의 처리가 비동기로 이뤄지도록 개발했었는데요, 사용자가 이미지 업로드를 연이어 요청하는 경우 몇 가지 문제가 발생할 수 있었어요. 이미지 A와 B를 연이어 요청했을 때 미리보기 영역에 최종적으로 B가 노출되는 것을 기대했지만, A에 대한 업로드가 늦게 완료되면 A가 최종적으로 노출되는 문제가 그중 하나였습니다. 이러한 문제들을 해결하기 위해 시행착오를 거친 후, 결국 AbortController API를 이용해서 먼저 요청한 업로드를 취소하는 방법을 택했습니다. 가장 명시적으로 문제를 해소한다는 점이 참 좋았는데요, 요청을 취소해야 하는 상황이라면 AbortController API 사용을 검토해보면 좋을 것 같습니다.

 비동기 처리 중 Race Condition이나 상태 관리 문제를 겪은 적이 있다면 이를 어떻게 해결했는지 공유해주세요.

Terry 크롬 익스텐션을 개발했던 적이 있었는데요, 크롬 익스텐션에서 제공하는 스토리지는 일반적인 로컬 스토리지나 세션 스토리지와는 달리 읽기/쓰기 작업이 비동기적으로 동작했습니다. 그래서 여러 개의 쓰기 작업이 동시에 이루어지면 데이터가 유실되는 등 의도치 않은 결과가 발생할 수 있어서 어떻게 스토리지를 안전하게 사용할지 고민을 많이 했습니다. 당시 순차적으로 한 번에 하나의 작업만 실행되도록 작업 큐를 사용하는 방법도 고려했는데, 최종적으로는 메모리에 데이터를 두고 더티 플래그를 사용해 스토리지에 값을 동기화시키는 방법을 사용했습니다. 값을 쓸 때 바로 스토리지에 쓰는 것이 아니라 메모리의 데이터를 변경하고 현재 스토리지 쓰기 작업이 진행 중이라면 마지막 쓰기 이후 변경이 발생하여 동기화가 필요하다는 플래그만 설정합니다. 진행 중이던 쓰기 작업이 완료되었을 때 플래그가 설정되어 있다면 플래그를 초기화하고 다음 쓰기 작업을 실행합니다. 이렇게 하면 여러 변경 사항을 모아서 처리할 수 있어서 효율적으로 상태 관리를 할 수 있었습니다.

Roddy 스크롤을 내리면서 다음 메시지를 요청(요청 A)함과 동시에 '하단 가기' 버튼을 누르면 가장 최신 메시지를 요청(요청 B)하면서 채팅방 맨 하단으로 이동합니다. 요청 B가 먼저 도착하여 화면 맨 하단을 올바르게 표시했는데 요청 A가 뒤늦게 도착하여 덮어 쓰면 메시지 정합성 이슈가 발생할 수 있습니다. 이러한 Race Condition을 해결하기 위해 특정한 메시지 fetch 요청을 시작하면 lock을 걸고, lock이 걸려 있을 때 또 다른 메시지 fetch 요청을 하는 경우 lock이 풀릴 때까지 기다린 뒤에 해당 요청을 실행하는 방식으로 해결했습니다. zustand로 전역 Lock store를 만들고, lock이 풀릴 때까지 기다리는 프로미스 함수를 만들었습니다. 해당 함수 안에서는 lock state를 구독하고 있다가 lock이 해제되면 프로미스를 resolve하는 방식으로 구현했습니다.

여러 비동기 작업을 조합해 처리할 때 Promise.all이나 Promise.race를 사용한 경험이 있나요? 어떤 상황에서 유용하게 동작했는지 공유해주세요.

간단한 채팅 앱을 예로 들어볼게요. 채팅방의 메타 정보와 채팅방 유저 목록, 채팅 목록이 모두 같은 채팅방 ID를 기반으로 API 요청을 한다면 채팅 목록을 불러올 때 굳이 메타 정보와 유저 목록을 다 불러올 때까지 기다리지 않고 한 번에 요청할 수 있겠죠. 각각을 순차적으로 요청할 때보다 한 번에 요청할 때 API 호출에 걸리는 시간을 아낄 수 있습니다. 빠른 API 응답은 곧 더 빠른 웹 앱을 의미하니 유저 경험에도 긍정적으로 작용할 수 있어요. Stella

 비동기 코드를 다루면서 디버깅이나 오류 처리에서 어려움을 겪었던 경험이 있나요?

입사 후 프로젝트 전체에 걸쳐 비동기 처리 로직을 수정한 경험이 있어요. 특별한 기준 없이 프로미스, async/await이 함께 사용되고 있었고 특히 에러 처리의 경우 코드 작성자에 따라 처리 여부, 처리 방식이 달랐어요. 이 때문에 크리티컬하지 않은 에러가 발생해도 전체 프로그램 실행이 멈추는 경우가 꽤 많았습니다. 수많은 비동기 코드를 리팩터링하는 과정에서 충격적인 코드도 발견했는데요. 다음처럼 작성된 코드였어요. — Gling

```javascript
function waitAndResolve (delay, shouldReject = false) {
  return new Promise((resolve, reject) => {
    setTimeout(() => {
      if (shouldReject) {
        reject(new Error(`Failed after ${delay}ms`));
      } else {
        resolve(`Resolved after ${delay}ms`);
      }
    }, delay);
  });
}

const fetchData = () => {
  try {
    return waitAndResolve(2000, true);
```

```
  } catch {
    console.log("data fetch 에러 발생");
  }
}

fetchData();
```

이 경우 waitAndResolve에서 에러가 발생해도 try...catch에서 처리될 수 없는데, 이런 패턴으로 작성된 코드가 굉장히 많았습니다. 처음에는 'try...catch를 이용했는데 왜 에러가 안 잡히지?'라고 생각했는데 디버깅을 하다 보니 코드의 문제점을 찾을 수 있었습니다. 비동기 에러 처리에 대해 이론적으로는 충분히 공부했다고 생각했지만, 실제 코드에서 문제를 파악하는 일은 결코 쉽지 않다는 것을 실감했습니다.

프로미스를 반환하는 함수에 무심코 then/catch를 사용했는데 에러가 잡히지 않아서 당황했던 경험이 있습니다. 프로미스를 반환하는 함수는 async 함수인 경우도 있고 아닌 경우도 있는데요, async 함수가 아닌 경우에는 다음과 같이 동기적인 로직을 포함하는 경우가 있습니다. 이런 경우에는 catch를 사용하면 프로미스 내부에서 발생한 에러만 잡히고 동기적인 부분에서 발생한 에러는 잡히지 않기 때문에 문제가 발생했던 것이었습니다. 이런 경우에는 await과 try...catch를 사용하면 모든 에러를 잡을 수 있는데요, 이 방식은 함수가 async 함수인지 아닌지, 내부 구현이 어떻게 되어 있는지 신경 쓸 필요가 없기 때문에 프로미스를 반환하는 함수의 에러 처리가 필요한 경우 자주 사용하고 있습니다.

Terry

```
function foo () {
  ❶
  return new Promise((resolve, reject) => {
    ❷
  });
}

// 이 경우 ❶에서 발생한 에러는 처리할 수 없다
foo().catch(e => {}) // 에러 처리

// 이 경우 ❶과 ❷에서 발생한 에러 모두 처리할 수 있다
```

```
try {
  await foo();
} catch (e) {
  // 에러 처리
}
```

 실무에서 비동기 흐름을 테스트하거나 디버깅할 때 사용한 도구나 기법이 있다면 소개해주세요.

jest에서 setTimeout, setInterval 등을 사용하는 로직을 테스트하는 경우 원하는 시간만 큼 타이머를 진행시키는 jest.advanceTimersByTime, 모든 타이머를 실행시키는 jest. runAllTimers 등을 사용할 수 있는데요, 이 함수들은 타이머는 실행시켜 주지만 프로미스는 실행시키지 않아서 타이머와 프로미스가 섞여 있는 경우에는 테스트하기 어렵습니다. jest 29.5.0 버전부터는 타이머와 프로미스를 올바른 순서로 모두 실행시켜주는 jest.advanceTimersByTimeAsync, jest.runAllTimersAsync와 같은 함수가 추가되어서 이러한 경우에도 훨씬 쉽게 리팩터링 내성이 높은 테스트를 작성할 수 있습니다. @sinonjs/fake-timers라는 라이브러리를 이용해서도 동일한 기능을 사용할 수 있습니다.

 제너레이터를 사용하여 효과적으로 비동기 처리를 해보았던 경험이 있나요? 어떤 장점이 있었는지도 말해주세요.

Redux-Saga는 대표적으로 제너레이터를 효율적으로 사용하는 리액트 라이브러리입니다. Redux-Saga는 리액트, 리덕스 애플리케이션에서 비동기 처리와 같은 부수효과 처리를 담당하는데요, 여기서 saga가 곧 제너레이터 함수이고 리덕스 미들웨어가 saga로부터 yield 값을 받아서 동작을 수행시키는 역할을 합니다. saga에서는 어떤 작업을 할 것인지만 정의하고 실제 작업을 직접적으로 호출하는 것은 미들웨어에서 수행되기 때문에 매우 간단하게 비동기 코드를 작성할 수 있다는 장점이 있었습니다. Joy

제너레이터를 사용해 어마어마하게 크고 뎁스도 깊은 데이터를 효율적으로 처리했던 경험이 있습니다. 주기적으로 모든 데이터를 순회해야 하는 작업에서 제너레이터를 활용해 데이터를 나눠서 처리함으로써 콜 스택 오버플로 문제를 우회할 수 있었습니다. — Paul

 서버 통신이나 API 호출을 비동기로 처리하는 과정에서 성능 문제가 발생했던 경험이 있나요?

실시간으로 입력값을 저장하는 기능을 구현했던 적이 있었는데요, 처음에 사용자가 글자를 입력할 때마다 API가 호출되도록 설계했더니 입력 이벤트가 빈번하게 발생하면서 네트워크 부하가 커지고 화면이 버벅대는 성능 문제가 생겼습니다. 이 문제를 해결하기 위해 디바운싱을 적용하여 연속적인 입력 이벤트가 발생하더라도 입력이 멈춘 뒤 일정 시간이 지난 후에만 API가 호출되도록 수정했습니다. 이를 통해 불필요한 API 호출을 효과적으로 줄였고 성능 저하 없이 안정적으로 구현할 수 있었습니다. — Sally

```javascript
function handleInput (event) {
  // API 요청 코드
}
const inputElement = document.querySelector("#input");
inputElement.addEventListener("input", debounce(handleInput, 400));
```

예전에 국토교통부 API를 이용해서 간단한 버스 도착 정보를 확인할 수 있는 지도 웹사이트를 만들었던 경험이 있는데요, 개발 초기에는 구현 테스트를 위해 지도를 확대/축소할 때마다 API를 호출해 버스 정류장 정보를 가져오도록 구현했습니다. 그러다 보니 API를 불러오는 동안 유저가 빠르게 지도를 이동하거나 확대/축소할 경우 이벤트가 연속적으로 발생하면서, 현재 지도에는 표시되지 않아도 되는 불필요한 API 요청이 생겼습니다. 개발 계정의 경우 하루에 API를 호출할 수 있는 횟수가 정해져 있는데, 버스 정류장에 도착 예정인 버스 정보를 구현하기 전에 앞 단에 필요한 정류장 조회 API가 호출 제한에 걸리기도 했습니다. 또 불필요한 API 호출로 인해 웹사이트에서 인터랙션이 많이 쌓일수록 클라이언트 성능 저하로 이어지기도 했습니다. 이러한 현상을 개선하기 위해서 데이터 캐싱과 디바운싱을 이용해 성능 최적화를 진행했습니다. — Lucy

비동기 처리에서 AI의 조언이 문제가 되었던 경험이 있나요?

Sally

비슷한 API 호출 로직이 여러 번 반복되면서 코드가 점점 길어졌고, 이를 리팩터링할 방법을 고민했던 적이 있습니다. 그때 AI에게 "이걸 좀 더 깔끔하게 정리할 수 있을까?"라고 조언을 구하자 forEach를 활용한 코드를 제안해주었죠. forEach를 쓰면 가독성이 좋아지고 코드도 짧아진다고 하면서 async 콜백 안에서 await을 사용하는 예제를 보여줬어요. 예를 들어 다음과 같은 식이었습니다.

```
users.forEach(async (user) => {
  const data = await fetchUserData(user);
  console.log(`${user}:`, data);
});
console.log("모든 유저 처리 완료");
```

코드가 간결해지고 적용해보면 좋을 것 같아 이대로 바꿔봤지만 예상했던 흐름대로 진행되지 않았습니다. 분명 하나씩 순차적으로 처리되기를 기대했는데 실제로는 여러 요청이 동시에 진행됐고, 마지막에 실행되길 바랐던 작업도 먼저 실행되었죠. forEach는 애초에 비동기 흐름을 고려한 함수가 아니라 내부의 콜백이 async든 아니든 콜백을 실행하고 넘어간다는 사실을 인지하지 못한 것이었습니다. 리팩터링이 필요할 때 AI에게 조언을 구하곤 하지만, AI가 제안한 코드를 그대로 사용하는 것이 아니라 반드시 직접 검토하고 검증하는 습관이 중요하다고 느꼈습니다.

비동기 처리에서 AI의 조언을 활용해 문제를 해결한 경험이 있나요?

Gling

Shared Worker를 사용해 웹 애플리케이션을 구현할 때 워커가 수신한 데이터 스트림(소켓, 폴링)을 클라이언트로 보내는 처리가 필요했어요. 기존의 워커 핸들러는 일회성 메시지 응답을 처리하고 있었기 때문에 지속적으로 클라이언트에게 데이터를 전달할 방법을 고민했어요.

```
// 기존 워커 핸들러 코드
handler: async () => {
  const data = await fetchData();
  return {
```

```
    type: WorkerMessage.ResponseGetList
    payload: data,
  };
};
```

워커 컨트롤러에 broadcast 함수를 주입해서 핸들러의 매개 변수로 넘겨 broadcast 함수를 직접 호출하는 방법, AsyncGenerator 기반 스트림 처리 모델 구현 등 다양한 방식으로 접근한 뒤, AI에게 코드 리뷰, 장단점, 예상되는 문제점 등을 분석해달라고 요청했습니다.

AI의 분석 결과는 다음과 같았습니다.

- 비동기 흐름을 처리하기 위해 다양한 특수한 구조나 전역 상태 도입이 아닌, AsyncGenerator 기반의 스트림 추상화는 흐름 자체를 타입으로 표현할 수 있어 훨씬 명확하고 안전한 구조로 정리할 수 있음
- 폴링 외에도 socket, pub/sub 구조에도 유연하게 대응/확장할 수 있음
- 유지 보수성과 테스트 가능성 향상(handler 단위 테스트 쉬움)

AI의 도움을 받아 어떤 방식을 채택할지 선정하고 코드를 여러 차례 리팩터링한 결과, 복잡한 데이터 스트림 처리를 비교적 단순하게 읽고 쓸 수 있는 코드로 완성할 수 있었습니다.

```
// 개선 후 워커 핸들러 코드
handler: async () => {
  const poller = createPoller(); // 내부에서 서버 폴링 시작
  poller.start();
  const stream = fromCallbackStream(callback => {
    poller.onData(callback);
    return () => poller.stop();
  });
  return {
    stream: mapStream(stream, data => ({
      type: WorkerMessage.ResponseUpdateData
      payload: transform(data),
    })),
  };
}
```

```js
export function fromCallbackStream(subscribe) {
  const queue = [];
  let resolveNext = null;
  let ended = false;

  const unsubscribe = subscribe(value => {
    if (ended) return;
    if (resolveNext) {
      resolveNext({ value, done: false });
      resolveNext = null;
    } else {
      queue.push(value);
    }
  });

  async function* generator() {
    try {
      while (true) {
        if (queue.length > 0) {
          yield queue.shift();
        } else {
          const result = await new Promise(resolve => {
            resolveNext = resolve;
          });
          if (result.done) return;
          yield result.value;
        }
      }
    } finally {
      ended = true;
      unsubscribe();
    }
  }
  return generator();
}
```

CHAPTER 07

클래스와 프로토타입

자바스크립트는 프로토타입 기반 객체지향 언어입니다. ECMAScript 2015 이후로 클래스 문법이 도입되면서 더욱 직관적이고 명확한 방식으로 객체지향 설계를 할 수 있게 되었습니다.

이번 챕터에서는 프로토타입 체인, 클래스 상속, private 필드, static 메서드 등 객체지향 프로그래밍의 핵심 개념을 다루며, 클래스와 프로토타입의 원리와 활용법을 체계적으로 정리합니다. 이 과정을 통해 단순히 문법을 익히는 데 그치지 않고 실무에서 유지보수성과 확장성을 갖춘 객체지향 설계 능력을 키울 수 있습니다.

SECTION 01 셀프 실력 점검

자바스크립트의 클래스와 프로토타입에 대한 이해도를 점검해볼 수 있는 퀴즈입니다. 다음 항목들을 체크해봄으로써 자바스크립트의 클래스와 프로토타입을 얼마나 잘 알고 있는지 확인해보세요.

01 프로토타입 객체와 필요성을 설명할 수 있다. [ ]
02 자바스크립트 객체의 프로토타입을 가져오거나 정의하는 방법을 설명할 수 있다. [ ]
03 메서드 오버라이딩이 어떻게 동작하는지 설명할 수 있다. [ ]
04 자바스크립트에서 프로토타입 체인을 통해 속성을 어떻게 찾는지 설명할 수 있다. [ ]
05 클래스와 인스턴스의 개념을 설명할 수 있다. [ ]
06 super 키워드와 extends 키워드의 사용 목적과 사용 시점을 설명할 수 있다. [ ]
07 클래스의 공개 필드, 비공개 필드 그리고 정적 필드를 언제 어떻게 사용해야 하는지 설명할 수 있다. [ ]
08 클래스를 통한 상속과 생성자 함수를 통한 상속의 차이점을 설명할 수 있다. [ ]
09 자바스크립트에서 상속을 구현하는 코드를 작성할 수 있다. [ ]

나의 실력은?

0-2개	출발 금지! 준비 운동이 필요해요. 이론부터 차근차근 학습하며 탄탄한 기본기를 쌓아보세요.
3-4개	준비 완료! 이제 기본 개념을 활용해 Level 1 퀴즈를 풀며 자신감을 키워보세요.
5-7개	잘하고 있어요! Level 2 퀴즈를 통해 학습한 개념을 코드에 적용하면서 더욱 깊이 있는 이해를 쌓아보세요.
8개 이상	Level 3 퀴즈에서 다양한 개념을 연관 지어 학습해보세요. 실무에서 어떤 문제를 만나도 충분히 해결할 수 있을 거예요.

SECTION 02 뇌를 깨우는 워밍업 퀴즈

본격적으로 핵심 개념을 익히기 전에 가벼운 퀴즈를 풀어보며 자바스크립트 클래스와 프로토타입의 특성과 동작 방식을 점검해보세요.

01 다음 코드에서 Person 클래스의 인스턴스를 생성하고 greet 메서드를 호출하면 어떤 결과가 나올까요?

```
class Person {
  constructor (name) {
    this.name = name;
  }
  greet () {
    return `Hello, my name is ${this.name}`;
  }
}
const john = new Person("John");
console.log(john.greet());
```

힌트 Person 클래스의 greet 메서드는 this.name을 사용하여 인스턴스의 이름을 출력합니다.

02 다음 코드에서 Animal 클래스의 인스턴스가 speak 메서드를 호출할 때 어떤 결과가 나올까요? 그리고 Dog 클래스의 인스턴스가 speak 메서드를 호출할 때는 어떤 결과가 나올까요?

힌트 Dog 클래스의 speak 메서드는 Animal 클래스의 speak 메서드를 오버라이드합니다.

```javascript
class Animal {
  speak () {
    return "Animal sound";
  }
}
class Dog extends Animal {
  speak () {
    return "Woof!";
  }
}
const myAnimal = new Animal();
const myDog = new Dog();
console.log(myAnimal.speak());
console.log(myDog.speak());
```

03 다음 코드에서 Truck 클래스의 인스턴스가 describe 메서드를 호출할 때 어떤 결과가 나올까요?

힌트 Truck 클래스의 describe 메서드는 super.describe를 호출하여 부모 클래스의 describe 메서드를 호출합니다.

```javascript
class Vehicle {
  constructor (type) {
    this.type = type;
  }
  describe () {
    return `This is a ${this.type}`;
  }
}
class Truck extends Vehicle {
  constructor (brand) {
    super("truck");
    this.brand = brand;
  }
  describe () {
```

```
    return `${super.describe()} of brand ${this.brand}`;
  }
}
const myCar = new Truck("GoodTruck");
console.log(myCar.describe());
```

정답 및 해설

01	• "Hello, my name is John" 클래스 메서드는 인스턴스의 프로퍼티를 this로 참조할 수 있습니다.
02	• "Animal sound", "Woof!" Dog 클래스는 Animal을 상속받았고, speak 메서드를 오버라이드했습니다.
03	• "This is a truck of brand GoodTruck" super.describe를 호출하여 부모 메서드의 반환값과 추가적인 정보를 출력합니다.

SECTION 03 핵심 개념 파헤치기

자바스크립트는 프로토타입 기반의 유연한 객체 모델을 통해 상속과 같은 객체지향적 개념을 구현합니다. 그러나 정적 타입 언어에서 사용하는 클래스와 달리, 자바스크립트의 프로토타입은 동적으로 변경될 수 있어 처음 접하면 혼란스러울 수 있습니다. 이러한 혼란을 줄이기 위해 ECMAScript 2015에서 클래스 문법이 도입되었지만, 클래스 역시 프로토타입의 개념 위에서 동작하기 때문에 프로토타입에 대한 이해는 여전히 필수적입니다. 지금부터 프로토타입의 기초 개념부터 클래스와 관련된 개념까지 살펴보며 자바스크립트의 객체지향 모델을 깊이 이해해봅시다.

01 프로토타입

자바스크립트에서 모든 객체는 자신이 상속할 속성과 메서드를 가진 객체인 프로토타입prototype*과 연결되어 있습니다. 그리고 프로토타입도 객체이므로 또 다른 프로토타입과 연결될 수 있으며, 이 연결 관계는 null을 만날 때까지 계속됩니다. 이러한 연결 구조를 프로토타입 체인prototype chain이라고 부릅니다.

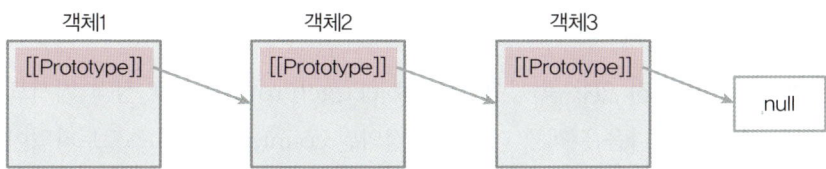

그림 7-1 프로토타입 체인

객체의 속성이나 메서드를 참조할 때 자바스크립트 엔진은 해당 객체에서 먼저 속성을 찾고, 없으면 프로토타입 체인을 따라 상위 프로토타입에서 속성을 검색합니다. 이런 방식 덕분에 객체는 다른 객체로부터 속성이나 메서드를 상속받아 공유하고 재사용할 수 있습니다.

예를 들어 객체 리터럴을 통해 생성된 객체는 기본적으로 Object.prototype 객체를 프로토타입으로 가집니다. Object.prototype 객체에는 고유한 속성이 존재하는지 확인하는 hasOwnProperty 메서

---

* ECMAScript 명세에 따르면 프로토타입 속성을 지칭할 때 [[Prototype]]이라는 표현을 사용합니다. 이로 인해 프로토타입을 설명하는 다른 글에서도 객체의 프로토타입을 [[Prototype]]으로 표기하기도 합니다.

드나 객체를 문자열로 변환하는 toString 메서드 등이 정의되어 있습니다. 따라서 Object.prototype을 프로토타입으로 가지는 모든 객체는 이 메서드들을 사용할 수 있습니다.

```
const counter = {
  value: 3,
};
console.log(counter.hasOwnProperty("value")); // true
```

이 코드에서 counter 객체에는 hasOwnProperty라는 메서드가 직접 정의되어 있지 않지만, 프로토타입 체인을 따라 Object.prototype 객체의 hasOwnProperty 메서드를 상속받아 사용할 수 있습니다.

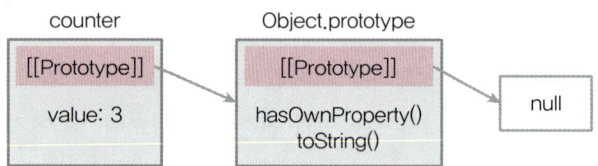

그림 7-2 Object를 상속한 객체의 프로토타입 체인

| 프로토타입 가져오기 |

객체의 프로토타입은 일반적으로 숨겨져 있는 속성이지만 Object.getPrototypeOf 정적 메서드를 사용하여 이를 가져올 수 있습니다. 다음은 객체 리터럴로 정의된 counter 객체의 프로토타입이 Object.prototype 객체인 것을 확인하는 코드입니다.

```
const counter = {
  value: 3,
};
const counterPrototype = Object.getPrototypeOf(counter);
console.log(counterPrototype === Object.prototype); // true
```

사실 대부분 브라우저에서는 이전 버전과의 호환성을 위해 __proto__ 속성을 제공하여 프로토타입을 조작할 수 있도록 하고 있습니다. 하지만 이 속성은 레거시 지원을 위한 기능일 뿐이므로 사용을 지양하는 것이 좋습니다.

| 프로토타입 정의하기 |

객체의 프로토타입을 정의하는 방법에는 __proto__ 문법, Object.setPrototypeOf 정적 메서드, Object.create 정적 메서드 그리고 생성자 함수를 사용하는 방법 등이 있습니다.

__proto__ 문법

__proto__ 문법은 이전에 설명했던 __proto__ 속성과는 달리, 객체 리터럴에서 프로토타입을 정의할 때 사용하는 표준 문법입니다. 이는 마치 __proto__라는 속성을 정의하는 것처럼 보이지만 실제로는 해당 객체의 프로토타입을 설정하는 역할을 합니다.

다음 코드에서는 __proto__ 문법을 사용하여 protoValue라는 속성을 가진 객체를 counter 객체의 프로토타입으로 설정했습니다. 따라서 counter에서 protoValue 속성을 참조하면 객체 자체에는 해당 속성이 존재하지 않지만 프로토타입에서 찾을 수 있기 때문에 정상적으로 그 값을 조회할 수 있습니다.

```javascript
const counter = {
  value: 3,
  __proto__: {
    protoValue: 7,
  },
};
console.log(counter.value); // 3
console.log(counter.protoValue); // 7
console.log(Object.hasOwn(counter, "protoValue")); // false
```

이 코드에서 사용된 Object.hasOwn 정적 메서드는 Object.prototype.hasOwnProperty와 동일하게 객체에 해당 속성이 직접 존재하는지 확인하는 메서드입니다.

자바스크립트에서는 이처럼 기존의 프로토타입 메서드가 정적 메서드로도 구현된 경우가 많습니다. 그 이유는 만약 객체가 프로토타입에 정의된 메서드와 동일한 이름의 속성을 가지면 프로토타입 체인을 따라 원래 메서드에 접근할 수 없게 되는 속성 섀도잉_{property shadowing} 문제가 발생할 수도 있기 때문입니다.

예를 들어 다음 코드에서는 counter 객체에 hasOwnProperty라는 메서드를 직접 정의하여 항상 false를 반환하도록 했습니다.

```js
const counter = {
  value: 3,
  hasOwnProperty () {
    return false;
  },
};
console.log(counter.hasOwnProperty("value")); // false
console.log(Object.hasOwn(counter, "value")); // true
```

첫 번째 출력에서는 Object.prototype.hasOwnProperty가 호출되지 않고, counter 객체의 hasOwnProperty 메서드가 실행되기 때문에 false를 출력합니다. 반면 두 번째 출력에서는 Object.hasOwn 정적 메서드를 사용하여 객체의 프로토타입과 무관하게 직접 속성을 확인할 수 있습니다.

이처럼 표준적인 기능이 속성 섀도잉에 의해 예상치 못한 동작을 하는 것을 방지하기 위해 점점 더 많은 기능이 정적 메서드로 제공되는 추세입니다. 따라서 Object.hasOwn과 같은 정적 메서드를 사용하는 방법을 권장합니다.

Object.setPrototypeOf

ECMAScript 2015에 도입된 Object.setPrototypeOf 정적 메서드는 이미 생성된 객체의 프로토타입을 동적으로 변경할 때 사용합니다.

다음 코드에서 counter의 프로토타입을 null로 변경하면 Object.prototype의 메서드를 사용할 수 없게 되므로 hasOwnProperty를 호출하면 에러가 발생합니다.

```js
const counter = {
  value: 3,
};
Object.setPrototypeOf(counter, null);
console.log(Object.getPrototypeOf(counter)); // null
console.log(counter.hasOwnProperty("value")); // 에러 발생!
```

하지만 이미 생성된 객체의 프로토타입을 동적으로 변경하는 것은 지양해야 합니다. 그 이유는 관련된 다른 객체에도 예상치 못한 영향을 줄 수 있을 뿐만 아니라, 자바스크립트 엔진의 최적화를 방해하여 성능 저하를 유발할 수 있기 때문입니다. 따라서 가급적 Object.setPrototypeOf를 사용하는 대신 생성 시점에 올바르게 프로토타입을 정의하는 것이 바람직합니다.

Object.create

Object.create는 Object.setPrototypeOf와 달리 새로운 객체를 생성할 때 프로토타입을 설정할 수 있는 메서드입니다.

다음 코드는 counterProto 객체를 프로토타입으로 하는 counter 객체를 생성하는 예제입니다. 또한 Object.create의 두 번째 인자로 속성 서술자를 전달하여 객체의 속성을 정의할 수도 있습니다.

```javascript
const counterProto = {
  protoValue: 7,
};
const counter = Object.create(counterProto, {
  counterValue: {value: 3},
});
console.log(counter.counterValue); // 3
console.log(counter.protoValue); // 7
console.log(Object.hasOwn(counter, "counterValue")); // true
console.log(Object.hasOwn(counter, "protoValue")); // false
```

이때 두 번째 인자는 Object.defineProperties[*]의 두 번째 인자와 동일한 형식을 따릅니다.

생성자 함수

챕터 4 '함수'에서 설명한 것처럼 생성자 함수를 사용하면 객체의 프로토타입을 자동으로 설정할 수 있습니다.

---

[*] https://developer.mozilla.org/ko/docs/Web/JavaScript/Reference/Global_Objects/Object/defineProperties

```
function Position (x, y) {
  this.x = x;
  this.y = y;
}
const position = new Position(3, 7);
const prototype = Object.getPrototypeOf(position);
console.log(prototype === Position.prototype); // true
```

또한 생성자 함수의 prototype 객체에는 constructor 속성이 존재하므로 이를 통해 생성자 함수를 다시 참조할 수 있습니다.

```
console.log(prototype.constructor === Position); // true
```

주의할 점은 생성자 함수의 prototype 속성과 생성자 함수 자체의 프로토타입은 서로 다르다는 것입니다. 즉, Position.prototype은 Position으로 생성된 객체들의 프로토타입이고, Position 자체의 프로토타입은 Function.prototype으로 서로 다른 값을 가리킵니다.

```
const positionProto = Object.getPrototypeOf(Position);
console.log(positionProto === Function.prototype); // true
```

이는 생성자 함수도 결국 함수이므로 Function.prototype을 프로토타입으로 가진다는 점에서 자연스러운 구조입니다.

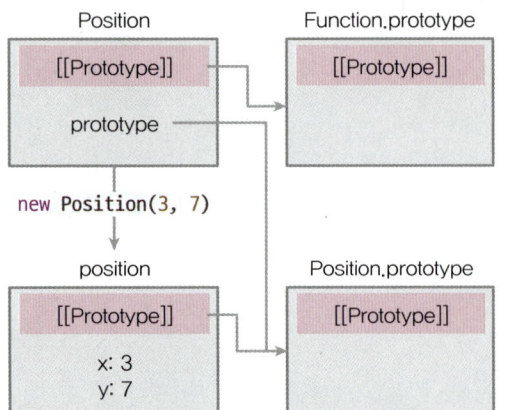

그림 7-3 Position 생성자 함수의 prototype 속성과 [[Prototype]]

02 프로토타입과 상속

객체의 상속에는 생성자의 상속, 속성과 메서드의 상속, 정적 속성과 정적 메서드의 상속 등 다양한 개념이 포함됩니다. 자바스크립트에서 프로토타입을 어떻게 활용하느냐에 따라 상속의 방식과 범위가 달라지므로 프로토타입 기반 상속을 정확히 이해하는 것이 중요합니다.

| 생성자 함수를 통한 객체의 상속 |

생성자 함수를 사용해서 객체의 프로토타입을 정의하는 방식은 가장 오래된 표준적인 방법입니다. 이를 통해 객체 간 복잡한 상속 관계도 구현할 수 있지만 정확하게 구현하기 위해 고려해야 할 요소가 많습니다.

다음 코드는 객체의 상속을 설명하기 위해 챕터 4 '함수'에서 사용했던 예제의 일부를 가져온 것입니다. Position 생성자 함수는 x, y 좌표를 저장하며 toString 메서드를 통해 객체를 문자열로 표현할 수 있습니다.

```javascript
function Position (x, y) {
  this.x = x;
  this.y = y;
}
Position.prototype.toString = function () {
  return `${this.x},${this.y}`;
};
```

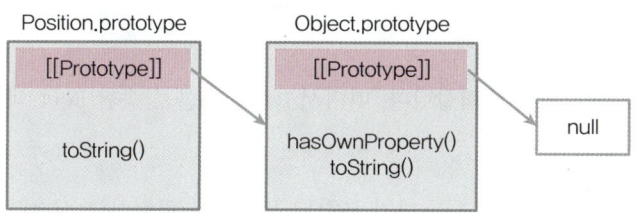

그림 7-4 Position의 프로토타입 체인

이번에는 좌표뿐만 아니라 가로, 세로 속성을 가진 사각형 객체를 만들려고 합니다. 사각형 객체에는 이미 좌표 정보가 포함되어 있으므로 Position 객체를 상속하여 코드 재사용성을 높일 수 있습니다.

이때 Object.setPrototypeOf 정적 메서드를 사용하면 Position.prototype을 Rect.prototype의 프로토타입으로 설정하여 Position 객체의 toString 메서드를 상속받을 수 있습니다.

```javascript
function Rect (x, y, width, height) {
  Position.call(this, x, y);
  this.width = width;
  this.height = height;
}
// Rect.prototype이 Position.prototype을 상속받도록 설정
Object.setPrototypeOf(Rect.prototype, Position.prototype);
const rect = new Rect(1, 2, 3, 4);
console.log(rect.toString()); // "1,2"
```

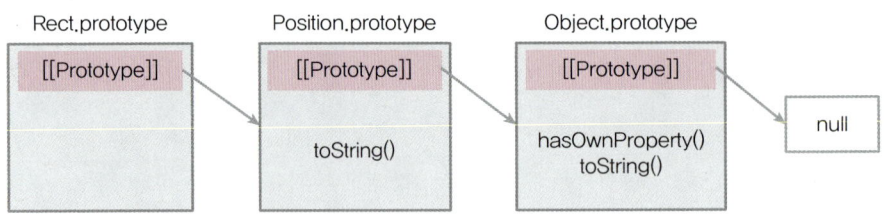

그림 7-5 Position과 Rect의 상속 관계

Rect 생성자 함수의 첫 번째 줄에서 Position.call(this, x, y)를 호출하는 이유는 부모 생성자 함수를 실행하여 x, y 값을 초기화하기 위해서입니다. 이 코드가 없으면 x와 y 속성을 수동으로 정의해야 하므로 부모 생성자 함수의 로직을 중복 작성해야 하는 비효율적인 코드가 됩니다.

| 메서드 오버라이딩 |

현재 Position 객체의 toString 메서드는 x, y 값만을 출력합니다. 따라서 Position을 상속한 Rect 객체에서 toString을 호출해도 x, y 값만 출력됩니다.

만약 Rect 객체의 toString 메서드를 수정하여 width, height까지 포함된 문자열을 반환하고 싶다면 Rect.prototype에서 toString 메서드를 재정의하면 됩니다.

```javascript
function Rect (x, y, width, height) {
  Position.call(this, x, y);
```

```javascript
    this.width = width;
    this.height = height;
}
Object.setPrototypeOf(Rect.prototype, Position.prototype);
// Rect.prototype에 toString 메서드를 오버라이딩
Rect.prototype.toString = function () {
  return `${this.x},${this.y},${this.width},${this.height}`;
};
const rect = new Rect(1, 2, 3, 4);
console.log(rect.toString()); // "1,2,3,4"
```

이처럼 상위 프로토타입의 메서드를 하위 객체에서 재정의하는 것을 메서드 오버라이딩method overriding이라고 합니다.

이는 프로토타입 체인에서 Rect.prototype의 toString 메서드가 Position.prototype의 toString 메서드를 가리는 현상인 속성 섀도잉을 이용한 것입니다.

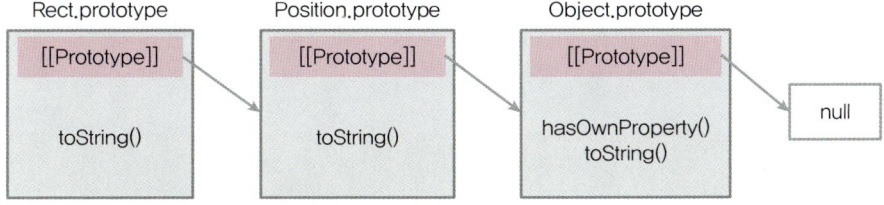

그림 7-6 Rect의 toString 메서드 오버라이딩

정적 속성의 상속

정적 속성static property이란 객체의 프로토타입이 아닌 생성자 함수 자체에 직접 정의된 속성을 의미합니다.

예를 들어 Object.setPrototypeOf는 Object 생성자 함수에 직접 정의된 정적 메서드이므로 Object 생성자 함수로 생성된 객체에서는 접근할 수 없습니다.

객체의 프로토타입 체인을 정의하는 것만으로는 정적 속성은 상속되지 않습니다. 따라서 정적 속성을 상속하려면 자식 생성자 함수의 프로토타입을 부모 생성자 함수로 설정해야 합니다.

```javascript
function Position (x, y) {
  this.x = x;
  this.y = y;
}
// 정적 속성 추가
Position.ZERO_POSITION = new Position(0, 0);
Position.prototype.toString = function () {
  return `${this.x},${this.y}`;
};
function Rect (x, y, width, height) {
  Position.call(this, x, y);
  this.width = width;
  this.height = height;
}
Object.setPrototypeOf(Rect.prototype, Position.prototype);
// 정적 속성까지 상속받도록 설정
Object.setPrototypeOf(Rect, Position);
console.log(Rect.ZERO_POSITION.toString()); // "0,0"
```

03 클래스

자바스크립트의 프로토타입 기반 객체 모델은 유연하지만 가독성이 떨어지고 상속 구조가 명확하지 않다는 단점이 있습니다. 특히 프로토타입 체인 구조에 익숙하지 않다면 이해하기 어려울 수 있습니다.

이러한 단점을 보완하기 위해 ECMAScript 2015에서는 클래스 문법이 도입되었습니다.

| 클래스 선언하기 |

클래스는 class 키워드를 사용하여 선언할 수 있습니다. 다음은 프로토타입 기반 객체 상속을 설명할 때 사용했던 Position 생성자 함수를 클래스 문법으로 변환한 예제입니다.

```
class Position {
  constructor (x, y) {
    this.x = x;
    this.y = y;
  }
}
```

이 코드에서 볼 수 있듯이 클래스 문법을 사용한 코드와 기존 생성자 함수의 방식은 거의 동일합니다. 실제로 클래스도 함수이며 생성자 함수와 마찬가지로 동작합니다.

```
console.log(Position instanceof Function); // true
```

클래스 표현식

클래스는 함수와 마찬가지로 선언문과 표현식으로 정의할 수 있습니다. 다음은 클래스 표현식을 사용한 예제입니다.

```
const Position = class Position {
  constructor (x, y) {
    this.x = x;
    this.y = y;
  }
};
```

이처럼 클래스 표현식은 변수에 할당될 수 있으며 익명 클래스로도 선언할 수 있습니다.

```
const Position = class {
  constructor (x, y) {
    this.x = x;
    this.y = y;
  }
};
```

클래스와 TDZ

클래스 선언과 함수 선언의 큰 차이점 중 하나는 클래스는 let, const 변수 선언과 마찬가지로 TDZ를 가진다는 점입니다. 따라서 클래스를 선언하기 전에 참조하면 에러가 발생합니다.

```
const position = new Position(1, 3); // 에러 발생!
class Position {
  constructor (x, y) {
    this.x = x;
    this.y = y;
  }
}
```

| 인스턴스 생성하기 |

클래스로 생성된 객체를 인스턴스instance라고 부릅니다. 인스턴스는 생성자 함수와 마찬가지로 new 키워드를 붙여 호출해 생성합니다.

```
class Position {
  constructor (x, y) {
    this.x = x;
    this.y = y;
  }
}
const position = new Position(1, 3);
console.log(position.x, position.y); // 1 3
```

생성자 함수 또는 일반적인 함수는 new 키워드 없이도 호출이 가능한 반면 클래스는 new 키워드 없이 호출되면 에러가 발생합니다.

```
const position = Position(1, 3); // 에러 발생!
```

| 클래스의 구성 요소 |

클래스는 객체를 편리하게 정의하는 다양한 문법적 요소를 제공합니다. 가장 기본적인 요소는 생성자, 필드, 메서드입니다.

생성자

클래스의 constructor 메서드는 인스턴스가 생성될 때 객체를 초기화하는 역할을 합니다. 이는 기존 생성자 함수와 같은 역할을 수행합니다.

```js
class Animal {
  constructor (name) {
    this.name = name;
  }
}
```

생성자 내부에서 this는 생성될 인스턴스를 가리키며, 아무것도 반환하지 않으면 this가 자동으로 반환됩니다. 그렇지 않고 다른 객체를 반환한다면 생성자의 반환값은 그대로 new 키워드의 반환값이 됩니다.

다음 코드에서 생성자는 빈 객체를 반환하기 때문에 new 키워드의 반환값은 this가 아니라 새로운 빈 객체가 됩니다.

```js
class Animal {
  constructor (name) {
    this.name = name;
    return {};
  }
}
const dog = new Animal("puppy");
console.log(dog.name); // undefined
```

공개 필드

생성자 내부에서 this의 속성을 정의하는 것과 별개로 클래스 내부에서 필드field를 선언할 수 있습니다. 이 중 외부에서 접근 가능한 필드를 공개 필드public field라고 합니다.

```
class Animal {
  name; // 공개 필드 선언
  size = "big"; // 기본값 할당
  constructor (name) {
    this.name = name;
  }
}
const dog = new Animal("puppy");
console.log(dog.size); // "big"
```

공개 메서드

클래스를 사용하면 프로토타입에 직접 접근하지 않고도 메서드를 선언할 수 있습니다. 이러한 외부에서 접근 가능한 메서드를 공개 메서드public method라고 합니다. 다음은 공개 메서드인 eat을 선언하는 예제입니다.

```
class Animal {
  constructor (name) {
    this.name = name;
  }
  eat (food) {
    return `${this.name} eats ${food}.`;
  }
}
const dog = new Animal("puppy");
console.log(dog.eat("an apple")); // "puppy eats an apple."
```

클래스의 메서드는 기본적으로 엄격 모드에서 동작하며 객체 속성과 달리 열거할 수 없습니다.

```
function AnimalFunction (name) {
  this.name = name;
}
AnimalFunction.prototype.eat = function (food) {
  return `${this.name} eats ${food}.`;
};

class AnimalClass {
  constructor (name) {
    this.name = name;
  }
  eat (food) {
    return `${this.name} eats ${food}.`;
  }
}

// 프로토타입에 직접 추가한 메서드는 열거 가능
console.log(Object.keys(AnimalFunction.prototype)); // ["eat"]
// 클래스에 선언한 메서드는 열거 불가능
console.log(Object.keys(AnimalClass.prototype)); // []
```

비공개 속성

객체지향 프로그래밍에서는 외부에 공개할 필요가 없는 필드와 메서드를 숨겨서 추상화하는 개념을 캡슐화encapsulation라고 합니다. 자바스크립트에서도 이러한 개념을 지원하기 위해 ECMAScript 2019에 비공개 속성private property이 도입되었습니다.

비공개 속성은 필드와 메서드 이름의 앞에 # 기호를 붙여 선언합니다. 비공개 필드는 공개 필드와 달리 클래스 내에서 반드시 미리 선언되어 있어야 합니다.

다음은 동물이 귀여운지 여부를 저장하는 #isCute 비공개 필드와 이를 활용해 먹는 동작을 다르게 표현하는 #getEatVerb 비공개 메서드를 사용하는 예제입니다.

```javascript
class Animal {
  #isCute = false;
  constructor (name) {
    this.name = name;
  }
  eat (food) {
    return `${this.name} ${this.#getEatVerb()} ${food}.`;
  }
  setIsCute (isCute) {
    this.#isCute = isCute;
  }
  #getEatVerb () {
    return this.#isCute ? "yumyum" : "eats";
  }
}
const dog = new Animal("puppy");
dog.setIsCute(true);
console.log(dog.eat("an apple")); // "puppy yumyum an apple."
```

비공개 속성은 일반적으로 객체 외부에서 직접 접근할 수 없지만, 예외적으로 크롬 개발자 도구의 콘솔에서는 디버깅 편의를 위해 접근을 허용합니다.

```javascript
console.log(dog.#isCute); // 에러 발생! (크롬 개발자 도구에서는 true)
```

접근자 필드

이전 예제에서는 비공개 필드인 #isCute를 변경하기 위해 setIsCute라는 메서드를 추가했습니다. 이처럼 내부의 필드를 직접 노출하지 않고 메서드를 통해 값을 간접적으로 설정하는 방식은 잘못된 값이 들어오는 것을 방지하고 객체의 세부 사항을 숨기는 캡슐화 패턴 중 하나입니다.

그러나 값을 설정하는 것이 분명한 상황에서는 메서드보다는 속성에 접근하는 방식이 더 직관적입니다. 이럴 때 유용한 것이 바로 접근자 필드입니다.

다음은 setIsCute 메서드를 접근자 필드로 변환한 코드입니다.

```javascript
class Animal {
  #isCute = false;
  constructor (name) {
    this.name = name;
  }
  get isCute () {
    return this.#isCute;
  }
  set isCute (isCute) {
    if (typeof isCute === "boolean") {
      this.#isCute = isCute;
    }
  }
}
const dog = new Animal("puppy");
dog.isCute = true;
console.log(dog.isCute); // true
dog.isCute = "불리언 값이 아닌 문자열";
console.log(dog.isCute); // true
```

접근자getter는 속성처럼 접근 가능하며 함수 내부에서 return 문을 사용해 값을 반환해야 합니다. 그리고 설정자setter는 속성처럼 값을 할당 가능하며 매개 변수를 받아 유효성 검사를 하거나 내부 필드의 값을 변경할 수 있습니다.

이제 isCute 설정자는 값이 불리언 타입인지 아닌지 유효성을 검사한 후 내부 필드를 변경할 수 있게 되었습니다.

정적 속성

클래스의 정적 속성은 인스턴스가 아닌 클래스 자체에 저장되는 속성입니다. 정적 속성은 인스턴스를 생성하지 않고도 접근할 수 있고, 인스턴스 간 공유되는 속성이나 메서드를 구현하는 데 적합합니다. 정적 속성을 정의하려면 static 키워드를 사용합니다.

```
class Animal {
  static PLANET = "earth"; // 정적 필드 선언
  static isAnimal (something) { // 정적 메서드 선언
    return something instanceof Animal;
  }
}
const dog = new Animal();
console.log(Animal.PLANET); // "earth"
console.log(Animal.isAnimal(dog)); // true
console.log(Animal.isAnimal(17)); // false
```

참고로 정적 속성에서 사용되는 this는 클래스 자신을 가리킵니다. 예를 들어 정적 메서드 내부에서 this를 사용하면 해당 클래스 자체를 참조합니다.

```
class Animal {
  static PLANET = "earth";
  static getPlanet() {
    return this.PLANET; // this는 Animal을 가리킴
  }
}
console.log(Animal.getPlanet()); // "earth"
```

정적 초기화 블록

정적 초기화 블록static initialization block은 클래스가 선언될 때 단 한 번만 실행되는 코드 블록입니다. 정적 속성값을 동적으로 설정하거나 복잡한 초기화 로직이 필요한 경우 유용하게 사용할 수 있습니다.

```
class Animal {
  static PLANET;
  static {
    this.PLANET = "earth"; // 정적 초기화 블록에서 초기화
  }
}
console.log(Animal.PLANET); // "earth"
```

04 클래스와 상속

클래스 상속은 extends 키워드를 사용하여 매우 간단하게 구현할 수 있습니다. 기존에 생성자 함수를 이용해 Position 객체를 상속했던 예제를 클래스를 사용하여 다시 구현해보겠습니다.

```js
class Position {
  constructor (x, y) {
    this.x = x;
    this.y = y;
  }
  toString () {
    return `${this.x},${this.y}`;
  }
}
```

이제 Rect 클래스가 Position 클래스를 상속받도록 선언할 수 있습니다.

```js
class Rect extends Position {
  constructor (x, y, width, height) {
    super(x, y); // 부모 클래스의 생성자 호출
    this.width = width;
    this.height = height;
  }
  toString () {
    return `${this.x},${this.y},${this.width},${this.height}`;
  }
}
```

Rect 클래스의 생성자에서 super를 호출하고 있는데, 이는 부모의 생성자를 호출하여 인스턴스를 초기화하기 위한 것입니다. 이렇듯 자식 클래스의 생성자에서는 부모 클래스의 생성자를 호출하기 위해 super를 사용해야 합니다.

참고로 super가 호출되기 전에는 this를 사용할 수 없습니다.

```
class Rect extends Position {
  constructor (x, y, width, height) {
    this.width = width; // 에러 발생!
    this.height = height;
    super(x, y);
  }
}
```

클래스의 상속은 이처럼 간단합니다. 메서드 오버라이딩과 정적 속성의 상속도 자연스럽게 이루어집니다.

클래스가 프로토타입 기반으로 작동하는 것은 사실이지만, ECMAScript 표준이 발전하면서 이제 클래스는 프로토타입 구조만으로는 구현하기 어렵거나 불가능했던 여러 기능을 추가로 제공합니다. private 필드를 통한 캡슐화, 명확한 클래스 필드 선언, 정적 속성과 메서드 그리고 상속 구조를 단순화하는 super 키워드 등은 클래스 문법만의 고유한 장점입니다. 자바스크립트의 이런 강력한 기능들을 적극 활용한다면 더욱 안정적이고 유지/보수하기 쉬운 객체지향 프로그래밍이 가능해질 것입니다.

Ask-AI 질문 플레이북

개념 이해에 그치지 말고 AI에게 질문하며 사고를 확장하고 실전 감각을 키워보세요. 무엇을 질문해야 할지 막막하다면 다음 질문들이 좋은 힌트가 되어줄 거예요.

자바스크립트를 프로토타입 기반 언어로 설계한 이유가 무엇인가요?

― 질문의도 ―

클래스 기반 언어가 주류인 상황에서 자바스크립트는 왜 프로토타입 기반 상속 모델을 선택했을까요? 이 질문을 통해 자바스크립트의 유연한 객체 모델과 설계 철학을 이해하고 동적인 구조가 왜 언어의 핵심으로 자리 잡았는지 통찰할 수 있습니다.

자바스크립트의 프로토타입 체인이 동적으로 결정될 때 성능적으로 고려해야 할 부분이 있을까요?

― 질문의도 ―

프로토타입이 동적으로 변경될 수 있다는 특성이 성능에 어떤 영향을 주는지 고민해볼 수 있습니다. 이 질문은 객체 구조 변경이 엔진의 최적화나 실행 속도에 미치는 영향을 이해하고 실무에서 성능을 고려한 설계 판단을 내리는 데 도움을 줍니다.

자바스크립트에서 클래스 문법이 있다면 굳이 프로토타입을 직접 다뤄야 할 일이 있을까요?

― 질문의도 ―

클래스 문법이 등장한 이후에도 굳이 프로토타입을 이해하고 조작할 필요가 있는지 의문이 들 수 있습니다. 이 질문은 추상화 뒤에 숨겨진 프로토타입 기반 구조를 파악하고 클래스만으로는 표현할 수 없는 세밀한 동작을 구현하는 데 필요한 기반 지식을 다지는 계기를 마련해줍니다.

자바스크립트의 클래스에서 비공개 속성 앞에 #를 꼭 붙여야 하는 이유가 뭔가요? 그리고 왜 # 기호를 쓰나요?

― 질문의도 ―

비공개 속성을 표현하기 위해 왜 별도의 특수 기호가 도입되었는지 그 의도가 궁금해질 수 있습니다. 이 질문을 통해 자바스크립트가 캡슐화를 어떻게 문법 수준에서 보장하고자 했는지 살펴보고 접근 제한에 대한 언어 차원의 고민을 이해하는 데 도움이 됩니다.

자바스크립트에서 익명 클래스를 사용하는 구체적인 사례를 알려주세요.

― 질문의도 ―

익명 클래스의 개념은 익혔지만, 언제 어떻게 활용하는지 실전 코드에서 접해보고 싶다면 이 질문을 통해 익명 클래스가 콜백 함수, 팩토리 패턴, 일회성 객체 정의 등 다양한 상황에서 어떻게 쓰이는지 파악하고 더 유연한 클래스 활용법을 익힐 수 있습니다.

자바스크립트의 클래스 초기화는 그냥 클래스 밖의 코드에서 하면 될 것 같은데 정적 초기화 블록을 사용하는 장점과 구체적인 사례가 있나요?

― 질문의도 ―

정적 초기화 블록을 사용할 필요가 있을지, 그 문법이 어떤 실질적 이점을 제공하는 것인지 궁금하다면 이 질문을 통해 복잡한 정적 속성 계산, 상호 의존 속성 초기화, 실행 순서 제어 등의 관점에서 정적 초기화 블록의 유용성을 이해할 수 있습니다.

SECTION 04 실전 레벨업 퀴즈 챌린지

자바스크립트의 클래스와 프로토타입 시스템은 객체지향적 설계를 가능하게 해줍니다. 퀴즈를 풀어보며 클래스 문법, 상속, 프로토타입 체인 등 자바스크립트 특유의 객체 모델을 점검하고 실전 코드에 어떻게 적용할 수 있을지 연습해보세요. 객체지향 설계를 위한 기반을 다질 수 있는 좋은 기회입니다.

Level 1

 | 보기 |에서 다음 빈칸에 알맞은 단어를 고르세요.

프로토타입 객체는 상위 프로토타입 객체로부터 메서드와 속성을 [_]. 이러한 메커니즘을 프로토타입 체인이라 합니다.

| 보기 |
(a) 복사합니다   (b) 상속받습니다

정답
(b) 상속받습니다

해설
프로토타입 객체는 프로토타입 체인이라는 특징을 통해 상위 프로토타입 객체의 메서드와 속성을 상속받습니다. 프로토타입 체인이란 객체가 자신의 프로토타입을 통해 다른 객체의 속성과 메서드를 상속받는 구조를 말합니다. 하위 객체는 프로토타입 체인을 통해 상위 객체의 프로토타입에 접근할 수 있기 때문에 상위 객체에 정의된 메서드와 속성을 사용할 수 있습니다.

Q2 | 보기 |에서 다음 빈칸에 알맞은 단어를 고르세요.

생성자 함수 f의 prototype 속성(f.prototype)은 [_].

| 보기 |
(a) 생성자 함수 f의 내부 프로토타입 [[Prototype]]을 설정합니다
(b) new f()를 호출할 때 만들어지는 새로운 객체의 [[Prototype]]을 설정합니다

정답
(b) new f()를 호출할 때 만들어지는 새로운 객체의 [[Prototype]]을 설정합니다.

해설
생성자 함수의 prototype 속성은 생성자 함수에 정의된 일반 속성입니다. 이는 생성자가 보유한 프로토타입 객체(__proto__)와는 다릅니다. 이 속성은 생성자 함수로 만들어지는 새로운 객체의 프로토타입을 설정하는 데 사용됩니다.

Q3 다음 빈칸에 들어갈 단어를 작성하세요.

클래스를 정의하는 데에는 클래스 [①]과 클래스 [②] 두 가지 방법이 있습니다. 클래스 [①]은 이름과 class 키워드를 사용해야 하고 클래스 [②]은 이름이 있을 수도, 없을 수도 있습니다.

정답
① 선언 ② 표현식

해설
함수처럼 클래스도 정의하는 데 선언과 표현식, 두 가지 방법을 모두 제공합니다. 클래스 선언은 class 키워드와 함께 클래스 이름이 필요하며 해당 이름으로 클래스를 참조할 수 있습니다. 반면 클래스 표현식은 이름을 가질 수도 있고 생략할 수도 있습니다. 이름이 있는 클래스 표현식의 경우 해당 이름은 클래스 본문 내부의 지역 스코프에서만 유효합니다.

Q4 다음 빈칸에 공통으로 들어갈 단어를 작성하세요.

constructor 메서드는 클래스로 생성된 객체를 생성하고 초기화하는 메서드입니다. 이는 필수가 아니며 부모 클래스를 상속하는 경우에는 [_] 키워드를 필수로 사용해야 합니다. constructor 메서드는 클래스별로 한 개만 존재할 수 있고 [_] 키워드를 사용해 부모 클래스의 constructor를 호출할 수 있습니다.

정답
super

해설
constructor는 super 키워드를 통해 상위 클래스를 호출할 수 있습니다. constructor는 생략 가능하지만, 상속을 사용하는 하위 클래스에서 super를 호출하려면 반드시 constructor가 존재해야 하며 super를 가장 먼저 호출해야 합니다.

Q5 다음 빈칸에 들어갈 단어를 작성하세요.

클래스는 [_] 키워드를 이용해 상속을 구현할 수 있습니다.

정답
extends

Q6 다음 빈칸에 들어갈 단어를 작성하세요.

ECMAScript 2015에서는 클래스 문법을 제공하며, 다른 클래스 기반 언어처럼 [①] 함수 및 [②] 선언을 지원합니다. 클래스 내에서 부모의 생성자를 호출하기 위해서는 [③] 함수를 사용합니다.

정답
① 생성자   ② 메서드   ③ super

Level 2 ★★

Q7 #프로토타입 #클래스 #super #객체 #상속
다음 코드의 실행 결과를 예측하고 그 이유를 설명하세요.

```javascript
class Living {
  age = "unknown";
  base = "cell";
  species = "anything";
  live () {
    return "metabolize";
  }
  whoAmI () {
    console.log(this);
  }
  act () {
    if (this.live) {
      console.log(this.live());
    }
    if (this.walk) {
      console.log(this.walk());
    }
    if (this.bark) {
      console.log(this.bark());
    }
  }
}
class Animal extends Living {
  constructor (age) {
    super();
    this.species = "animal";
    this.age = age;
    this.walk = function () {
      return "step by step";
    };
  }
  live () {
    return super.live() + " and breath";
```

```
  }
}
class Dog extends Animal {
  constructor (name, age) {
    super(age);
    this.name = name;
    this.bark = function () {
      return "mung!"
    }
  }
}
const choco = new Dog("choco", 2);
choco.whoAmI(); ❶
choco.act(); ❷
```

힌트 ECMAScript 2015의 클래스 문법을 사용하면 클래스에 선언된 속성이 상속될 수 있습니다. 이때 상속되는 요소는 프로토타입 메서드, 생성자 내부에서 this에 할당된 속성 그리고 public 클래스 필드를 포함합니다.

정답

❶ (속성 순서 무관)
Dog {
  age: 2,
  base: "cell",
  species: "animal",
  name: "choco",
  walk: [Function (anonymous)],
  bark: [Function (anonymous)],
}

❷
"metabolize and breath"
"step by step"
"mung!"

해설

Dog 클래스는 Animal 클래스를, Animal 클래스는 Living 클래스를 상속받고 있습니다. 이러한 상속을 통해 최상위 클래스인 Living 클래스에서 결과적으로 Dog 클래스는 다음과 같은 속성과 메서드에 접근 가능합니다.

- **속성**: age, base, species, walk, name, bark
- **메서드**: live, whoAmI, act

이 중 live, whoAmI, act 메서드는 클래스의 메서드로 정의되었기 때문에 인스턴스의 속성으로 포함되지 않고 프로토타입 속성이 됩니다. 따라서 ❶의 출력 결과에는 live가 포함되지 않습니다.

❷는 Living 클래스에 정의된 act 메서드를 호출합니다. 이 메서드는 this의 live, walk, bark 메서드 존재 여부에 따라 각 메서드를 호출합니다. live는 Animal 클래스에서 재정의되었고 super.live 메서드를 호출해 Living 클래스의 live를 호출하기 때문에 "metabolize and breath"가 출력됩니다. walk는 Animal 클래스의 생성자에서 정의된 익명 함수로 "step by step"을 반환합니다. bark는 Dog 클래스의 생성자에서 정의된 익명 함수로, "mung!"을 반환합니다.

📢 AI는 통과 못 하는 기술 면접 예상 질문

Q7-1 클래스의 인스턴스 속성과 프로토타입 속성의 차이점은 무엇일까요?

답변

- 클래스의 인스턴스 속성은 해당 클래스의 인스턴스마다 독립적으로 가지는 속성이며 각 인스턴스에서 개별적으로 값을 변경할 수 있습니다.
- 프로토타입 속성은 클래스의 모든 인스턴스가 공유하는 속성입니다. 프로토타입 속성이 변경되면 다른 모든 인스턴스에서도 변경된 값을 참조합니다.

Q7-2 클래스의 프로토타입 속성의 상속 시에는 어떤 일이 일어날까요?

답변

- 클래스의 프로토타입 속성은 해당 클래스의 인스턴스가 생성될 때 자바스크립트의 프로토타입 체인을 통해 상속됩니다.
- 인스턴스에서 특정 속성이나 메서드를 찾을 때 해당 인스턴스의 프로토타입 체인을 따라 올라가며 속성이나 메서드를 찾기 때문에 상위 클래스의 프로토타입 속성을 하위 클래스의 인스턴스에서 사용할 수 있게 됩니다.

Q8 #프로토타입 #프로토타입 교체 #프로토타입 체인
다음 코드의 실행 결과를 예측하고 그 이유를 설명하세요.

```javascript
function Animal (name) {
  this.name = name;
}
const dog = new Animal("choco");
console.log(dog instanceof Animal); ❶
console.log(dog instanceof Object); ❷
const parentPrototype = {};
Object.setPrototypeOf(dog, parentPrototype);
console.log(dog instanceof Animal); ❸
console.log(dog instanceof Object); ❹
```

힌트 자바스크립트에서 객체의 속성이나 메서드에 접근할 때, 해당 객체에 접근하려는 속성이나 메서드가 없으면 그 객체의 프로토타입을 따라 거슬러 올라가며 다시 검색합니다. 이를 프로토타입 체인이라고 하며 프로토타입 체인의 끝인 null에 도달할 때까지 계속해서 상위 프로토타입을 탐색합니다. 일반적으로 프로토타입 체인의 최상위에 위치하는 객체는 Object.prototype이며 객체는 이를 상속받습니다.

Object.getPrototypeOf 메서드를 통해 특정 객체의 프로토타입을 조회할 수 있으며 Object.setPrototypeOf 메서드로 두 번째에 교체할 프로토타입을 인수로 전달하여 특정 객체의 프로토타입을 교체할 수 있습니다.

정답
❶ true ❷ true ❸ false ❹ true

해설
instanceof 연산자는 좌변에 있는 객체의 프로토타입 체인에 우변에 있는 생성자 함수의 prototype 속성이 존재하면 true, 그렇지 않으면 false를 반환합니다.

Animal.prototype이 dog 객체의 프로토타입 체인 상에 존재하기 때문에 ❶은 true입니다. 대부분의 객체는 기본적으로 Object.prototype을 상속받기 때문에 Object.prototype도 dog 객체의 프로토타입 체인 최상위에 위치하여 ❷도 true가 됩니다.

하지만 dog 객체의 프로토타입을 빈 객체인 parentPrototype 객체로 교체한 이후에는 dog 객체의 프로토타입 체인 상에 더 이상 Animal 생성자 함수가 존재하지 않으므로 ❸은 false입니다. Object.prototype은 프로토타입이 교체되어도 여전히 프로토타입 체인 끝에 위치하므로 ❹는 true가 됩니다.

AI는 통과 못 하는 기술 면접 예상 질문

Q8-1 프로토타입 체인상에서 접근하고자 하는 속성이나 메서드를 찾지 못하면 어떻게 될까요?

> **답변**
> - 프로토타입 체인상에서 접근하고자 하는 속성이나 메서드를 찾지 못하면 undefined를 반환합니다.

 #프로토타입 #생성자 함수 #프로토타입 교체 #프로토타입 체인
다음 코드의 실행 결과를 예측하고 그 이유를 설명하세요.

```javascript
const animal = {
  eats: "anything",
  sound () {
    console.log("..!");
  },
};
function Cat () {
  this.eats = "cat food";
}
Cat.prototype = animal;
const cat = new Cat();
console.log(cat.eats); ❶
cat.sound(); ❷
cat.sound = function () { console.log("meow"); };
cat.sound(); ❸
console.log(Object.getPrototypeOf(cat) === animal); ❹
console.log(Cat.prototype.constructor === Cat); ❺
```

힌트 프로토타입의 constructor 프로퍼티는 prototype 프로퍼티로 자신을 참조하고 있는 생성자 함수를 가리킵니다. 생성자 함수와 프로토타입은 생성자 함수가 생성될 때 연결됩니다.

정답

❶ "cat food"

❷ "..!"

❸ "meow"

❹ true

❺ false

해설

❶의 경우 Cat 생성자 함수에서 eats 필드를 직접 정의했기 때문에 정의된 "cat food"가 출력됩니다.

반면 ❷에서 호출되는 sound 메서드는 Cat 생성자 함수에서 정의되지 않았습니다. 따라서 프로토타입으로 설정된 animal의 sound 메서드가 실행됩니다.

❸의 시점에는 cat 객체에 sound 메서드를 직접 정의해주었기 때문에 ❷와는 달리 상속받은 메서드를 사용하지 않고 새로 정의한 sound 메서드가 실행됩니다.

생성자 함수의 prototype 속성은 생성자 함수로 만들어지는 새로운 객체의 [[Prototype]]을 할당합니다. 따라서 Cat.prototype === Object.getPrototypeOf(cat)이므로 ❹는 true가 됩니다.

❺에서 Cat의 프로토타입, 즉 animal의 constructor는 Object이기 때문에 false를 출력합니다. 만약 Cat 생성자 함수에 animal을 프로토타입으로 지정해주지 않았다면 Cat.prototype.constructor는 자신을 가리킵니다.

 #프로토타입 #this #상속 #클래스 #클래스 필드

다음 코드의 실행 결과를 예측하고 그 이유를 설명하세요. 단, 에러가 발생해도 코드 실행이 중단되지 않는다고 가정합니다.

```
class Animal {
  constructor () {
    this.eats = "anything";
    this.flies = false;
  }
}
class Cat extends Animal {
  secret = "it hates shower";
  constructor (name) {
    super();
    this.name = name;
```

```javascript
    this.eats = "cat food";
  }
  getSecret () {
    console.log(this.secret);
  }
}
const cat = new Cat("brown");
console.log(Cat === Cat.prototype.constructor); ❶

cat.eats = "fish";
console.log(cat.eats); ❷
console.log(Cat.prototype.secret); ❸

cat.getSecret(); ❹

const catSecret = cat.getSecret;
catSecret() ❺

let count = 0;
for (const _ in cat) {
  count++;
}
console.log(count); ❻
```

> **힌트** catSecret은 cat.getSecret 메서드를 참조하지만, 이 메서드의 내부에서 사용하는 this는 호출 시점에 따라 값이 달라집니다. ❺에서 catSecret의 호출은 독립된 함수로 실행되기 때문에 this는 cat 객체를 가리키지 않습니다. 여기서 this는 기본적으로 엄격 모드에서 undefined를, 비엄격 모드에서는 전역 객체를 가리킵니다.

자바스크립트에서 클래스 구문은 기본적으로 엄격 모드에서 실행되기 때문에 별도로 use strict를 선언하지 않아도 클래스 내부에서 정의된 코드는 엄격 모드로 동작합니다.

정답
❶ true
❷ "fish"
❸ undefined
❹ "it hates shower"

❺ Uncaught TypeError: Cannot read properties of undefined (reading 'secret')

❻ 4

해설

생성자 함수로 호출할 수 있는 함수는 기본적으로 prototype 속성을 갖습니다. Cat과 그 클래스의 prototype 객체에 있는 constructor 속성은 같은 생성자 함수를 참조하므로 ❶은 true입니다.

❷ 윗줄의 cat.eats = "fish"로 cat 인스턴스의 eats 속성값을 "fish"로 변경했습니다. 따라서 ❷는 "fish"입니다. 이때 변경 사항은 cat 인스턴스의 속성만 수정하며, 부모 클래스 Animal의 eats 속성에는 영향을 주지 않습니다.

secret은 클래스 필드이기 때문에 각 인스턴스에 직접 추가됩니다. 따라서 Cat의 prototype 속성에 설정되지 않고 인스턴스 객체에 설정되므로 ❸에서는 secret 속성을 찾을 수 없어 undefined를 출력합니다. 반면 ❹와 같이 cat.getSecret 메서드를 호출하면 메서드 내부에서 this는 cat 인스턴스를 가리킵니다. 따라서 ❹에서 cat.getSecret 메서드 내부 this.secret은 "it hates shower"입니다.

❺의 catSecret 함수는 cat.getSecret 메서드를 참조하지만, 메서드가 객체와의 연결이 끊어진 채로 독립적으로 호출되며 this의 값은 호출 시점의 컨텍스트에 따라 결정됩니다. 따라서 this는 cat이 아니며 호출 시점에 컨텍스트가 주어지지 않았으므로 undefined가 됩니다. undefined의 secret을 참조하려하기 때문에 ❺에서는 TypeError가 발생합니다.

for...in 루프는 객체의 열거 가능한 속성들을 반복합니다. 이때 객체 자신이 가진 속성뿐만 아니라 프로토타입 체인에 있는 열거 가능한 속성들까지 포함하여 순회합니다. 클래스의 필드는 인스턴스에 직접 추가되는 속성이기 때문에 기본적으로 열거 가능합니다. 반면 클래스의 메서드는 프로토타입에 정의되며, 기본적으로 열거할 수 없습니다. 그렇기 때문에 클래스 메서드인 getSecret을 제외하고, 클래스 필드인 secret, name, eats, flies는 모두 열거 가능한 속성으로 추가됩니다. 이때 부모 클래스 Animal에서 상속된 flies와 수정된 eats 속성도 포함됩니다. for...in 루프에서 cat 객체의 열거 가능한 속성인 secret, name, eats, files 4개를 순회하기 때문에 ❻은 4를 출력합니다.

📢 AI는 통과 못 하는 기술 면접 예상 질문

Q10-1 Cat을 상속하면 secret 속성도 상속이 될까요?

답변

- 클래스의 필드는 인스턴스에 직접 추가되며 인스턴스마다 독립적으로 존재합니다.
- 클래스의 메서드는 프로토타입에 정의되어 모든 인스턴스가 공유하며 상속됩니다.

Q11 #프로토타입 #constructor #생성자 함수 #프로토타입 교체

다음 코드의 실행 결과를 예측하고 그 이유를 설명하세요.

```javascript
const Dog = (function () {
  function Dog (name) {
    this.name = name;
  }
  Dog.prototype = {
    printName () {
      console.log(`My name is ${this.name}`);
    }
  };
  return Dog;
})();

const dog = new Dog("coco");
console.log(dog.constructor === Dog);     // ❶
console.log(dog.constructor === Object);  // ❷

const Cat = (function () {
  function Cat (name) {
    this.name = name;
  }
  Cat.prototype = {
    constructor: Cat,
    printName () {
      console.log(`My name is ${this.name}`);
    }
  }
  return Cat;
})();

const cat = new Cat("meo");
console.log(cat.constructor === Cat);     // ❸
console.log(cat.constructor === Object);  // ❹
```

힌트 프로토타입은 임의의 객체로 변경할 수 있고 생성자 함수 또는 인스턴스를 이용해 변경할 수 있습니다. 단, 생성자 함수의 prototype을 임의의 객체로 변경할 경우 constructor 속성은 자동으로 설정되지 않습니다.

정답

❶ false ❷ true ❸ true ❹ false

해설

Dog 함수에서는 Dog.prototype에 객체 리터럴을 할당해 Dog 생성자 함수가 생성할 객체의 프로토타입을 교체하고 있습니다. Dog의 프로토타입이 된 객체에는 constructor 프로퍼티가 없어 ❶은 false입니다. ❷는 true가 되는데 dog 인스턴스의 constructor를 검색하면 Dog가 아닌 프로토타입 체인 최상단에 위치한 Object의 constructor를 참조하기 때문입니다.

Cat 함수 역시 생성자 함수의 prototype 프로퍼티에 객체 리터럴을 직접 할당해 프로토타입을 교체하고 있습니다. Dog와 달리 새로 정의한 프로토타입 객체에 constructor 프로퍼티를 명시적으로 설정해 Cat 생성자 함수를 참조하도록 했기 때문에 ❸은 true가 ❹는 false가 됩니다

AI는 통과 못 하는 기술 면접 예상 질문

Q11-1 생성자 함수, 인스턴스를 통한 프로토타입 교체 시 기존 인스턴스에 어떤 영향을 주나요?

답변

- 생성자 함수의 prototype을 교체해도 기존 인스턴스에는 영향을 주지 않습니다.
- 기존 인스턴스는 생성 시점의 프로토타입 객체를 계속 참조합니다.
- 교체된 프로토타입은 이후 생성되는 인스턴스에만 적용됩니다.

Level 3 ★★★

Q12 #프로토타입 #ECMAScript 2015 #상속 #클래스

다음 코드의 출력 결과와 동일하게 출력되도록 다음 코드를 ECMAScript 2015 이전의 문법만을 사용해서 구현하세요.

```
class Person {
  species = "human";
```

```
    constructor (name) {
      this.name = name;
    }
    getName () {
      return this.name;
    }
    getSpecies () {
      return this.species;
    }
  }
  class Developer extends Person {
    constructor (name, career) {
      super(name);
      this.career = career;
    }
    getCareer () {
      return this.career;
    }
  }
  const charlie = new Developer("charlie", 2);
  console.log(charlie.getName()); // "charlie"
  console.log(charlie.getCareer()); // 2
  console.log(charlie.getSpecies()); // "human"
```

> **힌트** ECMAScript 2015 이전의 자바스크립트에서는 class, super, extends 등의 문법이 지원되지 않습니다. 이런 경우 함수와 프로토타입 체인을 직접 활용해 클래스를 구현해야 합니다. 다음과 같은 사항을 신경 써서 구현해보세요.

- 클래스를 함수로 표현했나요?
- 생성자 함수 내부에서 this를 통해 속성을 정의했나요?
- 메서드를 프로토타입 객체에 잘 정의했나요?
- 자식 클래스에 대응하는 함수에서 call 혹은 apply 메서드를 호출했나요?
- 자식 클래스에 대응하는 함수의 프로토타입을 부모 클래스에 대응하는 함수의 프로토타입으로 교체했나요?
- 프로토타입 교체 후 constructor 속성을 복원했나요?
- 인스턴스 생성 시 const 키워드를 var 키워드로 교체했나요?

정답(예시)

```javascript
function Person (name) {
  this.species = "human";
  this.name = name;
}
Person.prototype.getName = function () {
  return this.name;
};
Person.prototype.getSpecies = function () {
  return this.species;
};
function Developer (name, career) {
  Person.call(this, name); // Person 부모 생성자 함수 호출
  this.career = career;
}
Developer.prototype = Object.create(Person.prototype); // Person 프로토타입 상속
Developer.prototype.constructor = Developer; // constructor 복원
Developer.prototype.getCareer = function () {
  return this.career;
};
var charlie = new Developer("charlie", 2); // const를 var로 변경
console.log(charlie.getName()); // "charlie"
console.log(charlie.getCareer()); // 2
console.log(charlie.getSpecies()); // "human"
```

해설

ECMAScript 2015 이전 문법에서는 클래스의 선언이 불가능하기 때문에 클래스의 생성자는 함수로 대체됩니다. 이때 해당 함수는 생성자 함수의 역할을 하기 때문에 기존 클래스 내 생성자 함수 코드들이 해당 함수의 코드로 옮겨져야 합니다.

그리고 클래스 내부 메서드는 함수 외부에서 [함수].prototype.[메서드]에 할당하여 함수의 프로토타입에 직접 접근하여 정의합니다. 부모 생성자의 속성을 자식 생성자에 전달하기 위해 super(...) 대신에 Person.call(this, ...) 또는 Person.apply(this, [...])를 사용합니다. 또한 메서드를 상속하기 위해서는 Object.create를 이용해 부모 생성자의 프로토타입을 자식 생성자의 프로토타입으로 연결하는 방식을 사용합니다.

마지막으로 const 변수도 ECMAScript 2015에서 추가되었기 때문에 이를 var로 변경해야 합니다.

AI는 통과 못 하는 기술 면접 예상 질문

Q12-1 ECMAScript 2015에서 클래스 문법이 도입되기 전에 자바스크립트에서 상속을 구현하는 방법에는 어떤 것들이 있었나요?

> **답변**
> - 일반적으로 생성자 함수와 프로토타입 상속이 사용되었습니다.
> - 이외에는 Object.create 메서드를 사용한 프로토타입 상속이나 Object.setPrototypeOf 메서드를 사용한 동적 상속을 활용했습니다.

 #프로토타입 #프로토타입 체인

Q13 다음 코드의 실행 결과를 예측하고 그 이유를 설명하세요.

```javascript
function A () {}
A.prototype.method = function () {
  return "A";
};

function B () {}
B.prototype = Object.create(A.prototype);
B.prototype.method = function () {
  return "B";
};

function C () {}
C.prototype = Object.create(B.prototype);
C.prototype.method = function () {
  return "C";
};

const c = new C();

console.log(c.method()); ❶
```

```
A.prototype.method = function () {
  return "Modified A";
};
console.log(c.method()); ❷

C.prototype.newMethod = function () {
  return "New Method in C";
};
console.log(c.newMethod()); ❸

B.prototype.newMethod = function () {
  return "New Method in B";
};
console.log(c.newMethod()); ❹

delete C.prototype.method;
console.log(c.method()); ❺

delete B.prototype.method;
console.log(c.method()); ❻

delete A.prototype.method;
console.log(c.method()); ❼
```

힌트 Object.create 메서드는 첫 번째 인자로 전달한 객체를 프로토타입으로 사용하는 새로운 객체를 생성합니다.

프로토타입 객체는 기본적으로 참조에 의한 공유 방식을 따릅니다. 따라서 두 객체가 같은 프로토타입 객체를 참조할 때 한 객체에서 프로토타입을 수정할 경우 다른 객체에도 영향을 줍니다.

delete 키워드는 인스턴스 프로퍼티를 삭제합니다. 프로토타입 프로퍼티는 삭제되지 않습니다. 프로토타입 프로퍼티가 삭제되면 프로토타입 체인을 따라 올라가며 프로토타입 종점(null)에 도달할 때까지 탐색을 계속합니다.

정답

❶ "C"

❷ "C"

❸ "New Method in C"

❹ "New Method in C"

❺ "B"

❻ "Modified A"

❼ c.method is not a function

해설

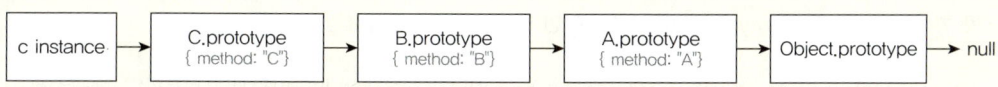

그림 7-7 객체 c가 가지는 프로토타입 체인

코드에서 B.prototype = Object.create(A.prototype)으로 인해 B.prototype은 A.prototype을 참조합니다. 그 다음 C.prototype = Object.create(B.prototype) 코드로 인해 C.prototype은 B.prototype을 참조하게 됩니다. 따라서 new C()로 생성된 c 객체는 [그림 7-7]과 같은 프로토타입 체인 구조를 가집니다.

❶에서 객체 c에는 method 함수가 없기 때문에 C.prototype으로 프로토타입 체이닝이 발생합니다. C.prototype에는 method 메서드가 존재하기 때문에 "C"가 출력됩니다.

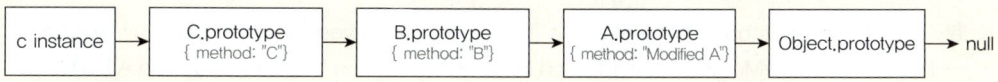

그림 7-8 A.prototype.method = function { … } 코드로 인해 수정된 프로토타입 체인

A.prototype.method = function { … }으로 c → C.prototype → B.prototype → A.prototype {method: "Modified A"} → Object.prototype → null과 같이 A.prototype이 동적으로 수정됩니다. ❷에서 C.prototype은 여전히 B.prototype을 참조하기 때문에 ❶과 동일하게 "C"가 출력됩니다.

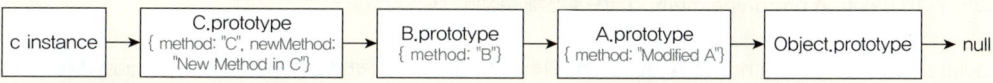

그림 7-9 C.prototype.method = function { … } 코드로 인해 수정된 프로토타입 체인

C.prototype.newMethod = function { … } 역시 C.prototype을 동적으로 수정하며 프로토타입 체인은 다음과 같이 수정됩니다. c → C.prototype {method: "C", newMethod: "New Method in C"} → (변경 사항 없음), ❸ 역시 c의 newMethod를 참조하고 있기 때문에 C.prototype의 "New Method in C"가 출력됩니다.

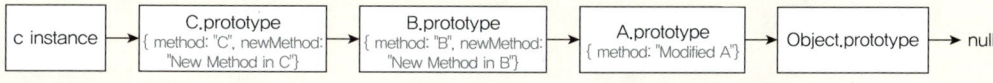

그림 7-10 B.prototype.newMethod = function { … } 코드로 인해 수정된 프로토타입 체인

B.prototype.newMethod = function { ··· }은 B.prototype을 동적으로 수정합니다. c → C.prototype {method: "C", newMethod: "New Method in C"} → B.prototype {method: "B", newMethod: "New Method in B"} → (변경 사항 없음)과 같이 프로토타입 체인이 변경되었지만, ❹는 C.prototype의 newMethod가 존재하기 때문에 프로토타입 체이닝 없이 ❸과 동일하게 "New Method in C"가 출력됩니다.

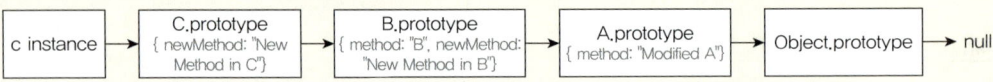

그림 7-11 delete C.prototype.method 코드로 인해 수정된 프로토타입 체인

delete C.prototype.method는 C.prototype의 method를 삭제합니다. 따라서 프로토타입 체인은 c → C.prototype {newMethod: "New Method in C"} → B.prototype {method: "B", newMethod: "New Method in B"} → (변경 사항 없음)과 같이 수정되며 더 이상 C.prototype에는 method가 존재하지 않으므로 프로토타입 체인을 따라 B.prototype.method를 호출합니다. 따라서 ❺에서는 "B"가 출력됩니다.

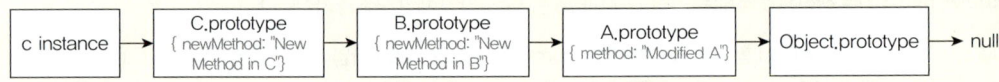

그림 7-12 delete B.prototype.method 코드로 인해 수정된 프로토타입 체인

delete B.prototype.method로 인해 프로토타입 체인은 c → C.prototype {newMethod: "New Method in C"} → B.prototype {newMethod: "New Method in B"} → A.prototype {method: "Modified A"} → Object.prototype → null과 같이 수정되며 c.method에서 C.prototype, B.prototype 모두 method가 존재하지 않으므로 프로토타입 체이닝으로 인해 A.prototype.method가 호출됩니다. 따라서 ❻은 "Modified A"가 출력됩니다.

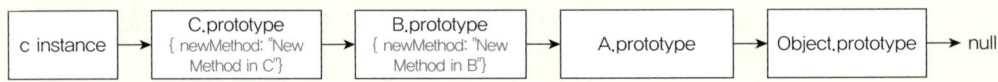

그림 7-13 delete A.prototype.method 코드로 인해 수정된 프로토타입 체인

delete A.prototype.method로 A.prototype의 method까지 삭제하면 c → C.prototype {newMethod: "New Method in C"} → B.prototype {newMethod: "New Method in B"} → A.prototype { } → Object.prototype → null과 같이 수정됩니다. C.prototype, B.prototype, A.prototype 모두 method가 존재하지 않으므로 A.prototype이 참조하는 Object에서 method를 찾습니다. Object에도 method가 존재하지 않기 때문에 null까지 상위로 올라가게 되며, null은 prototype이 존재하지 않기 때문에 결과적으로 ❼은 c.method is not a function 에러가 발생합니다.

SECTION 05

리얼 현장 인터뷰

현업 개발자들은 클래스를 어떻게 활용하고, 언제 피하며, 어떤 방식으로 객체지향적 사고를 구현할까요? 인터뷰를 통해 클래스의 상속, 캡슐화, 다형성 그리고 프로토타입 기반 확장 기법까지 클래스의 다양한 실무 활용법을 살펴봅시다. 클래스 문법이 단순한 문법 이상의 도구임을 체감하고 유지 보수성과 확장성을 고려한 설계 감각을 키워보세요.

 클래스의 **정적 메서드**나 **프로토타입 정의 및 상속**을 활용해 생산성을 높였던 사례가 있다면 공유해주세요.

자바스크립트나 타입스크립트에서는 enum의 활용이 제한적입니다. 예를 들어 enum 타입을 정의하면서 해당 타입에만 적용할 수 있는 메서드를 추가하는 것이 어려운데요, 이 경우 해당 enum 타입을 규정할 수 있는 속성들을 생성자의 인자로 받는 클래스를 만들어, 가능한 enum 값을 static 변수로 규정하는 방법을 사용했어요. 필요한 기능을 해당 클래스의 인스턴스 메서드로 정의하고, 가능한 모든 값을 배열로 갖는 변수를 반환하거나 이터레이터 형태를 반환합니다. 이렇게 하면 해당 타입에서만 적용 가능한 메서드가 많을 때 점 표기법을 통해 접근할 수 있어 편리합니다. 다만, enum 값이 계속 바뀌면 실수하기 쉬워서 enum 값은 변하지 않되 관련 메서드가 많이 늘어날 가능성이 큰 경우에 자주 사용했습니다. — Kai

저는 다양한 서비스에 광고를 노출하는 웹 라이브러리를 개발하고 있습니다. 불특정 다수의 웹 서비스에 포함되어야 하는 라이브러리이기 때문에 로직을 꼼꼼하게 구현하고 유지/보수에도 특히 신경 써야 하죠. 이러한 이유로 정적 타입 검증이 가능한 타입스크립트를 사용하고 있으며, 각 로직을 캡슐화하고 꼭 필요한 속성만 외부에 노출할 수 있도록 클래스를 자주 활용하고 있습니다. — Jake

클래스의 상속은 객체 간의 연관된 관계를 표현할 수 있는 좋은 도구이기도 합니다. 예를 들어 배너 광고, 네이티브 광고 등 다양한 광고 유형이 존재하는데, 이들 사이의 공통적인 개념을 상속 관계로 묶음으로써 코드 중복을 줄이고 공통 로직을 효과적으로 적용할 수 있었습니다.

다만, 상속은 가능한 꼭 필요한 경우에만 사용하는 것을 원칙으로 하고 있습니다. 상속 관계가 복잡해질수록 코드의 구조를 파악하기 어려워지고 유지/보수 비용이 증가하기 때문입니다. 따라서 가능한 경우에는 상속보다는 포함composition 관계를 통해 문제를 해결하려고 노력하고 있습니다.

Paul

ECMAScript 2015 이전에는 클래스를 구현하기 위해 프로토타입 기반으로 메서드를 정의했었어요. 프로토타입 기반으로 메서드를 정의하면 모든 인스턴스가 메서드를 공유하여 메모리 효율을 얻고 수정 시 프로토타입 메서드 하나만 수정하면 모든 인스턴스에 반영되므로 일관성 유지에도 유리했습니다.

사례로는 객체 간에 메시지를 전달하는 목적으로 EventDispatcher 클래스를 만들어 EventDispatcher를 상속하는 객체 사이에서 이벤트를 통해 메시지를 전달할 수 있었습니다. 컴포넌트에서 반복되는 화면 렌더링과 이벤트 바인딩 처리를 상위 클래스에 정의하여 반복되는 작업을 줄이기도 했습니다.

실무에서 클래스를 쓰지 않고 함수와 객체 리터럴만으로 대체할 수 있던 사례가 있나요? 클래스는 언제 사용해야 유용하다고 생각하나요?

Kai

프론트엔드 개발자이다 보니 클래스가 꼭 필요하다고 느낀 적 거의 없었습니다. Nest.js 등 백엔드 코드가 아니라면 거의 모든 코드를 클래스 없이 작성할 수 있다고 봐요. 클래스를 언제 사용하는 것이 유용한가보다는 때로는 사용할 수밖에 없는 상황이 있다고 생각합니다. 특히 오래된 코드 베이스나 기존 라이브러리와의 통합 과정에서는 클래스를 사용하는 것이 불가피하거나 오히려 더 나은 선택이 되는 경우가 종종 있었습니다.

Stevy

대부분의 경우 클래스 없이 함수와 객체 리터럴로도 충분히 구현이 가능하다고 생각합니다. 실제로 리액트에서도 클래스 문법 없이 함수형 컴포넌트를 주로 사용하고 있고, 많은 프론트엔드 개발자도 그렇게 개발하고 있습니다. 리액트 환경에서 제공되는 라이브러리도 비슷하게 대부분 클래스 형태로 제공되지 않고 있죠. 그럼에도 불구하고 클래스는 특정 상황에서 여전히 유용한 도구라고 생각합니다. 예를 들어 비슷한 구조의 객체를 여러 개 생성해야 하거나 상태와 메서드를 하나의 타입으로 묶어야 할 때는 클래스가 더 명확하고 표현이 풍부해집니다. 저도 이런 상황에는 클래스 문법을 선택해서 사용합니다.

Paul: 컨텍스트가 명확할 때는 클래스를 사용하는 것이 개발자의 의도를 명확하게 표현할 수 있다고 생각해요. 예를 들어 상속 등 객체 간에 컨텍스트(this)의 전달이 필요한 경우도 마찬가지이고요. 컨텍스트를 가질 필요 없는 유틸성 함수들은 함수로만 구현하는 것이 사용하기 좋습니다.

모듈이 스코프를 가질 수 있기 때문에 객체 리터럴과 함수로만 클래스를 대체할 수도 있지만 인스턴스를 생성할 수 없고 상속, 확장에 불리하기 때문에 유연성을 잃기 쉽다고 생각해요. 하나의 상태를 가지게 되기 때문에 상태 오염에도 취약합니다. 따라서 단순히 클래스 또는 함수와 객체 리터럴에 대해 선호보다는 우리가 해결해야 하는 비즈니스에 맞게 개발해야 합니다.

 클래스의 private 속성을 사용했던 경험이 있다면 그 이유와 이를 통해 어떤 효과를 얻었는지 이야기해주세요.

Trey: 외부에 노출하면 안 되는 경우 private modifier를 사용했어요. 예를 들어 내부 속성에 접근할 때마다 부가적인 작업을 실행해야 할 때는 외부에서 직접 접근하지 못하도록 막을 필요가 있습니다. 또는 접근을 여러 메서드나 프로퍼티로 노출하면 오히려 어떤 것을 사용해야 할지 매번 생각해야 하기 때문에 개발 경험developer experience을 위해 일부 속성 접근을 제한할 필요가 있습니다. 이런 경우 private을 사용해 필요 없는 정보는 은닉하는 것이 오히려 도움이 되었어요. 모르는 게 약일 때도 있는 거죠.

Kai: 일반적인 함수들을 작성할 때 외부에서 필요한 것만 export하는 것과 똑같다고 봅니다. 다른 파일에서 참조할 필요가 없는 변수들은 굳이 외부로 보여줄 필요가 없으니까요. 꼭 필요한 것만 노출시킴으로써 오동작을 방지하기도 하고, 해당 클래스를 사용하는 사용자에게 작성자의 의도를 명확히 보여주는 역할도 한다고 생각합니다.

Stevy: 어떤 함수나 객체를 사용하는 입장에서 내부의 특정 기능이나 변수가 외부에 노출되지 않으면 좋겠다고 느끼는 경우가 많습니다. 클래스 내부에서 상태를 관리할 때 해당 값을 외부에서 직접 변경할 수 있다면 동작의 안정성이 떨어지고, 사용하는 입장에서도 어떤 값에 접근해도 되는지 혼란스러울 수 있습니다. 이럴 때 private 속성을 활용하면 외부로부터의 불필요한 접근을 차단하고 클래스의 사용 방식을 더 명확하게 정의할 수 있어 유용합니다. 실제로 저는 클래스 내부 상태를 보호하고 외부에는 의도된 메서드만 노출되도록 설계할 때 private 키워드를 사용합니다.

다만, 타입스크립트 v4.3 이전에서는 getter나 setter의 private 여부를 따로 설정할 수 있는 기능이 없었습니다. private 선언을 따로 적용하려면 메서드를 선언해서 열어줘야 하는 등 다소 복잡해지고 코드가 장황해질 수 있다는 점이 아쉬웠습니다.

 프로토타입 체인에 의해 상위 객체의 메서드가 의도치 않게 호출되거나 상위 메서드를 오버라이드해야 했던 경험이 있나요?

이전에는 인터페이스를 선언하기 위해 강제로 상위 메서드를 오버라이드해야 하는 패턴을 사용하기도 했습니다. 부모 클래스의 메서드에서 throw Error를 해서 자식 클래스에서 메서드를 오버라이드하지 않으면 해당 메서드가 에러를 발생시키도록 하는 것인데요, 요즘은 타입스크립트를 주로 사용하기 때문에 쓸 일이 별로 없습니다.

 실무에서 클래스 기반 코드를 작성하다가 상속 관계가 복잡해져 어려움을 겪은 적이 있나요? 그 상황을 어떻게 해결했는지 들려주세요.

이전 프로젝트에서는 리액트의 useExternalStore를 사용해 도메인 상태를 외부 모듈에서 관리하고 있었습니다. 제가 프로젝트에 합류했을 당시 이 상태 관리 모듈들의 상속 구조를 시각화해보니 3단계 이상으로 깊은 상속이 연결되어 있었습니다. 이런 구조에서는 특정 상태가 어디서 정의되고 변경되는지를 파악하기 어려워 디버깅이나 유지/보수가 매우 비효율적이었고, 특히 상위 클래스에 대한 의존도가 높아질수록 구조적 유연성도 떨어진다고 판단했습니다. 그래서 기존의 클래스를 상속받는 방식 대신 implements가 사용된 인터페이스에서 각 도메인에 필요한 구현체를 개별적으로 작성하는 방식으로 리팩터링했습니다. 이를 통해 각 기능의 책임이 명확해졌고 추적성과 확장성도 좋아졌습니다. 무엇보다 이후 새롭게 도메인을 추가할 때 구조적 부담이 줄어 팀 전체 생산성도 개선되었습니다. 해당 방식도 프로젝트가 더 고도화되고 관리가 어려워지면서 추후에는 inversify라는 DI 컨테이너까지 사용해서 주입해서 만드는 방식으로 개선했습니다.

ECMAScript 2015 이전 환경에서 클래스를 사용하지 않고 함수로 상속을 구현해야 했던 경험이 있나요?

대규모 프로젝트에서는 명시적인 상속 구조를 만들기 위해 직접 클래스 함수와 상속 함수를 구현하고 시작하는 것이 일반적이었습니다. 기본적으로 jQuery나 Backbone의 extend처럼 객체를 복제하고 프로토타입 체인을 연결하는 방식으로 상속을 구현했는데요, 상속은 코드 재사용성과 구조화를 위해 필수적인 기능이었기 때문입니다.

 기존에 프로토타입 기반으로 작성된 코드를 클래스 문법으로 변환한 경험이 있나요? 변환 과정에서 느꼈던 어려움이나 클래스 문법을 사용하면서 발견한 장점이 있다면 이야기해주세요.

프로토타입 기반보다 클래스 문법이 훨씬 코드가 간결해져서 좋았습니다. 예를 들면 부모의 메서드를 호출하고 싶을 때 클래스 문법은 super를 사용할 수 있죠. 내장 타입을 확장할 때도 클래스 문법이 훨씬 좋았습니다.

예전 프로토타입 기반에서는 부모와 상속 관계를 맺기 전에 자식 클래스의 프로퍼티를 정의하는 패턴을 사용하기도 했는데요, 클래스 문법은 생성자 함수에서 super를 먼저 호출해야 하기 때문에 조금 까다로운 부분도 있었습니다.

 자바스크립트에서 클래스를 사용해서 다형성을 구현한 경험이 있나요? 상속을 활용한 코드 구조에서 다형성을 어떻게 적용했는지 이야기해주세요.

클래스를 사용하면 필연적으로 다형성을 구현하게 됩니다. 추상 클래스나 인터페이스 등을 사용해서 다형성을 주로 구현합니다. 비지터 패턴visitor pattern에서 많이 사용했습니다.

프로토타입을 사용해 객체의 기본 동작을 커스터마이징한 경험이 있나요? 객체의 기본 메서드를 수정하거나 확장해서 특정 요구 사항을 충족시킨 사례를 들려주세요.

Kai

앱 기반 코드(iOS, Android)가 있는 상황에서 웹 개발을 시작했던 적이 있는데요, 기본적인 데이터 타입은 서버와 클라이언트가 공유하는 ProtocolBuffer라는 것으로 정의되고, 이를 스위프트나 코틀린에 있는 extension을 통해 확장해서 사용하고 있었어요. 웹 코드에서도 이 구조를 가져가는 것이 작업 효율이 빠른 상황이라 Protobuf.js를 통해 변환된 데이터 타입에 프로토타입을 추가하여 해당 구조를 따라 했던 적이 있습니다.

Gling

차트 라이브러리를 사용할 때 기획에 맞춰 차트 스타일링, 일부 동작을 좀 더 디테일하게 커스텀해야 하는 상황이 있었습니다. 기본적으로 제공되는 옵션으로는 이를 만족할 수 없어 해당 라이브러리의 특정 객체 프로토타입 프로퍼티와 메서드를 수정하는 방식으로 문제를 해결했습니다.

Paul

객체의 toString을 커스터마이징한 경험이 있습니다. 대규모의 모델 데이터를 주기적으로 로컬 스토리지에 저장해야 하는 과제에서 직렬화 최적화를 위해 JSON.stringify 대신 toString을 오버라이드 했습니다.

모델 객체 내부의 데이터를 필터링하고 저장에 필요한 핵심 정보만 포함된 문자열을 반환하도록 구현했습니다. 커스터마이징을 통해 저장 용량을 줄이고 복원 시 필요한 정보만 명확하게 유지할 수 있었습니다. 로깅, 디버깅, 캐싱 로직에서도 재사용이 가능해 일관된 문자열 표현을 유지하는 데 도움이 되었습니다.

객체의 기본 동작을 오버라이드하는 구현이기 때문에 프로토타입 오염 등 의도하지 않은 곳에 영향을 미치지 않도록 모델 객체에서만 사용했습니다.

클래스를 사용해 객체를 직렬화하거나 역직렬화한 경험이 있나요? 클래스 기반 객체를 JSON으로 변환하거나 복원하는 과정에서 고려해야 하는 사항과 최적화한 방법이 있다면 공유해주세요.

Paul

저장해야 하는 데이터가 매우 크거나 고성능이 필요한 경우 toString을 커스텀해서 최적화했습니다. 예를 들어 객체의 프로퍼티 중 저장 대상에서 제외해야 하는 값이 있을 때 이를 toString에서 필터링하는 방식으로 처리할 수 있습니다. 또 게임을 구현할 때는 언제든지 마지막 상태를 저장하고 다시 불러와야 하는 상황이 자주 발생합니다. 이때 고성능으로 직렬화하고 반대로 최대한 빠르게 역직렬화할 수 있도록 최적화하기도 했습니다.

광고 라이브러리에서는 광고 데이터를 캐싱하거나 복원할 때 주로 JSON 포맷을 사용하고 있습니다. JSON.stringify와 JSON.parse를 통해 자바스크립트 객체를 문자열로 직렬화하거나 다시 객체로 역직렬화하는 작업을 간편하게 처리할 수 있기 때문입니다. — Jake

하지만 JSON 포맷은 클래스 인스턴스의 어떤 속성을 직렬화할지, 역직렬화 시 어떤 방식으로 객체를 복원할지는 자동으로 처리해주지 않습니다. 따라서 클래스 내부에 직렬화와 역직렬화를 위한 메서드를 직접 구현하는 것이 필요합니다. 이 과정에서는 복원에 필요한 속성을 명확히 선택해야 하며 역직렬화된 데이터가 숫자나 문자열 등 올바른 타입인지 그리고 클래스의 무결성이 유지되는지도 함께 검증해야 합니다. 외부 데이터는 언제든지 오염될 수 있기 때문입니다.

 클래스를 사용해 의존성 주입을 관리한 경험이 있나요? 객체의 의존성을 클래스의 생성자나 메서드로 주입해 더 유연한 설계를 한 사례가 있다면 공유해주세요.

상속(extends) → 구현(implements) → 의존성 주입(DI)의 형태로 구조 개선을 했었는데요, 비슷한 기능이나 참조가 필요한 기능들이 의존성 주입을 통해 관리되어서 좀 더 모듈의 형태로서 확장성 있게 구현했습니다. — Stevy

```
// 1. 공통 기능 정의 (interface)
interface Logger {
  log(message: string): void;
}
// 2.상속을 이용해 구현
class ConsoleLogger extends Logger {
  log(message: string): void {
    console.log(`[Console] ${message}`);
  }
}
class FileLogger extends Logger {
  log(message: string): void {
```

```typescript
    console.log(`[File] ${message}`);
  }
}
// 3. interface를 implements해서 구현
class ConsoleLogger implements Logger {
  log(message: string): void {
    console.log(`[Console] ${message}`);
  }
}
class FileLogger implements Logger {
  log(message: string): void {
    console.log(`[File] ${message}`);
  }
}
// 4. DI로 구현
class UserService {
  constructor(private logger: Logger) {}
  createUser(name: string) {
    this.logger.log(`Creating user: ${name}`);
  }
}
const logger: Logger = new ConsoleLogger();
const userService = new UserService(logger);
userService.createUser("Alice");
```

> **Gling**
> 프로젝트에서 Angular를 사용하고 있기 때문에 클래스 기반의 의존성 주입을 적극적으로 활용하고 있습니다. Angular는 생성자 기반의 의존성 주입이 가능하기 때문에 서비스(상태 파일)나 유틸리티 클래스의 의존성을 다른 컴포넌트, 서비스에 주입해 사용합니다. 예를 들어 인증을 위한 AuthService를 여러 컴포넌트, 인터셉터, 가드 등에서 주입받아서 사용할 수 있습니다. 이런 방식은 의존 클래스를 추상화하고, 필요에 따라 mock 서비스를 주입할 수 있어 테스트 용이성에도 도움이 되는 것 같아요.

> 의존성을 주입하면 훨씬 유연하고 테스트하기 쉬운 구조를 만들 수 있습니다. 예를 들어 게임을 설계할 때 Player 클래스에 Weapon 클래스를 주입하는 방식으로 사용하면 Player는 단순히 attack 함수만 호출함으로써 해당 무기의 공격을 구현할 수 있습니다. Player와 Weapon을 분리하여 독립적으로 테스트할 수 있고, 무기가 확장되거나 다양해지더라도 의존성 주입을 통해 훨씬 유연하게 구현할 수 있습니다. — Paul

```typescript
interface Weapon {
  attack(): void;
}
class Sword implements Weapon {
  attack() {
    // Sword 공격...
  }
}
class Bow implements Weapon {
  attack() {
    // Bow 공격...
  }
}
class Player {
  constructor(private weapon: Weapon) {}
  setWeapon(weapon: Weapon) {
    this.weapon = weapon;
  }
  attack() {
    this.weapon.attack();
  }
}
const sword = new Sword();
const bow = new Bow();
const player = new Player(sword);
player.attack(); // Sword 공격...
player.setWeapon(bow);
player.attack(); // Bow 공격...
```

클래스와 관련하여 AI를 활용했던 경험을 들려주세요.

클래스를 구현할 때 특정 클래스를 다른 곳에 주입해야 하는 경우가 있습니다. 이때 하나의 클래스만 주입하는 것이 아니라, 여러 클래스가 주입될 수 있도록 하기 위해 공용 인터페이스 타입을 정의하고, 주입하고자 하는 클래스들이 implements 키워드를 통해 해당 인터페이스를 구현하는 방식으로 클래스를 구현하는 경우가 있습니다.

이 과정에서 AI를 활용해 각 클래스가 구현해야 할 인터페이스의 메서드를 손쉽고 빠르게 구현했습니다. 이미 구현된 클래스가 있다면 AI가 이를 참조해 새로운 클래스에 맞는 구현을 제안해주었고, 기존 구현이 없을 때는 AI가 알아서 클래스와 메서드명을 통해 필요한 기능을 추론하여 제시해주었습니다. 덕분에 필요한 클래스를 빠르게 구현할 수 있었습니다.

Ethan

CHAPTER 08

이벤트

이벤트는 사용자와 애플리케이션이 소통하는 창구입니다. 클릭, 입력, 서버 응답 등 다양한 사용자 활동과 시스템 동작을 감지하고 처리하는 데 필수 요소입니다.

이번 챕터에서는 브라우저 환경과 Node.js 환경에서 이벤트가 어떻게 발생하고 처리되는지 그리고 이벤트 버블링과 캡처링, 커스텀 이벤트 생성, 이벤트 최적화 기법까지 함께 다룹니다. 이벤트를 정확히 이해하고 다루면 더 빠르고 매끄러운 사용자 경험을 설계할 수 있습니다.

SECTION 01 셀프 실력 점검

자바스크립트의 이벤트에 대한 이해도를 점검해볼 수 있는 퀴즈입니다. 다음 항목들을 체크해봄으로써 자바스크립트의 이벤트를 얼마나 잘 알고 있는지 확인해보세요.

01	DOM 요소에 이벤트 핸들러를 등록하고 제거할 수 있다.	[ ]
02	Node.js에서 이벤트를 등록하고 제거할 수 있다.	[ ]
03	이벤트가 전파되는 과정과 방식의 차이를 설명할 수 있다.	[ ]
04	이벤트 객체가 무엇인지 설명할 수 있다.	[ ]
05	이벤트 객체와 이벤트 객체 속성에 어떤 것들이 있는지 설명할 수 있다.	[ ]
06	HTML 문서의 생명주기에서 발생하는 이벤트들을 나열하고 그 차이를 설명할 수 있다.	[ ]
07	DOM 요소가 가진 기본 동작을 막거나 DOM 요소에서 발생하는 이벤트의 전파를 막는 방법을 설명할 수 있다.	[ ]
08	이벤트 위임이 필요한 이유를 설명할 수 있고 이벤트 위임을 구사할 수 있다.	[ ]
09	이벤트 핸들러가 일반 함수일 때와 화살표 함수일 때의 차이에 대해 설명할 수 있다.	[ ]
10	이벤트 성능 최적화를 위한 방법을 2가지 이상 설명할 수 있다.	[ ]
11	이벤트 유형들의 차이점과 사용 시 고려할 점을 설명할 수 있다.	[ ]
12	커스텀 이벤트를 활용할 수 있다.	[ ]

나의 실력은?

0-2개	출발 금지! 준비 운동이 필요해요. 이론부터 차근차근 학습하며 탄탄한 기본기를 쌓아보세요.
3-6개	준비 완료! 이제 기본 개념을 활용해 Level 1 퀴즈를 풀며 자신감을 키워보세요.
7-9개	잘하고 있어요! Level 2 퀴즈를 통해 학습한 개념을 코드에 적용하면서 더욱 깊이 있는 이해를 쌓아보세요.
10개 이상	Level 3 퀴즈에서 다양한 개념을 연관 지어 학습해보세요. 실무에서 어떤 문제를 만나도 충분히 해결할 수 있을 거예요.

SECTION 02 뇌를 깨우는 워밍업 퀴즈

본격적으로 핵심 개념을 익히기 전에 가벼운 퀴즈를 풀어보며 자바스크립트 이벤트의 특성과 동작 방식을 점검해보세요.

01 사용자가 #child 요소를 클릭하면 어떤 결과가 나올까요?

힌트 이벤트는 기본적으로 버블링 단계에서 실행됩니다.

```html
<div id="parent">
  부모 요소
  <div id="child">
    자식 요소
  </div>
</div>
```

```javascript
document.querySelector("#parent").
addEventListener("click", function () {
  console.log("부모 요소 클릭!");
});
document.querySelector("#child").
addEventListener("click", function (event) {
  console.log("자식 요소 클릭!");
});
```

02 다음 코드가 실행될 때 event.target과 this의 값이 동일한 경우는 언제인 가요?

```javascript
document.querySelector("#box").addEventListener("click",
function (event) {
  console.log(event.target, this);
});
```

힌트 event.target은 실제 이벤트가 발생한 요소, this는 이벤트 리스너가 등록된 요소를 가리킵니다.

03 버튼을 클릭했을 때 removeEventListener를 사용하지 않고 alert가 한 번만 실행되도록 하려면 어떻게 해야 할까요?

```javascript
document.querySelector("#btn").addEventListener("click",
function () {
  alert("한 번만 실행됨!");
});
```

힌트 이벤트 리스너가 한 번 실행된 후 자동으로 제거되도록 하는 방법이 있습니다.

정답 및 해설

01	• "자식 요소 클릭!", "부모 요소 클릭!" 이벤트는 버블링 단계에서 부모로 전파되므로 자식 → 부모 순으로 실행됩니다.
02	• event.target === this는 사용자가 #box 자체를 클릭했을 때만 true입니다. event.target은 실제 클릭된 요소이고, this는 event.currentTarget으로 이벤트 리스너가 등록된 요소입니다.
03	• {once: true} 옵션 사용 이벤트 리스너 등록 시 {once: true} 옵션을 주면 한 번 실행 후 자동 제거됩니다.

SECTION 03 핵심 개념 파헤치기

웹 애플리케이션은 정적인 정보를 제공하는 것을 넘어 사용자의 클릭, 키 입력, 스크롤과 같은 다양한 동작을 감지하고 반응할 수 있어야 합니다. 이러한 동작을 처리하는 핵심 개념이 바로 이벤트입니다. 지금부터 브라우저 환경을 중심으로 이벤트가 어떻게 동작하는지 살펴보고 이벤트 등록 방법, 이벤트 흐름 그리고 이벤트 처리 방식을 구체적인 예제와 함께 다뤄보겠습니다.

01 웹에서의 이벤트

이벤트는 자바스크립트 언어 자체의 기능이 아니라 브라우저나 Node.js와 같은 실행 환경에서 제공하는 기능입니다. 브라우저 환경에서는 주로 EventTarget 인터페이스를 통해 그리고 Node.js에서는 EventEmitter 클래스를 통해 이벤트를 다룰 수 있습니다.

웹에서 발생한 이벤트event를 감지하고 처리할 수 있도록 브라우저는 EventTarget이라는 인터페이스를 제공합니다. 대표적으로 DOM 요소, window 그리고 document와 같은 객체들이 EventTarget을 구현하여 이벤트를 등록하고 해제할 수 있도록 동작합니다.

EventTarget을 구현한 객체는 이벤트를 등록하는 addEventListener, 등록한 이벤트를 제거하는 removeEventListener 그리고 이벤트를 직접 실행하는 dispatchEvent 메서드를 제공합니다.

| 이벤트 리스너 |

이벤트 리스너event listener는 특정 이벤트를 감지하고 처리하는 메커니즘을 의미하며 이벤트 유형, 이벤트 핸들러event handler 그리고 이벤트와 관련된 옵션을 포함합니다.*

이벤트 핸들러는 콜백 함수 또는 handleEvent 메서드를 가진 객체로 정의되며 특정 이벤트가 감지되었을 때 실행됩니다. 하지만 이벤트 리스너라는 용어와 종종 혼용되고 문맥에 따라 다르게 사용될 수도 있습니다. 이 책에서는 addEventListener 등을 사용하는 경우 '이벤트 리스너를 등록한다'라고 표

---

* https://dom.spec.whatwg.org/#concept-event-listener

현하고, 이벤트가 발생했을 때 호출되는 실제 함수는 '이벤트 핸들러'로 지칭하겠습니다.

이벤트 리스너 등록

먼저 addEventListener를 사용하여 이벤트를 감지하고 실행할 함수를 등록하는 간단한 예제부터 살펴보겠습니다. 다음은 버튼 요소를 클릭하면 로그를 출력하는 코드입니다.

```html
<button id="myButton">버튼</button>
```

```javascript
const button = document.getElementById("myButton");
function handleClick () {
  console.log("버튼이 클릭되었습니다.");
}
button.addEventListener("click", handleClick);
```

이 코드에서 myButton이라는 id를 가진 버튼 요소에 대해 addEventListener 메서드를 사용합니다. 첫 번째 인자로 "click"이라는 이벤트 유형을 전달하고, 두 번째 인자로 이벤트 발생 시 실행할 이벤트 핸들러인 handleClick 함수를 전달합니다.

이벤트 핸들러는 함수를 직접 전달할 수도 있고, handleEvent 메서드를 가진 객체를 전달할 수도 있습니다. 다음 코드는 함수를 전달하는 것과 동일하게 동작합니다.

```javascript
const button = document.getElementById("myButton");
const clickEventHandler = {
  handleEvent () {
    console.log("버튼이 클릭되었습니다.");
  }
};
button.addEventListener("click", clickEventHandler);
```

addEventListener의 세 번째 인자로는 추가적인 옵션을 전달할 수 있습니다. 이를 이해하기 위해선 이벤트 캡처링, 버블링 등의 개념이 필요하기 때문에 관련 개념을 설명할 때 함께 다루겠습니다.

이벤트 리스너 제거

등록한 이벤트 리스너는 removeEventListener 메서드를 사용하여 제거할 수 있습니다. 이때 addEventListener를 호출할 때 전달한 것과 동일한 이벤트 핸들러를 전달해야만 정상적으로 제거됩니다.

다음 코드는 버튼을 한 번 클릭하면 이벤트 리스너를 제거하고 로그를 출력합니다. 따라서 이후 버튼을 여러 번 클릭해도 로그가 출력되지 않습니다.

```javascript
const button = document.getElementById("myButton");
function handleClick () {
  // 등록했던 클릭 이벤트 리스너 제거
  button.removeEventListener("click", handleClick);
  console.log("버튼이 클릭되었습니다.");
}
button.addEventListener("click", handleClick);
```

removeEventListener를 사용하는 대신 once 옵션을 사용하여 더 간결하게 구현할 수도 있습니다.

```javascript
const button = document.getElementById("myButton");
function handleClick () {
  console.log("버튼이 클릭되었습니다.");
}
button.addEventListener("click", handleClick, {once: true});
```

AbortController를 통한 이벤트 리스너 제거

AbortController 객체를 사용하면 removeEventListener를 직접 호출하지 않고도 이벤트 리스너를 제거하는 효과를 얻을 수 있습니다.

AbortController 객체의 signal을 addEventListener의 세 번째 인자인 옵션으로 전달하면 이후 abort 메서드를 호출했을 때 해당 이벤트 리스너가 해제됩니다.

다음은 버튼을 클릭하면 이벤트 핸들러가 실행되고, 그 직후 controller.abort가 호출되어 리스너가 제거되는 코드입니다. 따라서 버튼을 여러 번 클릭해도 handleClick 함수는 단 한 번만 실행됩니다.

```javascript
const controller = new AbortController();
const button = document.getElementById("myButton");
function handleClick () {
  console.log("버튼이 클릭되었습니다.");
  controller.abort();
}
button.addEventListener("click", handleClick, {signal: controller.signal});
```

이 방식은 특히 여러 개의 이벤트 리스너를 한 번에 제어할 때 유용합니다. 다음은 각 버튼에 이벤트 리스너를 등록하고, 취소 버튼을 클릭하면 abort를 호출하여 모든 리스너를 해제하는 코드입니다. 만약 AbortController를 사용하지 않았다면 각 버튼에 대해 removeEventListener를 반복적으로 호출해야 했을 것입니다.

```javascript
const controller = new AbortController();
const cancelButton = document.getElementById("cancelButton");
const buttons = document.querySelectorAll(".controlled-button");
function handleCancelClick () {
  controller.abort();
}
function handleClick () {
  console.log("버튼이 클릭되었습니다.");
}
cancelButton.addEventListener("click", handleCancelClick);
buttons.forEach(button => {
  button.addEventListener("click", handleClick, {signal: controller.signal});
});
```

| 이벤트 객체 |

이벤트 리스너를 등록하면 발생한 이벤트와 관련된 다양한 정보가 이벤트 객체를 통해 전달됩니다. 이벤트 핸들러는 첫 번째 인자로 이벤트 객체를 받으며, 이를 활용해 이벤트의 세부 정보를 확인할 수 있습니다.

이벤트 객체는 이벤트 유형에 따라 제공하는 정보가 다릅니다. 예를 들어 클릭 이벤트의 경우

MouseEvent 객체가 전달되며 x, y 좌표 등의 정보를 포함합니다.

```javascript
const button = document.getElementById("myButton");
function handleClick (event) {
  console.log(`${event.type} x: ${event.x}, y: ${event.y}`);
}
button.addEventListener("click", handleClick);
```

이 코드를 실행한 후 버튼을 클릭하면 다음과 같이 클릭된 위치마다 다른 좌표를 출력합니다.

```
"click x: 11, y: 13"
```

이벤트 객체는 Event 인터페이스를 기반으로 하며, 이벤트 유형에 따라 MouseEvent, Keyboard Event 등으로 확장됩니다.

또한 이벤트 객체는 브라우저의 기본 동작을 막는 preventDefault, 이벤트 전파를 중단하는 stopPropagation과 같은 다양한 메서드를 제공하여 이벤트의 동작을 세밀하게 조정할 수 있습니다.

| 기본 동작 제어하기 |

웹 페이지에서 링크를 클릭하면 해당 주소로 이동하고 마우스 우클릭을 하면 컨텍스트 메뉴가 나타나는 것처럼 브라우저는 특정 이벤트에 반응하는 기본 동작을 제공합니다. 이러한 기본 동작은 개발을 편리하게 해주고 일관된 사용자 경험을 제공합니다.

그러나 경우에 따라 이러한 기본 동작이 필요하지 않을 수도 있습니다. 이럴 때는 이벤트 객체의 preventDefault 메서드를 호출하여 브라우저의 기본 동작을 막을 수 있습니다.

다음은 <a> 요소에 클릭 이벤트 리스너를 등록하고 preventDefault를 호출하는 예제입니다. 링크를 클릭해도 href 속성에 지정된 주소로 이동하지 않고, 대신 "링크를 클릭했습니다."라는 로그만 출력합니다.

```html
<a id="myLink" href="https://www.example.com">
  링크
</a>
```

```javascript
const link = document.getElementById("myLink");
link.addEventListener("click", function (event) {
  event.preventDefault();
  console.log("링크를 클릭했습니다.");
});
```

반대로 특정 이벤트 핸들러에서 브라우저의 기본 동작을 막지 않을 거라면 옵션을 설정하여 성능을 최적화할 수 있습니다.

브라우저는 기본 동작을 실행하기 전에 이벤트 리스너를 호출하고 preventDefault가 호출되었는지를 확인합니다. 특히 scroll이나 touchmove 같은 이벤트는 매우 짧은 간격으로 반복해서 발생하기 때문에 브라우저가 매번 preventDefault 호출 여부를 확인한 후 스크롤을 처리하면 지연이 발생할 수 있습니다. 이로 인해 UI의 반응이 느려지는 등의 성능 문제로 이어질 가능성이 있습니다.

이를 방지하기 위해 이벤트 리스너를 등록할 때 옵션 객체에서 passive 속성을 true로 설정하면 브라우저가 기본 동작을 차단할 가능성이 없다고 미리 인식하여 preventDefault 호출 여부를 확인하지 않고 즉시 기본 동작을 실행합니다.

```javascript
window.addEventListener("touchmove", function (event) {
  console.log("터치 이동 발생");
  event.preventDefault(); // 이 호출은 무시됩니다.
}, {passive: true});
```

02 이벤트 캡처링과 버블링

HTML 요소는 부모 요소가 자식 요소를 포함하는 트리 구조로 이루어져 있습니다. 이벤트도 이 구조를 따라 최상위 요소에서 이벤트가 발생한 요소까지 크게 세 단계를 거쳐 전달됩니다.

- **캡처링 단계(capturing phase)**: 이벤트가 최상위 요소에서 시작하여 이벤트 발생 지점까지 내려가는 단계
- **타깃 단계(target phase)**: 이벤트가 이벤트 발생 지점에 도달한 단계
- **버블링 단계(bubbling phase)**: 이벤트가 이벤트 발생 지점에서 다시 최상위 요소로 전파되는 단계

다음은 간단한 HTML 문서를 예로 든 것입니다. 이 문서에서 버튼 요소를 클릭하면 이벤트는 캡처링 단계, 타깃 단계 그리고 버블링 단계를 거칩니다. 그리고 그 과정은 [그림 8-1]처럼 표현할 수 있습니다.

```
<html>
  <head>
    <title>이벤트 캡처링과 버블링</title>
  </head>
  <body>
    <div>
      <button>버튼</button>
    </div>
  </body>
</html>
```

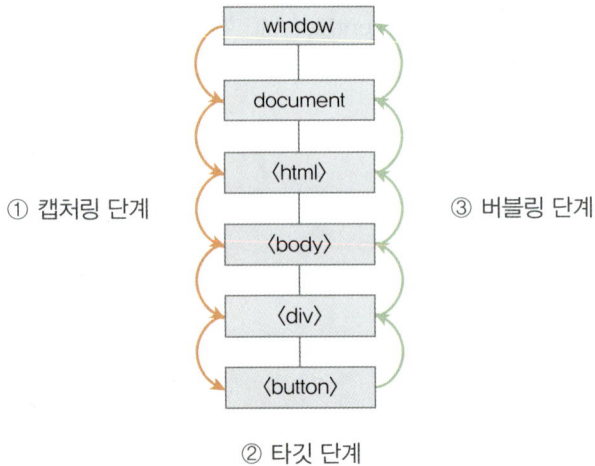

그림 8-1 이벤트 캡처링과 버블링

타깃 단계는 캡처링과 버블링 과정 모두에서 발생합니다. 따라서 이벤트 흐름을 설명할 때는 캡처링과 버블링을 중심으로 다루는 경우가 많습니다.

이벤트 버블링

등록된 이벤트 리스너는 기본적으로 버블링 단계에서 실행됩니다. addEventListener 메서드의 세 번째 인자로 false를 넘겨주거나 옵션의 capture 속성을 false로 설정하면 명시적으로 버블링 단계에서 실행하도록 지정할 수도 있습니다.

따라서 다음 세 줄은 모두 동일한 결과를 출력합니다.

```js
button.addEventListener("click", handleClick);
button.addEventListener("click", handleClick, false);
button.addEventListener("click", handleClick, {capture: false});
```

이벤트 버블링이 실제로 어떻게 동작하는지 확인하기 위해 부모-자식 관계를 가지는 〈ul〉, 〈li〉, 〈button〉 요소에 각각 이벤트 리스너를 등록해보겠습니다.

```html
<ul id="myList">
  <li id="myItem">
    <button id="myButton">버튼</button>
  </li>
</ul>
```

```js
function handleClick (event) {
  console.log(event.currentTarget.tagName);
}
const list = document.getElementById("myList");
const item = document.getElementById("myItem");
const button = document.getElementById("myButton");
list.addEventListener("click", handleClick);
item.addEventListener("click", handleClick);
button.addEventListener("click", handleClick);
```

이제 버튼을 클릭하면 이벤트가 발생한 요소에서 부모 요소로 전파되면서 다음과 같은 로그가 출력됩니다.

```
BUTTON
LI
UL
```

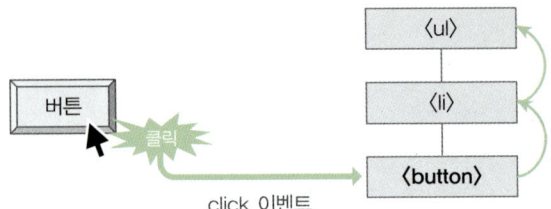

그림 8-2 이벤트 버블링

이벤트 객체의 currentTarget 속성은 이벤트 리스너가 등록된 요소를 가리킵니다. 일반적인 함수 선언 방식으로 작성된 이벤트 핸들러 내부에서의 this도 currentTarget과 동일한 요소를 가리키므로 다음처럼 코드를 작성해도 동일한 결과를 얻을 수 있습니다.

```
function handleClick () {
  console.log(this.tagName);
}
```

그러나 이벤트 핸들러가 화살표 함수로 작성되었거나, bind로 바인딩된 함수이거나, handleEvent 메서드를 가진 객체일 경우 this는 예상과 다르게 바인딩될 수 있습니다. 예를 들어 화살표 함수에서는 this가 상위 스코프를 참조하게 되고, 바인딩된 함수에서는 명시적으로 지정한 값으로 바뀌며, handleEvent를 사용하는 객체에서는 this가 해당 객체 자신을 가리킵니다.

이러한 이유로 이벤트 핸들러 내부에서 this를 사용하는 것보다 항상 명확한 의미를 가지는 이벤트 객체의 currentTarget을 사용하는 것이 더 안전하고 일관된 방법입니다.

반면 이벤트가 발생한 실제 요소는 target 속성을 통해 가져올 수 있습니다. target 속성은 이벤트가 버블링하는 동안에도 변하지 않는 값이며 다음 코드처럼 사용하면 출력 결과가 달라집니다.

```javascript
function handleClick (event) {
  console.log(event.target.tagName); // currentTarget 대신 target 사용
}
const list = document.getElementById("myList");
const item = document.getElementById("myItem");
const button = document.getElementById("myButton");
list.addEventListener("click", handleClick);
item.addEventListener("click", handleClick);
button.addEventListener("click", handleClick);
```

```
BUTTON
BUTTON
BUTTON
```

이벤트 캡처링

이벤트 리스너가 캡처링 단계에서 실행되도록 하려면 addEventListener의 세 번째 인자로 true를 넘겨주거나 옵션의 capture 속성을 true로 설정해야 합니다.

```javascript
button.addEventListener("click", handleClick, true);
button.addEventListener("click", handleClick, {capture: true});
```

이벤트 캡처링은 버블링과 반대로 최상위 요소에서 이벤트가 발생한 요소로 내려가는 과정입니다. 이전과 동일한 예제 코드에서 캡처링 단계에서 실행되도록 설정할 수 있습니다.

```html
<ul id="myList">
  <li id="myItem">
    <button id="myButton">버튼</button>
  </li>
</ul>
```

```
function handleClick (event) {
  console.log(event.currentTarget.tagName);
}
const list = document.getElementById("myList");
const item = document.getElementById("myItem");
const button = document.getElementById("myButton");
list.addEventListener("click", handleClick, true);
item.addEventListener("click", handleClick, true);
button.addEventListener("click", handleClick, true);
```

출력 결과는 버블링과는 반대로 최상위 요소부터 실행됩니다.

```
UL
LI
BUTTON
```

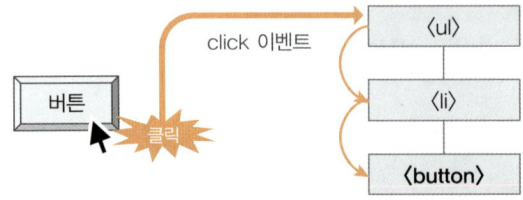

그림 8-3 이벤트 캡처링

이벤트 캡처링은 버블링보다 자주 쓰이진 않지만 버블링 단계의 이벤트 리스너보다 먼저 실행해야 할 때 유용하게 활용할 수 있습니다.

| 이벤트 전파 중단하기 |

이벤트 객체의 stopPropagation 메서드를 사용하면 이벤트 전파를 중단할 수 있습니다. 다음은 이전의 예제에서 stopPropagation을 호출하여 이벤트가 부모 요소로 전파되지 않도록 수정한 코드입니다.

```javascript
function handleClick (event) {
  event.stopPropagation(); // 이벤트 전파 중지!
  console.log(event.currentTarget.tagName);
}
const list = document.getElementById("myList");
const item = document.getElementById("myItem");
const button = document.getElementById("myButton");
list.addEventListener("click", handleClick);
item.addEventListener("click", handleClick);
button.addEventListener("click", handleClick);
```

출력 결과를 보면 버튼 요소에서 발생한 클릭 이벤트가 더 이상 부모 요소로 전파되지 않는 것을 확인할 수 있습니다.

```
BUTTON
```

stopPropagation 메서드를 캡처링 단계에서 호출하면 이후의 캡처링 단계뿐만 아니라 버블링 단계까지도 중단됩니다. 하지만 이벤트 전파를 막는 것은 브라우저의 자연스러운 동작을 차단할 수 있기 때문에 정말 필요한 경우에만 사용하는 것이 좋습니다.

| 이벤트 위임 |

이벤트 버블링을 활용하면 이벤트 위임event delegation을 통해 더 효율적이고 최적화된 코드를 작성할 수 있습니다. 이벤트 위임이란 공통 부모 요소에 하나의 이벤트 리스너만 등록하여 하위 요소의 이벤트를 처리하는 기법입니다.

예를 들어 각 〈li〉 요소에 이벤트 리스너를 등록하는 대신, 부모 요소인 〈ul〉에 이벤트 리스너를 등록하고 이벤트 객체의 target 속성을 사용하여 클릭한 항목을 구별할 수 있습니다.

```html
<ul id="menu">
  <li>항목 1</li>
  <li>항목 2</li>
  <li>항목 3</li>
</ul>
```

```
const menu = document.getElementById("menu");
menu.addEventListener("click", function (event) {
  if (event.target.tagName === "LI") {
    console.log(`${event.target.textContent} 클릭!`);
  }
});
```

항목 2를 클릭한 경우 출력 결과는 다음과 같습니다.

"항목 2 클릭!"

이는 <li> 요소에 직접 이벤트 리스너를 등록하지 않았음에도 이벤트 버블링을 통해 부모 요소인 <ul>에서 클릭 이벤트를 감지할 수 있기 때문입니다.

이처럼 이벤트 위임 기법을 활용하면 개별 요소마다 이벤트 리스너를 등록하는 대신 부모 요소 하나에만 등록하여 전체를 관리할 수 있습니다. 이를 통해 메모리 사용량을 줄이고 성능을 최적화할 수 있으며 유지/보수 또한 더 쉬워집니다. 특히 자식 요소가 동적으로 추가되는 경우에도 부모 요소에 등록된 리스너만으로 이벤트 처리가 가능해지므로 실무에서 자주 활용되는 유용한 기법입니다.

03 합성 이벤트

브라우저에서 자동으로 발생하는 이벤트 외에도 개발자가 직접 이벤트 객체를 생성하여 특정 요소에 전달할 수 있습니다. 이렇게 직접 생성한 이벤트를 합성 이벤트synthetic event라고 합니다. 합성 이벤트는 이벤트를 직접 제어하거나 자동화된 테스트를 작성할 때 유용하게 사용됩니다.

| Event를 이용한 이벤트 생성 |

Event 생성자를 사용하면 이벤트를 직접 생성할 수 있습니다. 생성자의 첫 번째 인자로 이벤트 유형을 전달하고, 두 번째 인자로 이벤트 옵션 객체를 전달할 수 있습니다.

이벤트 옵션에는 이벤트가 버블링되는지 여부(bubbles), 이벤트의 기본 동작을 취소할 수 있는지 여부(cancelable) 그리고 이벤트가 섀도 루트shadow root 바깥까지 전달될 수 있는지 여부(composed)가 있으며, 이들의 기본값은 모두 false입니다.

```javascript
const myEvent = new Event("myEvent", {
  bubbles: false, // 이벤트가 버블링되는지 여부
  cancelable: false, // preventDefault로 취소할 수 있는지 여부
  composed: false, // 이벤트가 섀도 루트 바깥까지 전달될지 여부
});
```

이렇게 생성한 이벤트 객체는 EventTarget 인터페이스를 구현한 요소의 dispatchEvent 메서드를 사용하여 해당 요소에 전달할 수 있습니다.

다음은 직접 생성한 합성 이벤트를 버튼 요소에 전달하고 처리하는 예제입니다.

```html
<button id="myButton">버튼</button>
```

```javascript
const button = document.getElementById("myButton");
const myEvent = new Event("myEvent");
function handleMyEvent (event) {
  console.log(event.type); // "myEvent"
}
button.addEventListener("myEvent", handleMyEvent);
button.dispatchEvent(myEvent);
```

이 코드에서는 myEvent라는 합성 이벤트를 생성한 뒤 버튼 요소의 dispatchEvent 메서드를 호출하여 이벤트를 전달했습니다. 이벤트가 전달되면 등록된 이벤트 핸들러를 실행하며 콘솔에는 "myEvent"를 출력합니다.

| 합성 이벤트의 기본 동작 취소하기 |

이벤트의 옵션 중 cancelable 속성을 true로 설정하면 이벤트 핸들러 내에서 preventDefault 메서드를 호출하여 이벤트의 기본 동작을 취소할 수 있습니다.

dispatchEvent는 기본적으로 true를 반환하지만, preventDefault가 호출되면 false를 반환하며 이 값을 이용해 특정 작업을 실행할지 여부를 제어할 수 있습니다.

다음 코드는 이벤트 핸들러에서 preventDefault를 호출하여 로그 출력을 취소하는 예제입니다.

```javascript
const button = document.getElementById("myButton");
const logEvent = new Event("log", {cancelable: true});
function handleLogEvent (event) {
  event.preventDefault();
}
button.addEventListener("log", handleLogEvent);

if (button.dispatchEvent(logEvent) !== false) {
  console.log("로그 출력!");
} else {
  console.log("이벤트 취소됨!");
}
```

이 코드에서는 log 이벤트를 cancelable 옵션을 true로 설정하여 생성했습니다. 이벤트 핸들러에서 preventDefault를 호출하면 dispatchEvent는 즉시 false를 반환하므로 "로그 출력!" 메시지는 출력되지 않고 "이벤트 취소됨!" 메시지가 출력됩니다.

일반적으로 브라우저에서 발생하는 기본 이벤트는 이벤트 루프를 통해 비동기적으로 실행됩니다. 하지만 dispatchEvent로 전달한 합성 이벤트는 호출 즉시 이벤트 핸들러를 동기적으로 실행합니다. 따라서 합성 이벤트의 경우 이벤트 핸들러의 처리 결과를 즉시 확인할 수 있으며 위 코드처럼 preventDefault의 호출 여부도 즉각적으로 알 수 있습니다.

| CustomEvent를 이용한 이벤트 생성 |

CustomEvent는 Event 인터페이스를 확장한 인터페이스로, 기본적인 이벤트 기능을 그대로 제공하면서도 개발자가 임의의 데이터를 추가할 수 있다는 특징이 있습니다.

CustomEvent 역시 Event 생성자와 마찬가지로 첫 번째 인자로 이벤트 유형을 받고 두 번째 인자로 옵션 객체를 전달합니다. 이때 옵션 객체의 detail 속성을 사용하여 원하는 데이터를 담을 수 있으며 이 데이터는 이벤트 핸들러 내에서 접근할 수 있습니다.

```javascript
const button = document.getElementById("myButton");
const myCustomEvent = new CustomEvent("myEvent", {
  detail: {
    myData: "커스텀 이벤트 데이터",
  },
});
function handleMyCustomEvent (event) {
  console.log(event.detail.myData); // "커스텀 이벤트 데이터"
}
button.addEventListener("myEvent", handleMyCustomEvent);
button.dispatchEvent(myCustomEvent);
```

이 예제에서는 detail 속성에 {myData: "커스텀 이벤트 데이터"}라는 데이터를 추가하여 이벤트를 생성했습니다. 이벤트 핸들러에서는 이 데이터를 event.detail을 통해 간단히 접근할 수 있습니다.

| 합성 이벤트를 활용한 테스트 코드 작성하기 |

합성 이벤트는 테스트 자동화에서도 유용하게 활용될 수 있습니다. 사용자가 버튼을 클릭하면 하단에 "버튼이 클릭되었습니다."라는 메시지가 나타나는 간단한 예제를 살펴보겠습니다.

```html
<button id="myButton">버튼</button>
<div id="messageBox"></div>
```

```javascript
const button = document.getElementById("myButton");
const messageBox = document.getElementById("messageBox");
function handleClick () {
  messageBox.textContent = "버튼이 클릭되었습니다.";
}
button.addEventListener("click", handleClick);
```

이 기능을 수동으로 테스트하려면 매번 버튼을 직접 클릭하여 메시지가 제대로 출력되는지 확인해야 합니다. 그러나 합성 이벤트를 생성하고 전달하면 이러한 과정을 자동화할 수 있습니다.

```
// Given
const button = document.getElementById("myButton");
const messageBox = document.getElementById("messageBox");
const clickEvent = new Event("click");
// When
button.dispatchEvent(clickEvent);
// Then
console.assert(
  messageBox.textContent === "버튼이 클릭되었습니다.",
  "메시지가 정상적으로 출력되지 않았습니다."
);
```

이 코드에서는 테스트 과정을 이해하기 쉽도록 Given-When-Then 패턴*을 적용했습니다.

console.assert는 첫 번째 인자가 false일 때 두 번째 인자의 메시지를 콘솔에 출력하는 브라우저의 기능으로 테스트 결과를 손쉽게 확인할 수 있게 합니다.

단순 클릭 이벤트 외에도 클릭된 버튼이나 좌표 같은 세부 정보가 필요한 경우 MouseEvent 인터페이스를 사용하는 것이 적합합니다.

```
const clickEvent = new MouseEvent("click", {
  bubbles: true,
  clientX: 100,
  clientY: 200,
});
console.log(clickEvent.clientX); // 100
console.log(clickEvent.clientY); // 200
```

이 외에도 키보드 입력은 KeyboardEvent, 포커스 이벤트는 FocusEvent 등 이벤트의 종류에 따라 적절한 인터페이스를 사용할 수 있습니다. 이러한 이벤트는 사용자의 입력과 관련된 것으로 일반적으로 UI 이벤트**라 부릅니다.

---

* https://martinfowler.com/bliki/GivenWhenThen.html
** https://www.w3.org/TR/uievents

| 합성 이벤트와 실제 이벤트 구분하기 |

이벤트 객체의 isTrusted 속성을 사용하면 이벤트 리스너에 전달된 이벤트가 합성 이벤트인지, 실제 사용자 입력에 의해 발생한 이벤트인지 구분할 수 있습니다.

```html
<button id="myButton">버튼</button>
```

```javascript
const button = document.getElementById("myButton");
function handleClick (event) {
  console.log(event.isTrusted);
}
button.addEventListener("click", handleClick);
const clickEvent = new MouseEvent("click");
button.dispatchEvent(clickEvent);
```

이 코드를 실행하면 dispatchEvent를 통해 합성 이벤트를 발생시켰기 때문에 isTrusted 속성이 false로 출력됩니다.

```
false
```

반면 사용자가 실제로 버튼을 클릭하면 브라우저가 이벤트를 생성하며 이때 isTrusted 속성은 true가 됩니다.

04 인라인 이벤트 핸들러

addEventListener를 사용하여 이벤트 리스너를 등록하는 방법 외에도 HTML 속성_{HTML attribute} 또는 DOM 요소의 속성_{property}을 통해 직접 이벤트 핸들러를 등록할 수 있습니다.

| HTML 속성을 이용한 이벤트 핸들러 등록 |

HTML 속성을 사용하는 경우 다음과 같이 이벤트 유형 앞에 on을 붙여 이벤트 핸들러를 정의할 수 있습니다. 이러한 방식으로 정의된 이벤트 핸들러를 인라인 이벤트 핸들러_{inline event handler}라고 부릅니다.

```
<button id="myButton" onclick="console.log('클릭되었습니다.')">
    버튼
</button>
```

하지만 인라인 이벤트 핸들러는 HTML에 직접 자바스크립트 코드를 삽입하는 방식이므로 교차 사이트 스크립팅Cross-Site Scripting(XSS)* 공격에 취약할 수 있습니다. 또한 HTML과 자바스크립트 코드가 뒤섞여 유지/보수가 어려워지고, 이벤트 위임과 같은 고급 패턴을 사용하기 어렵기 때문에 일반적으로 권장하지 않습니다.

참고로 HTML의 인라인 이벤트 핸들러와 현업에서 널리 사용되는 프런트엔드 프레임워크인 리액트의 이벤트 핸들러는 겉보기와 달리 전혀 다른 방식으로 동작합니다. 리액트에서는 JSX 문법을 사용할 때 다음과 같이 onClick 속성에 문자열이 아닌 함수 자체를 직접 전달하는 방식으로 이벤트를 처리합니다.

```
function MyButton () {
  return (
    <button onClick={() => console.log("클릭되었습니다.")}>
      버튼
    </button>
  );
}
```

이러한 방식은 HTML에 자바스크립트 코드를 문자열로 삽입하는 인라인 이벤트 핸들러와 달리 보안상 안전하고 유지/보수 측면에서도 더 유리합니다.

| DOM 요소의 속성을 이용한 이벤트 핸들러 등록 |

HTML 속성 대신 자바스크립트에서 DOM 요소의 속성을 이용하여 이벤트 핸들러를 설정할 수도 있습니다. 이때도 이벤트 유형 앞에 on을 붙여 사용합니다. 다만, 자바스크립트는 HTML과 다르게 대소문자를 구분하므로 반드시 소문자로 작성해야 합니다.

---

* https://developer.mozilla.org/ko/docs/Glossary/Cross-site_scripting

```
const button = document.getElementById("myButton");
button.onclick = function () {
  console.log("클릭되었습니다.");
};
```

이러한 방식은 addEventListener와 달리 한 번에 하나의 이벤트 핸들러만 등록할 수 있다는 단점이 있습니다. 즉, 같은 요소의 onclick 속성을 덮어 쓰면 이전에 등록된 이벤트 핸들러는 사라지므로 여러 개의 핸들러를 추가하려면 addEventListener를 사용하는 것이 더 적절합니다.

05 Node.js에서의 이벤트

Node.js에서도 브라우저의 EventTarget과 유사한 이벤트 시스템을 제공합니다. Node.js의 이벤트는 내장된 EventEmitter 클래스를 통해 관리하며, 기본 동작 원리는 이벤트 시스템과 유사하지만 사용법에 몇 가지 차이가 있습니다.*

EventEmitter는 이벤트 리스너를 등록하는 on, 등록한 리스너를 해제하는 off 그리고 이벤트를 실행하는 emit과 같은 주요 메서드를 제공합니다.

다음은 Node.js의 이벤트 핸들러를 등록하고 실행하는 예제입니다.

```
const EventEmitter = require("node:events");
const emitter = new EventEmitter();
function handleMyEvent () {
  emitter.off("myEvent"); // 이벤트 리스너를 제거
  console.log("이벤트 발생!");
}
emitter.on("myEvent", handleMyEvent);
emitter.emit("myEvent"); // "이벤트 발생!" 출력
emitter.emit("myEvent"); // 이벤트 리스너가 제거되어 실행되지 않음
```

---

* https://nodejs.org/api/events.html

이 코드는 myEvent라는 이벤트가 발생하면 handleMyEvent가 실행되면서 이벤트 핸들러가 한 번 실행된 후 자동으로 제거되도록 합니다. 이처럼 핸들러를 단 한 번만 실행하고 싶다면 더 간단히 once 메서드를 사용할 수 있습니다.

```
const EventEmitter = require("node:events");
const emitter = new EventEmitter();
function handleMyEvent () {
  console.log("이벤트 발생!");
}
emitter.once("myEvent", handleMyEvent);
emitter.emit("myEvent"); // "이벤트 발생!" 출력
emitter.emit("myEvent"); // 무시됨
```

v15 이상의 Node.js에서도 웹 표준의 EventTarget 인터페이스를 지원하기 시작했습니다. 다만, Node.js는 DOM과 같은 계층 구조가 없기 때문에 이벤트 버블링이나 캡처링 같은 개념이 존재하지 않는다는 차이점이 있습니다.

Ask-AI 질문 플레이북

개념 이해에 그치지 말고 AI에게 질문하며 사고를 확장하고 실전 감각을 키워보세요. 무엇을 질문해야 할지 막막하다면 다음 질문들이 좋은 힌트가 되어줄 거예요.

자바스크립트 실행 환경마다 이벤트를 다루는 방식이 다른 이유가 뭔가요?

― 질문의도 ―

Node.js, 브라우저 등 실행 환경마다 이벤트 시스템의 구현 방식이 왜 다른 걸까요? 이 질문을 통해 이벤트 루프, 이벤트 디스패치 모델, 시스템 자원 접근 방식 등의 차이를 이해함으로써 자바스크립트가 단일한 언어이면서도 환경별로 다른 방식으로 동작하는 이유를 파악하고, 크로스 플랫폼 개발 시 발생할 수 있는 이벤트 처리의 차이를 알 수 있습니다.

웹에서 이벤트 버블링과 캡처링은 왜 두 단계로 나뉘었나요? 실무에서 각각 어떤 식으로 사용되나요?

― 질문의도 ―

이벤트 전파를 굳이 두 단계로 나눈 이유가 무엇인지 궁금할 수 있습니다. 이 질문을 통해 W3C 이벤트 모델이 복잡한 UI 구조에서도 유연하게 이벤트 흐름을 제어할 수 있도록 설계되었음을 이해하고 실무에서 이벤트 위임이나 이벤트 차단, 보안 등 다양한 응용 사례에 적용할 수 있는 능력을 키울 수 있습니다.

브라우저 환경에서 이벤트 리스너를 등록할 때 콜백 함수 대신 handleEvent 메서드를 가진 객체를 사용하는 이유와 구체적인 사례가 궁금해요.

― 질문의도 ―

함수 대신 handleEvent 메서드를 가진 객체를 이벤트 리스너로 등록하는 방식은 다소 낯설게 느껴질 수 있습니다. 이 질문을 통해 이벤트 핸들러에 내부 상태를 유지하거나 특정 문맥을 캡슐화할 필요가 있을 때 이 패턴이 왜 유용한지 파악하고 객체지향적인 이벤트 설계와 구조화된 이벤트 처리 전략을 익힐 수 있습니다.

자바스크립트의 커스텀 이벤트가 필요한 이유와 적용 사례가 궁금해요.

― 질문의도 ―

기본 DOM 이벤트만으로도 사용자 상호작용을 처리할 수 있는데, 굳이 이벤트를 새로 정의해 사용하는 이유는 무엇일까요? 이 질문을 통해 커스텀 이벤트가 컴포넌트 간 결합도를 낮추고, UI 아키텍처 설계에 어떻게 기여하는지를 이해하며, 실무에서 이벤트 기반 설계의 필요성과 활용 방식에 대한 통찰을 키울 수 있습니다.

SECTION 04 실전 레벨업 퀴즈 챌린지

이벤트는 사용자와 애플리케이션 간의 상호작용을 처리하는 핵심 메커니즘입니다. 퀴즈를 풀어보며 이벤트 버블링과 캡처링, 이벤트 위임, 커스텀 이벤트 등 다양한 이벤트 처리 기법을 통해 자바스크립트 이벤트 시스템의 구조를 명확히 이해할 수 있습니다. 복잡한 사용자 인터랙션을 효과적으로 제어하는 능력을 길러보세요.

Level 1 ★

Q1 다음 빈칸에 들어갈 단어를 작성하세요.

웹의 경우 이벤트는 브라우저 윈도우 내에서 발생하고 대상이 되는 특정 요소에 연결되어 처리됩니다. click, keydown 등과 같은 이벤트 종류를 지정하는 문자열을 이벤트 [①]이라고 하며, 이벤트가 일어나거나 이벤트와 관련된 객체를 이벤트 대상, 이벤트를 처리하는 함수를 [②]라고 합니다. 지정된 대상에서 지정된 [①]의 이벤트가 일어나면 브라우저는 이를 실행합니다.

정답
① 유형 ② 이벤트 핸들러

Q2 다음 빈칸에 들어갈 단어를 작성하세요.

Node.js 이벤트 모델은 이벤트를 감지하고 처리하는 리스너와 이벤트를 발생시키는 Event Emitter에 의존하고 있습니다. 이벤트 모델에서는 이벤트 리스너를 등록하기 위한 [①], 이벤트를 발산하는 [②], 이벤트 리스너를 등록하고 한 번 실행된 이후에 등록을 해제하는 once와 같은 함수를 사용합니다.

정답
① on ② emit

Q3 다음 빈칸에 들어갈 단어를 작성하세요.

다음과 같은 방법으로 이벤트 리스너를 등록할 수 있습니다.

- 이벤트 대상인 요소나 객체에 [①]를 설정하는 방법
- 요소의 이벤트 핸들러 프로퍼티에 대응하는 HTML 태그의 [②]으로 직접 정의하는 방법
- 객체나 요소의 [③] 메서드에 핸들러를 전달하는 방법

정답
① 프로퍼티 ② 인라인 속성 ③ addEventListener

Q4 | 보기 |에서 다음 빈칸에 알맞은 단어를 고르세요.

[①]는 해당 이벤트에 관한 세부 정보를 포함하며 이벤트 핸들러 함수에 인자로 전달됩니다. 프로퍼티 중 type은 이벤트 유형을 나타내며 target은 [②], currentTarget은 [③]를 나타냅니다.

| 보기 |
(a) 이벤트 리스너가 등록된 객체
(b) 이벤트 객체
(c) 이벤트가 발생한 객체

정답

① (b) 이벤트 객체

② (c) 이벤트가 발생한 객체

③ (a) 이벤트 리스너가 등록된 객체

 다음 빈칸에 들어갈 단어를 작성하세요.

addEventListener 메서드는 인자 세 개를 받는데 첫 번째는 이벤트 리스너를 등록할 [①], 두 번째 인자는 [②], 세 번째는 선택 사항이며 캡처에 대한 boolean 타입 값 혹은 [③] 객체입니다.

정답

① 이벤트 유형   ② 이벤트 핸들러   ③ 이벤트 옵션

해설

addEventListener 메서드는 호출 시 세 개의 인자를 받습니다. 첫 번째 인자는 핸들러를 등록할 이벤트 유형입니다. 이벤트 유형은 "click", "mousedown", "scroll" 등의 문자열입니다.

두 번째 인자는 handleEvent 메서드를 포함하는 객체 또는 호출될 함수입니다. 첫 번째 인자에서 정해진 이벤트 유형에 해당하는 이벤트가 발생하면 두 번째 인자로 전달한 객체의 handleEvent 메서드 혹은 함수를 호출합니다.

세 번째 인자는 boolean 값 또는 이벤트 리스너의 옵션을 지정할 수 있는 객체입니다. boolean 값을 전달할 경우 이벤트 대상의 DOM 트리 하위에 있는 자손 EventTarget으로 이벤트가 전달되기 전에, 이벤트 리스너가 먼저 실행되어야 함을 나타내는 useCapture의 boolean 값에 사용됩니다. 세 번째 인자를 넘겨주지 않을 경우 기본값은 false입니다. 객체를 넘겨줄 경우 다음과 같은 속성이 사용됩니다.

- **capture**: 앞서 설명한 useCapture와 동일한 역할을 하는 속성입니다. 기본값은 false입니다.
- **once**: true로 설정될 경우 이벤트 핸들러가 한 번만 호출됩니다. 기본값은 false입니다.
- **passive**: true일 경우 해당 이벤트 리스너는 preventDefault를 호출하지 않을 것임을 브라우저에 알립니다.
- **signal**: AbortSignal 객체를 값으로 받습니다.

Q6 | 보기 |에서 다음 빈칸에 알맞은 단어를 고르세요.

이벤트 대상이 Document 객체 또는 그에 포함된 Element 객체일 때 [①]가 일어나는 특징이 있는데, 상위 요소부터 대상 객체 요소까지 핸들러가 있는지 확인하고 실행시키는 [②], 역순으로 동작하는 [③]이 순서대로 일어납니다. 이 중에서 [④]은 개별 요소마다 이벤트 핸들러를 등록하지 않고도 이벤트를 처리할 수 있는 [⑤]에 이용되기도 합니다.

| 보기 |
(a) 이벤트 위임   (b) 이벤트 버블링   (c) 이벤트 전파   (d) 이벤트 캡처링

정답
① (c) 이벤트 전파
② (d) 이벤트 캡처링
③ (b) 이벤트 버블링
④ (b) 이벤트 버블링
⑤ (a) 이벤트 위임

Q7 다음 빈칸에 들어갈 단어를 작성하세요.

이벤트 리스너 내에서 이벤트 객체의 [①] 메서드를 호출하면 브라우저의 기본 동작을 막을 수 있습니다. 또한 [②] 메서드를 호출해 이벤트 버블링과 캡처링 같은 이벤트 전파 현상을 취소할 수도 있습니다.

정답
① preventDefault   ② stopPropagation

Q8 다음 빈칸에 들어갈 단어를 작성하세요.

자바스크립트 웹 API의 이벤트에서는 직접 이벤트를 정의하고 세부 정보를 전달하는 커스텀 이벤트를 사용할 수 있습니다. 커스텀 이벤트를 전달하기 위해 [①] 생성자로 이벤트 객체를 생성하고 이것을 [②]에 첫 번째 인자로 전달할 수 있습니다. [①]의 두 번째 인자는 이벤트 객체의 프로퍼티를 지정하는 객체로 [③] 프로퍼티에 이벤트의 세부 정보를 나타냅니다.

정답
① CustomEvent ② dispatchEvent ③ detail

Level 2 ★★

Q9 #이벤트 #addEventListener #mouseover #이벤트 버블링 #이벤트 캡처링

outer, middle, inner 순서대로 요소 위로 마우스를 가져올 때 실행 결과를 예측하고 그 이유를 설명하세요.

```html
<div id="outer"> ❶
  Outer
  <div id="middle"> ❷
    Middle
    <div id="inner"> ❸
      Inner
    </div>
  </div>
</div>
```

```js
document.getElementById("outer").addEventListener("mouseover", function() {
  console.log("Outer!");
});

document.getElementById("middle").addEventListener("mouseover", function() {
```

```
    console.log("Middle!");
  }, true);

  document.getElementById("inner").addEventListener("mouseover", function() {
    console.log("Inner!");
  });
```

> **힌트** 이벤트 캡처링과 버블링을 이해하면 이벤트 핸들러가 실행되는 시점과 이벤트 전파의 방향을 제어할 수 있습니다. addEventListener의 세 번째 인자는 이벤트를 캡처링 단계에서 실행할지 여부를 결정하는데, 기본값은 false이며 이 경우 버블링 단계에서 이벤트가 실행됩니다. 만약 true로 설정하면 이벤트는 캡처링 단계에서만 실행됩니다.

정답

❶ "Outer!"

❷ "Middle!"
   "Outer!"

❸ "Middle!"
   "Inner!"
   "Outer!"

해설

❶에서는 Outer 요소에 대한 mouseover 이벤트만 발생하므로 "Outer!"만 출력합니다.

❷에서는 Middle 요소에 대한 mouseover 이벤트가 발생하면 해당 이벤트 핸들러가 실행됩니다. 따라서 "Middle!"을 출력하며 그다음 이벤트 버블링으로 인해 Outer 요소에 등록한 mouseover 이벤트가 동작하여 "Outer!"를 차례로 출력합니다.

이벤트는 캡처링 단계, 타깃 단계, 버블링 단계로 실행되는데, Middle 요소에 등록한 addEventListener의 경우 세 번째 파라미터로 true를 전달했기 때문에 캡처링 단계에서 먼저 처리됩니다. 따라서 ❸에서는 Inner 요소에 대한 mouseover 이벤트가 발생하기 전 Middle 요소에 등록된 mouseover 이벤트에 의해 캡처링 단계의 "Middle!"을 먼저 출력합니다. 그다음 Inner 요소의 mouseover 타깃 이벤트가 발생해서 "Inner!"를 출력하고, 마지막으로 이벤트 버블링으로 인해 Outer 요소에 등록한 mouseover 이벤트가 동작하여 "Outer!"를 출력합니다.

AI는 통과 못 하는 기술 면접 예상 질문

Q9-1 이벤트 전파를 중단하려면 어떻게 코드를 수정해야 할까요?

답변
- 이벤트 버블링과 캡처링을 막으려면 이벤트 핸들러에서 event.stopPropagation을 호출하여 이벤트가 부모 요소로 전파되지 않도록 해야 합니다.
- event.stopPropagation을 호출하면 각 요소에서만 mouseover 이벤트가 발생하며 부모 요소에는 영향을 미치지 않습니다.

 #이벤트 #addEventListener #콜백 함수 #이벤트 버블링

Q10 outer, middle, inner 순서대로 요소를 클릭할 때 실행 결과를 예측하고 그 이유를 설명하세요.

```html
<div id="outer">   ❶
  Outer
  <div id="middle">   ❷
    Middle
    <div id="inner">   ❸
      Inner
    </div>
  </div>
</div>
```

```javascript
const middle = document.querySelector("#middle");

middle.addEventListener("click", event => {
  const currentTarget = event.currentTarget.getAttribute("id");
  const target = event.target.getAttribute("id");

  console.log("event.currentTarget: ", currentTarget);
  console.log("event.target: ", target);
});
```

힌트 이벤트가 발생할 때 요소에 등록된 리스너가 동작하고 이어서 부모 요소의 핸들러가 차례로 동작하는 이벤트 버블링이 발생합니다. currentTarget은 이벤트 리스너를 등록한 요소, target은 실제 이벤트가 발생한 요소를 가리킵니다. 따라서 이벤트가 발생한 요소와 이벤트 리스너를 등록한 요소가 같은 경우 currentTarget과 target은 같지만, 이벤트 버블링이 일어나는 경우 currentTarget은 target 값이 달라질 수 있으므로 차이점을 알아두는 것이 좋습니다.

정답

❶ 아무것도 출력되지 않는다.

❷ "event.currentTarget: middle"
   "event.target: middle"

❸ "event.currentTarget: middle"
   "event.target: inner"

해설

이벤트 객체의 currentTarget은 이벤트가 생성된 위치인 이벤트 리스너를 등록한 요소를 나타내고 target은 이벤트의 발생 위치, 즉 이벤트가 일어난 요소를 나타냅니다.

먼저 outer를 클릭하는 경우 outer는 이벤트 리스너가 등록되어 있는 middle보다 더 상위에 존재하므로 아무것도 출력되지 않습니다.

두 번째로 middle을 클릭하는 경우 클릭 이벤트 리스너가 middle에 등록되어 있기 때문에 이벤트 핸들러가 실행됩니다. currentTarget은 핸들러가 등록된 요소인 middle이고, target 또한 실제로 클릭한 요소인 middle입니다.

마지막으로 inner를 클릭하는 경우 middle을 클릭한 경우와 동일한 이유로 currentTarget은 middle이며 실제로 클릭한 요소는 inner이기 때문에 target은 inner입니다.

 AI는 통과 못 하는 기술 면접 예상 질문

Q10-1 event.stopPropagation 함수를 호출하면 어떻게 될까요?

답변

- event.stopPropagation을 호출하면 이벤트 버블링이 중단됩니다.
- 이벤트가 상위 요소로 전파되지 않으므로 부모 요소에서 등록된 이벤트 리스너가 실행되지 않습니다.

Q10-2 currentTarget과 target은 각각 어떤 상황에서 쓰이면 좋을까요?

> **답변**
> - event.currentTarget은 이벤트 핸들러가 등록된 요소를 가리킵니다. 따라서 특정 요소의 이벤트 리스너가 실행될 때 해당 요소를 명확히 식별할 때 유용합니다.
> - event.target은 이벤트가 실제로 발생한 요소를 가리킵니다. 따라서 이벤트가 발생한 요소를 세부적으로 구분해야 할 때 유용합니다.

  #이벤트 #addEventListener #이벤트 위임

❶, ❷를 클릭했을 때와 아이템 추가 버튼 클릭 후 새로운 요소인 ❸, ❹를 클릭했을 때 각각의 실행 결과를 예측하고 그 이유를 설명하세요.

```html
<ul id="list1">
  <li>Old Item</li> ❶
  <li>Old Item</li>
  <li>Old Item</li>
</ul>

<ul id="list2">
  <li>Old Item</li> ❷
  <li>Old Item</li>
  <li>Old Item</li>
</ul>

<!-- 아이템 추가 버튼 -->
<button id="addItem">Add Item</button>
```

```js
function handleDirectClick (event) {
  console.log(`[개별] Clicked: ${event.target.textContent}`);
}

document.querySelectorAll("#list1 li").forEach(li => {
  li.addEventListener("click", handleDirectClick);
```

```
  });

function handleDelegatedClick (event) {
  if (event.target.tagName === "LI") {
    console.log(`[위임] Clicked: ${event.target.textContent}`);
  }
}

document.getElementById("list2").addEventListener("click", handleDelegatedClick);

function addNewItem () {
  const newItem = document.createElement("li");
  newItem.textContent = "New Item";
  document.getElementById("list1").appendChild(newItem); ❸
  document.getElementById("list2").appendChild(newItem.cloneNode(true)); ❹
}

document.getElementById("addItem").addEventListener("click", addNewItem);
```

> **힌트** 이벤트 리스너를 개별적으로 등록하면 초기 로드 시 존재하는 요소에는 이벤트가 적용되지만 새롭게 추가된 요소에는 적용되지 않습니다. 반면 이벤트 위임을 사용하면 부모 요소에서 이벤트를 감지한 대상을 알 수 있기 때문에 동적으로 추가된 요소의 이벤트도 처리할 수 있습니다. 또한 같은 요소를 두 번 appendChild 메서드에 전달하면 해당 요소는 기존 위치에서 제거된 뒤 마지막에 지정된 위치에만 남습니다. 이때 cloneNode 메서드를 사용하면 복제된 요소가 들어가면서 각 리스트에 별도의 요소가 존재하는 구조가 됩니다.

정답

// 기존 요소 클릭

❶ "[개별] Clicked: Old Item"

❷ "[위임] Clicked: Old Item"

// 아이템 추가 후 새로운 요소 클릭

❸ 아무것도 출력되지 않는다.

❹ "[위임] Clicked: New Item"

해설

기존 list1의 요소인 ❶은 초기 로드 시 querySelectorAll을 사용해 개별적으로 addEventListener가 등록되고 "[개별] Clicked: Old Item"을 출력합니다.

기존 list2의 요소 는 list2에 이벤트 위임이 적용되어 있어 부모 요소가 이벤트를 감지하며 "[위임] Clicked: Old Item"을 출력합니다.

list1의 기존 요소에는 addEventListener를 사용해 개별적으로 이벤트가 등록되었지만, 새롭게 추가된 요소에는 이벤트 리스너가 자동으로 등록되지 않습니다. 따라서 새롭게 추가된 list1의 요소인 ❸을 클릭하면 이벤트 리스너가 등록되어 있지 않기 때문에 아무것도 출력되지 않습니다. list1의 li 요소에 개별적으로 이벤트를 등록하는 부분은 처음 로드된 요소에만 영향을 주므로 이후 추가된 요소는 개별 핸들러를 가지지 않습니다.

반면 새롭게 추가된 list2의 요소 는 클릭 시 "[위임] Clicked: New Item"을 출력합니다. 이는 list2에 등록된 이벤트 리스너가 이벤트 버블링을 통해 하위 요소의 이벤트를 감지하고 있기 때문입니다. 덕분에 동적으로 추가된 요소라도 별도로 이벤트를 다시 등록할 필요 없이 이벤트를 처리할 수 있는데, 이러한 방식을 이벤트 위임이라 합니다.

📢 AI는 통과 못 하는 기술 면접 예상 질문

Q11-1 이벤트 위임을 사용하면 어떤 장점이 있나요?

답변
- 이벤트 위임을 사용하면 동적으로 추가된 자식 요소에도 쉽게 이벤트를 적용할 수 있습니다.
- 여러 자식 요소의 이벤트를 부모 요소의 이벤트 핸들러에서 처리하면 메모리 사용량이 줄어들고, 특히 많은 요소가 있을 때 성능 최적화에도 유리합니다.
- 이벤트 핸들러를 한 번만 작성하면 되므로 코드가 간결해지고 유지/보수가 쉬워집니다.

Q12 #이벤트 #addEventListener #DOM #DOMContentLoaded #load
다음 코드의 실행 순서와 결과를 예측하고 그 이유를 설명하세요.

```
<h1>자바스크립트 이벤트 핸들러 테스트</h1>
<!-- 아래 이미지는 128x128 크기-->
<img id="logo-img" src="https://upload/JavaScript_logo_2.png">
```

```
window.addEventListener("load", (event) => {
  const imgElement = document.getElementById("logo-img");
```

```
  console.log(`load 시점의 이미지 크기는? ${imgElement.offsetWidth}x${imgElement.offsetHeight}`); ❶
});

document.addEventListener("DOMContentLoaded", (event) => {
  const imgElement = document.getElementById("logo-img");
  console.log(`DOMContentLoaded 시점의 이미지 크기는? ${imgElement.offsetWidth}x${imgElement.offsetHeight}`); ❷
});
```

> **힌트** HTML 문서의 생명주기와 관련된 주요 이벤트로 DOMContentLoaded, load, unload 등이 있습니다. DOMContentLoaded 이벤트는 HTML 문서의 초기 파싱이 완료되고 DOM 트리가 완성되었을 때 발생합니다. load 이벤트는 문서에 포함된 모든 리소스(이미지, 스타일시트, 스크립트 등)가 완전히 로드된 후 발생합니다. 따라서 페이지의 모든 요소가 준비된 상태에서 작업이 필요할 때 사용됩니다. unload 이벤트는 사용자가 페이지를 떠날 때 발생하며 페이지를 벗어나기 직전에 정리 작업을 하거나 상태를 저장할 때 사용할 수 있습니다. 이와 같은 이벤트를 적절히 활용하면 요소의 실제 크기 확인, 페이지 로드 성능 최적화 등을 구현할 수 있습니다.

정답

❷ "DOMContentLoaded 시점의 이미지 크기는? 0x0"
❶ "load 시점의 이미지 크기는? 128x128"

해설

DOMContentLoaded 이벤트는 HTML 문서가 완전히 로드된 후 파싱이 완료되어 DOM 트리 생성이 완료되었을 때 발생합니다. DOMContentLoaded 이벤트는 이미지, 서브 프레임, 비동기 스크립트와 같은 리소스의 로드를 기다리지 않는다는 특징이 있습니다.

❷에서 DOMContentLoaded 이벤트는 문서가 로드되었을 때 실행되므로 img 요소를 포함한 모든 DOM 요소에 접근할 수 있습니다. 하지만 이미지의 로드를 기다리지 않기 때문에 출력된 이미지 크기는 "0x0"이 될 수 있습니다.

❶에서 load 이벤트는 DOMContentLoaded 이벤트 발생 후 이미지, 폰트 등과 같은 모든 리소스의 로딩이 완료되었을 때 발생합니다. 따라서 load 이벤트 핸들러에서 출력한 이미지 크기는 "128x128"이 됩니다.

AI는 통과 못 하는 기술 면접 예상 질문

Q12-1 사용자가 페이지를 떠나려고 할 때 이동 여부를 확인하기 위해 사용할 수 있는 이벤트 타입은 어떤 것이 있을까요?

답변
- 사용자가 페이지를 떠나는 것을 감지하려면 beforeunload 또는 visibilitychange 이벤트를 사용할 수 있습니다.
- beforeunload는 사용자가 페이지를 닫거나 다른 URL로 이동하려 할 때 실행되며 이를 통해 이동 여부를 확인할 수 있습니다.
- visibilitychange는 사용자가 다른 탭으로 전환할 때도 감지할 수 있어 보다 유연한 처리가 가능합니다.

Q12-2 사용자가 페이지를 떠날 때 사용자 분석 정보, 로그 등을 전송하고자 할 때 사용할 수 있는 이벤트 타입은 어떤 것이 있을까요?

답변
- beforeunload 또는 visibilitychange 이벤트를 활용하면 사용자가 페이지를 떠날 때 데이터를 서버로 전송할 수 있습니다.

Level 3 ★★★

 Q13 #이벤트 #addEventListener #customEvent
다음 코드의 실행 결과를 예측하고 그 이유를 설명하세요.

```
<button class="custom-button">Click</button>
```

```javascript
const buttonElement = document.querySelector(".custom-button");
const customEvent = new CustomEvent("myEvent", {
  detail: {name: "joy"},
});
buttonElement.addEventListener("myEvent", event => {
```

```
    console.log(event.detail);    ❶
    console.log(event.type);      ❷
    console.log(event.bubbles);   ❸
});
buttonElement.dispatchEvent(customEvent);
```

> **힌트** 커스텀 이벤트 객체는 bubbles, cancelable 그리고 composed 등 Event 생성자 함수의 옵션에 지정할 수 있는 모든 속성을 가질 수 있습니다.

정답

❶ {name: "joy"}   ❷ "myEvent"   ❸ false

해설

CustomEvent 생성자 함수는 첫 번째 인자로 이벤트 타입을 나타내는 문자열을, 두 번째 인자로 옵션을 나타내는 객체를 받습니다. 두 번째 인자에는 Event 생성자 함수의 옵션에 지정할 수 있는 모든 속성과 이벤트의 세부 정보를 나타내는 detail 속성이 포함됩니다. 따라서 customEvent에는 이벤트 타입이 myEvent이고, detail 속성이 {name: "joy"}인 커스텀 이벤트 객체가 할당됩니다.

❶에서는 customEvent의 detail 프로퍼티인 {name: "joy"}를 출력합니다.

❷에서는 customEvent의 이벤트 타입인 "myEvent"를 출력합니다.

커스텀 이벤트 객체는 기본적으로 버블링되지 않기 때문에 bubbles 프로퍼티가 false로 설정됩니다. 따라서 ❸에서는 false를 출력합니다. 만약 bubbles 프로퍼티를 true로 설정하려면 CustomEvent 생성자 함수의 두 번째 인자로 {bubbles: true}를 전달할 수 있습니다.

📢 AI는 통과 못 하는 기술 면접 예상 질문

Q13-1 어떤 경우에 Event 객체 대신 CustomEvent 객체를 사용하면 좋을까요?

답변

- CustomEvent 객체는 기본 Event 객체로 전달할 수 없는 추가적인 데이터를 포함해야 할 때 유용합니다.
- 사용자 정의 이벤트를 생성하여 특정 컴포넌트 간의 커뮤니케이션을 처리하거나 이벤트 핸들러에서 추가적인 정보를 전달해야 할 때 주로 사용됩니다.
- detail 프로퍼티를 활용하여 관련 데이터를 함께 제공할 수 있다는 점에서 유용합니다.

Q14 #이벤트 #addEventListener

다음 코드의 ❶, ❷에 들어갈 코드를 각각 한 줄로 작성하세요.

```html
<div class="product-list">
  <div class="product" data-product-details="Product 1 details">
    <p>Product 1</p>
    <button class="remove-button">X</button>
  </div>
  <div class="product" data-product-details="Product 2 details">
    <p>Product 2</p>
    <button class="remove-button">X</button>
  </div>
</div>
```

```javascript
document.querySelectorAll(".product").forEach(product => {
  product.addEventListener("click", function () {
    console.log("Product details: ", this.dataset.productDetails);
  });
});

document.querySelectorAll(".remove-button").forEach(button => {
  button.addEventListener("click", event => {
    // ❶ 어떻게 하면 X 버튼을 포함하는 상품 요소를 삭제할 수 있을까요?
    // ❷ 어떻게 하면 X 버튼 클릭 시 상품 정보가 출력되지 않게 할 수 있을까요?
  });
});
```

정답 예시

❶ event.currentTarget.parentElement.remove();
  혹은 event.target.parentElement.remove();

❷ event.stopPropagation();

해설

상품 요소는 각 상품의 상세 정보를 담은 data 속성을 가진 〈div〉 요소 하위에 상품명을 나타내는 〈p〉 요소와 X 버튼으로 구성되어 있습니다. 각 상품 요소에 바인딩된 클릭 이벤트 핸들러는 해당 상품의 상세 정보를 콘솔에 출력합니다.

❶에서는 X 버튼을 포함하는 상품 요소를 제거해야 합니다. 즉, 버튼에 바인딩된 이벤트 핸들러에서 상위 요소인 상품 요소를 제거해야 합니다. button의 이벤트 핸들러에 전달되는 event 객체의 target 속성은 실제 이벤트가 발생된 요소를 가리키고, currentTarget은 실제로 이벤트가 발생한 요소를 가리킵니다. X 버튼은 클릭 이벤트가 발생한 요소, 클릭 이벤트 핸들러가 바인딩된 요소가 동일하기 때문에 각 속성의 상위 요소, 즉 parentElement를 참조해 X 버튼을 포함하는 상품 요소를 제거할 수 있습니다.

❷에서는 X 버튼을 클릭했을 때는 콘솔에 상품 정보가 출력되지 않도록 수정하고자 합니다. 하위 요소에서 특정 이벤트가 발생했을 때 해당 이벤트가 상위 요소로 전파되는 현상을 이벤트 버블링이라고 합니다. 하위 요소인 X 버튼만 클릭했음에도 상위 요소인 상품 요소의 이벤트 핸들러가 실행되는 이유가 바로 이벤트 버블링 때문입니다. 클릭 역시 이벤트 버블링이 발생하는 이벤트 타입이므로 하위 요소에서 발생한 이벤트가 상위로 전파되지 않도록 처리해줘야 합니다. event.stopPropagation 메서드를 이용하면 하위 요소에서 상위 요소로 전파되는 이벤트와 상위 요소에서 하위 요소로 전파되는 이벤트를 모두 막을 수 있습니다.

 AI는 통과 못 하는 기술 면접 예상 질문

Q14-1 event.stopPropagation과 event.preventDefault 메서드의 차이점은 무엇인가요?

답변
- event.stopPropagation은 이벤트가 상위 요소로 전파되는 이벤트 버블링을 막는 메서드입니다.
- event.preventDefault는 링크 클릭, 폼 제출, 마우스 휠 스크롤 등 브라우저의 기본 동작을 막는 메서드입니다.

Q15 #이벤트 #addEventListener
다음 질문에 대한 답을 작성하세요.

❶ #textInput 요소에 왼쪽 마우스 버튼을 클릭했을 때 출력 결과를 작성하세요.

❷ #textInput 요소에 오른쪽 마우스 버튼을 클릭했을 때 출력 결과를 작성하세요.

❸ #textInput 요소 클릭 시 focus 이벤트가 발생하지 않도록 특정 이벤트를 수정하세요. 단, 다른 이벤트는 정상적으로 동작해야 합니다.

```html
<body>
  <input type="text" id="textInput">
  <script>
    const inputElement = document.getElementById("textInput");

    inputElement.addEventListener("click", event => {
      console.log("click 이벤트 발생!");
    });

    inputElement.addEventListener("focus", event => {
      console.log("focus 이벤트 발생!");
    });

    inputElement.addEventListener("mouseup", event => {
      console.log("mouseup 이벤트 발생!");
    });

    inputElement.addEventListener("mousedown", event => {
      console.log("mousedown 이벤트 발생!");
    });

    inputElement.addEventListener("contextmenu", event => {
      event.preventDefault();
      console.log("contextmenu 이벤트 발생!");
    });
  </script>
</body>
```

힌트

- **click**: element 위에서 왼쪽 마우스 버튼을 클릭 시 발생합니다.
- **mouseup**: element 위에서 버튼의 종류에 상관없이 마우스 클릭을 해제할 시 발생합니다.
- **mousedown**: element 위에서 버튼의 종류 상관없이 마우스 클릭 시 발생합니다.
- **focus**: element가 포커스를 받을 때 발생합니다. 포커스가 발생하는 경우는 다양하며 일반적인 마우스 클릭과 관련된 포커스는 mousedown와 mouseup 사이에 발생합니다(단, 브라우저 및 상태에 따라 순서가 달라질 수 있습니다).
- **contextmenu**: window에서 오른쪽 마우스 버튼 클릭 시 발생합니다.

정답

❶ "mousedown 이벤트 발생!"
　"focus 이벤트 발생!"
　"mouseup 이벤트 발생!"
　"click 이벤트 발생!"

❷ "mousedown 이벤트 발생!"
　"contextmenu 이벤트 발생!"
　"mouseup 이벤트 발생!"

❸
```
inputElement.addEventListener("mousedown", event => {
  event.preventDefault();
  console.log("mousedown 이벤트 발생!");
});
```

해설

왼쪽 마우스 버튼을 클릭하는 경우 click 이벤트가 발생하며, 오른쪽 마우스 버튼을 클릭하는 경우에는 contextmenu 이벤트가 발생합니다. mousedown과 mouseup 이벤트는 마우스 버튼의 종류와는 상관없이 발생하며 mousedown은 마우스를 누르는 시점에 mouseup은 마우스 버튼을 떼는 시점에 발생합니다.

왼쪽 마우스 버튼 클릭 시 내부 규칙에 의해 이벤트는 mousedown → mouseup → click 순서로 발생합니다. 만약 클릭한 요소가 focusable하면 mousedown 이벤트는 후속 이벤트로 focus 이벤트를 발생시켜 일반적으로 이벤트 호출 순서는 mousedown → focus → mouseup → click이 됩니다(단, 환경 상태에 따라 드물게 focus가 mousedown보다 먼저 발생할 수 있습니다).

일반적으로 오른쪽 마우스 버튼 클릭 시에는 focus 이벤트는 발생하지 않고, click 이벤트가 아닌 contextmenu 이벤트가 발생합니다. contextmenu 이벤트는 click 이벤트와는 다르게 mouseup 이벤트가 발생하기 이전에 호출됩니다. 따라서 이벤트 호출 순서는 mousedown → contextmenu → mouseup이 됩니다.

focus 이벤트는 일반적으로 mousedown 이벤트의 후속 이벤트로 발생하기 때문에 event.preventDefault로 기본 동작을 막음으로써 focus 이벤트가 호출되지 않도록 할 수 있습니다.

AI는 통과 못 하는 기술 면접 예상 질문

Q15-1 contextmenu 이벤트의 event.preventDefault(); 코드 제거 시 출력이 어떻게 바뀔까요?

답변
- contextmenu 이벤트의 event.preventDefault(); 코드를 제거하면 기본 동작이 실행되어 contextmenu 이벤트 발생 후 브라우저의 기본 컨텍스트 메뉴가 표시됩니다.
- 따라서 console.log("contextmenu 이벤트 발생!") 이후 우클릭 메뉴가 보이게 됩니다.

SECTION 05

리얼 현장 인터뷰

이벤트 버블링, 캡처링 그리고 다양한 브라우저와 디바이스 환경에서의 이벤트 처리 방식은 자바스크립트의 핵심이자 실무에서 자주 마주치는 난관입니다. 단순한 클릭 이벤트 하나에도 의도치 않은 동작, 성능 저하, 크로스 브라우징 이슈가 발생할 수 있습니다. 실제 현업 개발자들이 겪은 이벤트 관련 사례를 통해 문제 해결 과정과 그 안에 담긴 설계적 판단을 살펴봅시다.

 이벤트 버블링/캡처링을 유용하게 활용한 경험 혹은 버블링/캡처링으로 인해 의도치 않은 문제를 겪은 경험이 있나요?

이벤트 버블링으로 인해 의도치 않은 문제가 발생했던 적이 있습니다. 텍스트 입력 창에서 Enter 키를 누를 때만 입력이 되지 않는 이슈가 있었는데요, onChange 이벤트 핸들러조차 실행되지 않는 상황이었습니다. 디버깅을 거쳐 원인을 추적해보니 다른 파일에서 window 객체의 keydown 이벤트 리스너에 Enter 키가 눌릴 때 preventDefault를 호출하는 핸들러를 등록하는 것을 발견했습니다. 입력 창에서 발생한 keydown 이벤트가 버블링되면서 의도치 않게 window 객체에 등록되어 있던 핸들러도 동작하고 있었던 거죠. 이벤트가 상위로 전파되지 않도록 해당 입력 창에서 stopPropagation을 사용해 문제를 해결했습니다. — Sally

```
window.addEventListener("keydown", function (event) {
  if (event.key === "Enter") {
    event.preventDefault();
  }
});
```

이벤트 버블링을 가장 유용하게 사용하는 경우는 이벤트 위임 패턴을 적용할 때입니다. 상위 컨테이너에 이벤트 리스너를 걸고 하위 자식들의 이벤트를 한 번에 핸들링하는 방식인데요, 이렇게 하면 성능을 유지하면서도 자식 요소가 동적으로 추가/삭제되는 경우에도 효율적으로 이벤트 처 — Paul

리를 할 수 있습니다. 예를 들어 <ul> 리스트 안에 <li> 아이템들이 계속 추가되는 상황에서 각 <li>에 개별 이벤트 리스너를 다는 대신 <ul>에 한 번만 리스너를 등록하고 event.target을 통해 실제 클릭된 아이템을 판단하면 됩니다.

반대로 의도치 않게 이벤트가 버블링되어 상위 요소에서 원치 않는 동작이 발생한 적도 있습니다. 모달 창 내 버튼을 눌렀는데 버블링된 이벤트가 외부 클릭으로 처리되어 모달이 닫히는 문제가 있었습니다. 이런 경우엔 event.stopPropagation으로 버블링을 막거나 캡처 단계에서 이벤트를 처리하도록 변경해 해결할 수 있었습니다.

저는 이벤트 버블링을 막는 과정에서 예기치 못한 문제가 발생했던 경험을 공유하고 싶습니다. 드롭다운 형태의 UI를 구현할 때 자주 사용하는 방식 중 하나로 다음과 같은 마크업 구조가 있었습니다. —Ethan

```
<button onclick="fold"> <!-- 클릭 시 드롭다운 펼치기/접기 -->
  드롭다운
  <div onclick="e => e.stopPropagation();"> <!-- 클릭 이벤트 버블링 방지 -->
    드롭다운 펼치면 나오는 레이어
    ...
  <div>
</button>
```

버튼 태그의 클릭 이벤트에 드롭다운 펼치기/접기 기능을 달아놓은 상태에서 드롭다운이 펼쳐진 후 레이어 내부 클릭 시 불필요한 펼침 동작이 일어나지 않도록 레이어 최상위 태그에 stopPropagation을 사용해 버튼 태그까지의 이벤트 버블링을 막는 경우가 있었어요. 하지만 실무에서 개발한 서비스에서는 페이지 최상단에서 클릭 이벤트를 기반으로 지표를 수집하는 기능이 실행되고 있었는데, 이때 드롭다운 내부에서 발생한 클릭 이벤트가 페이지 최상단까지 버블링되지 않아 지표 수집이 누락되는 문제가 발생했습니다. 이처럼 드롭다운처럼 제한된 영역 내에서는 문제가 없어 보일 수 있는 기능도 전체 맥락에서 보면 이슈가 발생할 수 있기 때문에 주의가 필요합니다.

이벤트 처리 시 성능 문제가 발생한 경험이 있나요? 해결 과정과 함께 소개해주세요.

Paul 동적으로 화면을 자주 갱신하는 서비스를 구현하던 중에 이벤트 리스너를 제거하지 않아 메모리 누수가 발생한 적이 있습니다. DOM 요소에 addEventListener로 이벤트를 등록했는데, 해당 요소가 화면에서 제거된 이후에도 리스너가 참조하고 요소가 메모리에서 해제되지 않는 현상이 나타났어요.

화면 갱신이 반복될수록 사용되지 않는 DOM 요소와 이벤트 리스너가 계속 쌓였고 점진적인 메모리 증가와 함께 성능 저하가 발생했습니다. 브라우저 탭을 오래 열어두면 스크롤이나 반응 속도가 눈에 띄게 느려졌고 심한 경우 탭이 강제 종료되기도 했습니다.

해당 요소를 관리하는 컴포넌트에서 언마운트 시점 혹은 DOM 제거 시점에 removeEventListener를 명시적으로 호출해주는 로직을 추가하여 해결했습니다. 가능하다면 리스너를 등록할 때 한 번만 실행되도록 once: true 옵션을 주기도 했어요. 이후 이벤트 리스너가 메모리 누수의 주범이 될 수 있다는 점을 실감했고 이벤트 등록과 해제를 항상 함께 고려하는 습관을 갖게 되었습니다.

Trey 직접 해결한 문제는 아니지만 안드로이드 크롬에서 컨테이너 스크롤 시 touchmove 이벤트의 발생 주기가 상대적으로 드물어서 touchmove로 구현한 동작이 랙이 걸린 것처럼 보이는 이슈가 있었습니다. 파악하기로는 크롬 엔진에서 발생하는 이슈로 자바스크립트 단계에서는 해결하기 어렵다고 판단하여 컨테이너 스크롤 중에는 touchmove로 구현한 동작하지 않도록 수정했어요.

 데스크톱과 모바일 환경의 이벤트 동작이 달라서 문제가 발생한 경험이 있나요?

Joy 문의 작성 등의 페이지에서 작성 중 페이지를 이탈하려고 하면 얼럿을 보여주는 기능을 구현한 것이 기억나네요. 단순히 beforeunload 이벤트를 사용해 페이지 이탈을 감지하면 될 거라고 생각했는데, 테스트해보니 모바일 환경에서 얼럿이 안 뜨는 이슈가 있었습니다. beforeunload 이벤트는 대부분의 최신 브라우저에서는 잘 동작하지만 iOS나 웹 뷰 환경에서는 호출되지 않는 경우가 있기 때문인데요. 특히 iOS의 swipe-back을 사용해 페이지를 이동하는 경우 화면이 완전히 멈추는 등 동작이 매우 이상해지기도 했습니다.

따라서 pagehide나 visibilitychange와 같은 이벤트를 함께 사용하거나 경우에 따라 iOS의 swipe-back을 비활성화 하는 등 추가적인 대응이 필요했습니다. 이벤트를 처리할 때는 운영하는 프로젝트의 환경에 따른 특성을 고려하고 충분한 테스트를 거치는 것이 매우 중요하다는 걸 다시 한번 느꼈습니다.

폼에서 input을 클릭하면 키패드가 올라오기 때문에 하단의 버튼을 숨기고, 포커스 아웃 시에 다시 버튼을 보여주는 기능이 있었는데요, 모바일 환경에서만 간혹 버튼이 숨겨지지 않거나 다시 나타나지 않는 이슈가 있었습니다. 디버깅을 위해 데스크톱에서 모바일 뷰로 테스트를 해봐도 재현이 되지 않아서 원인을 찾는 데 오랜 시간이 걸렸어요. 원인은 모바일에서 터치 시 focus 이동, 키패드 열림, 뷰포트 변경과 같은 이벤트들이 연속적으로 일어나서, 간혹 이벤트 충돌이 발생하여 focus 이벤트의 안정성이 보장되지 않기 때문이었습니다. nextTick 메서드와 setTimeout을 이용해서 이슈를 해결했습니다. 이슈를 해결하는 과정에서 브라우저/디바이스 테스트는 개발 시점이 아니라 설계 단계부터 환경별 특성을 고려해야 한다는 점을 깨달았습니다. — Lucy

키보드 이벤트 처리를 위한 keydown, keypress, keyup, input, change 등 다양한 이벤트가 있는데 사용하는 기준이 있나요?

한 번의 이벤트만 받아야 할 때 keyup을, 여러 번의 이벤트를 지속적으로 받아야 할 경우 keydown을 사용했습니다. 사실 항상 기억하고 있는 건 아닌데 keypress는 deprecated라 안 써봤던 것 같네요. — Kai

일괄적인 기준을 적용하기보다는 UI에서 요구되는 기능을 잘 수행할 수 있도록 적절한 이벤트를 골라 사용합니다. 〈input〉 태그의 경우 일반적으로 onInput에서 받는 input 이벤트에서 입력받은 값을 처리하지만, 한글 등을 조합한 형태의 글자를 입력받을 때는 특정 기능 구현을 위해 onCompositionStart 등의 추가적인 이벤트 처리가 필요한 경우도 있습니다. input 내에서도 포커스의 이동에 반응하는 기능이 필요하다면 onKeyDown등의 이벤트에서 화살표 입력을 감지해서 어떤 처리를 할 수도 있겠지요. 사용하는 기준이라고 굳이 표현하자면 요구되는 기능을 수행하기 위해 필요한 정보를 담은 이벤트인지가 사용 기준이 될 것 같습니다. — Ethan

브라우저 환경마다 이벤트 동작이 달라서 문제가 발생한 경험이 있나요?

파일 드래그 앤 드롭 구현 시 dataTransfer 오브젝트의 생김새가 달라서 애를 먹은 적이 있어요. 예를 들어 크롬에서는 .types 속성을 참고해도 무방했지만, 파이어폭스에서는 정식 스펙인 items[*].kind를 확인해야만 제대로 동작하더군요. 환경에 따라 동작이 달라질 수 있어서 항상 주의가 필요한 부분인 것 같아요. — Trey

리액트, 뷰와 같은 프레임워크 환경에서 이벤트를 구현할 때 주의할 점이 있을까요?

커스텀 이벤트의 네이밍에 주의해야 합니다. 커스텀 이벤트 이름이 click, input과 같이 네이티브 이벤트와 동일한 이름을 사용하는 경우 이벤트 버블링으로 인해 상위 컴포넌트에서 등록된 네이티브 이벤트 핸들러가 잘못 동작할 수 있습니다. 실제로 뷰에서는 $emit("click")처럼 네이티브 이벤트와 충돌하는 이름을 쓰면 부모에서 〈div @click="..."〉 같은 리스너가 의도치 않게 동작하는 문제가 생기기도 합니다.

따라서 커스텀 이벤트는 userClick, cardSelected, customSubmit처럼 명확하고 구분되는 이름을 사용하는 것이 좋습니다. 또 이벤트 핸들러를 등록할 때는 불필요한 리렌더링을 유발하지 않도록 useCallback이나 defineEmits 등의 프레임워크 제공 기능을 적절히 사용하는 것도 중요합니다. — Paul

이벤트의 동작을 다양한 환경에서 테스트하기 위해 시도한 방법이 있다면 소개해주세요.

처음부터 실제 기기로 테스트하는 게 에뮬레이터 등을 사용하는 것보다 오히려 좋다고 느껴요. 그래서 다양한 기기를 사용할 수 있는 환경을 마련하는 것이 중요하다고 생각합니다. 운영체제, 제조사뿐 아니라 사양이 낮은 기기부터 사양이 높은 기기, 네트워크가 느린 기기, IO가 느린 기기 등 다채로운 환경에서 테스트해야 실제 좋지 않은 환경에서도 어떻게 프로그램이 동작하는지 비로소 알 수 있기 때문입니다. — Trey

이벤트와 관련하여 AI를 활용했던 경험을 들려주세요.

UI 컴포넌트의 테스트를 위해 UI 컴포넌트의 로딩을 기다린 후 추가로 테스트를 수행해야 하는 상황이 발생했습니다. 이를 해결하기 위해 UI가 로딩될 때까지 기다리는 코드를 작성할 필요가 있었어요. 그래서 구현을 위해 우선 제목으로 다음과 같이 입력했습니다. — Ethan

```
export async function waitForLoad
```

그 후 함수명까지만 입력한 후 어떻게 구현해야 할지 고민하는 찰나에 IDE와 연동된 AI가 다음과 같은 코드(someComponent 주석 윗부분까지)를 제안했습니다.

```ts
// waitForLoad.ts
function hasLoadedState (root: HTMLElement) {
  return root.querySelector("[data-loading-state=\"loaded\"]") !== null;
}

export async function waitForLoad ({canvasElement}: Context) {
  if (hasLoadedState(canvasElement)) {
    return;
  }

  // 로딩 완료를 감지
  await new Promise<void>(resolve => {
    const observer = new MutationObserver((_, obs) => {
      if (hasLoadedState(canvasElement)) {
        console.log("로딩 완료");
        obs.disconnect();
        resolve();
      }
    });

    observer.observe(canvasElement, {
      childList: true,
```

```
      subtree: true,
      attributes: true,
    });
  });
}

// someComponent
...
const onLoad = () => container.setAttribute("data-loading-state",
"loaded");
...
```

이렇게 만들어준 코드는 그대로 사용할 수 있었습니다. MutationObserver를 사용하는 것이 아주 특이한 방법은 아니지만, 해당 방식이 익숙하지 않았던 저에게는 AI의 제안이 새로운 통찰력을 주고 시간을 절약하는 데 큰 도움이 되었습니다.

CHAPTER 09

모듈

초기의 자바스크립트는 작은 스크립트를 전역 스코프에 직접 추가하는 방식으로 사용되었습니다. 하지만 애플리케이션이 점점 더 복잡해지면서 코드를 분리하고 재사용할 수 있는 구조, 즉 모듈화의 필요성이 커졌습니다. 그 결과 CommonJS, AMD 그리고 현재 표준이 된 ESM까지 자바스크립트 모듈 시스템이 빠르게 발전했습니다.

이번 챕터에서는 자바스크립트 모듈 시스템의 역사와 원리를 살펴보고 코드 분할, 재사용성 향상, 유지/보수 편의성을 위한 모듈 사용법을 실전 예제와 함께 배워봅니다. 모듈화를 통해 코드의 구조와 품질을 한 단계 높여보세요.

SECTION 01 셀프 실력 점검

자바스크립트의 모듈에 대한 이해도를 점검해볼 수 있는 퀴즈입니다. 다음 항목들을 체크해봄으로써 자바스크립트의 모듈을 얼마나 잘 알고 있는지 확인해보세요.

01 모듈 시스템의 목표가 무엇인지, 왜 필요한지에 대해 설명할 수 있다. [ ]

02 자바스크립트 커뮤니티가 어떤 모듈 시스템들을 사용해왔고 어떤 변화가 있었는지 설명할 수 있다. [ ]

03 CommonJS, AMD, ESM과 같은 모듈 시스템들의 특징을 설명할 수 있다. [ ]

04 ESM의 문법 및 사용 방법과 주의점을 설명할 수 있다. [ ]

05 동적 모듈 로딩이 언제 필요한지, 어떻게 사용하는지 설명할 수 있다. [ ]

06 모듈의 실행 순서를 설명할 수 있다. [ ]

07 동기적으로 import된 모듈과 비동기적으로 import된 모듈이 함께 사용되는 경우에도 코드의 실행 순서를 설명할 수 있다. [ ]

08 순환 참조의 문제점을 알고 에러가 발생할 수 있는 상황을 설명할 수 있다. [ ]

09 모듈을 가져올 때 별칭이 필요한 경우가 언제인지 알고 적절히 사용할 수 있다. [ ]

10 import로 가져온 모듈의 default export를 설명할 수 있다. [ ]

나의 실력은?

0-2개	출발 금지! 준비 운동이 필요해요. 이론부터 차근차근 학습하며 탄탄한 기본기를 쌓아보세요.
3-4개	준비 완료! 이제 기본 개념을 활용해 Level 1 퀴즈를 풀며 자신감을 키워보세요.
5-7개	잘하고 있어요! Level 2 퀴즈를 통해 학습한 개념을 코드에 적용하면서 더욱 깊이 있는 이해를 쌓아보세요.
8개 이상	Level 3 퀴즈에서 다양한 개념을 연관 지어 학습해보세요. 실무에서 어떤 문제를 만나도 충분히 해결할 수 있을 거예요.

SECTION 02 뇌를 깨우는 워밍업 퀴즈

본격적으로 핵심 개념을 익히기 전에 가벼운 퀴즈를 풀어보며 자바스크립트 모듈의 특성과 동작 방식을 점검해보세요.

01 다음 코드의 main.js에서 module.js의 message 변수값을 가져오려면 어떻게 해야 할까요?

```js
// module.js
export const message = "Hello, Modules!";
```

```js
// main.js
console.log(message);
```

힌트 export로 내보낸 값을 다른 파일에서 사용하려면 적절한 import 구문을 작성해야 합니다.

02 다음 코드가 실행될 때 오류가 발생하는 이유는 무엇일까요?

```js
// module.js
export default function greet() {
  return "Hello!";
}
```

```js
// main.js
import greet from "./module";
console.log(greet());
```

힌트 모듈을 불러올 때 파일 확장자(.js)가 필요한 경우가 있습니다. ESM을 사용할 때 올바른 경로를 지정하는 방법을 확인해보세요.

03 **CommonJS 모듈 시스템을 사용하는 경우 다음 코드의 실행 결과는 무엇일까요?**

힌트 CommonJS 모듈 시스템에서는 require를 사용하여 모듈을 불러옵니다. module. exports의 구조를 확인해보세요.

```javascript
// module.js
module.exports = {
  name: "CommonJS",
  sayHello: function () {
    return `Hello from ${this.name}`;
  },
};
```

```javascript
//main.js
const module = require("./module");
console.log(module.sayHello());
```

04 **다음 코드에서 total 값이 올바르게 출력될까요?**

힌트 여러 값을 export한 경우 필요한 값만 선택적으로 import할 수 있습니다. import 문법이 올바른지 확인해보세요.

```javascript
// math.js
const add = (a, b) => a + b;
const subtract = (a, b) => a - b;
const total = add(10, 5) + subtract(10, 5);
export {add, subtract, total};
```

```javascript
// main.js
import {total} from "./math";
console.log(total);
```

05 다음 코드에서 total 값이 올바르게 출력될까요?

```javascript
// counter.js
let count = 0;
export function increment () {
  count++;
  return count;
}
export function getCount () {
  return count;
}
```

```javascript
// main.js
import {increment, getCount} from "./counter";
console.log(getCount());
console.log(increment());
console.log(getCount());
```

힌트 모듈에서 내보낸 변수는 파일이 로드될 때 한 번만 평가됩니다. count의 상태가 어떻게 유지되는지 확인해보세요.

정답 및 해설

01	• import {message} from "./module.js"; export된 변수는 { }를 사용해 명시적으로 import해야 하며 확장자 .js를 포함해야 합니다.
02	• 파일 확장자 누락으로 인한 오류 ESM 사용 시 .js 확장자가 필수입니다. ./module 대신 ./module.js로 수정해야 합니다.
03	• "Hello from CommonJS" CommonJS에서는 module.exports로 내보낸 객체의 메서드 내부에서 this는 해당 객체를 참조합니다.
04	• 20 total은 모듈 로딩 시 계산되며 add와 subtract로 구성된 수식이 평가되어 20이 됩니다.
05	• 0, 1, 1 모듈은 한 번 로드되면 내부 상태를 유지합니다. increment로 증가한 count는 이후에도 유지됩니다.

SECTION 03 핵심 개념 파헤치기

모듈은 ECMAScript 2015에 등장한 이후로 현대 웹 개발에서 필수적인 개념이 되었습니다. 지금부터 자바스크립트 모듈의 기본 원리부터 최신 표준에서 제공하는 다양한 기능까지 폭넓게 살펴보겠습니다.

01 모듈의 기초

자바스크립트가 처음 등장했을 때는 웹 페이지에 간단한 상호작용이나 폼 검증, 마우스 오버 효과와 같은 간소한 동적 기능을 추가하는 용도로 주로 사용되었습니다. 초기의 코드 규모는 작고 단순했지만 오늘날의 자바스크립트는 웹 브라우저뿐만 아니라 Node.js와 같은 다양한 환경에서도 복잡한 애플리케이션을 구현하는 핵심 언어로 자리 잡았습니다. 이에 따라 코드의 양이 급격히 증가하고 복잡성이 높아지면서 코드를 모듈module이라는 단위로 나누고 효과적으로 관리하는 기법이 중요해졌습니다.

모듈은 관련된 기능과 데이터를 하나의 파일로 묶어 관리할 수 있게 해줍니다. 코드와 데이터를 캡슐화하여 구현 세부 사항을 감추고 코드 간 의존성을 줄임으로써 변경에 대한 영향을 최소화하여 유지보수성과 재사용성을 높일 수 있습니다.

모듈은 하나의 파일입니다. 모듈의 핵심은 한 파일에서 정의된 기능을 다른 파일로 내보내거나 다른 파일에서 정의된 기능을 가져와 사용합니다. 따라서 모듈의 기본적인 기능은 export와 import라는 두 키워드를 중심으로 이루어집니다.

| 모듈 내보내기 |

내보내고자 하는 함수나 변수, 클래스 등의 선언 앞에 export를 사용하여 기능을 내보낼 수 있습니다. 다음은 변수와 함수 선언 앞에 export를 사용해 내보내는 예제입니다.

```js
export const PI = 3.14;
export function getCircumference (radius) {
  return 2 * PI * radius;
}
```

또는 다음과 같이 중괄호로 묶어 한꺼번에 내보내는 것도 가능합니다.

```js
const PI = 3.14;
function getCircumference (radius) {
  return 2 * PI * radius;
}
export {PI, getCircumference};
```

모듈은 자동으로 엄격 모드로 실행되므로 모듈 내의 모든 코드는 별도의 선언 없이도 엄격 모드의 규칙을 따릅니다. 예를 들어 엄격 모드에서 모듈 최상위의 this 값은 전역 객체가 아니라 항상 undefined가 됩니다.

또한 export 키워드는 반드시 모듈의 최상위 스코프에서만 사용할 수 있습니다. 즉, 함수 내부나 조건문 같은 블록 안에서는 사용할 수 없으며 모듈의 가장 바깥쪽 범위에서만 선언할 수 있습니다.

다음 코드는 모듈 내부에서 잘못된 위치에 export를 사용했기 때문에 문법 에러가 발생합니다.

```js
function wrongExport () {
  export const WRONG_EXPORT = "잘못된 위치의 export 키워드"; // SyntaxError 발생
}
```

모듈 가져오기

이제 다른 모듈에서 내보낸 기능을 현재 모듈로 가져오는 방법, 즉 import에 대해 알아보겠습니다. 모듈에서 export로 내보낸 기능을 가져올 때는 import 문을 사용합니다. 이때 내보낸 항목을 중괄호 안에 정확히 일치하는 이름으로 지정합니다.

앞선 예제에서 내보낸 PI와 getCircumference를 가져오려면 다음과 같이 작성할 수 있습니다. 이전 예제의 파일이 동일한 경로의 "circle.js" 파일로 저장되었다고 가정합니다.

```
import {PI, getCircumference} from "./circle.js";
console.log(PI); // 3.14
console.log(getCircumference(5)); // 31.4
```

이렇게 가져온 모듈의 변수는 읽기 전용입니다. const뿐만 아니라 let이나 var로 선언한 변수라 할지라도 이를 가져온 모듈에서 값을 직접 재할당하면 에러가 발생합니다.

```
// module.js
export let myValue = 3;
```

```
// main.js
import {myValue} from "./module.js";
console.log(myValue); // 3
myValue = 5; // 에러 발생!
```

단, 객체의 내부 속성을 변경하는 것과 같은 내부 상태 수정은 가능합니다. 이는 const 변수로 선언된 객체의 내부 상태가 변경 가능한 것과 동일한 원리입니다.

기본 내보내기

모듈은 여러 개의 항목을 내보낼 수 있지만 대표적인 기능 하나를 내보내는 기본 내보내기_{default export}를 지정할 수도 있습니다. 기본 내보내기는 모듈이 제공하는 여러 항목 중 대표적이거나 핵심적인 기능 하나를 강조하고자 할 때 유용하며 모듈당 오직 하나만 존재할 수 있습니다.

기본 내보내기를 사용할 때는 export default 키워드를 사용합니다. 다음은 x, y 좌표를 저장하는 Point 클래스를 기본 내보내기하는 예제입니다.

```
// Point.js
export default class Point {
  constructor (x, y) {
    this.x = x;
    this.y = y;
  }
}
```

또는 다음과 같이 모듈 마지막에 따로 선언할 수도 있습니다.

```js
// Point.js
class Point {
  constructor (x, y) {
    this.x = x;
    this.y = y;
  }
}
export default Point;
```

이름을 지정하지 않은 익명 클래스를 기본 내보내기할 수도 있습니다.

```js
// Point.js
export default class {
  constructor (x, y) {
    this.x = x;
    this.y = y;
  }
}
```

이렇게 내보낸 기본 기능을 가져올 때는 중괄호 없이 편리하게 원하는 이름으로 가져올 수 있습니다.

```js
import MyPoint from "./Point.js";
const point = new MyPoint(1, 2);
console.log(point.x, point.y); // 1 2
```

사실 이 코드는 다음 코드와도 정확히 같습니다. export default로 내보낸 기능은 내부적으로 모듈 네임 스페이스 객체의 default라는 특별한 속성으로 저장되어 있기 때문입니다.

```js
import {default as MyPoint} from "./Point.js";
const point = new MyPoint(1, 2);
console.log(point.x, point.y); // 1 2
```

기본 내보내기는 모듈이 단 하나의 대표적인 기능을 내보내는 CommonJS나 AMD 방식과 개념적으로 유사하기 때문에 이들 모듈 시스템과 ESM 간 변환 시 자연스러운 호환성을 제공합니다.

| 모듈 이름 바꾸기 |

as 키워드를 사용하면 모듈에서 항목을 가져오거나 내보낼 때 원본 이름 대신 다른 이름으로 바꿀 수 있습니다. 다음은 circle.js 모듈의 getCircumference 함수 이름을 바꿔 가져오는 예제입니다.

```javascript
import {getCircumference as getCircleLength} from "./circle.js";
console.log(getCircleLength(5)); // 31.4
```

반대로 내보낼 때도 이름을 바꿀 수도 있습니다.

```javascript
// circle.js
const PI = 3.14;
function getCircumference (radius) {
  return 2 * PI * radius;
}
export {
  PI,
  getCircumference as getCircleLength,
};
```

이렇게 하면 외부에서는 바뀐 이름으로 가져오게 됩니다.

```javascript
import {getCircleLength} from "./circle.js";
console.log(getCircleLength(5)); // 31.4
```

| 모듈 묶어 가져오기 |

모듈에서 내보내는 모든 항목을 한 번에 묶어 가져올 수도 있습니다. 이때 사용하는 문법이 바로 import * as 형태의 문법입니다.

다음은 이전 예제의 circle.js 모듈에서 내보낸 PI와 getCircumference를 한 번에 묶어 가져오는 예시입니다.

```
import * as circle from "./circle.js";
console.log(circle.PI); // 3.14
console.log(circle.getCircumference(5)); // 31.4
```

이 코드에서 circle.js 모듈이 내보내는 모든 항목은 circle이라는 객체의 속성으로 묶입니다. 이렇게 생성되는 객체를 모듈 네임스페이스 객체module namespace object라고 합니다.

모듈 네임스페이스 객체는 읽기 전용이기 때문에 객체 자체를 수정하거나 속성의 값을 재할당할 수 없습니다. 또한 이 객체는 내보낸 항목들과 실시간 바인딩live binding 관계를 유지하므로 원본 모듈에서 내보낸 값이 변경되면 가져온 값에도 자동으로 반영됩니다.

02 모듈 활용하기

모듈의 기본 개념을 익혔다면 이제 모듈을 실무에서 더욱 효과적으로 활용하는 방법을 알아볼 차례입니다. 실제 프로젝트에서는 모듈 파일의 확장자와 경로를 어떻게 정할지, 여러 모듈을 어떻게 체계적으로 관리할지, 웹 브라우저 환경에서 모듈을 어떻게 활용할지와 같은 다양한 고민이 필요합니다.

| 모듈 파일의 확장자 |

모듈 파일은 일반적인 자바스크립트와 마찬가지로 .js 확장자를 사용할 수 있지만, 모듈임을 명확히 나타내기 위해 .mjs 확장자를 사용하기도 합니다. 특히 Node.js와 같이 ESM 외에 CommonJS를 함께 사용하는 환경이나 Babel 등 빌드 도구를 사용하는 환경에서는 파일을 명확히 ESM으로 인식시키기 위해 .mjs 확장자를 사용하는 것이 권장되기도 합니다.

다만, 브라우저 환경에서 .mjs 파일을 사용할 때는 웹 서버가 .mjs 확장자 파일에 대해 Content-Type 헤더를 text/javascript 또는 application/javascript로 설정해야 합니다. 이 설정이 올바르게 되어 있지 않으면 브라우저가 모듈을 불러올 때 MIME 타입 불일치 오류가 발생하여 자바스크립트를 실행하지 않습니다.

| 모듈 파일의 경로 |

import 문에서 모듈의 경로를 지정하는 문자열을 모듈 지정자module specifier라고 합니다. 모듈 지정자는 환경에 따라 해석 방식이 달라질 수 있지만 일반적으로 웹 표준에서 정의된 방식을 따릅니다.

대부분의 경우 모듈을 가져올 때는 상대 경로를 사용합니다. 상대 경로는 현재 파일의 위치를 기준으로 다른 파일의 위치를 나타냅니다. 동일한 디렉터리에 있는 파일을 가져오려면 "./"을, 상위 디렉터리에 있는 파일을 가져오려면 "../"를 붙여 사용합니다.

```
// 같은 디렉터리 안의 circle.js 가져오기
import {PI} from "./circle.js";
// 상위 디렉터리에 있는 utils 디렉터리에서 logger.js 가져오기
import {logger} from "../utils/logger.js";
```

브라우저 환경에서는 상대 경로를 지정할 때 반드시 파일명과 확장자를 포함해야 합니다. 확장자를 생략하면 브라우저가 해당 경로를 찾기 위해 여러 요청을 시도하게 되어 성능 저하나 오류가 발생할 수 있습니다.

모듈 지정자에 절대 경로를 사용할 수도 있습니다. 절대 경로는 주로 HTTP URL과 같은 완전한 URL을 사용하여 지정합니다. HTTP URL을 이용한 모듈 가져오기는 브라우저에서 기본적으로 지원되지만 Node.js 환경에서는 아직 실험적인 기능으로만 지원됩니다.

반면 로컬 파일 시스템의 절대 경로를 나타내는 파일 URL 방식은 Node.js와 같은 서버 환경에서는 지원하지만 브라우저에서는 보안상의 이유로 허용되지 않습니다.

그 밖에도 상대 경로, 절대 경로가 아닌 간단한 이름으로 모듈을 지정할 수도 있습니다. 예를 들어 Node.js 환경에서 리액트를 사용하는 경우 다음과 같이 사용합니다.

```
import React from "react";
```

이 방식은 Node.js 환경에서는 자동으로 node_modules 디렉터리에서 모듈을 찾아주지만 브라우저 환경에서는 기본적으로 동작하지 않습니다. 브라우저에서도 간단한 이름만으로 모듈을 지정하려면 import map*이라는 JSON 기반의 설정을 통해 이름과 실제 파일 경로를 연결해줘야 합니다.

---

* https://developer.mozilla.org/en-US/docs/Web/HTML/Element/script/type/importmap

```
<script type="importmap">
{
  "imports": {
    "react": "/libs/react.min.js"
  }
}
</script>
```

하지만 실제 프로젝트에서는 보통 Webpack이나 Rollup과 같은 빌드 도구를 활용하여 모듈 파일의 경로를 유연하게 관리하고 있습니다.

| 모듈을 모아 내보내기 |

여러 개의 서브 모듈의 기능을 하나의 모듈에서 다시 모아서 내보내는 방식을 보통 배럴 모듈^{barrel module} 또는 re-export라고 합니다. 이 방식은 모듈을 관리하기 쉽도록 구조화하거나 외부에서 여러 모듈을 간편하게 접근하도록 하기 위해 종종 사용됩니다.

예를 들어 원과 정사각형의 면적을 계산하는 두 개의 모듈이 있습니다.

```
// geometry/circle.js
export const PI = 3.14;
export function getCircleArea (radius) {
  return PI * radius * radius;
}
```

```
// geometry/square.js
export function getSquareArea (length) {
  return length * length;
}
```

이제 이 두 모듈에서 내보낸 기능을 export...from 형태의 문법을 이용해 다시 하나의 모듈로 묶어 외부에 제공할 수 있습니다.

```js
// geometry/index.js
export {getCircleArea} from "./circle.js";
export {getSquareArea} from "./square.js";
```

이렇게 하면 외부에서는 다음과 같이 한 번에 기능을 가져올 수 있습니다.

```js
import {getCircleArea, getSquareArea} from "./geometry/index.js";
console.log(getCircleArea(10)); // 314
console.log(getSquareArea(20)); // 400
```

| 웹 브라우저에서 모듈 사용하기 |

웹 브라우저에서 ESM을 사용할 때는 HTML의 〈script〉 태그에 type="module" 속성을 추가해야 합니다. 이 속성을 지정하면 브라우저가 해당 자바스크립트 파일을 ESM으로 인식하여 모듈 간 내보내기와 가져오기를 사용할 수 있게 됩니다.

```html
<script type="module" src="./app.js"></script>
```

또는 〈script〉 태그 내부에 직접 모듈 코드를 작성할 수도 있습니다. 다음은 외부 모듈 파일을 직접 불러와 사용하는 예제입니다.

```js
// circle.js
export const PI = 3.14;
export function getCircumference (radius) {
  return 2 * PI * radius;
}
```

```html
<script type="module">
  import {getCircumference} from "./circle.js";
  console.log(getCircumference(5)); // 31.4
</script>
```

하지만 모든 브라우저가 모듈 기능을 지원하지는 않습니다. 특히 IE와 같은 오래된 브라우저에서는 모듈 기능을 사용할 수 없습니다. 이 경우 기존 방식의 자바스크립트를 별도로 제공해야 하는 상황이 발생합니다. 이때 사용하는 것이 〈script〉 태그의 nomodule 속성입니다.

```html
<!-- 모듈을 지원하는 최신 브라우저에서만 실행 -->
<script type="module" src="./app.js"></script>
<!-- 모듈을 지원하지 않는 구형 브라우저에서만 실행 -->
<script nomodule src="./app.nomodule.js"></script>
```

nomodule 속성이 붙은 스크립트는 모듈을 지원하지 않는 구형 브라우저에서만 실행됩니다. 최신 브라우저는 type="module" 스크립트만 실행하며 nomodule이 지정된 스크립트는 자동으로 무시합니다. 따라서 호환성을 유지하기 위한 코드를 제공하는 데 매우 유용합니다.

정적 모듈 시스템과 번들링

자바스크립트의 모듈 시스템은 기본적으로 정적입니다. 이는 모듈 간의 의존 관계가 런타임이 아니라 컴파일 타임에 명확히 결정된다는 뜻입니다. 정적 모듈 시스템 덕분에 코드 번들링code bundling이라는 기술도 사용할 수 있습니다.

번들링이란 여러 모듈 파일을 하나의 파일로 묶어서 배포하는 작업을 의미합니다. 일반적으로 웹 환경에서는 여러 개의 작은 파일을 개별적으로 요청하는 것보다 하나의 큰 파일로 묶어 배포하는 것이 성능상 유리하기 때문에 번들링이 자주 활용됩니다.

Webpack, Rollup, Vite와 같이 많은 빌드 도구에서 번들링을 지원하고 있습니다.

03 모듈 더 알아보기

최신 ECMAScript 표준에서는 자바스크립트 모듈의 다양한 고급 기능을 지원합니다. 필요한 순간에만 모듈을 비동기적으로 로딩할 수 있는 동적 모듈 로딩, 모듈의 최상위에서 비동기 처리를 수행할 수 있게 하는 Top-level await, 모듈 내부에서 활용할 수 있는 메타 정보 그리고 모듈 설계 시 주의해야 할 순환 참조 문제까지 자바스크립트 모듈을 더 깊이 살펴보겠습니다.

동적 모듈 로딩

자바스크립트 모듈은 기본적으로 정적이며, import 문은 모듈의 최상위 스코프에서만 사용할 수 있습니다. 정적 import 방식은 컴파일 타임에 모듈을 분석하여 사용되지 않는 코드를 제거하거나 최적화하는 장점을 가집니다.

하지만 필요한 순간에만 모듈을 비동기적으로 가져오는 동적 모듈 로딩 dynamic import 기능도 제공합니다.

동적 모듈 로딩은 import(...) 표현식을 통해 모듈을 비동기적으로 로딩하며, 로딩한 모듈의 네임스페이스 객체를 이행하는 프로미스를 반환합니다. import(...) 표현식은 마치 함수 호출처럼 보이지만 실제로는 자바스크립트의 특별한 문법 요소입니다. 따라서 일반적인 함수처럼 변수에 할당하거나 직접 조작할 수 없습니다.

```
const myImport = import; // 에러 발생!
```

정적 import는 반드시 모듈 최상위 스코프에서만 사용할 수 있지만, 동적 import는 조건문이나 함수 내부 등 코드의 어떤 위치에서도 사용 가능하며 런타임에 비동기적으로 모듈을 로딩할 수 있습니다.

다음은 모듈 moduleProvider.js를 함수 내부에서 동적으로 로딩하여 사용하는 예제입니다.

```
// moduleProvider.js
export function getModuleName () {
  return "모듈 moduleProvider.js";
}
```

```
async function loadAndPrintModuleName () {
  const {getModuleName} = await import("./moduleProvider.js");
  console.log(getModuleName()); // "모듈 moduleProvider.js"
}
loadAndPrintModuleName();
```

동적 import는 모듈을 로딩한 뒤 모듈 네임스페이스 객체를 반환하는 프로미스를 생성합니다. 만약 모듈에서 내보낸 항목 중 then이라는 이름의 함수가 있다면 Thenable 인터페이스*로 간주되어 then 함수가 자동으로 호출되기 때문에 예상치 못한 동작이 발생할 수 있습니다. 따라서 모듈에서 then이라는 이름으로 함수를 내보내는 것은 피해야 합니다.

예를 들어 다음 코드가 있습니다.

```javascript
// moduleProvider.js
export function then () {
  console.log("then 호출");
}
```

```javascript
async function importModuleProvider () {
  await import("./moduleProvider.js");
  console.log("모듈 호출 완료");
}
importModuleProvider();
```

이 코드에서는 moduleProvider.js 모듈이 로딩된 후 "모듈 호출 완료" 메시지가 출력되기를 기대했지만, 실제로는 moduleProvider.js 모듈이 내보낸 then 함수가 프로미스로 변환되는 시점에 자동 호출됩니다. 이로 인해 모듈 로딩이 중단되고 프로미스가 이행되지 않아 "모듈 호출 완료"가 출력되지 않습니다.

실제 실행 결과는 다음과 같습니다.

```
"then 호출"
```

또한 일반적으로 정적 분석 도구 등을 통해 코드 최적화의 혜택을 얻으려면 동적 모듈 로딩은 코드 분할code splitting과 같이 꼭 필요한 곳에서만 선택적으로 사용하는 것이 좋습니다.

---

* https://developer.mozilla.org/ko/docs/Web/JavaScript/Reference/Global_Objects/Promise#thenables

Top-level await

챕터 4 '함수'에서 언급한 것처럼 ESM에서는 최상위 레벨에서도 비동기 처리를 수행할 수 있습니다. 이 기능을 Top-level await이라고 부릅니다. Top-level await을 사용하면 모듈 전체가 하나의 비동기 함수처럼 동작합니다. 예를 들어 모듈을 불러올 때 바로 데이터를 받아오는 작업을 비동기적으로 수행할 수 있습니다.

다음 JSON 파일이 있다고 가정합니다.

```
// myData.json
{
  "name": "Sally",
  "job": "Web Developer",
}
```

Top-level await이 도입되기 이전에는 다음과 같이 즉시 실행 함수를 사용해야 했습니다.

```
(async function () {
  const result = await fetch("./myData.json");
  console.log(`${result.name}: ${result.job}`); // "Sally: Web Developer"
})();
```

이제는 Top-level await을 사용하여 더욱 간편하게 작성할 수 있습니다.

```
const result = await fetch("./myData.json");
console.log(`${result.name}: ${result.job}`); // "Sally: Web Developer"
```

단, Top-level await을 사용할 경우 해당 모듈이 로딩될 때까지 해당 모듈을 import하는 다른 모듈의 실행이 모두 지연되기 때문에 모듈 로딩 속도와 초기 실행 성능에 악영향을 줄 수 있습니다. 따라서 로딩 시간이 긴 작업이나 네트워크 요청 등에서 사용 시 매우 신중하게 고려해야 합니다.

모듈 메타 정보

모듈 내부에서 현재 모듈에 대한 메타 정보를 얻을 때는 자바스크립트에서 제공하는 특별한 객체인

import.meta를 사용합니다. 특히 현재 모듈의 URL을 기준으로 다른 파일 경로를 상대적으로 계산할 때 유용합니다.

다음은 import.meta.url을 통해 현재 모듈의 전체 URL을 얻는 예제입니다.

```js
// 파일 경로: /Users/jake/module.js
console.log(import.meta.url); // "file:///Users/jake/module.js"
```

이를 활용하면 브라우저 환경에서도 Node.js 환경의 __dirname을 사용한 것과 유사한 방식으로 상대 경로에 위치한 파일의 경로를 정확히 계산할 수 있습니다.

```js
// 파일 경로: /Users/jake/module.js
const myUrl = new URL("./myFile.json", import.meta.url);
console.log(myUrl); // "file:///Users/jake/myFile.json"
```

순환 참조

두 모듈이 서로를 직접 혹은 간접적으로 import하는 것을 순환 참조cyclic import라고 합니다. 다음의 두 모듈은 서로를 직접적으로 import하여 순환 참조가 발생하고 있습니다.

```js
// logger.js
import {message} from "./main.js";
export function logMessage () {
  console.log(message);
}
```

```js
// main.js
import {logMessage} from "./logger.js";
export const message = "순환 참조";
logMessage();
```

여기서 logger.js는 main.js 모듈에서 가져온 message 변수를 사용하며, 동시에 main.js는 logger.js에서 가져온 logMessage 함수를 실행합니다.

ESM에서 import한 변수는 모두 실시간 바인딩으로 연결됩니다. 즉, 변수의 실제값은 모듈이 평가된 후 초기화가 끝났을 때 정확히 결정됩니다. 덕분에 서로 참조하는 모듈 사이에서도 변수가 초기화된 시점 이후에 값을 참조하면 정상적으로 동작할 수 있습니다.

하지만 실행 시점에 변수나 함수가 아직 초기화되지 않았다면 다음과 같이 에러가 발생할 수 있습니다.

```js
// main.js
import {logMessage} from "./logger.js";
logMessage(); // 에러 발생!
export const message = "순환 참조";
```

순환 참조가 발생하면 코드가 복잡해지고 실행 시점에 예상치 못한 초기화 문제가 발생하거나 심지어 모듈 로딩이 중단될 수 있습니다. 특히 모듈의 실행 순서에 따라 초기화되지 않은 값에 접근할 가능성이 커지므로 순환 참조는 가능한 한 피하는 것이 권장됩니다.

모듈의 책임과 기능을 명확히 나누거나 공통 기능을 별도의 모듈로 분리하는 등의 방법으로 순환 참조를 방지하는 것이 좋습니다.

04 과거 모듈 시스템과 비교하기

ESM이 등장하기 이전부터 여러 모듈 시스템이 존재했습니다. 대표적으로 Node.js에서 사용하는 CommonJS와 RequireJS로 대표되는 AMD(Asynchronous Module Definition)가 있습니다.

| CommonJS |

CommonJS는 주로 Node.js 환경에서 사용되며 모듈을 동기적으로 로딩합니다. 모듈 내보내기와 가져오기를 각각 module.exports와 require로 수행합니다.

```js
// greeting.js
module.exports = {message: "안녕하세요?"};
```

```javascript
// main.js
const {message} = require("./greeting");
console.log(message); // "안녕하세요?"
```

CommonJS는 서버 환경을 중심으로 설계되었기 때문에 웹 브라우저와 같이 네트워크로 모듈을 불러와야 하는 환경에서는 동기적인 모듈 로딩 방식이 적합하지 않았습니다. 이런 한계를 극복하기 위해 웹 환경에서 비동기 모듈 로딩을 지원하는 AMD가 등장했습니다.

| AMD |

AMD는 브라우저 환경에서 비동기적으로 모듈을 로딩하는 데 중점을 두었습니다. define 함수를 사용하여 모듈을 정의하고 가져올 수 있습니다.

```javascript
// greeting.js
define("greeting", [], function () {
  return "안녕하세요?";
});
```

```javascript
// main.js
define(["greeting"], function (greeting) {
  console.log(greeting); // "안녕하세요?"
});
```

하지만 현재는 웹과 Node.js 환경 모두에서 ESM이 표준 모듈 시스템으로 자리 잡았으며 대부분의 최신 자바스크립트 프로젝트는 ESM을 채택하여 사용하고 있습니다.

Ask-AI 질문 플레이북

개념 이해에 그치지 말고 AI에게 질문하며 사고를 확장하고 실전 감각을 키워보세요. 무엇을 질문해야 할지 막막하다면 다음 질문들이 좋은 힌트가 되어줄 거예요.

자바스크립트에서 동적 모듈 로딩이 사용되는 구체적인 사례를 알려주세요.

— 질문의도 —

동적 모듈 로딩은 언제, 어떤 상황에서 실제로 유용하게 사용되는지 감이 잘 오지 않을 수 있습니다. 이 질문을 통해 사용자가 요청한 기능에 따라 모듈을 지연 로딩하거나 조건부로 외부 코드를 불러오는 방식처럼 애플리케이션 성능을 최적화하는 실무 전략을 이해하고 코드 분할과 사용자 경험 개선 측면에서 동적 로딩이 갖는 이점을 실감할 수 있습니다.

자바스크립트의 ESM이 정적 모듈 시스템으로 설계된 이유가 뭔가요?

— 질문의도 —

왜 ESM은 꼭 정적으로 분석 가능한 형태여야 하는지 의문이 생길 수 있습니다. 이 질문을 통해 ESM의 설계가 트리 셰이킹, 의존성 분석, 로딩 최적화와 같은 정적 분석 기반의 빌드 시스템에 최적화되어 있다는 점을 이해하고 현대 프런트엔드 생태계에서 정적 모듈 시스템의 중요성을 알 수 있습니다.

자바스크립트 모듈에서 실시간 바인딩이란 뭔가요?

— 질문의도 —

import 문법으로 가져온 모듈 네임스페이스 객체의 속성이 어떻게 원본값과 동기화되는지 궁금할 수 있습니다. 이 질문을 통해 모듈이 내보낸 값이 단순 복사본이 아니라 실시간으로 연결된 참조라는 점을 이해하고 실시간 바인딩 개념을 정확하게 파악할 수 있습니다.

순환 참조는 문제가 많은데 왜 자바스크립트는 문법적으로 이를 금지하지 않았나요?

— 질문의도 —

순환 참조가 코드 파악을 어렵게 하고 버그를 유발할 수 있는데, 왜 언어 차원에서 이를 허용하고 있을까요? 이 질문을 통해 순환 참조가 구조상 필요한 경우도 있다는 점과 이를 감안한 자바스크립트 모듈 시스템의 유연한 처리 방식을 이해하며 순환 참조를 안전하게 다루는 설계 전략을 고민할 수 있게 됩니다.

SECTION 04 실전 레벨업 퀴즈 챌린지

자바스크립트의 모듈 시스템은 코드의 재사용성과 유지 보수성을 높이는 데 중요한 역할을 합니다. 단계별 퀴즈를 통해 모듈 시스템의 개념과 동작 방식을 점검하고 실제 프로젝트에서 모듈을 효율적으로 구성하는 방법을 익혀보세요. 모듈을 깊이 있게 이해하면 확장 가능하고 체계적인 코드를 작성할 수 있습니다.

Level 1 ★

Q1 다음 빈칸에 들어갈 단어를 작성하세요.

모듈의 목표는 코드의 세부 사항을 숨기고 다양한 소스에서 가져온 코드가 서로 충돌하지 않도록 하는 것입니다. 표준으로 탑재된 모듈 시스템인 [①]이 나오기 전 자바스크립트 커뮤니티는 [②], [③], [④]와 같은 모듈 시스템을 만들어 사용했습니다.

정답
① ESM   ② AMD   ③ CommonJS   ④ UMD

Q2 다음 빈칸에 들어갈 단어를 작성하세요.

ESM 내부의 기능을 제공하려면 먼저 사용하려는 항목을 밖으로 내보내야 하는데, 이를 사용하는 가장 쉬운 방법은 모듈 밖으로 내보내려는 항목 앞에 [①] 문을 사용하는 것이며 [②]에 위치해야 합니다. 모듈에서 일부 기능을 내보낸 후에는 [③] 문을 통해 필요한 스크립트로 가져와 사용할 수 있습니다.

정답
① export　② 가장 바깥쪽 스코프(최상위 레벨)　③ import

Q3 다음 빈칸에 들어갈 단어를 작성하세요.

import와 export 문의 중괄호 안에 [①] 키워드를 함께 사용하여 별칭으로 변경할 수 있습니다. 또 export [②] 구문을 통해 모듈을 대표하는 하나의 값을 지정하고 그 값을 다른 모듈에서 중괄호 없이 기본값으로 불러와 사용할 수 있습니다.

정답
① as　② default

Q4 다음 빈칸에 들어갈 단어를 작성하세요.

ESM 사용 시 브라우저에는 〈script [①]="[②]"〉 태그를 써서 모듈 코드임을 알려야 하며 이는 모듈 프로그램의 진입점입니다.

정답
① type　② module

Q5 다음 빈칸에 들어갈 단어를 작성하세요.

모듈은 기본적으로 [_]를 사용하여 this는 전역 객체를 참조하지 않으며 최상위 선언도 공유되지 않습니다.

정답
엄격 모드

Q6 다음 빈칸에 들어갈 단어를 작성하세요.

ESM은 기본적으로 정적인 모듈 시스템이지만 [①]을 통해 모든 것을 최상위에서 한 번에 불러오지 않고 필요할 때만 모듈을 불러올 수 있습니다. import(...) 표현식을 사용하면 [②] 객체를 반환하는데, then 메서드를 통해 fulfilled 상태값으로 이를 전달하여 모듈 객체로 export된 것들에 접근할 수 있습니다.

정답
① 동적 모듈 로딩(dynamic module loading)   ② 프로미스

해설
동적 모듈 로딩을 통해 import한 모듈은 다음과 같이 then 메서드를 통해 접근 가능합니다.

```
// circle.js
class Circle {
  constructor (color) {
    ...
  }
  draw () {
    ...
  }
}

export {Circle}; // 모듈 객체
```

```
// main.js
import("./circle.js").then(Module => {
  const myCircle = new Module.Circle("blue");
  myCircle.draw();
});
```

> **Q7** 다음 빈칸에 공통으로 들어갈 단어를 작성하세요.
>
> 자바스크립트 모듈 시스템에서는 [_]를 허용하지만 [_]가 있을 때는 모듈의 실행 순서에 따라 에러가 발생할 수 있어 주의해야 합니다.

정답
순환 참조

해설
a.js와 b.js가 내부적으로 서로를 참조하는 형태를 순환 참조라고 합니다. 순환 참조 시 코드가 복잡해지고 실행 시점에 예상치 못한 초기화 문제가 발생하거나 심지어 모듈 로딩이 중단될 수 있는 등의 문제를 불러일으킬 수 있어 권장되지 않습니다.

Level 2 ★★

> **Q8** #모듈 #export #export default
> 다음 코드의 실행 결과를 보고 빈칸에 들어갈 코드를 한 줄로 작성하세요.

```
// 파일 디렉터리 구조
root
 ㄴ stringUtil.js
 ㄴ controller.js
```

```
// stringUtil.js
const removeSpaces = sentence => sentence.replaceAll(" ", "");
export default removeSpaces;
```

```
// controller.js
[ _ ] ❶
const sampleString = "this is me";
const result = removeSpaces(sampleString);
console.log(result); // "thisisme"
```

정답

import removeSpaces from "./stringUtil.js";

해설

stringUtil.js 파일에서는 removeSpaces를 export default 문을 통해 내보내고 있습니다. 따라서 import 문에서는 중괄호 없이 removeSpaces를 불러올 수 있습니다. 또한 해당 함수는 controller.js 내에서 동일하게 removeSpaces라는 이름으로 호출되고 있으므로 import 문에서도 동일하게 함수명을 지정해야 합니다.

 AI는 통과 못 하는 기술 면접 예상 질문

Q8-1 export default는 어떤 경우에 사용하는 것이 좋을까요?

답변
- export default는 모듈에서 하나의 주요 기능이나 객체를 내보낼 때 사용하면 좋습니다.
- 중괄호 없이 가져올 수 있어 가독성이 좋고 가져오는 측에서 원하는 이름을 지정할 수 있어 유연성이 높습니다.
- 하지만 모듈 내에서 한 번만 사용할 수 있다는 점을 고려해야 합니다.

 #모듈 #as #구조 분해 할당

Q9 main.js를 실행했을 때 다음과 같은 결과를 얻기 위해 각 빈칸에 들어갈 코드를 완성하세요.

```javascript
// korean.js
export function greeting () {
 console.log("안녕하세요!");
}
```

```javascript
// english.js
export function greeting () {
  console.log("Hello!");
}
```

```javascript
import {[❶]} from "./korean.js";
import {[❷]} from "./english.js";

koreanGreeting(); // "안녕하세요!"
englishGreeting(); // "Hello!"
```

> **힌트** 같은 이름의 함수를 import하면 "SyntaxError: Identifier 'greeting' has already been declared" 에러가 발생합니다.

정답

❶ greeting as koreanGreeting

❷ greeting as englishGreeting

해설

korean.js와 english.js에서 동일한 greeting 함수를 export하고 있습니다. 같은 이름의 export를 import할 때는 as 키워드를 이용해 별칭을 지정할 수 있습니다.

 AI는 통과 못 하는 기술 면접 예상 질문

Q9-1 구조 분해 할당을 사용하지 않고 모듈 전체를 import하는 방법을 설명하세요.

답변

- import * as 문법을 사용하면 모듈 전체를 객체 형태로 가져올 수 있으며 해당 객체의 속성으로 export된 요소에 접근할 수 있습니다.
- import * as 문법을 사용하여 네임스페이스 충돌을 방지하면서 동일한 이름의 함수를 사용할 수 있습니다.

#모듈 #var #모듈 스코프 #스코프 #전역 스코프

Q10 브라우저 환경에서 다음 두 가지 상황의 실행 결과를 예측하고 그 이유를 설명하세요. 단, 에러가 발생해도 코드 실행이 중단되지 않는다고 가정합니다.

1) 모듈 미사용

```html
<body>
  <script src="seoul.js"></script>
  <script src="busan.js"></script>
  <script src="region.js"></script>
</body>
```

```js
// seoul.js
var regionName = "seoul";
```

```js
// busan.js
var regionName = "busan";
```

```js
// region.js
console.log(regionName); ❶
console.log(window.regionName); ❷
```

2) 모듈 사용

```html
<body>
  <script type="module" src="seoul.mjs"></script>
  <script type="module" src="busan.mjs"></script>
  <script type="module" src="region.mjs"></script>
</body>
```

```js
// seoul.mjs
var regionName = "seoul";
```

```js
// busan.mjs
var regionName = "busan";
```

```js
// region.mjs
console.log(regionName); ❸
console.log(window.regionName); ❹
```

> **힌트** 클라이언트 사이드 자바스크립트에서 〈script〉 태그로 타입을 모듈로 설정하지 않고 파일을 가져오면 여러 개의 파일로 분리하여도 독자적인 스코프를 갖지 않고 하나의 전역 객체를 공유합니다. 하나의 전역 객체를 공유하게 되면 전역 변수로 중복되거나 덮어 쓰이는 등의 문제가 발생할 수 있어 〈script〉 태그에 ESM으로 동작하게 하는 type="module" 속성값을 추가하여 독자적인 스코프를 가지게 하는 것이 좋습니다.

정답

❶ "busan"

❷ "busan"

❸ ReferenceError: regionName is not defined

❹ undefined

해설

모듈을 사용하지 않는 경우 html 파일에서 3개의 파일을 로드했을 때 자바스크립트는 하나의 전역 공간을 공유합니다. busan.js에서 할당한 regionName의 값이 먼저 가져왔던 seoul.js에서의 regionName의 값을 덮어써서 ❶에서는 busan을 출력합니다. 또 regionName을 최상위 스코프에서 var로 선언했기 때문에 전역 window 객체의 속성에 추가 되어 ❷에서 역시 busan을 출력합니다.

모듈을 사용하는 경우 분리된 파일은 각각 독자적인 스코프를 갖고 있으며 전역 공간을 공유하지 않습니다. 따라서 ❸에서는 regionName이 파일 내에 선언되어 있지 않으므로 참조 에러가 발생하고 seoul.mjs와 busan.mjs에서 선언한 변수 regionName은 모듈 내에서 선언한 변수이기 때문에 전역 변수가 아니며 window 객체의 속성도 아니므로 ❹에서는 undefined를 출력합니다.

 AI는 통과 못 하는 기술 면접 예상 질문

Q10-1 var 대신 let, const로 변수를 선언하면 어떻게 될까요?

답변

- let과 const는 var와 달리 window 객체의 속성으로 등록되지 않으며 재선언도 불가능합니다.
- 따라서 seoul.js나 busan.js에서 let regionName = "seoul"; 또는 const regionName = "busan";으로 선언하면 전역 객체에 추가되지 않습니다.
- region.js에서 console.log(window.regionName);을 실행하면 undefined가 출력됩니다.

Q10-2 모듈 사용의 이점에는 어떤 것들이 있을까요?

답변

- 모듈을 사용하면 파일별로 독립적인 스코프를 가지므로 전역 변수 오염을 방지할 수 있습니다.
- 또한 import/export를 활용해 명확한 의존성 관리를 할 수 있어 유지/보수와 코드 재사용성이 향상됩니다.

#모듈 #실시간 바인딩

Q11 다음 코드의 실행 결과를 예측하고 그 이유를 설명하세요.

```js
// counter.js
export let count = 0;

export function increment () {
  count++;
}

export function getCount () {
  count++;
  return count;
}
```

```js
// main.js
import {count, increment, getCount} from "./counter.js";

console.log(count); ❶
increment();
console.log(count); ❷
console.log(getCount()); ❸
```

> 힌트 ESM에서 import한 변수는 변수 이름이 가리키는 메모리 주소에 의한 읽기 전용으로 참조됩니다.

정답

❶ 0   ❷ 1   ❸ 2

해설

ESM에서 import한 변수는 값의 복사본이 아니라 실시간 참조입니다. 즉, main.js에서 import한 counter.js의 count 변수는 counter.js의 count 변수에 참조로 연결되어 있으며 이를 실시간 바인딩이라고 합니다.

따라서 ❶에서는 counter.js의 count 변수 초기값인 0을 출력합니다. 이후 increment 메서드를 이용해 counter.js의 count 변수의 값을 1로 업데이트합니다. main.js의 count 변수는 counter.js의 count 변수에 참조로 연결되어 있기 때문에 ❷에서는 counter.js의 count 변수값인 1을 출력합니다. ❸에서는 main.js에서 import한 getCount 메서드를 호출합니다. import한 메서드 내부의 변수 역시 실시간 바인딩으로 동작하므로 counter.js의 count 변수값이 증가하고 2가 출력됩니다.

 #모듈 #모듈 초기화 #ESM #실시간 바인딩 #비동기

index.js의 실행 결과를 예측하고 그 이유를 설명하세요. 단, 에러가 발생해도 코드 실행이 중단되지 않는다고 가정합니다.

```js
// index.js
import {updateValue} from "./moduleA.js";
import "./moduleB.js";

updateValue(999);
console.log("index.js: updateValue(999) 실행 완료");
```

```js
// moduleA.js
export let value = 1;

export function updateValue (newValue) {
  value = newValue;
}

console.log("moduleA.js loaded");
```

```js
// moduleB.js
import {value} from "./moduleA.js";

console.log("moduleB.js: 초기 value =", value);

setTimeout(() => {
  console.log("moduleB.js: 1초 후 value =", value);
  value = 2000;
}, 1000);
```

정답

"moduleA.js loaded"

"moduleB.js: 초기 value = 1"

"index.js: updateValue(999) 실행 완료"

"moduleB.js: 1초 후 value = 999"

"TypeError: Assignment to constant variable."

해설

ESM은 export한 대상과 실시간 바인딩 관계가 유지되어 원본 모듈에서 내보낸 값을 변경하면 가져온 모듈에도 자동으로 반영됩니다.

index.js의 최상단에서 moduleA를 import하고 있습니다. moduleA가 실행되어 value에는 1이 할당되고 "moduleA.js loaded"를 출력합니다.

다시 index.js로 돌아와 moduleB를 import하는 구문을 실행할 때 value는 1이므로 "moduleB.js: 초기 value = 1"를 출력합니다.

이어 setTimeout을 통해 비동기적으로 value 값을 출력합니다.

이후 index.js에서는 updateValue(999)를 실행하여 value가 999로 변경되고 "index.js: updateValue(999) 실행 완료"를 출력합니다.

마지막으로 setTimeout의 콜백이 실행됩니다. 이때 value는 moduleA에서 import한 값이기 때문에 업데이트된 값인 999가 되어 "moduleB.js: 1초 후 value = 999"를 출력합니다.

이후 moduleB에서 moduleA의 value를 변경하려고 하지만 에러가 발생합니다. ESM에서 import한 모듈의 value는 읽기 전용의 실시간 바인딩이기 때문입니다. 이처럼 상태 변경이 필요한 경우에는 함수나 객체 구조를 통해 제어하는 것이 좋습니다.

Level 3 ★★★

 #모듈 #async/await #비동기 #최상위 await

다음 코드의 실행 결과를 예측하고 그 이유를 설명하세요. 단, url로부터 fetch한 응답값은 {data: "example"}이라고 가정합니다.

```
// moduleA.mjs
const url = "https://api.example.com/data";
let data;
```

```
(async () => {
  const response = await fetch(url);
  data = await response.json();
})();

export {data};
```

```
// moduleB.mjs
const url = "https://api.example.com/data";
let data;

const response = await fetch(url);
data = await response.json();

export {data};
```

```
// main.mjs
import {data as data1} from "./moduleA.mjs";
import {data as data2} from "./moduleB.mjs";

console.log(data1); ❶
console.log(data2); ❷
```

힌트 ECMAScript 2022부터 모듈의 최상위 레벨에서 await를 사용하는 Top-level await가 가능해졌습니다. 이를 활용하면 모듈이 로드되기 전에 필요한 비동기 초기화 작업을 미리 완료할 수 있습니다.

정답

❶ undefined

❷ {data: "example"}

해설

moduleA.mjs에서는 즉시 실행 함수를 활용해 data를 가져오고 내보내고 있습니다. 하지만 main.mjs에서는 비동기 처리가 완료되지 않은 시점에 바로 data1에 접근이 가능하고 이에 따라 ❶에서는 undefined를 출력합니다.

moduleB.mjs에서는 모듈의 최상위 레벨에서 await를 사용하는 Top-level await를 사용하고 있습니다. 따라서 main.mjs에서는 moduleB.mjs의 await 문이 모두 완료될 때까지 대기하여 기대하는 data2의 결과값을 얻을 수 있습니다.

AI는 통과 못 하는 기술 면접 예상 질문

Q13-1 Top-level await를 사용하지 않고도 모듈의 비동기 처리를 보장할 수 있는 방법이 있을까요?

답변

- Top-level await 없이 모듈의 비동기 처리를 보장하려면 프로미스를 export하여 데이터를 가져오는 방식을 사용할 수 있습니다.
- 프로미스를 export하면 불필요한 대기를 방지하고 애플리케이션이 중단되지 않도록 비동기적으로 데이터를 처리할 수 있습니다.
- Top-level await를 사용하면 import하는 모든 코드가 대기해야 하므로 초기 로딩이 지연될 수 있습니다.

Q14 #모듈 #비동기 import #콜백 함수
다음 코드에서 run.js의 실행 결과를 예측하고 그 이유를 설명하세요.

```javascript
// print1.js
const print1 = () => {
  console.log("print1"); // ❶
};
export default print1;
```

```javascript
// print2.js
const print2 = () => {
  console.log("print2"); // ❷
};
export default print2;
```

```
// moduleTest.js
import print2 from "./print2.js";

let print1 = () => console.log("print3"); ❸

import("./print1.js").then(module => {
  print1 = module.default;
});

print1();
print2();

export {
  print1,
  print2
};
```

```
// run.js
import {print1, print2} from "./moduleTest.js";
const DELAY = 1000;

print1();
print2();

setTimeout(() => {
  print1();
  print2();
}, DELAY);
```

힌트 ESM은 파일의 최상단에서 import 구문을 사용해 모듈을 로드하는 정적 로드 방식과 import(...) 표현식을 통해 모듈을 런타임에 불러오는 동적 로딩 방식을 모두 지원합니다.

정답

❸ "print3"

❷ "print2"

❸ "print3"

❷ "print2"

❶ "print1"

❷ "print2"

해설

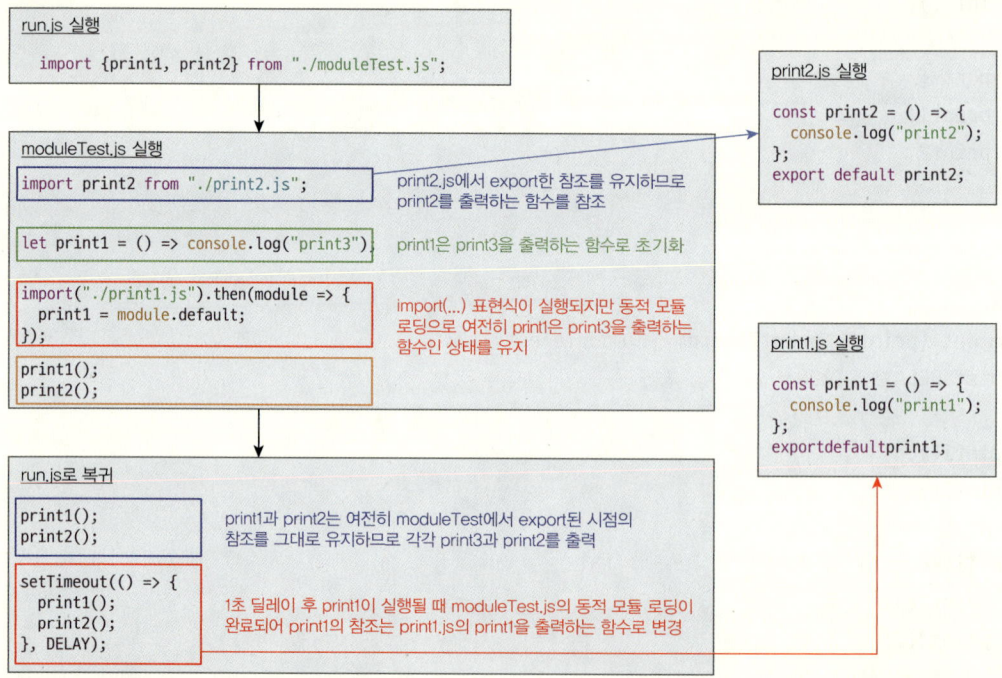

그림 9-1 모듈 로드 방식에 따른 코드 실행 흐름

run.js의 최상단에서는 moduleTest.js의 print1과 print2를 정적으로 로드하고 있습니다. 이 코드를 실행하면 코드 실행 흐름이 moduleTest.js로 넘어갑니다.

moduleTest.js를 실행하면 파일의 최상단에서는 정적으로 print2.js의 print2 함수를 로드합니다. print2.js가 실행되면 moduleTest.js의 print2는 "print2"를 출력하는 함수를 참조합니다. 이후 다시 moduleTest의 남은 코드들이 순차적으로 실행됩니다. 이 시점의 print1 함수는 "print3"을 출력하는 함수로 초기화됩니다. import(...) 표현식이 실행되지만 비동기적으로 로드하는 동적 모듈 로딩 방식이므로 기존의 print1에 영향을 주지 않고 반환된 프로미스 객체가

resolve된 후 print1이 변경됩니다. 결국 moduleTest.js의 print1과 print2가 실행되고 export되는 시점에는 각각 print3과 print2를 출력하는 함수의 참조를 유지하고 "print3"과 "print2"를 출력합니다.

이제 moduleTest.js의 실행이 모두 완료되어 코드 흐름은 다시 run.js로 넘어갑니다. run.js의 상단에서 호출되는 print1과 print2는 여전히 moduleTest.js에서 export한 시점의 참조가 유지되므로 역시 "print3"과 "print2"를 출력합니다.

마지막으로 setTimeout을 통해 비동기적으로 print1과 print2를 호출합니다. 이 시점에는 이미 moduleTest.js에서 실행한 비동기적 모듈 로딩이 완료되어 print1은 print1.js에서 export한 함수를 참조합니다. 따라서 마지막에는 "print1"과 "print2"를 출력합니다.

SECTION 05 리얼 현장 인터뷰

모듈 시스템은 자바스크립트의 복잡한 애플리케이션을 구조화하고 유지/보수하기 위한 핵심 도구입니다. 하지만 실제 현업에서는 모듈 시스템이 없던 시절의 레거시 코드부터 ESM과 CommonJS 전환, 순환 참조 문제, 보안 이슈, 공통 모듈 배포 설계까지 다양한 과제를 마주하게 됩니다. 현업 개발자들이 실무에서 모듈 시스템을 어떻게 활용하고, 어떤 문제를 겪고 해결했는지 살펴봅시다.

모듈 시스템을 사용하지 않고 개발한 적이 있나요? 모듈 시스템을 사용할 때와 비교해서 어떤 점이 어려웠나요?

Trey 스크립트를 직접 document에 주입할 때 또는 타입스크립트에서 script type 소스 코드를 사용할 때가 가끔 있습니다. 하지만 전역 스코프가 오염될 수 있다는 두려움이 크기도 해요. 따라서 모듈 시스템을 사용할 수 없는 환경이거나 전역 스코프를 사용해 얻는 장점이 명백할 때만 모듈 시스템 없이 개발하는 방향이 좋다고 생각합니다.

Sally 예전에 외부에서 만든 프로젝트에 간단한 기능을 추가하고 리팩터링해야 할 일이 있었는데, 모듈 시스템 없이 한두 파일에 몰아서 작성된 코드라 꽤 고생했었습니다. 같은 스코프에 많은 함수와 변수가 널려 있어서 네이밍 충돌도 일어나기 쉬웠고, 특정 기능이 어디서 정의되고 호출되는지 추적하는 데 시간이 많이 소요되었습니다. 특정 변수나 로직을 추가할 때 네이밍하는 것도 쉽지 않아 모듈 시스템은 꼭 필요하다고 생각했던 기억이 납니다.

Paul 모듈 시스템이 지원되지 않던 초창기에는 〈script〉 태그를 통해 코드를 분리하고 순차적으로 로드하는 방식으로 개발했습니다. 이 경우 전역 스코프를 공유하다 보니 서로 다른 파일 간에 변수명이 충돌하거나 의존성 로딩 순서가 맞지 않아 런타임 에러가 발생하는 일이 많았습니다. 이런 문제를 방지하기 위해 IIFE 패턴이나 네임스페이스 패턴을 사용해 전역 오염global pollution을 피했지만 외부 라이브러리를 로드하거나 동적으로 스크립트를 주입하는 경우 예상치 못한 간섭이 발생하곤 했습니다. 그리고 하나의 스크립트가 로드되지 않으면 전체 앱이 정상 작동하지 않는 문제도 자주 발생했습니다.

모듈화를 진행할 때 가장 중요하게 생각하는 부분은 무엇인가요?

Trey 모듈 간 응집성과 추상화가 중요하다고 생각해요. 파일을 읽을 때 주의가 분산되지 않기 때문입니다. 코드를 파악할 때 동시에 읽어야 할 파일 수를 줄이는 편이 가독성과 보통 비례한다고 생각합니다.

Jake 저는 항상 단일 책임 원칙Single Responsibility Principle; SRP을 가능한 모든 영역에 적용하려고 노력합니다. 일반적으로 단일 책임 원칙은 클래스 설계에서 강조되지만 이 원칙이 함수 단위는 물론 모듈 단위까지 확장될 수 있다고 생각합니다. 이 원칙을 간과하면 하나의 모듈 안에 여러 책임이 뒤섞여 파악하기 어려운 함수와 클래스들이 무분별하게 들어차게 됩니다. 그 결과 모듈의 책임 경계가 모호해지고 순환 참조와 같은 구조적 문제에 빠지기 쉽습니다.

반대로 모듈 단위에서도 단일 책임 원칙을 지키면 종종 모듈 하나에 함수 하나, 클래스 하나만 존재하는 구조가 만들어지기도 합니다. 때로는 두세 줄짜리 모듈이 생기기도 하지만, 이처럼 책임을 명확히 나누면 테스트 작성과 코드 이해가 훨씬 쉬워지고 유지/보수 측면에서도 큰 이점을 얻을 수 있습니다.

Paul 모듈화를 진행할 때 가장 중요하게 생각하는 부분은 응집도와 결합도입니다. 저는 특히 수정 빈도의 차이에 따라 코드를 분리하는 것이 중요하다고 생각합니다. 예를 들어 1년에 한 번 수정되는 코드와 매주 한 번씩 수정되는 코드는 같은 모듈에 존재해서는 안 됩니다.

단순히 관련 있는 코드끼리 묶는 것뿐 아니라 모듈이 변경될 때 테스트 범위가 달라지기 때문입니다. 모듈화가 제대로 되어 있지 않으면 하나의 기능만 수정했을 뿐인데도 전체 테스트를 수행해야 하는 상황이 발생할 수 있습니다. 적절한 응집도와 낮은 결합도를 유지한 상태에서 모듈이 잘 분리되어 있다면 수정된 기능만 최소한으로 테스트할 수 있어서 개발 속도와 안정성 모두를 확보할 수 있습니다.

 모듈 간의 순환 참조 문제를 겪은 적이 있나요?

Trey 모듈 간 순환 참조circular dependency로 인해 타 모듈에서 가져온 필요한 속성이 초기화되지 않아서 곤란한 경험이 있었어요. 결국 다른 모듈로 변수를 옮기는 등 방식으로 순환 참조를 끊음으로써 문제를 해결했습니다.

실무에서 모듈 시스템을 변경한 경험이 있나요? 그 과정에서 겪었던 문제가 있다면 소개해주세요.

> 빌드 스크립트를 CommonJS에서 ESM으로 변경한 적이 있습니다. 전환 과정 자체에서 문제가 생기기보다는 보통 문법 오류로 인해 생겨난 버그가 대부분이었어요. 예를 들어 ESM export 문에서는 default를 사용할지 여부나 변수 export를 개별로 할지 그루핑할지가 의외로 중요했습니다. 특히 export {name1, name2} syntax는 오브젝트를 export하는 것과 다르다는 것을 모르고 헤맨 적이 있었어요. — Trey

모듈 import/export를 설계할 때 실무에서 보안을 고려했던 경험이 있나요?

> Next.js 기반 프로젝트에서 현 위치 좌표를 암호화해야 했던 경험이 있습니다. 현 위치 좌표와 같은 민감한 데이터를 서버에 전송할 때는 보안을 위해 암호화 과정이 필수인데요, 이 암호화 과정에서 가장 중요한 것은 암호화 키가 외부에 노출되지 않도록 하는 것입니다.
>
> 그렇기 때문에 클라이언트 사이드에서 키값이 import/export되지 않도록 특히 주의했습니다. 암호화 키를 환경 변수 등 노출되지 않는 곳에 선언하더라도 클라이언트 사이드에서 키값이 import/export되면 Next.js 프로젝트 번들에 암호화 키가 포함되고 이는 브라우저에서 쉽게 노출될 수 있기 때문입니다.
>
> 따라서 암호화 로직을 단순히 util 함수 등으로 구현해 클라이언트에서 실행하도록 하는 대신 /api/encrypt와 같이 암호화를 수행하는 Next.js 서버 api를 추가했습니다. 암호화 키는 환경 변수로부터 가져오고 이 값은 서버사이드인 /api/encrypt에서만 사용되도록 했습니다. — Joy

여러 프로젝트에서 사용할 수 있는 공통 모듈을 설계한 경험이 있나요? 공통 모듈 설계 시 특히 주의해야 할 점이 있나요?

> 여러 프로젝트에서 사용할 수 있는 공통 모듈을 설계할 때 제가 가장 중요하게 생각한 것은 가용성(재사용 가능성)입니다. 가용성을 높이기 위해 제가 항상 염두에 두는 원칙은 하나의 함수가 단 하나의 책임만 가지도록 최소한의 동작만 수행하게 만드는 것입니다. 하나의 유틸 함수가 너무 많은 기능을 수행하거나 다양한 조건 분기를 포함하기 시작하면 오히려 재사용성이 떨어집니다. — Paul

특히 함수의 인자가 많아질수록 해당 함수는 더 많은 컨텍스트를 알아야 하므로 사용성이 복잡해지고 결과적으로 공통 모듈이라기보다는 특정 도메인에 종속된 유틸이 되는 경우가 많았습니다.

또 공통 모듈은 여러 프로젝트에서 사용되기 때문에 변경 시 파급효과가 크다는 점도 주의해야 합니다. 그래서 내부적으로는 최대한 유연하게 만들되, 외부 인터페이스는 엄격하게 관리하며 배포 시에는 버전 관리를 중요하게 생각합니다.

패키지, 공통 모듈 개발 시 ESM과 CJS를 동시에 지원해야 했던 경험이 있나요?

라이브러리 개발 중 폭넓은 지원 환경을 위해 둘을 동시에 지원했던 경험이 있습니다. 직접 코드를 짜지 않고 번들러를 통해 빌드했으며 entrypoint, main 등 package.json을 통해 시스템별 엔트리 포인트를 명시했어요.

Trey